浙商发展研究院课题组
王永昌 主　编
刘　亭 郭占恒 潘毅刚 副主编

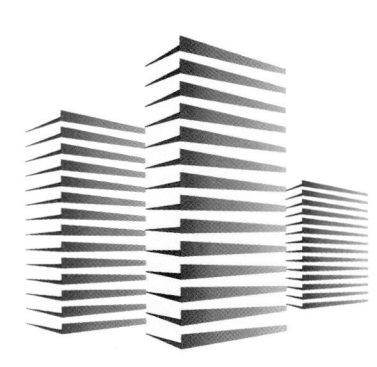

转型与创新

浙江"十二五"回顾、"十三五"及未来十年发展展望

中国社会科学出版社

图书在版编目（CIP）数据

转型与创新：浙江"十二五"回顾、"十三五"及未来十年发展展望 / 王永昌主编. —北京：中国社会科学出版社，2015.10
　ISBN 978-7-5161-6966-7

　Ⅰ.①转… Ⅱ.①王… Ⅲ.①转型经济—研究—浙江省 Ⅳ.①F127.55

中国版本图书馆 CIP 数据核字（2015）第 248391 号

出 版 人	赵剑英
责任编辑	朱华彬
责任校对	邓雨婷
责任印制	王　超

出　　版	中国社会科学出版社
社　　址	北京鼓楼西大街甲 158 号
邮　　编	100720
网　　址	http://www.csspw.cn
发 行 部	010-84083685
门 市 部	010-84029450
经　　销	新华书店及其他书店

印刷装订	三河市君旺印务有限公司
版　　次	2015 年 10 月第 1 版
印　　次	2015 年 10 月第 1 次印刷

开　　本	710×1000　1/16
印　　张	23.25
插　　页	2
字　　数	324 千字
定　　价	85.00 元

凡购买中国社会科学出版社图书，如有质量问题请与本社营销中心联系调换
电话：010-84083683
版权所有　侵权必究

序　言

跨入基本现代化门槛时期的浙江抉择

2015年是"十二五"的收官之年，2016年是"十三五"的开局之年。五个年头，弹指一挥间，但谋划得体、攻略有序、举措得当、干在实处，也是可以做些事的。

一　五年前我们对浙江未来发展的基本看法

五年前，我牵头组织有关省厅局领导和大专院校的专家学者，就浙江"十二五"时期的改革发展中的若干重大问题，作了调查研究和探讨思考，提出了若干意见和建议，并送有关决策部门和全省领导干部参考①。

当时，我们对浙江未来发展提出了一些基本看法。比如，我们在分析"十二五"和未来十年浙江发展面临的主要困难和挑战时，认为："经济保增长期平稳较快发展难度加大"，"经济发展方式转变面临三大难题：从投资出口驱动转换到创新驱动缺乏内在动力；从块状经济转变为现代产业集群缺乏可模仿的途径；从粗放型增长转变为集约型增长缺乏有效机制"，"城乡融合发展遭遇体制和现实

---

① 课题成果见王永昌主编，郭占恒、潘毅刚副主编《走向现代化的思考——浙江"十二五"及未来十年发展的若干重大问题研究》，中国社会科学出版社2010年版。

利益的双重障碍""社会稳定和社会管理问题更加突出"。

对未来五到十年浙江发展的阶段性特征，我们也作出了七个基本判断：①进入经济中速增长的新阶段，②进入服务经济主导发展的新阶段，③进入内外市场均衡拉动的新阶段，④进入城乡结构一体化的新阶段，⑤进入社会阶层加速融合的新阶段，⑥进入社会建设重点推进的新阶段，⑦进入公共服务型政府加快构建的新阶段。

同样，对"十二五"和未来十年的浙江发展，我们提出了"12345"的战略构想：强调以"科学发展、创新发展、和谐发展"为核心理念；建议实施五大重点战略：创新型省份、国际竞争力提升、海洋开发、新型城市化和社会发展优先，加快建设"五个浙江"——创新浙江、开放浙江、海上浙江、城市浙江、和谐浙江。

根据上述分析，我们就创新驱动、产业结构调整、新型城市化、壮大中等收入阶层、发展海洋经济、转变外经贸方式、优化生态环境、增强文化软实力、培育浙商群体和深化体制改革等十个方面的重点，提出了加快浙江现代化建设进程的具体举措。

这些想法和建议，经过五年实践的检验，说明是基本符合浙江发展实际的，在实践中也得到了检验，一些建议发挥了积极作用。

二 对当前和未来一个时期发展特性和难题的基本判断

回头看，浙江"十二五规划"实施得如何？向前看，"十三五"时期会面对哪些主要挑战和机遇？应该如何谋划定位？如何选准突破点、着力点？如何巩固提升浙江特色优势和培育创造新的发展优势？如何形成贯彻战略部署的有效战术举措？这些都是当前阶段关注浙江发展未来的研究者们日思夜想的焦点问题。

对此，我们课题组的同志们，以严谨科学的态度和客观求实的精神，又作了回顾总结和分析探讨，提出了自己的一些新看法。而所有这些劳作，都是大家利用业余时间进行的，且不图报酬。这足见大家对浙江发展的使命感和责任感。

毫无疑问，对浙江来说，"十二五""十三五"乃至"十四五"时期，正是由工业化为主导的经济社会结构向基本现代化社会的转型时期。这个时期既会遇到世界工业化进程中普遍会遇到的"中等收入陷阱"，还要克服中国自己特有的城乡差别、人口数量与质量差别、东中西区域等矛盾，以及我们浙江资源和国际国内龙头企业少、现代资本和现代科技要素集聚度低、经济增长方式粗放导致资源消耗量大和污染排放量多等问题。当然，中国和浙江都有自己独特的发展优势，扬长补短，定能创造出新的发展奇迹。

党的十八大以来，按照全面建成小康社会、全面深化改革、全面依法治国、全面从严治党的"四个全面"战略部署，我国经济发展开始步入了"新常态"，社会发展以及其他各方面事业都进入了新阶段。改革开放以来，浙江的经济发展等多方面事业，都走在全国前列，因而也更早地会面临"新常态"的转型矛盾，探索走上"新常态"的有效路径，加快由全面小康社会向基本现代化迈进。

2015年5月，习近平总书记在视察浙江时，就浙江今后一个时期的工作作了重要讲话，提出了"干在实处永无止境，走在前列要谋新篇"的新使命，强调了要"更进一步、更快一步，继续发挥先行和示范作用"的新期望，明确了经济建设、改革开放、民主法治、思想文化、生态环境、民生社会、党的建设等"八个方面"的重点任务。

深入实施"四个全面"战略布局和浙江"八八战略"，加快"两富浙江"、"两美浙江"建设，全面体现习近平总书记指出的"发展必须是遵循经济规律的科学发展"，必须是遵循自然规律的可持续发展，必须是遵循社会规律的包容性发展的重要论述，这些都是浙江"十三五"和未来时期所要把握的基本指导原则。

根据新的形势和背景，我们还要提出影响浙江"十三五"及未来十来年发展的若干重大问题，与大家一起探讨，并建议大家予以重视。

1. 浙江历史进程中的阶段性发展目标。从全国看,"十三五"时期的发展目标是全面建成小康社会,未来十年是由全面小康社会向基本现代化社会的过渡时期。如果从经济发展、物质生活水平来讲,浙江在"十二五"时期就已建成小康社会而开始步入了"基本现代化"社会。中央也希望浙江比全国"更快一步""走在前列",发挥"先行和示范"作用。因此,"十三五"及未来十年的浙江发展目标,必须既呼应全国的"全面小康社会",又要指向"基本现代化"。但是,这个时期也只是"指向基本现代化"而已,实际上是由"全面小康社会"向"基本现代化"的过渡时期。我们讲的"新常态"首先就是这个过渡时期的"转型升级"过程。

2. 在由"小康社会"向基本"现代化社会"的过渡时期,也就是由传统工业化、城市化和中低收入向中高收入的发达经济体的过渡时期,普遍会遇到一个"中等收入陷阱",会经历一个经济社会矛盾多发阶段。从国际经验来看,当一个国家的人均收入达到中等水平后,由于不能顺利实现经济发展方式的转变,导致经济增长动力不足,最终出现经济停滞的一种状态,即"中等收入陷阱"。像浙江这样体量的大省,难免要遭遇"中等收入陷阱"的困惑,而且眼下就面临它的严峻挑战。我们如何认识它?如何全面应对它?怎样出色地交出浙江的答卷?

3. 这个阶段在发展的经济层面上的难题,是如何遵循经济规律,实现科学发展。经济发展经过粗放式的量的扩张后,经济结构、增长方式、发展动力需要深刻而痛苦的调整。但这个阶段性的调整又必须是发展中的调整,否则,就会掉入"陷阱"而徘徊不前甚至倒退。所以,这个时期经济发展的核心主题,就是:转型发展、创新发展、科学发展。当然,决定这个阶段成败的关键,是"创新驱动"能否成为经济增长的主动力。现在和未来一个时期的浙江,就处在这样一个调整转型、创新驱动的关键阶段。这是由低中级的工业化、城市化而造就的"中低收入"和"小康社会"向基本现代化提升过程中的时代性、阶段性的"调整转型",而不是一般性、常态性的"调整转型",而能否调整转型成功,主要取决于"创新驱动"。浙江应该在"转型发展、创新发展、科学发展"方面实施新突破,创造新经验。比较好地从经济上跨越"中等收入陷阱",才谈得上迈向"基本现代化"。

4. 这个阶段在发展的自然环境上的难题,是如何遵循自然规律,实现可持续发展。自然界是人类经济社会一切活动的舞台,人与自然环境和谐发展是人类生存和发展的基本前提。在"中等收入陷阱"阶段,正是由低中级的工业化、城市化带来生态环境严重恶化的时期。浙江遵照习总书记提出的"青山绿水就是金山银山"的理念,在开展"五水共治"、建设美丽浙江方面,取得了积极成效。但是,当产业结构、经济结构尚未得到较大转型提升前,遏制生态环境恶化的动源还存在,生态文明建设的任务仍然任重道远。

5. 这个阶段在发展的社会层面上的难题,是如何遵循社会规律,实现包容性发展。在这个发展阶段,随着经济结构的变动,社会阶层结构和人们利益结构也发生了巨大变化,社会财富也处于快速分化整合之中,其中,城乡差距、贫富差距拉大,就业收入难度加大,以及社会流动性加快带来的社会性矛盾突出,迫切需要平衡好各界利益关系,使经济增长能更好地改善民主福祉,使绝大多数人受益。这就需要实现包容性发展。浙江老百姓收入普遍收入较高,政府建立的社会保障制度和公共服务也走在全国前位,但要在新的层面上推进更公平公正、更惠及民生的包容性发展,尚有许多难题需要破解。

6. 这个阶段在发展的文化层面上的难题,是如何遵循思想文化规律,实现包容向善的繁荣发展。与经济社会结构的转型调整、人们利益结构的广泛调整和人们生活水平基本满足物质性、生存性需求后需求结构的深度调整,以及国际交流交往的日趋频繁相适应,思维方式、生活方式、意识结构、文化需求也必然发生变革,新旧观念、中外文化碰撞在所难免,人们的精神文化需求更为强烈,人们的思想意识更为活跃,价值取向也更为多元,再加上现代互联网技术和通信技术的广泛普及,各种观点、主张纷至沓来,新兴文化层出不穷,先进与落后的、进取与颓废的、积极与消极的思想文化鱼龙混杂。这就需要我们遵循思想文化发展规律,高扬积极向上的主旋律思想文化,倡导进取健康的主流价值观,同时要有包容百川的精神,实施"双百"方针,繁荣思想文化,形成包容向善又百花齐放的文化发展格局。我们的发展,应该是有文化底蕴、有精神品质、有真善美价值的发展。

7. 这个阶段在发展的制度秩序层面上的难题,是如何遵循制度运行规律,实现民主法治化发展。社会是由无数个体和不同利益群体组成的,必然会有不同的利益诉求和利害矛盾,而且人作为社会动物,必然要有政治性、公共社会性的生活活动。这样,这个社会共同体就必然要有一定的规则秩序,从而维系社会的正常运行。可是,社会制度、体制和运行规则一旦形成并成为主流规范后,尽管有一定的稳定性,但在不同的民族、国家和不同的历史阶段,是不尽相同并不断变化的。在经济社会发展的转型时期,通常也是社会制度、体制的深刻变革时期,因而稳定与变迁、传承与创新的矛盾也会十分突出。古今中外的实践证明,社会政治和社会制度运行的基本规律,就是政治民主化,民主法治化。因此,我们必须坚定不移地全面推进依法治国的战略。

8. 这个阶段在发展的主体性层面上的难题,是如何遵循人的成长进步规律,实现人的全面自由发展。广义地讲,上述经济社会文化等内容,都涉及发展主体——人的发展问题。一切的文明发展,归根结底是人的生存问题和发展问题。可是,经济社会的许多"发展"并非有利于人的发展。因此,必须用人自身的进步发展去检视经济社会的发展。但是,如何按照人的需求结构、人的文明素养、人的心身健康、人的知识能力以及人的种族繁衍等成长进步规律,来组织安排经济社会运行制度,是一个纷纭复杂、永无止境的过程。"人的全面自由发展"是一个理想目标,更是一个永恒的历史过程。但是,从古到今、从目前到未来,人类自身的文明进步同经济社会发展互为促进，其"自由的文明素质"是不断向"全面"接近的过程。在跨越"中等收入陷阱"的转型时期，尤其要高度重视人的生存与发展需求的满足和人的文明素质的转型提升问题。

9. 这个阶段的最大发展难题，是如何遵循经济社会和人的需求结构全面调整变革的规律，实现有序的转型发展。这个跨越"中等收入陷阱"的转型升级，涉及内容广，调整程度深，时间跨度长，矛盾错综复杂，因而难度大，需要审时度势，主次先后有别，轻重缓急有序，才能顺势而为，踏级而上。对此，国外跨越"中等收入陷阱"的成功经验或失败教训，值得借鉴，结合我国实际，创造性地走出转型中发展、发展中升级的新路。我国未来一二十年的主要矛盾难题，就是解决好"转型发展"问题。这个历史阶段性问题解决了，也就是由"全面小康社会"向"基本现代化社会"的过渡难题解决了，就算基本成功跨越了"中等收入陷阱"。

10. 要遵循转型发展和现代化进程中的中国独特规律，把人类现代化发展普遍规律与中国国情、中国特色有机结合起来，开创中国特色的现代化文明之路。中国共产党的执政，中国特色社会主义理论和经济制度、政治制度、文化制度，国有经济和集体经济的主导地位及其混合所有制经济，中华民族的历史文化、历史沿革、区域特点和人口、资源、发展阶段等基本国情，中国的国际地位和新兴后发特点等，都决定了中国在全面建设小康社会和推进国家现代化进程中，必然要借鉴人类普遍的文明成果，又有自己独特的发展内涵和轨迹，走出有中国特色、中国气派、中国风格的现代化文明之路。这就是当代中国共产党人的使命所在。

正因为如此，在我国这样一个具有13亿多人口、幅员辽阔、发展极不平衡的多民族大国，又要走出人类迄今为止最高形态的现代化文明发展之路，无疑是崇高神圣又异常艰难困苦的。尤其在由全面建成小康社会向基本现代化社会的转型过渡时期，能否比较顺利地跨越"中等收入陷阱"，具有决定性的意义。正如古人所言："天将降大任于斯人也，必先苦其心志，劳其筋骨，饿其体肤，空乏其身，行拂乱其所为，所以动心忍性，曾益其所不能。"（《孟子》）由此看来，社会发展进化也常常有相似之处。我们在还没有跨越"中等收入陷阱"、基本建成现代化之前，我们就还处于"调整转型"的"陷阱"之中，我们就需要"苦其心志，劳其筋骨"，就必须全力推进"四个全面"战略布局，开拓创新，奋发进取，为实现振兴中华民族伟大复兴的现代化强国梦而拼搏。

上述10个方面要把握、遵循的基本规律和特点，既是国家层面的课题，也是地方层面要面对、解决的问题；既是我国未来一二十年会普遍遇到并要回答的基本课题，又是当下发展实践中时时处处要探索解决的现实问题。因此，我们在制定"十三五"和未来更长一个时期的发展规划时，务必从上述"大处"着眼，从现实问题着手，统筹谋划，"小心求证"，对准"北京时间"，下接"当地地气"，使"规划"具有前瞻性、战略性，又具有现实性、可操作性。

三 浙江"十三五"及未来一个时期的发展目标和举措

在"十三五"和未来十年发展时期，结合新的目标要求和浙江实际，我们又提出了新"12345"的战略路径构想：

"1"是一个基本要求，即习近平总书记提出的浙江要"干在实处永无止境、走在前列要谋新篇"，在转型上更快一步，在发展上更进一步，在提高全面建成小康社会水平上更进一步，在推进改革开放和社会主义现代化建设中更快一步。

"2"是两个目标，即：第一个目标是"两富"，建设物质富裕、精神富有的现代化浙江；第二个目标是"两美"，共建美丽浙江、共创美好生活。"两富"和"两美"既有包含关系，又有递进关系，它的关键标志是要在高质量实现"四个翻番"基础上的永续发展，即在不加大污染，环境有改善的条件下如何实现人均GDP的翻番和居民收入的翻番，在经济先发的浙江实现文化生态和社会和谐走在前列。这样的目标要求比以往更加全面、更具内涵。

"3"是三个"中高"。即：第一个"中高"是经济增长保持中高速，这在新的形势下并不容易；第二个"中高"是产业发展实现"中高端"，这需要创新驱动支撑；第三个"中高"是生活水平达到"中高质"，这需要分配结构、社会结构、城乡结构趋于新的平衡，社会公平法治达到新的水平。

"4"是四个全面。即：全面小康社会，是未来必须实现的基本目标，全面深化改革和全面依法治国是关键手段，全面从严治党，是根本保障。

"5"是五位一体。即：经济、政治、文化、社会、生态的全面、协调可持续发展。未来的十年，将更加注重发展全面性、协调性和可持续性，加快发展社会主义市场经济、民主政治、先进文化、和谐社会、生态文明，让一切劳动、知识、技术、管理、资本的活力竞相迸发，让一切创造社会财富的源泉充分涌流，让发展成果更多更公平惠及全体人民。

综上所述，浙江未来十年的总体目标是，在提高全面建成小康社会水平上更进一步，在推进改革开放和社会主义现代化建设中更快一步。未来五年的总体目标是：转型更快一步，发展更进一步，高质量实现"四个翻一番"，全面建成更高水平的小康社会，为"两富浙江""两美浙江"现代化浙江建设奠定坚实基础。

具体是：

——综合实力走在前列。

——结构调整走在前列。

——创新驱动走在前列。

——生活品质走在前列。

——城乡发展走在前列。

——生态质量走在前列。

——改革开放走在前列。

根据国际、国内发展趋势，浙江的发展现实基础和未来发展目标以及战略思路，我们就未来五年浙江如何实现"转型更快一步、发展更进一步"的总体要求，提出了十大战术举措建议：

（1）着力在稳增长转方式上更进一步、更快一步。

（2）着力在产业结构调整上更进一步、更快一步。

（3）着力在推动城乡协调上更进一步、更快一步。

（4）着力在生态文明建设上更进一步、更快一步。

（5）着力在社会民生建设上更进一步、更快一步。

（6）着力在文化强省建设上更进一步、更快一步。

（7）着力在创新驱动发展上更进一步、更快一步。

（8）着力在重大体制改革上更进一步、更快一步。

（9）着力在开放合作发展上更进一步、更快一步。

（10）着力在法治治理建设上更进一步、更快一步。

"雄关漫道真如铁，而今迈步从头越。"今天的浙江正站在一个前所未有的历史高起点上爬坡过坎，奋力攀登。更进一步，就是要为了全体人民过上更加幸福的生活，再次拼搏、重新出发、二次创业；更快一步，就是要在前有标兵、后有追兵的百舸竞帆中，力争上游，走在前列，尽最大的努力，建设美丽浙江、创造美好未来，为后发者提供经验典范。

面对前所未有的历史机遇，面对更加复杂棘手的挑战，"转型发展"应该是浙江当下和未来一个时期的主题；"创新发展"应该是这个时期的主线；"更进一步、更快一步"应该是这个时期浙江发展的基本要求；加快跨越"中等收入陷阱"，全面推进由"全面小康社会"向基本现代化社会迈进，为实现伟大的"中国梦"作出新贡献，则是当前和未来浙江发展的战略新使命！

也正是因为处在这样一个开启和引领中国新常态的承前启后转折关口，基于一种对未来的美好期望和当仁不让的使命感，我们省级部门的一批领导干部和专家学者，不计得失，在繁忙的工作之余，结合自己所长和工作实践，用较短时间完成了对这些关乎浙江未来的基本命题的回答，以期为浙江美好未来积蓄"正能量"、发出"好声音"，促发大家思考，辅助决策参考。当然，受学识和时间所限，书中错漏和不当之处，在所难免，恳请读者批评指正。

是为序！

王永昌

2015 年 9 月 20 日

目 录

第一篇　再谋新篇：走向更进一步、更快一步的现代化浙江 …… （1）
　一　"十二五"浙江发展的探索实践和阶段性新特征 ……… （1）
　二　前瞻浙江发展的历史方位和目标考量………………… （6）
　三　浙江转型更快一步、发展更进一步的十大举措建议…… （11）

第二篇　现实基础：干在实处的新起点………………………（31）
　一　砥砺奋进　转型发展
　　　——"十二五"时期浙江经济社会发展特点和成效…… （31）
　二　坚持和深化"八八战略"建设"两富浙江""两美浙江"
　　　——浙江"十二五"经济社会发展的重大战略举措…… （47）

第三篇　发展背景：新常态的机遇与挑战……………………（61）
　一　中国未来发展十大基本趋向 ………………………… （61）
　二　经济新常态的主要特征与浙江发展面临的
　　　机遇和挑战……………………………………………（86）
　三　新常态下推进浙江新型城市化的着力点……………（103）
　四　面向2030重构城市化生态系统
　　　——信息时代发展规则变化对城市化影响及
　　　　浙江的响应………………………………………（110）
　五　《中国制造2025》及浙江省的机遇与挑战 …………（124）

第四篇 发展目标：向着更高水准的全面小康社会迈进 …… (132)
  一 "十三五"时期浙江经济社会发展环境、发展阶段和发展目标研究………………………………………………(132)
  二 浙江全面建成更高水平小康社会的进程、关键和路径…………………………………………………………(148)

第五篇 重点任务：谱写走在前列的新华章 ………………(164)
  一 浙江实施创新驱动发展的重点、难点和着力点 ………(164)
  二 加快推进新型农业现代化……………………………(179)
  三 加快发展七大产业　促进经济转型升级……………(190)
  四 一带一路背景下浙江开放型经济发展思路与对策……(209)
  五 以宁波—舟山实质性一体化为重点建设港航强省……(223)
  六 浙江地方金融发展的总体思路和重点………………(239)
  七 加快把特色小镇建成创新创业的大舞台………………(248)
  八 培育与发展新常态相适应的浙商队伍…………………(267)
  九 浙江省"十三五"时期文化发展总体思路……………(286)
  十 浙江社会发展、社会建设的重点、难点和关键…………(302)
  十一 加快提高政府公共服务能力和水平…………………(324)
  十二 加快法治浙江建设　提高依法行政能力的思路和举措……………………………………………………(337)

后　记………………………………………………………(354)

第一篇

再谋新篇：走向更进一步、更快一步的现代化浙江①

一 "十二五"浙江发展的探索实践和阶段性新特征

（一）"十二五"以来浙江发展的探索实践

"十二五"以来，在浙江省委、省政府的坚强领导下，全省上下以科学发展观为指导，坚持以"八八战略"为总纲，紧紧围绕建设"两富""两美"浙江的总目标，按照干好"一三五"、实现"四翻番"的要求，坚持稳中求进工作总基调，突出转型升级主线，守住百姓增收、生态良好、社会平安"底线"，抓改革、促转型、治环境、惠民生，着力打好"五水共治""三改一拆""四换三名"等转型升级"组合拳"，经济社会发展取得显著成绩。在经济增速换挡的同时，产业结构优化升级，质量效益不断提升，民生保障进一步改善，社会和谐稳定。预计到2015年，"十二五"规划的主要目标任务将如期基本实现，将全面建成惠及全省人民的小康社会，为干好"一三五"的"三"圆满收官，为实现"四翻番"和建设"两美浙江"打下更为坚实的基础。

一是综合实力连上台阶，全面小康水平位居全国前列。生产总值连上三四万亿台阶，稳居全国第4。人均GDP名列省区第2，跨

---

① 作者系本课组，执笔潘毅刚。

入中上等发达国家和地区水平。总体全面小康水平明显提升，综合评价值居全国第1。

二是增速换挡特征显著，增长质量全面提高。经济增速换挡，由高速增长转向中高速，增长质量全面提升，稳步迈入中高端。财政收入更加丰盈，企业经济效益持续改善，居民收入较快增长。城镇居民人均可支配收入水平连续14年居全国第3位，省（区）第1位；农村居民人均收入水平连续30年居全国省（区）第1位，2014年首次超过北京，列上海之后居全国第2位。城乡居民收入差距小于全国平均水平，城市化水平不断提升。

三是增长动力发生根本性变化，服务业主导经济发展。统筹推进"五水共治""三改一拆""四换三名"等重大举措，打好转型升级组合拳，加快推进经济转型升级和发展方式转变，腾笼换鸟、机器换人、空间换地、电商换市取得积极成效，经济结构发生了深刻变化。三次产业结构实现了从"二三一"到"三二一"的历史性跨越，服务业成为经济增长新引擎。"三驾马车"协调发力，经济增长由主要依靠投资、出口拉动向依靠投资、消费、出口协调拉动转变。对外依赖程度明显降低。

四是行业结构调整优化，转型发展稳步推进。农业内部结构进一步调整，工业转型升级取得新进展，现代服务业发展迅速。以互联网为核心的信息经济引领发展。成功举办首届世界互联网大会，省交通运输物流公共信息平台加快建设，加快发展信息产业、环保产业、健康服务业、旅游业、时尚产业、金融业、高端装备制造业等七大产业。2014年，两化融合指数86.26，居全国第3位；电子商务交易额突破2万亿元；实现网络零售额相当于社会消费品零售总额的比例从14.9%提高到33.4%；跨境电商进出口额约占全国的20%，居全国第2位。产业集聚建设初见成效。特色小镇创建助力产业转型发展。山南基金小镇、云栖小镇、梦想小镇等37个小镇成为首批省级创建特色小镇，正在带动当地的创新发展、转型发展。

五是有效投资稳定发展，创新驱动不断加强。投资是保持经济平稳增长的"稳定器"。"十二五"前四年，固定资产投资累计74922亿元，四年投资总量比"十一五"期间五年的总量还要大68.1%，年均增速（19.8%）比"十一五"时期加快6.5个百分点，民间投资比重从2010年的57.4%提高到62.8%。创新驱动发展是经济发展方式转变的"推进器"。2013年，科技综合实力由2010年全国第7位上升到第6位，国内区域创新能力继续保持全国第5位，同时还取得了一大批科技创新成果，有些成果达到全国乃至世界先进水平。

六是环境整治多措并举，美丽浙江建设稳步推进。环境整治强力推进。坚定实施省委《关于推进生态文明建设的决定》。2014年，全面实施"十百千万治水大行动"和"三改一拆"行动，全面实施大气污染防治行动计划，环境质量明显好转。美丽乡村建设深入推进，46个县成为美丽乡村建设先进县。累计创建国家级生态乡镇581个，占全省乡（镇、街道）总数的44.0%，数量居全国各省（区、市）的第1位。节能减排成效显著。

七是社会发展稳步推进，民生保障日益加强。教育事业进入一个崭新发展阶段。学前3年到高中段的15年教育普及率为98.4%，九年义务教育的普及程度名列全国前茅。普通高校录取率为85.8%，文化综合实力不断增强，医疗服务水平持续提高，平安浙江建设引领全国。就业基本稳定，社会保障体系框架基本形成，参保人数和覆盖面持续扩大。

（二）新常态下浙江发展的阶段性特征

总的看，过去的五年，浙江以"八八战略"为总纲，以干在实处、走在前列的实际行动，奋力推进"四个全面"战略思想和战略布局在浙江的生动实践，为全面建成小康社会取得决定性胜利，"浙江两富、"两美浙江"建设开启了历史新征程。

"十三五"乃至更长一个时期是充满挑战和机遇的转型时代。

世界经济环境仍然比较复杂，机遇和挑战处于深度调整之中，复苏动力不足，地缘政治影响加重，不确定因素增多，外需不足将对浙江省出口稳定增长带来更大难度。我国经济发展仍处于可以大有作为的重要战略机遇期，全面深化改革举措陆续推出，"一带一路"、长江经济带等国家战略实施孕育着巨大的改革发展机遇，新型工业化、信息化、城镇化、农业现代化持续推进，发展基础日益雄厚，改革红利正在释放，经济发展呈现减速换挡、质量效率改善、结构调整加快、发展动力转换的"新常态"。

结合新常态下经济增长速度换挡，经济发展方式转型，经济发展动力转换的典型特征，我们判断，浙江经济已较早进入了发展新常态，即在2008年以来就进入了发展新常态，大体比全国早5—6年。因为发展领先必然要导致转型的领先，浙江经济的增长速度较早下台阶，原有发展方式较早陷入困境，体制机制较早遇到瓶颈，这使得浙江比其他地区更早地认识到转型发展的重要性、紧迫性。

当然，进入新常态状态早并不意味着就会转型快，相反更早地面对困难，就意味着没有更多的经验供我们参考。要实现新形势下浙江的持续发展仍需要敢于先行先试、探索创新。必须看到，对于如何适应和引领新常态，我们近几年虽然看清楚了方向，研究出台了一揽子组合拳，也积累了不少经验，但对新常态仍有不少方面进展不显著，甚至有一些领域还没有破题，需要广泛探索。

直面当下，当前浙江发展较为紧迫的问题主要有以下几个：一是结构调整力度还需进一步加大，工业转型升级缓慢，企业效率有待优化提升，服务业发展还须提速，消费动力相对偏弱。二是可持续发展面临严峻挑战，劳动人口规模呈持续减少趋势。基础资源供需矛盾突出，环境问题仍需关注。三是社会建设和民生改善力度还需进一步加大，老龄化问题突出，给医疗卫生、养老体系、社会保障和经济发展带来巨大压力。公共卫生应急保障能力还需进一步提升。

面对未来，今后一个时期包括"十三五"时期，经济发展不仅面临"三期"叠加，而且面临社会问题、环境问题、改革攻坚问题、国际市场低迷问题、国际地区冲突频发问题等的交织和困扰，其中任何一个问题应对处置不当，都可能引发系统性风险。所以，我们判断，浙江发展面临的挑战是多方面的，至少面临八期叠加和融合，或者说是"三期"加"五期"的叠加和融合的挑战，扩展为"八期叠加"，即经济增长换挡期、结构调整阵痛期、前期刺激政策消化期、社会矛盾凸现期、环境治理紧迫期、全面深化改革攻坚期、国际市场低迷常态期、国际地区冲突频发期。

当然，挑战和机遇是并存的。上述八个方面的挑战，如果应对得当，也可转化为浙江发展的机遇。同时，更要深刻看到，中国是一个正处在工业化、城市化、市场化、国际化进程快速演进和转型的大国，也是一个正处于成长上升阶段的经济体，其自身的发展潜力、发展空间、发展韧性和回旋余地都很大。浙江也是一样。虽说传统的劳动力红利、土地资源红利、环境红利、低端市场红利、全球化红利等正在消失或减弱，但也有许多新的红利在形成和积累起来。主要有：深化改革的红利、新型城镇化的红利、创新驱动的红利、互联网＋的红利、新兴产业崛起的红利、区域协同发展红利、推进"一带一路"建设、国家宏观政策发力支持经济发展。

总体上说，虽然当前经济下行压力不减，并仍不断有新的因素对发展产生深刻影响，但未来支撑中国经济和浙江经济增长的有利因素正在形成和积累起来，而且经济增长的质量和效益正在得到改善。

我们认为，未来浙江须顺应九大趋势，实现九大发展"再平衡"：（1）顺应产业结构演进规律和产业融合趋势，积极构建产业结构再平衡；（2）顺应新一代信息技术革命突破和互联网＋趋势，积极构建新老经济业态的再平衡；（3）顺应人口红利减弱和人口老龄化趋势，积极构建就业结构再平衡；（4）顺应消费能力提高和消费需求升级趋势，积极构建消费结构再平衡；（5）顺应经济增长动力结构转换趋势，积极构建发展动力再平衡；（6）顺应城市化减弱和城乡一体化趋势，积极构建城市化结构再平衡；（7）顺应自然规律和遏制生态环境恶化趋势，积极构建资源环境再平衡；（8）顺应国际经济形势新变化和外贸发展方式转变趋势，积极构建对外开放再平衡；（9）顺应财政收入放缓和支出刚性增加趋势，积极构建财政收支再平衡。

我们认为，面对趋势，浙江只要把握好规律，保持战略定力，战术有力，加快推动结构再调整，就完全有基础也有能力继续保持一个较长时期的中速增长，并在提高全面建成小康社会水平上更进一步，在推进改革开放和社会主义现代化建设中更快一步。

二 前瞻浙江发展的历史方位和目标考量

浙江"在哪里"，浙江"要去哪里"，这是每一个五年或十年关键节点上必须问一问的问题。对于浙江"十二五"到2020年的十年发展方向，我们曾提出了"12345"的发展构想和路径：

"1"即一个总体目标：加快科学发展、富民强省步伐，基本实现地区现代化。用十年时间，到2020年浙江发展纳入科学发展的轨道，实现富民强省，完成经济社会的现代化转型，在经济、社会、科技、文化和生态等重要领域发展跨过上等发达国家（或地区）门槛。

"2"即两个战略步骤：分两步走，实现两个率先。第一步，力争在2015年前率先建成更高水平惠及全省人民的小康社会；第二步，再用五年左右的时间，力争2020年前在全国率先基本实现地区现代化。

"3"即三大核心理念：科学发展、创新发展、和谐发展。即坚持以科学发展为主线，以创新发展为动力，以和谐发展为要求。

"4"即四大战略目标：人均GDP、服务业比重、城市化水平和中等收入阶层比重。即发展水平必须率先跨入现代化门槛，经济结构必须率先实现现代化转换，城乡一体化必须率先达到现代化要求，社会结构必须率先符合现代化基本指向。

"5"即五大战略重点：实施创新型省份方略、国际竞争力提升方略、海洋开发方略、新型城市化方略和社会发展优先方略，加快建设"五个浙江"——创新浙江、开放浙江、海上浙江、城市浙江、和谐浙江。即实施以构建区域创新体系为导向的创新型省份建设方略，加快建设"创新浙江"；实施以推动全面开放为导向的国际竞争力提升方略，加快建设"开放浙江"；实施以陆海统筹为导向的海洋开发方略，加快建设"海上浙江"；实施以推动城乡一体化为导向的新型城市化方略，加快建设"城市浙江"；实施以构建"橄榄形社会"为导向的社会发展优先方略，加快建设"和谐浙江"。

目前来看，我们认为这一构想依然符合未来发展趋势，符合浙江当前阶段的实际。但是我们也看到，"十三五"乃至更长一个时期是一个特殊时期，是一个"他变"与"我变"共同存在的时期。对于浙江而言，未来十年与过去十年有"四大不同"：

第一，战略时势不同。所谓时不同，是指高速增长奇迹达到顶峰，前尘已矣，"八期叠加"之下浙江进入了"二次创业期"，浙江经济社会发展的基础虽然强大，但要引领未来，一切都需从头打拼。所谓势不同，是旧常态下强劲发展的旧势已去，新常态下创新引领的新势仍待积蓄，浙江处在爬坡上坎关键期，不进则退。

第二，阶段战术不同。"三期叠加"也好，"八期叠加"也好，从旧常态迈向新常态，浙江战略可以不换，但战术却必须"六换"并举。

——增长换速：增长区间必须适应高速增长过渡到中高速增长区间，过渡到中高速不是无奈之举，是为了获得中高质量发展水平的战术变化。

——动力换挡：发展的动力和模式必须适应从要素投资驱动型向创新驱动型转变，动力的转换需要新的物质投入、新的人才支撑、新的平台和体制保障。

——体制换策：全面深化改革和全面依法治国之下，必须适应社会主义市场经济从过渡期向成熟期转变，在法治的保障下，各类制度创新趋于活跃，政策手段和体制机制将发生重大调整。

　　——产业换代：原有旧的产业结构、产品结构、消费结构、投资结构、金融结构都将发生翻天覆地的变化，新常态下引领未来的将是新产业、新产品、新服务、新业态、新金融、新投资、新企业、新消费，未来产业的结构不同、业态不同、内涵不同、模式不同。

　　——社会换型：开放的深化、信息时代的来临以及高速交通网连接，让社会变化进一步加速，面对多元化诉求和多样化、多层级的管理，必须适应从政府单一治理型向多元治理型转变。

　　——城乡换网：立体综合高速交通+移动万物互联将推动相对集中的基础设施和公共服务县域网络向更大范围平等共享的都市圈网络转变，城乡节点的功能得到增强，但分散化发展的趋势开始显现，城市化进程减速，但城乡人口双向流动加速，设施和公共服务的供给必须从原有的县域经济思维向都市圈经济思维转换。

　　第三，关键问题不同。新的十年，必须坚持问题导向、需求导向、效果导向，问题不同、方法不同，举措也不同；问题变化，手段和工具亦应变化。比较过去十年和未来十年，三个方面的关键问题起了变化：

　　——发展是硬道理的内涵在变化。任何时期发展都是解决所有问题的主要抓手，但每一个阶段的发展的内涵和方式是不同的。从"十五"时期的增长问题，到"十一五"的又快又好，到又好又快，到可持续问题，再到当下的增速换挡，创新驱动发展，反映的正是这种动态变迁。

　　——问题的痛点和关注点在变化。未来十年看问题的视野更加全面、系统，将从更关注要素规模到更关注要素质量、结构和效益，从更关注物的发展和财富积累到更关注人的发展和精神层面，从更注重经济到经济社会生态兼顾，从关注区域内部结构到关注区域内外联动，乃至全球范围的竞争与合作。

——解决问题的工具手段在变化。从依靠发展工业主导到发展服务经济主导，从县域经济一花独放到聚合都市圈和城市群的功能，从间接性和政府性投资带动向直接性和股权性投资多元带动，从重实体或脱实向虚到虚实并举、虚实并重，从依靠政府主导调控到更重视调动多元化社会力量共同治理。

第四，目标要求不同。虽然从全国要求而言，2020年浙江发展的任务仍是要建成高水平的全面小康社会，但浙江先发地位决定了，它的"高水平"一定是盯牢更高的标杆——基本实现现代化。即为接近世界上最先进的发达水平而努力。因此，结合新的目标要求和浙江实际，我们提出新"12345"的战略路径构想：

"1"即一个基本要求，即习近平总书记提出的浙江要"干在实处永无止境、走在前列要谋新篇"，在转型上更快一步，在发展上更进一步，在提高全面建成小康社会水平上更进一步，在推进改革开放和社会主义现代化建设中更快一步。这一要求比以往更加严格、更加具象。

"2"即两个目标，第一个目标是"两富"，建设物质富裕、精神富有的现代化浙江；第二个目标是"两美"，共建美丽浙江、共创美好生活。"两富"和"两美"既有包含关系，又有递进关系，它的关键标志是要在高质量实现"四个翻番"基础上的永续发展，即在不加大污染，环境有改善的条件下如何实现人均GDP的翻番和居民收入的翻番，在经济先发的浙江实现文化生态和社会和谐走在前列。这样的目标要求比以往更加全面、更具内涵。

"3"即三个"中高"。第一个"中高"是经济增长保持中高速，这在新的形势下并不容易。第二个"中高"是产业发展实现"中高端"，这需要创新驱动支撑。第三个"中高"是生活水平达到"中高质"，这需要分配结构、社会结构、城乡结构趋于新的平衡，社会公平法治达到新的水平。

"4"即四个全面。全面小康社会，是未来必须实现的基本目标，全面深化改革和全面依法治国是关键手段，全面从严治党是根本保障。

"5"即五位一体。即经济、政治、文化、社会、生态的全面、协调可持续发展。未来的十年，将更加注重发展全面性、协调性和可持续性，加快发展社会主义市场经济、民主政治、先进文化、和谐社会、生态文明，让一切劳动、知识、技术、管理、资本的活力竞相迸发，让一切创造社会财富的源泉充分涌流，让发展成果更多更公平惠及全体人民。

综上所述，浙江未来十年的总体目标是，在提高全面建成小康社会水平上更进一步，在推进改革开放和社会主义现代化建设中更快一步。未来五年的总体目标是：转型更快一步，发展更进一步，高质量实现"四个翻一番"，全面建成更高水平的小康社会，为"两富"、"两美"现代化浙江建设奠定坚实基础。具体是：

——综合实力走在前列。在优化结构、提高效益、降低消耗、保护环境的基础上，实现经济平稳健康发展，全省生产总值和人均生产总值年均分别增长7%以上和7%，实现地区生产总值和人均地区生产总值比2010年翻番目标。

——结构调整走在前列。基本形成服务经济主导、浙江特色突出的现代产业体系，新兴产业成为支柱产业，其中生产性服务业占服务业比重达57%以上，全社会劳动生产率显著提高。

——创新驱动走在前列。自主创新体系更加完善，国家自主创新示范区建设成效显著，研究与试验发展经费支出占GDP的比重达到3%，科技进步对经济增长的贡献率明显提升，创新资源有效集聚，创新效益大幅提升，基本形成创新驱动发展格局。

——生活品质走在前列。城乡居民人均收入水平稳步提升，力争年均增长7%—7.5%，实现城乡居民收入比2010年翻番目标，城乡居民收入差距进一步缩小。基本公共服务均等化水平明显提高。社会就业更加充分，覆盖城乡居民的社会保障体系日益完善。

——城乡发展走在前列。常住人口城市化率达到70%左右，杭州、宁波、温州、金华—义乌四大都市区初步形成,功能互补、结构合理、大中小城市和小城镇协调发展的城镇体系基本建成。美丽乡村建设取得重大进展,主体功能区建设进展顺利,区域发展格局进一步优化。

——生态质量走在前列。确保完成国家下达的节能减排约束性目标,生态环境质量不断提升,可持续发展水平明显提升。初步形成比较完善的生态文明制度体系,争取建成全国生态文明示范区和美丽中国先行区。

——改革开放走在前列。要素、财税金融以及转型升级体制机制等重点领域和关键环节改革取得突破。以"四张清单一张网"为核心的政府自身改革取得显著成效。民营经济创新发展、投融资体制改革、社会事业改革创新和社会治理体制机制进一步健全。开放型经济发展水平全面提高,深入参与"一带一路"战略实施和长江经济带分工合作,港口群竞争实力进位,国际分工地位和影响力明显提升。

三 浙江转型更快一步、发展更进一步的十大举措建议

面向2020年乃至更长一个时期,挑战依然严峻,但机遇前所未有、方向无比清晰、战略已然确定、目标具体明确。浙江站在干在实处的新起点上,迫切需要凝聚合力、精准发力,为建成高水平的全面小康社会,建成"两美浙江"、"两富浙江"的现代化浙江不断创新、不断探索。新常态下,浙江只要能适应变化,顺应规律、顺应趋势、在十个方面更进一步、更快一步,转型发展、持续发展,必将开启走在全国前列的新篇章。

(一)着力在稳增长转方式上更进一步、更快一步

未来一个时期,提高经济增长的稳定性,增强发展方式的持续

性是走在前列的根本基础。稳增长的重点是强化消费需求的基础性作用、稳固有效投资的关键性作用、优化对外贸易的支撑性作用；转方式的方向是加快由投资、出口拉动为主向由消费和投资、出口协调拉动转变。

一是积极扩大消费需求的基础性作用。人均GDP 1万美元以上，意味着居民的消费能力、消费需求、消费档次、消费品位、消费质量等都发生了深刻变化，消费进入"扩量提质"的时期，"四大转变"特征明显：(1) 消费结构由生存保障型向注重发展型转变；(2) 消费理念从偏重物质满足向兼顾物质与精神双满足转变；(3) 消费内容从商品消费为主向商品与服务消费并重转变；(4) 消费方式和区域从本地消费向跨区消费转变，从线下消费向线下线上结合转变。因此，下一阶段浙江扩大消费的战术重点应该放在三个方面。其一，积极扩大服务性消费。未来电子产品、汽车、健康等热点领域消费持续增长，网购等新兴商业模式发展迅猛，传统的餐饮市场经过前一阶段调整后已经处于恢复状态。但更广大的空间是信息消费、旅游和文化娱乐、教育、医疗保健、养老等服务性消费需求的不断增长。这需要在市场供给和市场环境上加大支持保障力度，积极完善教育、文化、健身、旅游等基础设施，健全和完善休假制度，培育新的服务性消费热点。其二，积极扩大农村消费。从消费结构来看，农村消费结构也至少滞后于城镇五年以上，城乡居民在交通通信、文化娱乐的支出和主要耐用品持有等方面还存在较大差距，这都是产业供给巨大空间。建议要以农村消费流通渠道和农村电商发展为重点，拓展农村居民收入渠道，引导各类资本加大投入，激活农村消费市场。其三，积极扩大"回流消费"。近些年，出国购买奢侈品、出国教育、海淘消费等领域商品和服务性消费快速增长，很重要的原因是国内缺乏高品质的产品和服务，若加以引导，这部分外流消费"回流"的规模将非常可观，对于藏富于民的浙江经济而言有重要稳定作用。

二是创新稳固有效投资的关键性作用。长期过度依赖投资造成的投资回报递减规律已明显地显露出来，要发挥投资的关键作用的重点在于强化投资的两大特性。其一是有效性。如何让今天的投资有效，成为明天的有效产出，而不是过剩产能，这就需要和消费趋势变化相匹配。根据我们的判断，未来时期，让投资有效的领域主要有：政府性投资要选择交通、能源和信息基础设施以及轨道交通等打基础、影响大、带动力强的项目优先实施，为促进社会投资增长营造环境，提振信心。这包括天网（通信、通航、移动互联网等）、地网（公路、铁路、城际轨道、市域交通、地下管网等）、水网（港区、内陆航运网、八大水系和内河网络）、绿网（城市绿廊、乡村道路景观绿化美化等）、服务网（政务管理、城乡公共服务、社会保障）；社会资本投资领域，则需要根据消费和产业供给变化来确定。目前来看，浙江省信息、环保、健康、旅游、时尚、金融、高端装备制造等七大产业，丝绸、黄酒、茶叶、青瓷等一批历史经典产业传承的特色小镇，以及新能源、新消费、新金融、生态环境和城市功能提升等相关领域都应是重点，需多措并举，要激发社会资本投资热情。其二是持续性。要让投资可持续的关键在于调动社会资本的投资热情，重点应放在一步深化金融创新和投融资体制改革，创新优化区域投资环境。要加快推进金融改革创新，进一步落实民间投资实施细则，打破"玻璃门"、"弹簧门"，积极推广政府与社会资本合作（PPP）模式，将更多好项目、大项目向民间投资开放。要加快"四张清单一张网"为重点的行政审批制度改革，营造良好的投资环境。要有效发挥省级产业引导基金、各级各类产业投资基金以及"浙民投"等各类社会投资基金的杠杆作用，探索设立中小企业创业引导基金，用市场化的工具和手段鼓励引导社会投资不断壮大实体经济，发展战略性新兴产业和现代服务业。要把促进要素分配机制的公平性摆在突出位置，探索更有利于要素有效配置的市场化机制。

三是优化结构强化贸易的支撑性作用。浙江对外贸易商品加工组装配套品的贸易比重大，纺织服装轻工等传统产品出口比重大，进口低出口比重大，这就决定了浙江对外贸易必然是低层次、低附加值，高依附性，主导权、话语权、增殖权都不强。因此，未来时期，浙江强化贸易的支撑性作用，必须改变结构，战术路径有三条。其一，提高贸易产品品质和交易平台层级。在积极培育大型成套设备等新出口产品的同时，要认识到浙江的传统产业商品在全球依然是有一定竞争力的，关键是要提高商品品质，降低渠道成本，建议重点是以义乌"市场采购"贸易试点扩围为重点，探索支持中国跨境电子商务综合实验区建设，大力发展跨境电子商务产业园区，打造优质跨境电商综合平台，大力建设跨境电子商务"海外仓"，构建跨境电商的全球网络布局，以质优价廉的商品直接面对海外消费者，构筑新的出口竞争优势。其二，"走出去"加强营销渠道建设和国际产能合作。紧紧抓住"一带一路"、中国—东盟自贸区、中非合作和发达国家实施"再工业化"战略等机遇，组织沿线国家和地区市场和投资交流，组织参与国际重大经贸交流活动，推动浙江省优势企业和富余产能跨出国门，实施海外并购国际知名企业和海外生产基地、全球营销网络建设。其三，鼓励高新技术产品进口和服务贸易。加大进口力度，加强杭州空港保税物流中心、宁波保税区等进口平台建设，支持企业扩大先进技术、关键装备、能源资源等的进口。积极推进服务贸易提质扩量，重点发展软件信息服务、通信研发、生物医药等特色服务外包产业。

（二）着力在产业结构调整上更进一步、更快一步

当前及未来一个时期，浙江产业结构面临三大重大变化：一是服务经济主导的产业结构正加快形成；二是高端制造产业面临破题；三是以"互联网＋"为主特征的产业融合趋势正在改变产业发展模式、业态和发展的规律。因此，在此背景下，浙江产业结构调整必须以信息、环保、健康、旅游、时尚、金融、高端装备等七大万亿级产业为核心，顺应三大趋势，在结构调整上更进一步、更快一步。

一是在产业融合发展上更进一步、更快一步。(1)加强农业和二、三产融合,推动农业现代化。以旅游经济为龙头、以生态循环为导向,以壮大农业特色主导产业为支撑,深入推进农业结构调整,构建高产、优质、高效、生态、安全,一、二、三产融合联动的现代农业体系。(2)加强"互联网+产业"的融合发展,积极引导传统企业应用"互联网+",发展工业互联网、工业物联网,推动智能化制造,提升传统产业信息化和工业化融合水平。把发展以互联网为核心的信息经济作为重中之重,加速信息化与先进制造业的深度融合,打造信息经济竞争力最强的省份。(3)加强生产型服务业与先进制造业的融合发展,加快科技服务、现代物流、工业设计、信息服务等生产性服务业发展,推进工业制造服务化、智能化、柔性化、绿色化。(4)推动服务业与新型工业化、新型城市化、农业现代化融合发展,立足产业转型升级、城市化发展的需求。推动服务业交叉渗透、跨界融合,推动大数据、云计算、物联网等现代信息技术在服务业的应用,提高服务质量和水平。

二是在服务经济发展上更进一步、更快一步。按照制造业转型升级、居民消费升级、新型城镇化建设要求,突出重点,着力发展信息服务业、金融业、现代物流业、旅游业、商贸流通业、房地产六大支柱产业,培育发展健康服务业、电子商务、科技服务业、文化创意等四大新兴服务业,构筑"6+4"服务业产业体系。同时,为促进城乡公共基础服务均等化,保障和改善民生,发展文化、教育、体育、卫生等基本公共服务业。突出生产性服务业优先位置,引导制造业企业分离和外包非核心业务,加快发展与制造业产业链相关服务产业,培育发展电子商务产业、互联网金融产业、现代物流产业和商务服务业等,形成"产品+服务"的现代产业模式,促进产业结构逐步由生产制造型向生产服务型转变。顺应新型城市化、人口老龄化和消费结构升级趋势,优化城市各类服务功能区布局,积极发展生活性服务业,大力发展养老服务业、健康服务业和家庭服务业,积极发展休闲旅游、文化创意、教育培训等产业,带动服务产品向多元化、个性化、高端化发展，壮大一批服务业新行业、新业态、新模式。

三是在高端设备制造业发展上更进一步、更快一步。制造业是浙江省产业转型升级的重要抓手、先进制造和高端制造是工业强省的关键。要认真贯彻落实国务院《中国制造2025》，制定实施《浙江制造2025》，充分发挥浙江制造业"专、精、特、新"的优势，以质量为核心，加强"浙江制造"高标准体系建设，顺应智能化、绿色化、品质化发展趋势，加快向智能制造、服务制造等先进制造业方向转型，占领制造业的制高点。以15个省级产业集聚区、高新技术产业园区、经济开发区（工业园区）、产业集群示范区、科技城为重点，明确导向，主攻绿色智能化高端制造领域，特色发展、差异发展、专精发展，继续做强船舶、电子信息、有色金属、轻工产业、纺织工业、建材工业、医药产业等传统优势产业，努力做大节能环保、高端装备、新材料、生命健康、智慧交通、信息制造等新兴潜力产业。

（三）着力在推动城乡协调上更进一步、更快一步

未来一个时期，推动新型城市化的核心是人的城市化，关键在于全面提高城市化质量和水平。对于浙江而言，省域城市空间结构优化、农业转移人口市民化管理、城市人居环境和美丽乡村建设是必须走在全国前列的四大重点。

一是以做强都市圈核心为突破口优化整合城市化空间。未来一个时期的重点是推动县域经济向都市圈经济转型。加快建设杭州、宁波、温州和金华—义乌四大都市圈，集聚高端要素，发展高端产业，以中心城区带动周边县市一体化发展。发展壮大湖州、嘉兴、绍兴、衢州、舟山、台州、丽水等区域中心城市，完善综合服务功能，增强集聚辐射能力，加快培育成为都市圈的副中心。支持推动有条件的经济强县，引导城市专业化发展，积极培育成为都市圈的次中心。

二是以制度改革先行推进农村人口转移转化。按照"三权到人（户）、权随人（户）走"的要求，统筹推进户籍制度和农村土地制度改革，推动建设城乡统一的土地市场，促进农业转移人口市民化。加快农村土地制度创新，加快制定耕地保护补偿、宅基地有偿使用和有偿退出、集体建设用地平等入市、征地制度改革等方面的政策。积极争取国家建设用地指标和财政转移支付安排与吸纳省外农业转移人口市民化挂钩政策。推进国家新型城镇化和中小城市综合改革试点，推进宁波、嘉兴、义乌和龙港新型城镇化综合改革试点。

三是以治水治气治堵为重点改善城市人居环境。顺应现代城市发展新理念、新趋势，丰富城市内在品质，不断提高城市绿色化、智能化、人文化发展水平。努力改善城市人居环境，提升城市生活品质。坚持"防治结合、综合治理"并举治污水，"强库、固堤、扩排"并举防洪水，"强库堤、疏通道、攻强排"并举排涝水，"开源、引调、提质"并举保供水，"源头控制、再生利用"并举抓节水，全力推进"五水共治"。加强移动源污染治理，大力推广清洁能源汽车，确立以公交为导向的城市发展模式，进一步完善由轨道交通、城市快速公交、公交、公共自行车组成的城市公交系统。加大城市快速路建设力度，优化骨干路网体系，提高城市支路网密度。加快城市交通拥堵点改造，加大道路功能提升和管理挖潜。实施循环交通组织工程，提高城市交通总体通行效率。深入推进"三改一拆""四边三化"行动，全面改善城市人居环境。

四是以美丽乡村建设为抓手推动城乡协调发展。提升美丽乡村建设标准，优化布局，强化特色，让广大人民群众望得见山，看得见水，记得住乡愁。继续深化"千村示范、万村整治"工程，推进村庄生态化有机更新。建设秀美之村，强化农房设计服务，改善整体环境，精心建设一批"浙派民居"。大力培育建设中心村，引导农村人口集中居住。加快推进城镇基础设施向乡村拓展延伸，促进城乡公共资源配置合理化、基本公共服务均等化，增强农村居民增收渠道。加强农村固体废物垃圾污染环境防治。推行垃圾分类，加强农村环境综合整治。

（四）着力在生态文明建设上更进一步、更快一步

充分发挥浙江生态、区位和文化优势，坚持先行先试，以绿色、低碳、循环发展为导向，以转变发展方式为核心，以改善环境质量为重点，以全民共建共享为基础，以体制机制创新为保障，推进实现生产方式绿色化和生活方式绿色化，加快建设美丽浙江，为"美丽中国"建设积累经验、提供示范。

一是绘好生态生产生活一张蓝图。积极推进发展规划、空间规划、土地利用规划和环境规划"多规融合"试点，加快划定生态保护红线进程，守住生态安全底线，合理考虑城镇、村庄空间增长边界，永久基本农田保护，生态保护红线，独立建设用地控制线这四条基线，强化各类规划的衔接，加紧编制市县级环境功能区划，实现生产、生活、生态空间有机融合发展。

二是解决突出环境问题重点整治。继续在全省范围内实施以"五水共治"为核心的重大战略，实行最严格的水环境监管制度，鼓励全社会力量共同参与水环境治理。继续开展长三角地区大气污染联防联控，落实能源结构优化、机动车排气污染防治、工业废气污染整治、城乡废气治理等各项举措，通过源头治理、综合防治，逐步形成政府统领、企业施治、市场驱动、公众参与的大气污染防治新机制。全面推进污水、大气环境、土壤、垃圾等生态环境各领域整治，加强重点行业和区域的污染减排，做好污水、垃圾及固废弃物的集中无害化处理，全面深入实施园区循环化改造。严格控制新增土壤污染，明确土壤环境保护优先区域，实行严格的土壤保护制度。全面开展土壤修复工程，排查并划分污染场地环境风险。强化环境应急管理，加强环境风险防范，强化饮用水源安全保障，建立健全重污染天气监测、预警和应急响应体系，实行环境应急分级、动态和全过程管理，制定切实可行的企业环境应急预案，重点强化石油化工、危险化学品生产、有色金属冶炼等预案的及时更新和动态管理，提高应急预案的针对性和可操作性。

三是完善生态文明的制度体系。建立差异化绩效考核评价体系，建立生态环境损害赔偿和责任追究机制。建立完善自然资源资产产权制度和用途管制制度，探索建立自然资源资产产权制度，完善资源有偿使用和生态补偿制度，构建"绿色金融体系"，强化环境资源市场化配置机制。积极推进环境污染第三方治理，逐步建立第三方治理模式持续发展机制。完善法律法规体系，强化环境监管执法机制。全面推进环境信息公开，加强舆论正面引导，切实强化公众参与，让公众在政府环保决策和评判环保工作成效拥有更大话语权。

（五）着力在社会民生建设上更进一步、更快一步

强化问题导向、需求导向、满意导向，抓住民生支出来源、服务提供水平以及社会治理结构三个重点，主动顺应人民群众对美好生活的新期待，聚焦民生热点难点问题持续发力。

一是完善民生支出长效性保障机制。建立民生领域财政支出增长长效机制，合理界定各级政府保障和改善民生的事权支出责任。加强县级财政民生保障能力。完善"省管县"财政体制，逐步提高县级财政在省以下财力分配中的比重，帮助困难县（市、区）弥补基本财力缺口。县级政府要综合考虑本地人口、经济社会发展等情况科学统筹财力，合理制定预算，并强化自我约束。完善资源动员和服务供给机制，充分调动社会资源，逐步形成有序竞争和多元参与的机制，利用市场机制，提高服务效率。鼓励和引导社会资本投资建立非营利性公益服务机构，探索民生服务项目经营权转让机制和民间投资公共服务的财政资助机制。分类推进事业单位改革，使事业单位真正转变为独立的事业单位法人和公共服务提供主体。积极引导省外浙商回归参与家乡民生服务项目建设，捐建社会公益项目。大力发展慈善事业和志愿服务，促进志愿服务经常化、制度化

和规范化。

二是健全公共服务多渠道供给机制。建立健全全民统一的基本公共服务体制，建立健全一个全民统一的基本公共服务体制，实现发展成果更多更公平惠及全体人民。健全完善公共资源配置机制，优化公共资源布局，加大对基层群众的教育、医疗、养老等社会公共产品与服务的供给。创新公共服务供给方式与完善政府购买机制，发展和鼓励社会力量提供公共产品与公共服务。不断完善公共服务的政府购买方式和政策，建立健全公共服务质量标准体系、考核评价机制和风险评估机制，使公共服务水平稳中有升。

三是完善社会多元化治理机制。大力发展社会组织，推进专业社会机构建设，鼓励支持企业、机构、行会、团体和个人等社会力量参与社会治理，以及公共服务领域相关设施的投资、建设、运营、维护和管理。完善现代社会治理，推进以城乡统一的身份、户籍、就业、收入、社保等为基础的社会治理体系建设，提高社会治理能力和对农村转移劳动力的服务水平。完善基层社会治理机制，以社区回归实现基层群众自治，拓展基层社会的自治结构与自治机制。以法治、德治保障基层社会自治，以政社互动推进基层社会治理，以乡贤治理、乡约治理、以德治理等优秀传统治理经验完善基层社会治理。

（六）着力在文化强省建设上更进一步、更快一步

面对新形势，紧紧围绕基本建成文化强省这一目标，始终致力于满足人民群众精神文化需求这一出发点和落脚点，进一步解放思想、推进文化创新，不断提高人民群众的思想道德和科学文化素质，不断增强浙江省文化综合实力和竞争力。

一是培育和践行社会主义核心价值观。持续深化以中国梦为主题的中国特色社会主义宣传教育，增强道路自信、理论自信和制度自信，大力开展社会主义核心价值观的教育。大力繁荣哲学社会科学，加强社会科学学科建设，打造"当代浙学"品牌，推进新型智

库建设，培育一批在省内较有影响力的重要智库。以深入推进核心价值普及行动、优秀文化传承行动、文化礼堂推进行动、最美风尚培育行动、网络空间清朗行动、诚信建设推进行动等"六大行动"为载体，进一步推动社会主义核心价值观"落地生根"。

二是构建现代公共文化服务体系。结合浙江实际，制定浙江省基本公共文化服务标准。深入推进公共图书馆、文化馆、乡镇综合文化站等公共文化设施实行免费、错时开放。探索建立群众文化需求反馈机制，开展公共文化"菜单式"服务。探索具有浙江特色的文化志愿服务模式。加快完善公共文化服务的网络设施建设，以农村文化礼堂为重点建设农村文化服务综合体，加强规划布局，到2020年在全省建成1万个农村文化礼堂。加强文化内容建设，推进省级重大文化项目建设，推进浙江省非物质文化遗产馆及市县综合非遗馆建设，在全省加快建设公共文化设施，实现省级中心镇和人口10万人以上的镇图书馆乡镇分馆全覆盖。提升公共文化服务供给能力，加大面向农村和欠发达地区的"送戏下乡""送电影下乡""建设农家书屋"等力度，实施全民阅读和"书香浙江"促进工程。创新公共文化服务机制，建立健全政府向社会力量购买公共文化服务机制，创新公共文化服务机制，进一步落实把农民工纳入城市公共文化服务体系的措施办法。推动公共文化服务社会化发展，保障特殊群体基本文化权益。积极开展面向老年人、未成年人的公益性文化活动。推进公共文化服务品牌化建设。以实施"六大工程"为抓手，打造文艺精品。大力实施地方戏曲振兴工程、当代文学提升工程、美术书法创作工程、影视精品打造工程、基层文艺繁荣工程、文艺浙军培育工程等"六大工程"，推进艺术创新，打造"文艺浙军"。

三是推进文化体制机制改革创新。全面深化文化体制改革，积极构建有利于文化改革发展和文化强省建设的体制机制。加快完善文化宏观管理体制。按照政企分开、政事分开原则，进一步理顺党政部门与其所属文化企事业单位关系，继续推进文化领域审批制度改革，深化文化市场综合执法改革，加强行业协会建设，推动政府部门由"办文化"向"管文化的"的转变、由"管微观"向"管宏观"的转变、由"管脚下"向"管天下"的转变。深化国家公共文化服务试点改革，深化国有经营性单位改革。推进省级重点国有文化集团公司制股份制改造，率先在符合条件的新闻出版传媒企业试点探索"特殊管理股"制度。推进文化事业单位内部机制改革。加快现代文化市场体系建设，建立健全市场准入和退出机制，规范市场经营行为，鼓励各类市场主体公平竞争、优胜劣汰。构建现代文化市场监管体系，推进文化市场法律法规"立改废释"工作，制定和修改省级层面的文化市场法律法规，健全市场监管法制化体系。加强文化市场综合执法机构和队伍标准化规范化建设，全面落实智慧监管。

　　四是提高文化产业发展水平。挖掘浙江充裕文化资源，加快转化为资本资源和发展资源，努力构建富有活力和竞争力的文化产业发展体系，推动规模化、集约化、专业化发展，通过"十三五"的发展，力争实现文化产业增加值占 GDP 比重达到 8% 以上，成为浙江省国民经济重要支柱性产业。大力打造产业发展平台（文化产业发展重点县、重点园区和重点企业、重点培育文化小镇）、产业服务平台（建设完善文化产业人才、金融、版权、信息等服务平台）和产业交易平台（重点打造义乌文交会、中国国际动漫节、杭州文博会、温州时尚产业博览会等重要文化节展）；优化产业结构布局，努力构建文化产业发展"一圈三带"空间布局，打造以杭州为中心辐射带动湖州、嘉兴、绍兴等周边城市的文化产业核心圈，以及宁波、舟山，温州、台州，金华、衢州和丽水等三个文化产业带；推动文化服务机制创新，积极鼓励民营资本发展文化产业，巩固提升影视、出版、演艺、动漫、制造等已有五大优势产业，大力发展数字内容、创意设计、艺术品交易、文化旅游、文化会展等新五大优势产业。推动浙江文化"走出去"与丝绸之路沿线国家的文化交流、文化传播和文化贸易，在更宽的渠道上广泛开展对外文化交流。实施文化品牌提升战略,增强对外文化辐射力和影响力。鼓励和支持文化企业在境外投资、营销、参展、宣传等领域开展活动,积极参与国际竞争。

(七) 着力在创新驱动发展上更进一步、更快一步

未来一个时期,科技创新将深刻影响着新一轮的经济社会发展,为经济增长提供核心动力,主动推进创新驱动是适应、积极引领新常态未来一个时期无法回避的重要历史使命。

一是科技创新突破要"硬"。未来产业的竞争,科技创新是关键。要加强基础研究与源头创新,提升原始创新能力,完善基础研究体制机制,强化基础研究前瞻引领功能。加快基础成果在相关产业转化和应用的速度。要推进重点领域核心关键技术有突破,围绕新一代信息技术、生物技术、高端装备(海洋装备、医疗装备)制造、新能源、新材料和新能源汽车等战略性新兴产业领域,以及3D增材打印、固态存储、量子通信、石墨烯等新型材料等新技术发展,合力攻关,提升科技核心竞争力;要积极推进"四换三名"工程和两化深度融合,促进重点产业技术升级。加快推进国家农村信息化示范省建设,加快农业农村技术创新,在农业新品种选育、农业机械、农产品精深加工、农产品安全等方面获取并推广一批重大科技成果。突出智慧物流、智慧交通、智慧社区、数字文化、电子商务等领域,大力发展知识和技术密集型服务业,推动高技术服务业科技创新。要针对民生需求,积极推进科技惠及民生。重点在人口健康、公共安全、资源保护、环境生态、新型城镇建设等重大民生科技领域的研究应用有所突破。

二是创新体制环境要"优"。推进浙江科技大市场建设,运用云计算、大数据、电子商务技术,改造提升现有浙江网上技术市场。完善技术中介服务体系,形成技术转移和科技成果转化产业化的创新服务链。优化成果交易转化要素配置,创新科技金融产品和服务,加快形成多元化、多层次、多渠道的科技创新投融资体系。

提升科技开放与合作水平,推广省校合作和清华长三角研究院建设的经验,依托青山湖科技城、青山湖未来科技城等创新基地,加快新型科研机构建设。加强军民科技合作,实现军民科技资源开放共享。完善政府间双边科技合作机制。巩固和深化政府间科技合作,拓展合作领域,形成层次合理、重点突出的科技合作新格局。加快推进国际科技合作基地建设,提高科研活动国际化程度。鼓励有实力的民营科技企业赴国外设立研发机构,设立双向互动的国际科技园或孵化器。鼓励跨国公司、央企在浙设立研发机构。加大知识产权运用和保护力度,全面深化知识产权战略实施,推进知识产权强省建设。全面深化科技体制改革,推进科技计划管理制度改革,深化科技评价和奖励制度改革,建立省市县联动的科技管理机制。

三是创新平台载体要"实"。推进杭州国家自主创新示范区建设,加快高新园区扩容提质,探索创新信息经济、健康、节能环保、科技金融、高端装备等各类新型特色小镇,重点加快形成以杭州创新走廊为龙头,以杭州青山湖科技城、未来科技城、宁波新材料科技城、嘉兴科技城、舟山海洋科学城以及温州、金华等有条件的中心城市新设立的科技创新平台"多点"为关键支撑,以孵化器、加速器、众创空间等各类创新载体为重要补充,面向多层次、多类型创新需求的区域创新体系,打造创业基地、创新基地、产业基地联动发展、有效衔接的创新发展链条。

四是集聚创新人才要"高"。加快形成高层次创新人才集聚机制,整合国家和省"千人计划"、"新世纪151人才工程""百千万科技创新人才工程""钱江人才计划""青年科学家培养计划",突出领军型创新创业团队建设,建设符合全省产业发展导向、创新路径清晰、创业成果显著、预期效益明确的领军型创新创业团队,造就一批高层次科技领军人才和创新团队。重视企业家队伍建设,支持一批新生代企业家加快成长。依托创新平台、产业联盟、创业基地等培养和造就大批研发人才、产业化人才、投融资人才、管理人才、商业模式创新人才。招募和聘请海外离退休科学家、工程师来浙江省开展技术咨询与服务，帮助企业解决技术难题。

（八）着力在重大体制改革上更进一步、更快一步

全面深化改革是解决前进中的突出问题的关键手段。浙江经济社会要实现持续健康发展，并继续走在前列，在经济体制改革领域，处理好政府和市场的关系，充分发挥市场的决定性作用，尤为关键。除了全国顶层设计推进的改革和已经部署推进的国家战略之外，对于浙江而言，有效利用政府有为之手，推动三个重点领域和关键环节的体制机制改革突破，既对全国具有示范作用，也对浙江可持续发展具有关键意义。

一是基本产权制度改革。创新农村和民资的产权保护关系浙江未来，对全国亦具有标杆意义。其一，以知识产权保护改革推进激励大众创业、万众创新。全面深化知识产权战略实施，全力推进知识产权领域改革，进一步健全知识产权侵权查处机制，加大知识产权运用和保护力度，提高知识产权运用效益，推进知识产权强省建设。其二，以农村产权改革加快农业转移人口市民化。按照"三权到人（户）、权随人（户）走"的要求，统筹推进户籍制度和农村土地制度改革，以农民财产权利的资本化、城乡要素配置的市场化为导向，全面实施农民持股计划，采取集体资产量化、农民合作社扩员扩股、集体物业经济参股、土地承包经营权入股等方式，增加农民财产性收入。推动建设城乡统一的土地市场，促进农业转移人口市民化。其三，以混合所有制经济改革推进激活民企转型发展的活力。在区分国企功能分类的基础上，加快建立以管资本为主的国资监管体制，推进国有企业治理体系和治理能力现代化。保证各种所有制经济依法平等地使用生产要素，公平地参与市场竞争，同等地受到法律保护，实现各类企业权利平等、机会平等、规则平等，为各种所有制取长补短、相互促进、共同发展奠定制度基础。

二是要素市场化改革。以亩均产出、亩均税收、单位能耗、单位排放等指标为调控指标，形成以"亩产论英雄、节能论英雄、节水论英雄、环境论英雄、科技创新论英雄、综合效益论英雄"的资源要素配置机制。重点做好"四个深化",①深化要素市场化交易平台建设。建立土地、排污、用能等要素资源供给的多层次市场,推行跨区域交易。②深化工业用地土地市场化配置体制改革。改革以往按行政区域"切块下达"新增建设用地计划指标的分配方式,建立存量土地盘活、消化批而未供土地、土地产出效益等集约指标和计划指标分配挂钩制度。③深化排污权有偿使用制度改革。进一步扩大排污权交易指标,探索将氮氧化物、碳排污权等纳入交易范围,建立排污权交易二级市场,促进排污权指标拍卖、租赁等市场化运作。④深化资源性产品价格改革。进一步完善电价、水价、气价阶梯价格政策,扩大差别化电价和惩罚性电价实施范围,全面建立城市居民阶梯水价和非居民超计划用水累进加价制度。

三是投融资体制改革。发挥金融支持实体发展的重要作用,重点是:①增机构。扩大民间资本进入金融业,支持民间资本发起设立村镇银行、自担风险民营银行,探索设立金融租赁公司、消费金融公司等新型金融机构,研究建立城市基础设施、住宅政策性金融机构。②转方式。扩大债券融资、股权融资比重,探索资产证券化、市政债等融资方式。创新规范发展互联网金融。鼓励发展股权投资、风险投资,推动各类企业上市和挂牌。积极延伸推广温州、义乌、丽水等金融改革试点经验。利用好政策性金融机构的资金。依法放开经营性领域开发建设和经营市场,以公共私营合作制(PPP)、股权合作等方式,建立投资、补贴与价格的协同机制,推动准经营性领域向社会资本开放。适应国家开放战略,扩大货币兑换和跨境贸易人民币结算中心试点。③强服务。探索政府设立或参股融资性担保公司、再担保公司,为小微企业提供增信服务、降低融资成本。引导金融机构对高污染高耗能行业实行差别化信贷供给机制,在信贷规模、贷款利率、产品服务、信用评级等方面实施差别化政策。

四是公共财政体制改革。以公共财政体制改革作为政府转变的核心突破口,推进"收入一个笼子、预算一个盘子、支出一个口子"公共财政管理改革。完善政府预算体系,加大政府性基金预算、国有资本经营预算与一般公共预算的统筹力度。改进预算管理,全面细化预算编制。完善政府性债务管理体系,将政府性债务纳入全口径预算管理,建立债务风险预警及化解机制并作为政绩考核的重要指标。推进省属非经营性国资管理体制改革。

(九)着力在开放合作发展上更进一步、更快一步

国家新一轮全方位的开放是未来时期浙江发展的重大机遇和挑战。浙江既有落实"一带一路"战略和长江经济带发展战略的资源和区位优势,也有"走出去""引进来"实现产能国际合作、跨区域发展统筹的实力和需要。在三个方面下功夫尤为重要。

一是在打造对外开放高能级战略平台上下功夫。以浙江省海港投资运营集团有限公司为主体,以资本为纽带,实质性推动宁波—舟山港一体化,实现宁波—舟山港港航管理、投资建设、港口运营一体化,统一整合运营全省五大港口宁波港、舟山港、嘉兴港、台州港、温州港。加快推进舟山江海联运服务中心建设,着力建设世界第一大现代化枢纽港、全球最大的大宗商品储备交易基地、国际一流的现代海事航运服务基地和高效便捷的多式联运综合交通体系。支持宁波发起设立国际港口城市联盟,在沿海、沿江和"一带一路"沿线港口城市开展合作,围绕宁波—舟山港打造港口经济圈,支持宁波—舟山港共同申报国家第三批自贸区。加快中国(杭州)跨境电子商务综合试验区、杭州国家自主创新示范区、航空港经济综合实验区建设。

二是在构建开放型经济体制机制创新上下功夫。全面实施"4+6"国家战略举措。联动推进浙江海洋经济发展示范区、舟山群岛新区建设,促进以宁波—舟山港为核心,嘉兴港、温州港、台州港、义乌无水港资源整合和协同发展。积极参与21世纪海上丝绸之路建设。制订浙江加快落实国家"一带一路"战略行动方案,完善支持浙江本土企业"走出去"的政策体系，推动浙江与海上丝绸之路沿线国家多领域、深层次、全方位的经贸合作和交流，促进浙江企业总部、研发、营销、制造等职能形成国际布局。全面推进中国（杭州）跨境电子商务综合试验区建设，加快杭州、宁波、金华、舟山跨境电子商务试点城市建设，鼓励和引导企业建立"海外仓"，完善与之相适应的海关监管、检验检疫、退税、跨境支付、物流等支撑系统。建立健全相关服务支撑体系，大力拓展海外市场，支持企业建立海外营销网络，完善浙江产品在"一带一路"沿线国家的市场布局。

三是在加快完善跨省域区域合作体制上下功夫。全面加强对接上海自贸区，完善大小洋山开发机制，积极争取上海自贸区政策向小洋山北侧陆域延伸，加强大洋山作业区投资机会研究，制订合理的浙沪合作方案。创建浙、皖、闽、赣四省边界国家级生态旅游实验区，按照"打破市界、整合资源、突出特色、错位发展、国际标准、高效务实"的要求，加快构建"一圈三片五组十线"的总体旅游发展格局，牵头组织开展总体规划编制，争取上报为国家战略，打造国家东部生态屏障、国际一流的旅游目的地、山区生态富民示范区、多省合作交流机制创新示范区。研究探索合作共建新疆国际陆港，创造争取设立综合保税区，将义乌铁路纳入国家"十三五"口岸发展规划，主动与新疆探讨共建国际陆港的可行性，加强与义乌国际陆港的互动，增强浙江服务陆上丝路战略能力。

（十）着力在法治治理建设上更进一步、更快一步

法治治理是衡量一个地区现代化治理体系完备性的重要标志之一，也是巩固改革创新发展成果的重要手段。未来一个时期，要全面深化法治浙江建设，以建立法治政府为突破口，加快建立权责统一、权威高效的依法行政体制，构建职能科学、权责法定、执法严明、公开公正、廉洁高效、守法诚信的法治政府，为浙江经济社会发展提供有力的保障。

一是营造良好法治意识和氛围。切实提高行政机关工作人员特别是领导干部的法治意识和依法办事能力。抓住领导干部这个"关键少数"完善学法制度，健全普法宣传教育机制，将依法履职情况和法治政府建设考核评价情况作为考察领导干部的重要内容，纳入实绩考核评价指标体系。普遍建立政府法律顾问制度，实现全省市县乡三级政府法律顾问全覆盖。引导全社会树立法治意识，增强公民厉行法治的积极性和主动性，把法治教育纳入国民教育体系，扎实做好国家宪法日教育活动，形成尊法、学法、守法、用法的良好社会氛围，不断夯实法治建设的社会基础。

二是提高依法行政的能力和水平。围绕理顺政府和市场关系，进一步转变政府职能，全面深化"四张清单一张网"建设。建立权力清单动态调整机制，调整和优化投资负面清单，健全事中事后监管机制，大幅度推进专项资金的实质性整合，全面落实法定工作责任。加强行政审批事项动态管理，探索建立行政审批事项动态目录制，全面取消非行政许可审批事项。积极稳妥深化政府机构改革，优化机构设置和人员编制配备。完善省直管县财政管理体制。创新和完善政府管理服务方式，推进社会组织明确权责、依法自治、发挥作用，适合由社会组织提供的公共服务和解决的事项，一律交由社会组织承担，政府加强监督指导。推动公共资源市场化配置，创新公共服务模式，积极推进政府向社会力量购买服务。加快浙江政务服务网建设，加快权力事项集中进驻、网上服务集中提供、数据资源集中共享，形成省市县统一架构、多级联动的在线"智慧政府"。围绕权责统一权威高效，进一步健全依法行政工作机制，健全科学民主的政府立法机制，完善行政决策机制，推进基层依法治理机制，强化依法行政的工作推进机制。围绕严格规范公正文明，健全行政执法体制，规范行政执法主体，完善行政执法程序，强化执法的法定职责，重点围绕食品药品安全、工商质检、公共卫生、安全生产、文化旅游、资源环境、农林水利、交通运输、城乡建设、海洋渔业等领域，进一步提升行政执法能力。

  三是强化权力运行的监督和制约。健全对行政权的制约和监督体系，加强对权力行使的监督，健全和完善党内监督、人大监督、民主监督和社会监督，把权力关进制度的笼子里。健全行政监督体制机制，对财政资金分配使用、国有资产监管、政府投资、政府采购、公共资源转让、公共工程建设等权力集中的部门和岗位推进决策权、执行权、监督权分离与制衡。强化审计监督，对公共资金、国有资产、国有资源和领导干部履行经济责任情况实行审计全覆盖。不断创新监督方式、提升监督质量、增强监督实效，形成科学有效的行政权力运行监督体系。全面推进政务公开。坚持以公开为常态、不公开为例外原则，推进决策公开、执行公开、管理公开、服务公开、结果公开。推行行政执法公示制度，创新政务公开方式，重点公开征地拆迁、土地使用权出让等公共资源配置信息，重大建设项目批准和实施信息，教育、医疗、环境保护、就业等社会公益事业建设和公共服务领域信息的公开。全面推行工作责任制和责任追究制，建立重大行政决策终身责任追究及责任倒查机制。

第二篇

现实基础：干在实处的新起点

一 砥砺奋进 转型发展①
——"十二五"时期浙江经济社会发展特点和成效

"十二五"时期，在省委、省政府的坚强领导下，全省上下以科学发展观为指导，坚持以"八八战略"为总纲，紧紧围绕建设"两富浙江"、"两美浙江"的总目标，按照干好"一三五"、实现"四翻番"的要求，坚持稳中求进工作总基调，突出转型升级主线，守住百姓增收、生态良好、社会平安"底线"，抓改革、促转型、治环境、惠民生，全省经济社会发展取得巨大成就，经济发展进入新常态，在经济增速换挡的同时，产业结构优化升级，质量效益不断提升，民生保障进一步改善，社会和谐稳定。到2015年年底，"十二五"规划的主要目标任务将如期基本实现，将全面建成惠及全省人民的小康社会，为干好"一三五"的"三"圆满收官，为实现"四翻番"和建设"两美浙江"打下更为坚实的基础。

（一）"十二五"规划主要指标实现情况进展良好

至2014年，《浙江省"十二五"规划纲要》确定的31个主要

---

① 作者系浙江省统计局王杰、傅吉青。

指标实现程度进展情况总体良好。具体情况是：

12项指标已经提前和超额完成"十二五"规划目标。12项指标分别是城市化率、主要污染物排放4个减排指标（化学需氧量、氨氮、二氧化硫和氮氧化物）、林木蓄积量、新增城镇就业、城乡居民收入比、城镇保障性安居工程建设、人均期望寿命、职工及城乡居民养老保险参保人数、城镇职工及城镇居民医疗保险参保人数等。

13项指标年均增长率达到规划进度要求或有望如期完成"十二五"规划目标。13项指标分别是生产总值、人均生产总值、服务业增加值占生产总值比重、研究与试验发展经费占生产总值比重、高等教育毛入学率、耕地保有量、单位生产总值能耗、单位工业增加值用水量、非化石能源占一次能源消费总量比重、单位生产总值二氧化碳排放量、城镇登记失业率、人口自然增长率、亿元生产总值安全事故死亡率。

3项指标统计调查口径范围变化较大，存在不可比因素。这3项指标分别是城镇居民人均可支配收入和农村居民人均纯收入，年均名义增速均高于8.5%和9%的"十二五"预期目标，实际增速均未达到。另一项指标居民消费率2014年为36.8%，虽然离38%的目标相差较大，但国家统计局对其核算口径范围在"十二五"期末的2015年有可能扩大，将包含原归类于政府消费的部分民生支出，消费率将明显扩大。

2项指标离"十二五"规划目标有一定差距。这2项指标分别是进出口总额、财政教育经费支出占一般财政支出比重。新增劳动力平均受教育年限1项指标统计数据目前难以取得。

到2015年，"十二五"规划的主要目标任务将如期基本实现。

（二）"十二五"时期经济社会发展主要特点和成效

1. 综合实力连上台阶，全面小康水平位居全国前列

生产总值连上三四万亿元台阶，稳居全国第4。2014年，全省生产总值（GDP，当年价）从2010年的2.77万亿元跃升至4.02万亿元，按可比价格计算已经达到规划目标值的95%，"十二五"前四年年均增长8.2%，超出规划目标0.2个百分点，高于8.0%的全国年均增幅。GDP总量占全国的比重为6.3%，继续列广东、江苏、山东之后，连续19年居全国第4位。

人均GDP名列省区第2，跨入中上等发达国家和地区水平。2014年，人均GDP为73002元，按可比价格计算已经达到规划目标值的96%，"十二五"前四年年均增长7.5%，超出规划目标0.7个百分点，是全国的1.56倍，列天津、北京、上海、江苏之后，居全国第5、省区第2位。按当年平均汇率折算，2012年浙江省人均GDP突破1万美元，2014年达11878美元，超过世界人均水平，跨入中上等发达国家和地区水平。

全面小康水平明显提升，综合评价值居全国第一。按照国家统计局制定的《全面建成小康社会统计监测指标体系》测算，2013年，浙江全面小康社会实现程度为96.68%，比2010年的91.65%提高5.03个百分点，居全国第一。

2. 增速换挡特征显著，增长质量全面提高

经济增速换挡，由高速增长转向中高速。GDP年均增速由"十一五"时期的11.9%放缓至"十二五"前四年的8.2%，下调3.7个百分点，实现了从高速增长向中高速增长的平稳过渡。尤其是规模以上工业增加值年均增速下调至7.8%，比"十一五"时期放缓3.8个百分点。

增长质量全面提升，稳步迈入中高端。财政收入更加丰盈。财政总收入从2010年的4895亿元增加到2014年的7522亿元，一般公共预算收入从2010年的2608亿元增加到4121亿元，分别增长53.6%和58%，四年年均增长11.3%和12.1%。企业经济效益持续改善。2014年，规模以上工业企业实现利润3544亿元，与2010年相比，年均增长5.7%；从业人员平均劳动报酬从2010年的2.8万元增加到2014年的5.2万元，年均增长16.7%。居

民收入较快增长。2014年，城镇常住居民人均可支配收入40393元，与2010年相比，四年年均增长10.2%，扣除价格因素增长7.6%；农村常住居民人均可支配收入19373元，按可比口径计算，与2010年相比，四年年均增长12.1%，扣除价格因素增长8.7%。城镇居民人均可支配收入水平连续14年居全国第3位，省（区）第1位；农村居民人均收入水平连续30年居全国省（区）第1位，2014年首次超过北京，列上海之后，居全国第2位。城乡居民收入差距小于全国平均水平。城乡居民收入差距从2010年的2.42倍缩小至2.09倍，小于2.36倍的"十二五"目标，也小于全国的2.75倍。

城市化水平不断提升。2014年，全省常住人口为5508万人，比2010年增加61.5万人，年均增加15.4万人。人口自然增长率均控制在6‰的"十二五"约束性目标之内。城镇人口比重（城市化率）为64.87%，比2010年提高3.27个百分点，2012年就提前达到63%的"十二五"预期目标。

3. 增长动力发生根本性变化，服务业主导经济发展。

统筹推进"五水共治""三改一拆""四换三名"等重大举措，打好转型升级组合拳，加快推进经济转型升级和发展方式转变，腾笼换鸟、机器换人、空间换地、电商换市取得了积极成效，经济结构发生了深刻变化。

服务业成为经济增长新引擎。三次产业结构实现了从"二三一"到"三二一"的历史性跨越，由2010年的4.9：51.1：44.0，调整为2014年的4.4：47.7：47.9，2014年，三产比重首次超过二产，十分接近48%的"十二五"规划目标，第三产业的增长贡献率为52.2%，比"十一五"时期上升4.9个百分点。2014年，服务业上缴税收4547亿元，比2010年增长1倍左右，占全部税收收入的比重为53.7%，已成为浙江省财政收入的最大来源。

"三驾马车"协调发力。2014年，固定资产投资、社会消费品零售总额、外贸出口额分别达到23555亿元、17835亿元和2733.5亿美元（16792亿元人民币），"十二五"前三年年均分别增长19.8%、14.9%和10.9%，与"十一五"时期13.3%、16.9%和18.6%的年均增速相比，内需对经济增长的拉动力增强，外需的增长率回落7.7个百分点，经济增长由主要依靠投资、出口拉动向依靠投资、消费、出口协调拉动转变。

对外依赖程度明显降低。2014年，全省进出口总额3551亿美元，与2010年相比，四年均增长8.8%，相当于GDP的54.3%，其中，出口相当于GDP的41.8%，外贸依存度和出口依存度分别比2010年下降7.6个和2.2个百分点。

4. 行业结构调整优化，转型发展稳步推进

农业内部结构进一步调整。加快粮食生产功能区和现代农业园区建设，粮食等主要农产品增产提质，优化种植业、提升畜牧业、发展现代林业、拓展远洋渔业、修复振兴浙江渔场，养殖过载区生猪总量大幅下调，加快建设绿色农业强省。2013年，全省耕地保有量达2968万亩，大于2863.5万亩的"十二五"约束性目标。农业结构向多元化方向发展。随着浙江省一系列惠农政策的进一步落实，农产品生产效益提高，农业内部结构进一步调整，2014年，农、林、牧、渔业总产值的比例为48.7∶5.2∶16.6∶27.4，与2010年相比，农业和渔业比重分别提高0.9个和3.2个百分点，牧业比重下降4个百分点。累计建成粮食生产功能区6441个，面积571.8万亩；建成现代农业园区642个，面积360万亩。经济作物在十大主导产业中占比稳步提高。2014年，蔬菜、花卉苗木、茶叶、药材等主要经济作物产值占农业十大主导产业产值比重分别为21.4%、8.3%、6.4%、2.3%，比2010年分别提高2.7个、0.8个、0.8个、0.5个百分点。拆除部分违规养殖建筑，减少粗放式养殖对生态环境的污染，规模化经营快速发展。休闲旅游观光等绿色农业迅速发展。2014年，休闲农业观光区总产值181亿元，旅游观光总收入110亿元，分别是2010

年的2.0倍和2.1倍。

工业转型升级取得新进展。"十二五"期间，省委、省政府出台了一系列政策措施，推动浙江省从工业大省向工业强省、制造大省向"智造强省"迈进。2014年，全部工业增加值16772亿元，占全省GDP的41.7%，比重比2010年下降3.3个百分点。其中，规模以上工业增加值12543亿元，年均增长8.3%；规模以上工业企业劳动生产率从2010年的12.9万元/人提高到18.0万元/人，按可比价格计算，年均提高9.6%。2014年，高新技术产业、装备制造业增加值分别占规模以上工业的34.1%和34.5%，2011—2014年年均分别增长10.5%和9.3%，增幅比规模以上工业分别高2.2个和1.0个百分点；战略性新兴产业增加值占规模以上工业的24.5%，对规模以上工业增长的贡献率达30.1%；八大高耗能产业比重从2010年的36.7%下降到35.9%，2014年主动淘汰3500家落后产能企业，关停高污染小作坊1.88万家。

现代服务业发展迅速。信息传输、计算机服务和软件业增长最快，2011—2014年年均增长17.6%，高于GDP增幅9.4个百分点，2014年占服务业增加值的7.1%，比2010年提高2.2个百分点。批发零售业增加值4912亿元，年均增长12.7%，占服务业增加值的25.6%，仍是服务业中占比最高的行业。交通运输业发展平稳，年均增长7.2%，快递业务量24.6亿件，居全国第2位，年均增长77.2%。金融业和房地产业在调控中稳步发展，年均增长6.5%和3.3%，均低于同期GDP增幅。旅游产业得到长足发展，旅游总收入6301亿元，居全国第3位；旅游产业增加值2636亿元，占GDP的比重为6.6%，比2010年提高1个百分点。

以互联网为核心的信息经济引领发展。成功举办首届世界互联网大会，省交通运输物流公共信息平台加快建设，加快发展信息产业、环保产业、健康服务业、旅游业、时尚产业、金融业、高端装备制造业等七大产业，并把发展以互联网为核心的信息经济作为七大产业的重中之重，加快培育"互联网+"新业态，云计算、大数据、物联网、电子商务、软件、信息产品制造等产业快速崛起,蓬勃发展。2014年,全省信息经济核心产业增加值2781亿元,占GDP的6.9%。其中,规模以上工业电子信息制造业增加值1180亿元,规模居全国第5位;全省软件业务收入2411亿元,规模居全国第7位。2014年,两化融合指数86.26,居全国第3位;信息化发展指数0.883,比2010年提高0.056。电子商务交易额突破2万亿元;实现网络零售额5642亿元,比2012年增长1.8倍,相当于社会消费品零售总额的比例从14.9%提高到33.4%;省内居民实现网络消费额3193亿元。浙江跨境电商进出口额约占全国的20%,居全国第2位。

集聚建设初见成效。2014年,海洋生产总值预计近6000亿元,增长10%左右,占GDP的14.7%,比重比2010年提高1.1个百分点。14个省级产业集聚区已建成投产面积370.8平方公里,投产企业3607家,其中世界500强企业35家。2012—2014年,固定资产投资年均增长27.1%,实际引进内资年均增长30.5%;产业增加值年均增长16.8%;企业利税总额、利润总额、企业所得税、劳动报酬等年均分别增长26%、31.2%、37%和17%。100家省级现代服务业集聚示范区吸收入园单位10.6万家,从业人员64.7万人,实现营业收入6372亿元,营业利润425.6亿元,上缴税收150.2亿元,各项指标比2010年都有较大增长。

特色小镇创建助力产业转型发展。规划建设特色小镇是浙江省近期培育新产业、生成新生产力、促进新融合,加快产业转型升级的新举措。各地充分利用浙江省块状经济、山水资源、历史文化的比较优势,利用浙江省在新一轮信息技术和新业态发展中的领先优势,通过资源整合、项目组合、功能集合,聚焦七大产业、龙头企业主导、嵌入创新要素,助力产业转型发展,促进经济转型升级。山南基金小镇、云栖小镇、梦想小镇等37个小镇成为首批省级创建特色小镇,正在带动当地的创新发展、转型发展。

5. 有效投资稳定发展，创新驱动不断加强

投资是保持经济平稳增长的"稳定器"。"十二五"前四年，固定资产投资累计74922亿元，四年投资总量比"十一五"期间五年的总量还要大68.1%，年均增速（19.8%）比"十一五"时期加快6.5个百分点，民间投资比重从2010年的57.4%提高到62.8%。基础设施投资年均增长17.2%，比"十一五"时期快8.2个百分点。工业投资年均增长14.3%，其中，工业技术改造累计投资16681亿元，年均增长18.2%，占工业投资的比重从2010年的60.2%上升到2014年的68.8%。第三产业累计投资年均增长22.9%。房地产开发投资23179亿元，年均增长24.5%，累计销售商品房1.7亿平方米，其中住宅销售面积1.4亿平方米。2014年，全省新开工城镇保障性安居工程20.6万套，竣工13.3万套，新开工公共租赁住房3.1万套，四年累计建设城镇保障性安居工程77.1万套，提前和超额完成58万套的"十二五"约束性目标。

创新驱动发展是经济发展方式转变的"推进器"。全面实施"创新驱动发展"战略，集聚创新资源，激活创新要素，转化创新成果，健全以企业为主体、市场为导向、产学研结合的自主创新体系，建设科技强省。创新能力大幅提升，2013年，科技综合实力由2010年全国第7位上升到第6位，国内区域创新能力继续保持全国第5位。2014年，地方财政科技支出208亿元，与2010年相比，四年年均增长14.2%；规模以上工业科技活动经费支出年均增长13.7%。预计R&D支出940亿元，比2010年增长90.2%，四年年均增长17.4%，约相当于GDP比例R 2.34%，比2010年提高0.56个百分点，四年年均提高0.14个百分点，有望完成2.5%的"十二五"规划目标。2014年，发明专利授权量13372件，比2010年增长1.1倍，四年年均增长20.2%，发明专利授权量居全国第2位。规模以上工业新产品产值率为29.2%，比2010年提高9.6个百分点。取得了一大批科技创新成果，有些成果达到全国乃至世界先进水平。2011—2014年，获得国家自然科学奖 8 项，国家技术发明奖 21 项，国家科技进步奖 92 项，合计 121 项；1129 项科技成果获省科技进步奖。围绕机器换人、智慧城市建设等，大力推广应用一批先进适用技术；促进科技成果资本化、产业化，通过项目实施，突破了一批核心关键技术，转化了一批重大科技成果，产生了显著的经济效益。加快人才培养和引进，科研人才队伍进一步壮大。

6. 环境整治多措并举，美丽浙江建设稳步推进

环境整治强力推进。坚定实施省委《关于推进生态文明建设的决定》。2014 年，全面实施"十百千万治水大行动"，建立健全五级"河长制"，"五水共治"消灭垃圾河 6496 公里，治理黑臭河 4660 公里，新建污水管网 3130 公里。"三改一拆"改造旧住宅区、旧厂区、城中村 1.84 亿平方米，拆违 1.66 亿平方米。145 个跨行政区域河流交接断面中，水质达到或优于水环境Ⅲ类标准的断面占 63.8%；劣Ⅴ类占 10.4%，比上年下降 1.8 个百分点；满足功能要求的断面（即水质达标率）为 67.5%，上升 4.6 个百分点。全面实施大气污染防治行动计划，2014 年，全省霾平均天数比上年减少 14 天；设区城市环境空气 PM2.5 年均浓度平均为 53 微克/立方米，比上年下降 13.1%；设区市城市空气质量优良达标天数比例为 75.5%，比上年提高 7.1 个百分点。

美丽乡村建设深入推进。2010 年，制定了《浙江省美丽乡村建设行动计划（2011—2015 年）》。46 个县成为美丽乡村创建先进县。积极推进农村生活污水治理，至 2014 年末，开展 6120 个村治理，新增受益农户 150 万户，开展农村垃圾减量化资源化处理村 1901 个；累计创建国家级生态乡镇 581 个，占全省乡（镇、街道）总数的 44.0%，数量居全国各省（区、市）的第 1 位。95% 以上的村实现生活垃圾集中收集处理，农村卫生厕所普及率达 93% 以上。

节能减排成效显著。"十二五"前四年，浙江单位 GDP 能耗累计下降已达 17.8%，2015 年只要下降 0.3%，就能圆满完成下降

18%的"十二五"节能降耗约束性目标。非化石能源占一次性能源消费总量的比重从2010年的9.8%上升到2013年的11.6%，预计2014年将达到13.6%，接近15%的"十二五"预期目标。单位工业增加值用水量从2010年的47.8立方米/万元下降到2014年的33.1立方米/万元，好于58立方米/万元的"十二五"约束性目标。化学需氧量、氨氮、二氧化硫和氮氧化物四项主要污染物指标已提前一年完成国家下达的"十二五"减排任务。2013年，基于能源活动的二氧化碳排放总量比2010年下降12.2%，有望如期完成国家下达的下降19%的"十二五"目标任务。

7. 社会发展稳步推进，民生保障日益加强

教育事业进入一个崭新发展阶段。学前3年到高中段的15年教育普及率为98.4%，九年义务教育的普及程度名列全国前茅。普通高等学校增加到2014年的108所，普通高校录取率为85.8%，高等教育毛入学率为54%，比2010年提高9个百分点，离"十二五"预期目标仅剩0.2个百分点；在校学生由2010年的122.7万人增加到2014年的137.3万人，增长11.9%；毕业学生由2010年的37.3万人增加到2014年的40.0万人，增长7.3%。职业教育加快发展。2014年，中等职业教育学校345所，招生20.6万人，在校生62.7万人，毕业生22.2万人，中职毕业生中获得职业资格证书的人数为19.7万人。

文化综合实力不断增强。2013年，文化产业增加值1880亿元，占GDP的5%，比重比2010年提高1.2个百分点。2011—2013年，全省文化发展指数（CDI）分别比上年提高16.96个、4.21个和4.32个百分点，呈稳步提高态势。2013年，文化产业增加值1880亿元，占GDP的5%，比重比2010年提高1.2个百分点。2014年，文化馆和图书馆分别达到102个和98个，博物馆148个，农村文化礼堂3400家，村级文化活动室覆盖率达100%，基本实现省、市、县、乡、村五级文化设施网络全覆盖。一大批标志性文化设施相继建成，文艺精品创作成果丰硕。2011年杭州西湖申遗成功，

2014年大运河成功列入第12届《世界遗产名录》，重点文保单位增至231处，居全国第4位。有杭州、绍兴、宁波、临海、衢州、金华、嘉兴、湖州8座国家级历史文化名城，中国历史文化名镇、名村30个。大力推进全民阅读和"书香浙江"建设，制定实施《浙江省2014年全民阅读重点活动安排》，推动各地开展丰富多彩的全民阅读活动，2013—2014年浙江成年居民综合阅读率达86.4%，居全国前列。2014年，全省有线电视用户1495万户，广播、电视综合覆盖率分别为99.6%和99.65%。

医疗服务水平持续提高。2014年，已设立卫生机构30360余家；医疗机构床位数24.6万张，比2010年增长33.7%，每千人床位数达4.46张；卫生技术人员37.6万人，比2010年增长30.3%。每千人执业（助理）医师2.65人（按常住人口计算），比2010年增加0.44人；每千人注册护士数达2.63人；甲、乙传染病报告发病率为193.92/10万，比2011年的（261.76/10万）下降26.5%，处于历史最低水平；出生缺陷率明显下降。全民体育健身运动蓬勃开展，人民健康水平不断提高，人均期望寿命从2010年的77.29岁提高到2014年的78.09岁，基本达到中等发达国家水平，提前和超过78岁的"十二五"预期目标。

平安浙江建设引领全国。加强社会治理方式创新，健全重大决策社会稳定风险评估机制，创新信访工作机制，加强城乡社区建设，有效预防和化解各类社会矛盾。健全公共安全体系，加强食品药品和农产品质量安全监管，深化安全生产管理体制改革，建立隐患排查和安全预防控制长效机制，有效防范安全事故，保持生产安全事故起数、死亡人数和直接经济损失持续下降。2014年，安全生产事故和死亡人数分别比2010年下降32.3%和19.2%，亿元生产总值安全事故死亡率为0.125%，比2010年下降0.1个百分点，控制在0.13%的"十二五"约束性目标内。建设"平安浙江"人民群众安全感满意率抽样调查，2011—2014年，群众安全感满意率分别为96.08%、95.93%、96.09%、96.2%，均高于同期全国平均水平，浙江被认为是最具安全感的省份之一。

就业基本稳定，社会保障体系框架基本形成。2014年，全省从业人员为3714万人，比2010年增加78.1万人，平均每年增加19.5万人。2011—2014年，新增城镇就业405万人，提前超额完成300万人的"十二五"五年的约束性目标，城镇登记失业率分别为3.12%、3.01%、3.01%、2.96%，均控制在4%的"十二五"目标内。2014年末，全省基本养老保险参保人数达3890万人，其中，企业职工参保2443万人，城乡居民社会养老保险参保人数为1342万人；基本医疗保险参保人数为4847万人，比2010年末新增2960万人，均提前和超额完成"十二五"约束性目标。加快社会保险制度城乡统筹，实施机关事业单位养老保险制度改革，积极推进社会保障从制度全覆盖提升到人的全覆盖。加快养老服务体系建设，发展社区居家养老服务，提升残疾人共享小康和困境儿童保障服务水平，加强慈善公益服务。完善城乡居民最低生活保障制度，社会救助体系基本实现城乡全覆盖。2014年，全省在册低保对象60.51万人，共有743.3万人次获得基本生活救助。2011—2014年，医疗救助受益困难群众996.2万余人次，共支出医疗救助资金39.6亿元。

（三）当前浙江经济社会发展面临的主要问题

1. 结构调整力度还需进一步加大

工业转型升级缓慢。规模以上工业装备制造业增加值比重不增反降，从2010年的35%下降到2014年的34.5%；电子信息制造业增加值比重从9.1%下降到9.0%。2012—2014年，战略性新兴产业年均增长8.7%，增速仅比规模以上工业快0.4个百分点。部分制造业企业仍处于全球价值链分工体系的末端，产业层次、产品档次、市场定位低、技术含量、附加价值和管理水平较低。企业效率有待优化提升。2014年，规模以上工业总资产贡献率为11.6%，低于全国（14.3%）、山东（18.5%）、江苏（16.7%）、上海

(14.1%)；成本费用利润率为6.0%，低于全国（6.4%）、山东（6.6%）、江苏（6.7%）、广东（6.2%）、上海（8.3%）；工业增加值率约为19.4%，还低于江苏2012年的24.4%；劳动生产率（18.0元/人）仅为江苏28.6元/人的62.9%，也低于广东的20.8元/人。服务业发展还须提速。浙江服务业总量在2014年超越二产，比全国迟了一年，服务业比重仍低于全国0.3个百分点，"十一五"前四年提高4.4个百分点，而全国同期提高5个百分点，升幅低于全国。消费动力相对偏弱。GDP使用额中，2013年全省47%的消费率，仅列全国第20位，与全国49.8%的平均水平相比，相差1.8个百分点，比上海（57.9%）、广东（51.8%）分别低10.9个和4.8个百分点，其中的居民消费率提高缓慢，从2010年的35%提高到2013年的36%，三年仅提高1个百分点，离38%的"十二五"预期目标还有一定距离。

2. 可持续发展面临严峻挑战

劳动人口规模呈持续减少趋势。从2011年起，浙江的劳动年龄人口比重和总量均已经出现拐点，从不断上升转为逐步下降的趋势，劳动力供求从无限供给逐步向短缺转变。15—64岁人口比重逐年下降，2011—2014年分别比上年下降0.2个、0.3个、0.5个和0.5个百分点，预计未来30年全省15—64岁劳动年龄人口比重将以年均0.6个百分点的速度快速下降，2040年下降到60%左右，回到新中国成立初期的水平，值得重点关注。基础资源供需矛盾突出。石油、铁矿石和其他工业原料等重要资源的对外依存度不断提高，极易受到国际资源价格波动和输入性通货膨胀的影响。全省耕地面积为192.09万公顷，不到全国的2%，按2014年末常住人口计算，人均占有耕地面积约为0.035公顷/人，不到全国平均水平的二分之一。2013年，水资源总量931.3亿立方米，人均仅为1694立方米，也低于全国人均水平（2055立方米）。2013年底，浙江省煤矿产资源基础储量为0.43亿吨，仅占全国的0.02%。全省一次能源自产率仅为3.8%（当量值）。环境问题仍需关注。

2013年，全省废水排放总量为41.9亿吨，列全国第4位；工业废气排放总量24565亿标立方米，工业固体废物产生量达4404万吨。浙江省每生产1亿元GDP需排放11万吨废水，生产1亿元工业增加值需排放1.55亿标立方米工业废气，产生0.28万吨工业固体废物，这些指标均大大高于发达国家水平。大气污染、水体污染、土壤污染环境事件时有发生，影响大气环境质量的雾霾和酸雨问题突出，区域性水质型缺水，近岸海域无机氮和活性磷超标，人民群众的生态环保诉求强化了发展的环境约束。

3. 社会建设和民生改善力度还需进一步加大

浙江是全国老龄化问题最突出的省份之一。2014年，浙江65岁及以上的老年人口达591万人，占总人口的10.7%，比重比2010年提高0.87个百分点，高出全国0.6个百分点，每年以20.7万人的速度增加，给医疗卫生、养老体系、社会保障和经济发展带来巨大压力。公共卫生应急保障能力还需进一步提升。艾滋病、结核病等重大疾病感染病例呈上升趋势，国内外新发和输入传染病增多，易造成重大突发性卫生事件，社会公众精神（心理）卫生问题需引起重视。食品和药品检测体系有待健全。城乡居民增收还需持续发力。

"十三五"时期是充满挑战和机遇的转型时代。世界经济环境仍然比较复杂，机遇和挑战处于深度调整之中，复苏动力不足，地缘政治影响加重，不确定因素增多，外需不足将对浙江省出口稳定增长带来更大难度。我国经济发展仍处于可以大有作为的重要战略机遇期，全面深化改革举措陆续推出，"一带一路"、长江经济带等国家战略实施孕育着巨大的改革发展机遇，新型工业化、信息化、城镇化、农业现代化持续推进，发展基础日益雄厚，改革红利正在释放，经济发展呈现减速换挡、质量效率改善、结构调整加快、发展动力转换的"新常态"。习近平总书记在浙江调研时指出，我国经济发展已经进入新常态，如何适应和引领新常态，我们的认识和实践刚刚起步，有的方面还没有破题，需要广泛探索。在"新常态"下,浙江如何转变发展理念,认识新常态,适应新常态,引领新常态,推动经济发展进入"增长中高速、质量中高端"健康轨道,实现"四翻番",高水平建成全面小康社会,进而开创美丽浙江、美好生活新境界,是"十三五"时期浙江经济发展的新课题,站在新起点上的浙江面临的困难和问题依然不少,加快经济社会转型发展比以往任何时候都更为迫切。

"十三五"时期,浙江要坚持和深化"八八战略",牢牢把握习近平总书记对浙江提出的"干在实处永无止境,走在前列要谋新篇"的新使命,深入贯彻党的十八大和十八届三中全会、四中全会精神,协调推进全面建成小康社会、全面深化改革、全面依法治国、全面从严治党进程,按照习总书记的要求,保持战略定力,应势而谋,深入研究管用的措施和办法,切实解决改革发展中的突出矛盾和问题,抓好在适应和引领新常态中做出新作为、发挥全面深化改革牵引作用、加快推进城乡发展一体化、培育和践行社会主义核心价值观、不断提高社会建设水平、全面提高生态文明建设水平、认真落实全面依法治国、坚持伟大工程和伟大事业协同推进等"八个方面"重点任务,努力在提高全面建成小康社会水平上更进一步,在推进改革开放和社会主义现代化建设中更快一步,努力实现"十三五"时期浙江经济社会持续健康发展。

表2-1 浙江省"十二五"时期经济社会发展主要指标

类别		单位	2010年	2014年	年均增长	十二五规划目标	
						目标	年均增长率%
结构优化	1. 全省生产总值	亿元	27748	40173	8.2	40000	8
	2. 人均生产总值	元	51758	73002	7.3	72000	6.8
	3. 进出口总额	亿美元	2535.33	3551.5	8.8	4000	10
	4. 居民消费率	%	35.3	36.8		38	
	5. 城市化率	%	61.6	64.87	[3.27]	63	[1.4]
	6. 服务业增加值占生产总值比重	%	44	47.9	[4.4]	48	[4]

续表

类别		单位	2010年	2014年	年均增长	十二五规划目标	
						目标	年均增长率%
创新发展	7. 研究与试验发展经费占生产总值比重	%	1.78	2.34	[0.56]	2.5	[0.72]
	8. 财政教育经费支出占一般财政支出比重	%	18.91	19.98		>21	
	9. 新增劳动力平均收教育年限	年	12.6			13.5	
	10. 高等教育毛入学率	%	45	54	[9]	56	[11]
资源和环境	11. 耕地保有量	万亩				2863.5	
	12. 单位生产总值能耗	吨标准煤/万元	0.61	0.5	-17.8		-18
	13. 单位工业增加值用水量	立方米/万元	47.8	33.1		<58	
	14. 非化石能源占一次能源消费总量比重	%	9.8	13.6		15	[6.2]
	15. 单位生产总值二氧化碳排放量	吨/万元			累计-12.2		-19
	16. 主要污染物排放	万吨					
	二氧化硫排放总量（万吨）	万吨	67.83		完成国家下达指标任务	国家下达指标	
	氮氧化物排放总量	万吨					
	化学需氧量排放总量	万吨	48.68				
	氨氮排放量	万吨	3.97				
	17. 林木蓄积量	万立方米	24225	29591		29225	[5000]
民生保障和社会公平	18. 新增城镇就业	万人	90.65	107.4	4.3		[300]
	19. 城镇登记失业率	%	3.2	2.96		<4	
	20. 城镇居民人均可支配收入	元	27359	40393	10.2	41100	8.5
	21. 农村居民人均可支配（纯）收入	元	11303	19373	12.1	17400	9
	22. 城乡居民收入比		2.42	2.09		<2.36	
	23. 城镇保障性安居工程建设	万套		20.6	累计77.1		[58]
	24. 人口自然增长率	‰	4.73	5		6	

续表

类别		单位	2010年	2014年	年均增长	十二五规划目标	
						目标	年均增长率%
民生保障和社会公平	25. 人均期望寿命	年	77.29	78.09	0.5	78	[1]
	26. 职工及城乡居民养老保险参保人数	万人	2916.18	3784.7		3400	[650]
	27. 城镇职工及城镇居民医疗保险参保人数	万人	1886.92	4847.59		2130	[320]
	28. 亿元生产总值安全事故死亡率	%	0.23	0.125		0.13	

注：GDP及相关指标2010年以来数据已按照第三次经济普查数据调整。从2013年起，农村居民人均纯收入改为可支配收入。人均期望寿命为卫生部门数据。

二 坚持和深化"八八战略"建设"两富浙江""两美浙江"[①]

——浙江"十二五"经济社会发展的重大战略举措

"十二五"以来，浙江深入学习贯彻习近平总书记系列重要讲话精神，以"八八战略"为总纲，以干在实处、走在前列的实际行动，奋力推进"四个全面"战略思想和战略布局在浙江的生动实践，全面建成小康社会取得决定性胜利，"两富浙江"、"两美浙江"建设开启历史新征程。

（一）坚持以"八八战略"为总纲，明确了新常态发展的总方略和总目标

"十二五"以来，浙江主动适应和引领经济发展新常态，坚持深入实施"八八战略"，努力把"干在实处、走在前列"的要求贯彻到底。省委、省政府先后作出建设物质富裕精神富有的现代化浙

---

① 作者系浙江省委政研室黄良浩。

江，干好"一三五"、实现"四翻番"，全面实施创新驱动发展战略，全面深化改革，全面深化法治浙江建设，建设美丽浙江、创造美好生活，学习贯彻习近平总书记在浙江考察时的重要讲话精神等重大决策部署，全省经济社会转型发展取得新成效，为担负起"干在实处永无止境，走在前列要谋新篇"的新使命奠定了坚实的基础。

省委、省政府坚持一张蓝图绘到底，把"八八战略"作为引领浙江经济社会发展的总纲领。"八八战略"是习近平总书记在浙江工作时，带领省委一班人经过大量调查研究提出来的发展战略，聚焦如何发挥优势、如何补齐短板这两个关键问题。其主要内涵是"发挥八个方面优势，推进八个方面举措"：一是进一步发挥浙江的体制机制优势，大力推动以公有制为主体的多种所有制经济共同发展，不断完善社会主义市场经济体制；二是进一步发挥浙江的区位优势，主动接轨上海、积极参与长江三角洲地区交流与合作，不断提高对内对外开放水平；三是进一步发挥浙江的块状特色产业优势，加快先进制造业基地建设，走新型工业化道路；四是进一步发挥浙江的城乡协调发展优势，统筹城乡经济社会发展，加快推进城乡一体化；五是进一步发挥浙江的生态优势，创建生态省，打造"绿色浙江"；六是进一步发挥浙江的山海资源优势，大力发展海洋经济，推动欠发达地区跨越式发展，努力使海洋经济和欠发达地区的发展成为浙江省经济新的增长点；七是进一步发挥浙江的环境优势，积极推进基础设施建设，切实加强法治建设、信用建设和机关效能建设；八是进一步发挥浙江的人文优势，积极推进科教兴省、人才强省，加快建设文化大省。"八八战略"与"四个全面"战略思想和战略布局在精神上是高度契合的，是当前及今后推进"四个全面"战略思想和战略布局在浙江实践的根本遵循，是浙江省认识、适应和引领经济社会发展新常态的"金钥匙"，是建设"两富浙江"、"两美浙江"的行动指南。

在"八八战略"的指引下，省委十三届二次全会从浙江实际出发，提出分两个阶段推进"两富"现代化浙江建设。第一阶段是到2020年，实现全省生产总值、人均生产总值、城镇居民人均可支配收入、农村居民人均纯收入分别比2010年翻一番，分别达到55500亿元、104000元、55000元、24000元以上，促进社会全面进步和人民生活水平不断提高；第二阶段是在实现2020年"四个翻一番"目标基础上，再经过一个时期努力，力争率先基本实现社会主义现代化。为实现到2020年第一阶段的奋斗目标，本届省委、省政府作出干好"一三五"、实现"四翻番"的具体部署。"一"就是全力以赴做好2013年的工作；"三"就是在今后三年不折不扣地完成"十二五"规划确定的目标任务；"五"就是全面落实省第十三次党代会部署的今后五年的目标任务，为到2020年实现"四个翻一番"奠定坚实基础。干好"一三五"、实现"四翻番"，分两个阶段建设"两富浙江"，为浙江"十二五"及更长远的发展明确了路线图和时间表。

（二）坚定不移打好转型升级组合拳，全面提升经济发展质量和效益

转型升级是浙江提高经济发展质量和效益的主线。近年来，浙江针对长期以来存在的粗放发展方式，着力寻找纲举目张的突破口和主抓手，打出了以治水为突破口，以浙商回归、"五水共治""三改一拆""四换三名""四边三化""一打三整治"、创新驱动、市场主体升级、小微企业三年成长计划、七大产业培育等为主要内容的转型升级组合拳。这套组合拳从多个维度精准发力、综合施策，既有环境治理的强劲倒逼，也有创新驱动的引领带动，既有结构调整的全面推进，也有企业变革的微观基础，形成了政策举措的叠加效应，推动转型升级找到了跑道、见到了曙光。

以环境治理倒逼转型升级。近年来，"五水共治""三改一拆"等重拳出击，形成了转型升级的有力倒逼机制。从2014年开始，举全省之力推进治污水、防洪水、排涝水、保供水、抓节水"五水共治",明确了"五水共治、治污先行"的路线图,制定了"三年解决突出问题、五年基本解决问题、七年基本不出问题"的时间表,突出抓好"清三河、两覆盖、两转型"等重点工作,建立省、市、县、镇(乡)四级河长制并向村(社区)延伸。2015年上半年,全省地表水Ⅰ—Ⅲ类水质断面比例同比提高8.6个百分点,劣Ⅴ类水质断面比例减少7.7个百分点,群众对治水的支持度达到96%。持续深入推进旧住宅区、旧厂区、城中村改造和拆除违法建筑"三改一拆"行动,大力实施"无违建县(市、区)"创建,制定实施违法建筑处置规定和实施意见,2013—2014年全省改造3.73亿平方米,拆违3.17亿平方米,为转型升级腾出了空间、创造了条件。同时,大力推进以依法打击涉渔"三无"船舶(无船名号、无船籍港、无船舶证书的船舶)和违反伏休规定等违法生产经营行为,渔船"船证不符"整治、禁用渔具整治和污染海洋环境行为整治为主要内容的海上"一打三整治"行动,努力重振东海渔场、再现碧海景观。环境治理的强势推进,打破了制约转型升级的"坛坛罐罐",打破了"劣币驱逐良币"的困局,打出了转型升级的新气象。

1. 以创新驱动引领转型升级

创新驱动是转型升级的根本动力。2013年上半年,省委十三届三次全会不失时机地作出了全面实施创新驱动发展战略的决定,提出要解决科技投入产出不匹配、产学研用结合不紧密、评价考核标准不科学、体制机制不适应等科技创新"四不"问题,经过5年努力实现R&D经费支出、研发人员数、发明专利授权量、规模以上工业新产品产值、高新技术产业产值、技术市场交易额、高新技术企业数、科技型中小企业数等八项指标倍增,力促科技进步贡献率、全社会劳动生产率等两项指标明显提高。近年来,浙江把握新一轮科技革命和产业变革的机遇,打造大众创业、万众创新的新引擎。2014年,全省R&D经费支出相当于GDP的比例提高到2.34%,高新技术企业累计达6232家,未来科技城、青山湖科技城、宁波新材料科技城等重大创新平台相继建成，浙江清华长三角研究院等创新载体促进了产学研协同发展，经济发展开始更多地依靠创新驱动。

2. 以结构调整推动转型升级

结构调整是转型升级的主攻方向。针对浙江经济发展中过多依赖低端产业、过多依赖低成本劳动力、过多依赖资源要素消耗、过多依赖传统市场和传统商业模式、过多依赖低小散企业等"五个过多依赖"问题，浙江启动实施腾笼换鸟、机器换人、空间换地、电商换市和培育名企、名品、名家"四换三名"工程。2014年，全省淘汰落后产能涉及20多个行业3500多家企业，高新技术产业、战略性新兴产业、装备制造业增加值占规模以上工业比重分别提高0.5个、0.4个和0.5个百分点；使用工业机器人总量约占全国的15%、居各省区市首位；盘活存量建设用地10.52万亩，实施城镇低效用地再开发8.63万亩；电子商务交易额突破2万亿元，全国85%的网络零售、70%的跨境贸易和60%的B2B交易在浙江的电子商务平台上完成。同时，大力培育信息、健康、环保、旅游、时尚、金融、高端装备等七个万亿级产业，建设一批聚焦七大产业、兼顾茶叶丝绸黄酒等历史经典产业、具有独特文化内涵和旅游功能的特色小镇，2015年首批37个特色小镇正式启动建设。

3. 以企业变革支撑转型升级

企业提质增效是转型升级的微观基础。2011年以来，浙江把实施"浙商回归"工程、支持浙商创业创新作为经济工作"一号工程"来抓，成功举办两届世界浙商大会，制定实施《关于支持浙商创业创新促进浙江发展的若干意见》及16项配套文件，成立省市县三级浙商创业创新工作领导小组，实施"千万招引行动计划"，重点推进浙商产业回归、总部回归、资本回归、科技人才回归等，浙江经济与浙江人经济融合发展取得了积极成效。2012—2014年，浙商回归到位资金5285.7亿元，其中投资重大项目到位资金累计3837亿元，占全部到位资金的72.6%。在抓好浙商回归的同时，针对浙江企业低小散的问题，积极推进个转企、小升规、规改股、股上市，制订实施小微企业三年成长计划，努力提升浙江企业的整体层次。

（三）全面深化改革，再创体制机制新优势

全面深化改革是浙江继续走在全国前列的战略抉择。2013年11月，省委十三届四次全会认真学习贯彻党的十八届三中全会精神，在总结改革开放35年的实践经验基础上，作出了全面深化改革、再创体制机制新优势的决策部署。全会作出的《决定》，围绕"深入推进中国特色社会主义在浙江的实践，努力在推进治理体系和治理能力现代化上走在前列"的改革目标，制定了全面深化改革的时间表和路线图，明确了改革任务和重点突破的改革举措。两年来，全省上下坚持问题导向、效果导向、市场取向抓改革，改革热情再次激发，改革试点再掀热潮，"改革红利"再获释放。

1. 以"4+6"改革项目为重点抓好国家级改革试点

国家战略举措"4+6"改革，既是浙江承担的国家战略使命，也是支撑浙江未来发展的重大战略引擎。2011年以来，浙江认真贯彻国务院批复精神，举全省之力推进浙江海洋经济发展示范区、舟山群岛新区、义乌市国际贸易综合改革试点和温州市金融综合改革试验区建设，大力谋划建设中国（杭州）跨境电子商务综合试验区、创建杭州国家自主创新示范区、设立舟山江海联运服务中心、建设舟山国际绿色石化基地、增设民营银行、设立义乌国际邮件互换局和国际邮件交换站等六大改革项目。当前，宁波—舟山港货物吞吐量跃居全球首位，省海洋开发投资集团正式成立，海上"一打三整治"强势推进；省政府赋予舟山群岛新区516项省级行政审批和管理权限，舟山港综合保税区本岛分区封关运行，大宗商品交易中心建成营运，新区主要经济指标增幅位居全省前列；义乌市场采购贸易方式全面实施，"义新欧"国际集装箱班列实现常态化运行，国际邮件互换局和国际邮件交换

站正式设立，外贸出口持续大幅度增长；中国（杭州）跨境电子商务综合试验区正式获批，线上线下加快融合，跨境电子商务实现井喷式增长；温州市民间融资管理条例颁布实施，浙江网商银行、温州民商银行作为民营银行试点正式开业，丽水农村金融改革试点和台州小微企业金融服务改革创新试验区建设稳步推进。这些重大改革举措的突破，牵引带动全省各项经济社会体制改革，形成了强劲的改革动能。

2. 以"四张清单一张网"建设为突破口深化政府自身改革

深化经济体制改革，主要矛盾是处理好政府和市场的关系，矛盾的主要方面是厘清政府的权责边界，做到"法定职责必须为、法无授权不可为"。浙江抓住这对矛盾的"牛鼻子"，创造性地提出推进"四张清单一张网"建设。制定实施省、市、县政府权力清单，省级部门行政权力从1.23万项精减到4236项；制定实施省市县政府责任清单，明确省级部门主要职责543项；制定实施省级部门专项资金管理清单，省级财政转移支付专项由235个整合为54个；制定实施企业投资负面清单，推动核准目录外企业投资项目、"零地"技改项目不再审批；开通集行政审批、政务公开和便民服务于一体的浙江政务服务网，全面提高政务效能。与此同时，深入推进行政审批制度改革，通过下放、授权、合并、取消等多种方式，减少省级实际执行的行政许可事项，全面取消非行政许可审批事项，全面实行营业执照、组织机构代码证、税务登记证、社会保险登记证和统计登记证"五证合一"登记制度，做到简政放权、放管结合、优化服务，努力打造"审批事项最少、办事效率最高、投资环境最优"的省份。

3. 以资源要素市场化配置为着力点进一步激发市场活力和动力

处理好政府和市场的关系，根本上就是要以政府权力的减法换取市场活力的乘法，使市场在资源配置中起决定性作用。纵观我国渐进式的市场化改革进程，产品市场改革基本到位，要素市场改革相对滞后。针对这一问题，浙江省启动海宁要素市场化配置综合配套改革试点并拓展到萧山区等24个县（市、区），建立以亩产效益综合评价为重点的体制机制，实现资源要素"合理配、优质配、合法配、高效配"；启动义乌市农村宅基地制度改革试点和德清县农村集体经营性建设用地入市试点，谨慎有序盘活农村存量建设用地市场；深化投融资体制改革，推行政府和社会资本合作模式，提高资金利用效率；大力发展国家级、省级高新园区，构建省级科技大市场与网上技术市场线上线下融合的技术市场体系，深入推进重点企业研究院建设、重大专项技术攻关、青年科学家培养"三位一体"的产业技术创新综合改革试点。通过深化要素市场化配置改革，让一切劳动、知识、技术、管理、资本的活力竞相迸发，让一切创造社会财富的源泉充分涌流，形成大众创业、市场主体创新的良好环境。

4. 以增强群众获得感为目标深化民生领域改革

改革的最终目的，是让最广大人民群众得到尽可能大的实惠，有更多获得感。浙江在抓改革的过程中，注重坚持民生导向，从群众最关心、反映最强烈的问题改起。深化教育领域综合改革，重点做好高校考试招生制度改革试点，推行职业教育招生录取方式向"文化知识+技能测试"转变，推进普通高中课程改革，高标准推进义务教育均衡化，全省90个县（市、区）基本实现公办学校"零择校"。深化医药卫生体制改革，全面取消公立医院以药补医机制，在全国率先实现省、市、县三级公立医院综合改革"全覆盖"，推进优质医疗资源"双下沉、两提升"，实施分级诊疗制度，让老百姓在家门口就能得到优质的医疗服务。深化社会保障制度改革，推进机关事业单位工作人员养老保险制度改革，扩大企业基本养老保险覆盖面，加快养老服务体系建设，建立统一的城乡居民医疗保险制度，全面建立大病保险制度，稳步提高城乡居民最低生活保障标准，基本实现社会保障由制度全覆盖向人群全覆盖转变。深化生态文明体制改革，探索建立与区域主体功能定位相适应的党政领导班子综合考核评价机制，对丽水、衢州两市不再考核GDP；建立空间准入、总量准入、项目准入"三位一体"和专家评价、公众评议"两评结合"的新型环境准入制度，完善生态保护补偿机制，推行排污权有偿使用和交易制度，逐步形成生态文明建设的常态化、长效化机制。深入推进城乡发展一体化体制机制改革，稳妥推进农民土地承包经营权、宅基地用益物权、集体资产股权"三权到人（户），权跟人（户）走"，引导农民依法自愿有偿流转土地承包经营权，探索建立宅基地使用权退出、置换机制，推进村级经济合作社股份制改革，探索提高农村居民财产性收入，切实解决好农民和市民"两种人"的问题。

（四）坚持"绿水青山就是金山银山"，努力创造人民群众更加满意的美好生活

"十二五"以来，全省上下坚定不移走"绿水青山就是金山银山"的发展路子，护卫绿水青山，做大金山银山，全省生态环境质量持续改善，人民群众生活品质持续提升。2014年5月，省委十三届五次全会作出了建设美丽浙江、创造美好生活的决定，提出要走向生态文明新时代，争取建成全国生态文明示范区和美丽中国先行区。

1. 持之以恒推进生态省建设

总结两轮"811"环境保护专项行动的成功经验，制定实施"811"生态文明建设推进行动，全省生态环境质量继续保持全国领先。在重拳治水的同时，联动推进大气污染防治，推进燃煤机组"近零排放"技术改造，加紧淘汰黄标车，2014年全省PM2.5平均浓度下降13%，设区市空气质量优良率达到75.5%。积极开展清洁土壤行动，重金属污染防治连续两年国家考核为优秀。深入推进城市治堵，加强杭州、宁波等中心城市轨道交通建设，新增城市公共停车设施，2014年设区市城市公共交通分担率平均提高2个百分点。深入实施"千村示范、万村整治"工程和美丽乡村建设，以农村生活污水、生活垃圾、违法建筑治理为重点优化农村人居环境，以历史文化村落保护、浙派民居建设、农村文化礼堂建设为重点发展特色乡村文化，打造美丽乡村升级版。深入实施公路边、铁路边、河边、山边等区域洁化、绿化、美化行动，推进平原绿化和生态公益林建设，全省森林覆盖率达 60.89%。深入实施循环经济"991"行动计划，大力整治提升重污染高耗能行业，化学需氧量、二氧化硫等指标提前 1 年完成"十二五"减排目标。

2. 以生态文明为导向促进区域协调发展

在工业化、城市化快速推进阶段，区域协调发展的主要标志是加快欠发达地区经济发展，缩小地区之间人均 GDP 差距。"十二五"期间，区域协调发展理念和举措的最大变化，是确立生态文明建设导向，严格按照优化开发、重点开发、限制开发、禁止开发的主体功能区定位推动区域发展，推动欠发达地区真正走绿色发展、生态富民、科学跨越的路子。2015 年初，省委、省政府决定摘掉淳安等 26 个原欠发达县（市、区）的"欠发达"帽子，保持支持力度不减，改进考核激励办法，制定干得好的"奖、增、加"，干得不好的"罚、减、换"的激励约束机制，在开化、淳安等重点生态功能区实行与污染物排放总量挂钩的财政收费制度、与出境水质和森林覆盖率挂钩的财政奖惩制度，激发 26 县内生发展、绿色发展的动力活力，推动这些地区加快发展成为全省的"绿富美"。

3. 深入推进以人为核心的新型城市化

"十二五"期间，中央召开城镇化工作会议，制定实施新型城镇化规划，明确推进城镇化的指导思想、主要目标、基本原则、重点任务。浙江坚定不移走新型城市化道路，先后两次召开全省新型城市化工作会议，制定实施深入推进新型城市化的《纲要》和《实施意见》。省委、省政府明确提出，深入推进新型城市化关键是提高新型城市化质量，强调不要在追求城市化"率"上做文章，而要在城市化的"化"上下功夫。近年来，全省高标准规划建设杭州、宁波、温州、金华—义乌都市区，推进县域经济向都市区经济转型，深化中心镇改革发展和小城市培育试点，促进大中小城市和小城镇协调发展。全面提升城市规划建设管理水平，建设现代化美丽县城，推进地上地下空间综合开发利用，加快解决"城市规划不够科学、人口素质有待进一步提高、产业层次提升不快、城市建设质量不够高、城市特色不明显、城市管理跟不上"等突出问题。坚持改革赋权、转型强农、治水美村、惠民增收，有序推进农业转移人口市民化，大力推进农业发展方式、乡村建设方式、农民增收方式和基层治理方式转变，加快形成以工促农、以城带乡、工农互惠、城乡一体的新型工农、城乡关系。

4. 持续保障改善民生

进一步加大民生投入力度，健全民生实事工作推进机制，全省财政支出增量的三分之二以上用于民生。高度重视大众创业、市场主体创新，通过建设特色小镇、发展众创空间、鼓励青年创业、推动网络创业等举措，激发创业创新热情和活力，以创业带动更高质量就业。制定实施促进城乡居民持续普遍增收的意见，2014年全体居民人均可支配收入32658元，居全国省（区）第1位；城镇居民人均可支配收入40393元，农村居民人均可支配收入19373元，分别连续14年和30年居全国省（区）第1位；城乡居民收入差距倍数缩小到2.09倍，比全国平均水平低0.66。持续大力加强教育、医疗卫生、体育、养老等公共服务设施建设，增强基层公共服务供给能力，加快构建符合省情、比较完整、覆盖城乡、可持续的基本公共服务体系，进一步提升基本公共服务均等化水平。通过提高低保标准等有效举措，家庭人均年收入4600元以下的贫困现象全面消除。

5. 推动文化大发展大繁荣

着力推进重大文化工程建设，建成浙江音乐学院等标志性文化设施，形成大批文艺创作精品成果。特别是杭州西湖文化景观、京杭大运河浙江段和浙东运河相继入选世界文化遗产，国际影响力持续增强。完善城乡公共文化服务体系，推进全民阅读和"书香浙江"建设，图书馆、文化馆、博物馆实现县（市、区）全覆盖，文化信息资源共享工程实现乡镇全覆盖。从2013年起在全省大力推进农村文化礼堂建设，坚持"建管用"一体化，推动教育教化、乡风乡愁、礼仪礼节、家德家风、文化文艺进礼堂，打造农民精神家园，巩固农村文化阵地。大力发展文化产业，文化产业增加值占GDP的比重达到5%左右，横店影视产业实验区成为全国首个国家级影视产业基地，义乌文交会、杭州国际动漫节等文化展会的国际影响力逐步增强，形成了华谊兄弟、华策影视等一大批具有较强竞争力的民营文化企业。

6. 加强社会治理创新

坚持把"三改一拆""五水共治"等重点工作作为法治浙江建设的大平台、实验田、试金石和活教材，不断拓展法治实践平台。统筹推进立法、执法、司法、普法工作，坚持立法先行，强化执法司法保障，充分发挥法治的调节、促进、规范作用。建立健全社会矛盾调处化解体系，坚持和发展"枫桥经验"，推进"网格化管理、组团式服务"，持续开展领导干部下访、县委书记大接访活动，完善大调解工作格局。加强食品药品安全保障，坚决遏制重特大安全事故的发生。建设立体化社会治安防控体系，妥善处置银行业不良贷款等经济领域突出问题，严密防范和严厉打击各类违法犯罪活动，全面提升平安建设水平。

（五）树立从严从实作风，更好保障经济社会发展

中国共产党是中国特色社会主义事业的坚强领导核心。近年来，浙江省深入开展党的群众路线教育实践活动，认真践行"三严三实"要求，着力营造政治清明、政府清廉、干部清正的良好政治生态。特别是在加强基层治理能力和干部队伍建设等方面采取了一系列重大举措，极大地提升了全省干部的精气神，为经济社会持续健康发展提供了坚强保障。

1. 大力加强县域治理能力建设

郡县治，天下安。县委是我们党执政兴国的"一线指挥部"，县委书记是"一线总指挥"。提高县域治理能力，关键是抓好县委书记队伍建设。浙江全面贯彻习近平总书记对县委书记队伍建设提出的要求，从2013年7月开始，每季度召开县委书记工作交流会。这是省委抓落实的一种探索创新。从实际效果看，通过工作交流，省委书记手把手帮助县委书记提高思想水平和工作能力，亲自督促检查重点工作，有效提高了县委书记及党政领导班子的能力素质；同时为县委书记提供了展示工作、比拼实绩的平台，提供了相互学习、取长补短的机会，营造了比学赶超的浓厚氛围，切实推动各项决策部署落地生根。

2. 全面加强乡镇（街道）和村（社区）治理能力建设

治国理政，重在基层。浙江省委、省政府高度重视基层基础工作，省委十三届七次全会作出全面加强基层党组织和基层政权建设的决定，对乡镇（街道）、村（社区）党组织和基层政权建设作出全面部署。出台进一步加强乡镇（街道）干部队伍建设的意见，全面建立乡镇干部住夜值班制度，建设推动发展好、服务群众好、社会治理好、工作效能好、自身建设好的"五好"乡镇（街道）。加强以村（社区）为重点的基层党建工作，全面清理整改村级组织"机构牌子多、考核评比多、创建达标多"等"三多"问题，抓好软弱落后基层党组织转换，打造"千名好支书"队伍，把村（社区）党组织建成坚强前哨和坚固堡垒。全面实行省市县乡书记任期内"四个走遍"，带动各级干部眼睛向下、深入基层，在乡镇层面开展"走村不漏户、户户见干部"，使基层党员干部成为落实工作的"先锋官"和联系群众的"排头兵"。

3. 着力打造"狮子型"干部队伍

"政治路线确定之后，干部就是决定的因素。"面对繁重而艰巨的改革发展稳定任务，需要建设一支过得硬、打胜仗的干部队伍。浙江按照"狮子型"干部标准，推进"好班长、好班子、好梯队"建设，要求干部敢于担当、善于担当，当战士、不当"绅士"。倡导大抓落实之风，省委带头示范抓落实，逢会必讲重落实，讲究方法善落实，强化检查督落实，严格考核促落实，积极推行"工作十法"，增强领导干部干事创业的本领。树立大抓战术之风，强调要抓具体、具体抓，多研究战术，多解决具体问题。强化严格管理之风，严格执行中央八项规定，制定实施浙江省"28条办法"和"六项禁令"，成立正风肃纪工作机构，狠刹"酒局""牌局"，对干部严格管理、严格监督，营造形成了崇尚实干、勇于担当的浓厚氛围。

  以上这些重大战略举措，既有浙江坚决贯彻执行中央决策部署的落实之举，也有民有所呼我有所应的主动之举；既有一张蓝图绘到底的坚持之举，也有与时俱进再谋新篇的创新之举，为"十三五"发展打下了更加坚实的基础。"十三五"时期，国际国内形势错综复杂，各种风险挑战前所未有，但是重要战略机遇期仍然存在，时和势总体于我有利，浙江继续走在全国前列前景可期。习近平总书记在浙江考察时的重要讲话精神，明确了浙江"十三五"发展的"纲"和"魂"，指明了发展的"道"和"路"。建议坚持和深化"八八战略"，坚定不移打好转型升级组合拳，在推进经济转型升级、全面深化改革、促进城乡区域协调发展、建设文化强省、保障改善民生、加强生态文明建设、深化平安浙江和法治浙江建设等方面再创新优势，继续发挥先行和示范作用，肩负起"干在实处永无止境，走在前列要谋新篇"的新使命。

第三篇

发展背景：新常态的机遇与挑战

一 中国未来发展十大基本趋向①

今天的中国，是一个充满生机、富有活力的时代，一个波澜壮阔的时代。一个开拓未来、创造历史的时代。

我们已经用自己的辛勤汗水，搭起了走向未来的坚实舞台，正如有关文章所概述的：

我们的经济总量从世界第六位跃升到第二位，社会生产力、经济实力、科技实力迈上一个大台阶的"中国奇迹"；

我们的民主制度、民主形式、民主渠道不断健全、丰富和拓宽，人民享有越来越广泛的自由和权利的"中国活力"；

我们的文化发展全面推进，社会主义核心价值体系建设富有成效的"中国精神"；

我们的人民生活水平显著提高，人均GDP超过6000美元，开始跨入中等收入国家行列的"中国故事"；

我们成功举办大事、要事，从容应对急事、难事，经受住一次又一次重大考验的"中国力量"；

我们的综合国力、国际竞争力、国际影响力显著提升，中国特色社会主义显示出巨大优越性和强大生命力的"中国答卷"；

---

① 作者系浙江省人大王永昌。

更重要的是，在当代国际国内的时代背景下，我们成功开辟了现代化建设的"中国道路"。

不屈不挠的中华儿女，要为过去而战，因为，我们有足够的理由，去传承弘扬伟大祖先的血脉；

不屈不挠的中华儿女，要为现在而战，因为，我们有足够的智慧，去改善创造更富裕体面的生活；

不屈不挠的中华儿女，更要为未来而战，因为，我们有足够的自信，去勾画实现民族繁荣振兴的制高点。

过去、现在、未来，是一个大跨度的历史统一体。但是，"过去"的已经过去，唯有"现在"联结"过去"和"未来"。所以，只有踏踏实实干好当今中国的"进行曲"，才能一步步实现振兴中华的梦想。但是，对当代中国共产党人和中华儿女来说，我们不只是历史主义者，也不仅仅是现实主义者，而同时也是富有远大抱负的理想主义者。

我们既要为现在而奋斗，更要为未来而奋战，对未来负责。

当今中国，是一个由传统型社会向现代型社会的转变时期。在这个波澜壮阔、史无前例、世所罕见的伟大转变进程中，中国之船将沿着中国特色社会主义道路昂首前行。

在这一航路上，我们有着许多期待，许多"畅想"。而"十三五"时期和未来二三十年，不但将全面建设成小康社会，为实现中华民族新的复兴和基本现代化奠定坚实基础，而且将在全面建设小康社会、全面深化改革、全面依法治国、全面从严治党等方面进行新的实践探索，形成新的实践经验，开创新的发展境界，走出富有中国特色和时代特征的文明发展新路。

（一）百年奋斗目标的现代化

一个民族、一个国家、一个政党，都有自己的奋斗目标和未来蓝图。

当代中国的发展方向和奋斗目标：就是实现现代化强国。

中国将一步一步告别传统型社会而走向现代型社会。

这个总体目标，当代中国共产党人又规划了分两个阶段推进的具体目标，即：

到2020年——中国共产党成立100年时，全面建成小康社会的目标一定能实现；

到2050年——新中国成立100年时，建成富强民主文明和谐的社会主义现代化国家。

也就是说，当前我国尚未建成全面小康，而正在建设小康社会之中。有研究机构提出了我国小康发展的主要目标和基本标准是：

（1）人均国内生产总值2500元（按1980年的价格和汇率计算，2500元相当于900美元）。

（2）城镇人均可支配收入2400元。

（3）农民人均纯收入1200元。

（4）城镇人均住房面积12平方米。

（5）农村钢木结构住房人均使用面积15平方米。

（6）人均蛋白质摄入量75克/天。

（7）城市每人拥有铺路面积8平方米。

（8）农村通公路行政村比重达到85%。

（9）恩格尔系数低于50%。

（10）成人识字率85%。

（11）人均预期寿命70岁。

（12）婴儿死亡率33‰。

（13）教育娱乐支出比重11%。

（14）电视机普及率100%。

（15）森林覆盖率15%。

（16）农村初级卫生保健基本合格县比重100%。[①]

有关研究机构还汇总了到2020年我国全面建成小康社会的主

[①] 1991年国家统计局等12个部门的研究人员组成了课题组，按照中央、国务院提出的小康社会的内涵确定了16个基本检测和临测值。

要目标和基本标准：

（1）人均国内生产总值超过 3000 美元。这是建成全面小康社会的根本标志。

（2）城镇居民人均可支配收入 1.8 万元。

（3）农村居民家庭人均纯收入 8000 元。

（4）恩格尔系数 40%。

（5）城镇人均住房建筑面积 30 平方米。

（6）城镇化率达到 50%。

（7）居民家庭计算机普及率 20%。

（8）大学入学率 20%。

（9）每千人医生数 2.8 人。

（10）城镇居民最低生活保障率 95% 以上[①]。

可见，一个社会的发展和进步，我们的社会主义现代化建设，其内容是丰富多彩的，并不能完全用一些可以量化的指标全部囊括。

一般地说，现代化是工业革命以来，人类社会从农业社会向工业社会、进而向社会全面协调全面进步持续而深刻的社会变迁过程。这是一个以科技革命和制度创新为根本动力，不断推进经济、科技、社会、政治、文化、组织与管理制度等社会各个方面发展，达到现代发展水平的变革过程。现代化建设具有普遍性、历史性、整体性、阶段性和民族性等特点。笼统地说，现代化就是一个社会各个领域各项事业不断向现代水平提升的过程。

我们要建设的中国特色社会主义现代化，就是遵循世界现代化发展的一般规律，立足基本国情，以经济发达、政治民主、文化繁荣、社会和谐、生态良好、生活富裕为主要特征，物质文明、政治文明、精神文明、生态文明和社会治理（管理）文明有机统一的历史发展进程。

---

① 参见《小康》2012 年 12 月 1 日总第 167 期，第 40 页。

在 2050 年实现富强、民主、文明和谐的社会主义现代化国家目标之后，将向着更高水平的现代化目标迈进。

（二）社会制度的逐步定型化

中国的现代化，包括社会制度、体制机制的现代化。而且，社会管控、治理体系及其能力、方式的现代化比其他社会事业和社会制度的现代化，也许更重要、更迫切。

这就意味着，当代中国的社会制度建设，还处在一个探索、变革、创新的过程中，还尚未成型、成熟。

这也意味着，在整个现代化建设进程中，中国都将是一个错综复杂、波澜壮阔的变革时代。

党的十八届三中全会审议通过的《中共中央关于全面深化改革若干重大问题的决定》，明确指出：当今中国正在进行的"全面深化改革的总目标是完善和发展中国特色社会主义制度，推进国家治理体系和治理能力现代化"。这就把制度文明、国家治理体系，也作为我们改革和现代化建设的基本目标之一。

这一论述是具有全局性战略意义的，它指明了我国未来社会制度的发展方向。过去我们讲建设富强、民主、文明、和谐的社会主义现代化，侧重于从经济建设、政治建设、文化建设、社会建设角度提出并设定发展目标。现在，则全面提出了整个国家的制度建设的目标和任务，把国家治理体系和能力现代化，也从制度层面将之作为现代化的内容和目标。

这样，我国社会制度建设的主要内容就包括：

第一，基本性质和方向是：中国特色的社会主义制度。这是总体性的"纲"。

第二，社会基本领域（结构）方面是：中国特色社会主义社会的经济、政治、文化、社会、生态"五位一体"的、既是内容又是制度的"骨架"。这是社会发展结构性、内容性的制度框架。

第三，要实现上述目标和整体国家现代化，必须有整合、组织、统筹、管理、指挥它们的治理体系、方式方法的制度保证，也就是国家治理体系和治理能力的现代化。这是社会运行、组织管控方面的"技术工具性"制度。

显然，没有国家治理体系和治理能力的现代化，就不可能实现经济、政治、文化、社会的现代化和生态的文明化。

这样，我们就把现代化发展目标与制度建设目标、把发展任务与组织体系衔接起来了。现代化建设的内容、目标和保障措施就更加完整丰富了。一个国家的制度体系，包括改革发展稳定、内政外交国防、治党治国治军各方面的治理体制。

这就对中国特色社会主义制度建设提出了更全面的要求，尤其对我们党的执政能力和人大、政府、政协、国防等各级组织建设，提出了更高要求和新的考验。

中国社会发展制度现代化建设，是一个长期探索和实践创造的过程。尽管我们已经积累了丰富的理论经验和实践经验，但中国特色社会主义的一整套制度，毕竟是开创性的制度文明体系，无多少先例经验可借鉴，过去我们自己的实践探索也需要改革。但我们的基本方向、基本骨架已经成功搭建起来，而且我们的基本制度经受住了国内外"急风暴雨"的洗礼、考验，催生了令世人瞩目的奇迹，使我们对自己的制度充满自信。

但是，我国制度的现代化建设，还正在探索改革中，正在创新完善中，也就是正在逐步形成中，正向着相对稳定、定型、成熟的制度体制发展。而其中一个重要的内容和标志是国家治理体系和治理能力是否实现了现代化。

国家治理体系和治理能力的现代化的基本标志，或是说基本治理方式，是依法治国、依法治理，建设法治国家，而不再是简单命令式、完全行政化的管理。

我们坚信，中国社会发展制度现代化，正在逐步成熟定型。我们正朝着这个比任何"器物"现代化都要重要千万倍的"制度"现代化迈进。

（三）现代化道路的中国化

中华民族复兴、中国的现代化目标的推进及实现，走的是中国自己的发展道路。它既要学习、借鉴现代化先行国家的成功经验，使人类现代化发展普遍的、共同的文明成果为我所用，更要立足于中国国情和时代特点，去探索、解决中国现代化发展新问题，走出一条人类现代化发展新的文明之路。

现代化发展的中国特色、中国元素，主要表现在哪些方面呢？

第一，中国现代化的内容和目标更为广泛丰富，涉及经济、政治、文化、生态、城乡、国防军事、科技教育、社会治理等各个方面的现代化，而且这些领域都力求均衡协调。

第二，中国现代化建设的领导力量，是执政权力运行高度组织化、集中化和统一化的中国共产党，这就保证了在中国这样一个大国进行现代化建设的高效性。

第三，中国现代化建设的独创性。中国要建设的现代化，是中国特色的社会主义的现代化。这就意味着我们的国家和现代化，无论经济、政治还是文化、社会等领域，都具有中国特色的社会主义性质和要求。这也意味着中国现代化相较于资本主义国家实现的现代化，在社会基本制度、组织领导力量以及人民共富共享等方面，都有着独特性质，具有"史无前例"的开创性。中国现代化建设要走的是一条极具创造性和挑战性的现代化发展之路，其人类发展的文明意义是显而易见的。

第四，中国现代化建设的艰难性。中国是具有13亿多人口的大国，而且全国各民族、各地区以及城乡之间的发展极不平衡，国内、国际面临许多制约因素，挑战、风险也层出不穷，加上要开创人类现代化发展新路径的独创性，因而我们完全可以预见：中国现代化建设过程是十分艰难曲折的。

第五，中国现代化建设的赶超性。中国是一个家底并不厚实的发展中大国。中国将长期处于社会主义的初级阶段。尽管中国的工业化、科学技术、城镇化、农业和军事现代化水平已经有了赶超式发展，但与发达国家相比仍然差距很大，是需要在党和国家强有力组织的领导下，通过发挥市场经济机制和社会各方力量，去高效集中和配置各种优势资源，实行赶超式发展，从而缩短或赶上直至成功超越发达国家。我们要赶超式推进现代化建设，就必须坚持和发挥好中国自己特有的政治、制度和思想文化优势，才有可能实现真正的赶超式发展。

第六，中国现代化建设的自觉性。这是中国现代化建设的又一个显著特点。当代中国的现代化建设是由中国共产党组织领导的，是经过理论分析、规划设计的，整个推进过程都是有目标、有蓝图、有计划、有组织的自觉过程。与自然进化式的现代化过程不一样，这完全是一个高度自觉自醒自信的现代化进程。有理论、有计划的自觉的现代化，如果理论指导科学、规划设计合理，就具有极大的创造性、高效性，可以少走弯路。但如果有重大失误，后果也极为可怕。经过反思正反经验教训，我们的现代化建设的理论、规划越来越科学合理，我们的理论自信也越来越高，现代化建设实践也将越来越富有成效。

（四）经济运行的市场化

未来的现代化中国，一个基本目标就是要建构现代市场经济体系。换句话说，在我国经济活动领域，市场化色彩会越来越浓，市场的基础性、决定性作用会越来越强，市场化程度会越来越高。人类社会发展至今为止，或者说在我们可预见可预测的未来发展，还找不到比市场经济更高效的资源配置机制。这在理论上似乎已经用不着更多论证，在实践上也几乎是已被证明了的事实。当今世界，在全球联合国190多个成员中，恐怕只有朝鲜还在坚守计划经济了。

现代市场经济制度是发展经济的最佳选择。中国经济的现代化，要坚持以公有制为主体、多种所有制经济共同发展的基本经济制度，因为它是中国特色社会主义制度的重要支柱，也是社会主义市场经济体制的根基。当然，公有制经济和非公有制经济都是社会主义市场经济的重要组成部分，都是我国经济社会发展的重要基础。但是，从经济运行的层面讲，则必须紧紧围绕使市场在资源配置中起决定性作用来全面深化经济体制改革，加快完善现代市场体系、宏观调控体系、开放型经济体系，加快转变经济发展方式，加快建设创新型国家，推动经济更有效率、更加公平、更可持续发展，从而才能真正坚持、完善、发展我们的基本经济制度，加快推进经济发展的现代化。为此，我们必须做到以下几点。

第一，必须进一步明晰资产、财富的主体归属。无论是国有的、集体的还是个人的、家庭的，产权主权归属要明晰，进而再明晰责权，进而再依法保护产权。产权是所有制的核心。必须建立健全归属清晰、权责明确、保护严格、流转顺畅的现代产权制度，必须坚持公有制经济和非公有制经济财产权都同样不可侵犯，这样才能发展市场经济。

第二，必须进一步发挥市场在资源配置中的决定性作用。市场作用从"基础性"变为"决定性"，标志着中国经济战略的一个重大突破。这将使由市场决定的价格在经济资源和金融资产的配置中发挥更加重要的作用。中国经济运行的市场化程度已经大为提高，其中，目前中国98%以上的商品几乎实现了市场定价。但是，这仅仅是从一般实物商品和劳务意义上讲的。其实，中国资源配置的市场化程度并不是很高，更不能笼统说已经"达到98%"，市场化任务已经基本完成。事实上，中国目前的土地资源、矿产资源、能源资源、海洋资源、重大设施资源等，离市场化要求还有很大差距，尤其是资金、金融、货币、外汇方面，并没有实现由市场决定价值，利率远未达到市场化，也就是市场还没有成为资源配置的基本手段，更谈不上市场起决定性作用。正因为这样，形成了许多长期困扰中国的不平衡问题，包括：制造业的产能过剩；对存款利率的严格管制导致个人利息收入受到人为限制，以及影子银行（比如理财产品）的快速扩张；对人民币汇率的有效管控导致过度流动性；等等。

　　第三，必须进一步打破国有企业的垄断体系。垄断是市场经济的"天敌"。在经济领域，中国改革的总目标是要搞社会主义市场经济，这是大趋势、大方向。一切不利于这个市场化总趋势的经济主体或经济机制，都应该顺应这个趋势而进行改革。如果真正让市场来"决定性"地影响资源配置，就要进一步打破国有企业垄断，改革国企领域中的那些非市场化因素。中国走的是社会主义市场经济之路，其中最主要的一条是：必须坚持公有制主体地位，发挥国有经济主导作用，不断增强国有经济活力、控制力、影响力。但这一条是讲国家经济结构的所有制产权问题，而不是讲经济运行的市场主体必须以国有企业占多数、占主体。在市场经济的运行过程中，不管什么所有制（产权归属）的经济主体，都应按照市场规则和法规经营，一视同仁，公平竞争。市场经济之所以能比其他任何方式都更能高效地配置资源，就在于它在经济活动中能够依法实现自由平等竞争，在竞争中实现优胜劣汰，从而优化高效配置资源，不断推动经济向前发展。反之，如果我们要保护落后，那最好的办法，就是实行垄断。垄断是抑制一个产业发展和熄灭一个国家经济活力的最有效办法。

　　第四，必须发挥好政府的积极作用。虽然没有市场经济是万万不能的，但市场经济也不是万能的。虚化市场经济和神话市场经济都不是科学的态度，再超经济领域过度市场化的话，那将后患无穷。即使在经济运行领域，在发挥市场在配置资源中的决定性作用的基础上，也要发挥好政府这只"有形之手"的积极作用。中国目前既苦于市场经济不发达，不充分，又苦于政府在经济活动中常常或越位或缺位或错位，从而难补市场经济的弊端。

　　总之，中国要实现现代化，尤其是经济发展的现代化，就必然加快构建市场化的现代经济新体制。

（五）政治运行的民主化

当代中国的政治体制和政治活动的总方向、总目标，是发展社会主义民主政治。这就说明：

第一，我们的政治制度是民主政治，而不是专制或别的什么政治制度。这种民主政治是社会主义的，而不是别的什么主义的民主政治。这种民主政治是代表人民大众根本利益和基本意志的制度安排，而不是代表贵族利益集团和少数政治寡头的。这种民主政治的本质，就是全体公民共治、共有、共享国家权力，进而通过非暴力的正义秩序解决彼此利益冲突，达到人民的共和。就其本意讲，社会主义是一种最为体现社会公民共同创造和分享利益的理论、道路、制度。因此，最大限度的民主，是社会主义的本质，没有民主就没有社会主义，也不可能真正实现人民共和。

第二，权为民所赋。我们执政党的一切权力、我们国家的一切权力、我们政府的一切行政权力、我们司法机关的一切司法权力，都是人民赋予的，是代表人民在行使权力，是为了造福人民。因此，必须以保证人民当家做主为根本宗旨来建构我们的政治体制。

第三，坚持和完善人民代表大会制度。人民对国家、社会治理的权力，通过各级人民代表大会来行使。人民代表大会设立、产生国家权力机关，制定权力运行规则。

第四，坚持和完善中国共产党领导的多党合作和政治协商制度。现代民主政治也是政党政治。社会多元化阶层和利益，通常通过相应的政党组织来表达和争取，因而社会各个政党之间也必须有活动规则。当代中国的政党制度，实行的就是中国共产党领导的多党合作和政治协商制度。这个政党制度，具有既体现各政党利益又高效集合配置政治资源等优势，从而实现社会更有序发展。

第五，坚持和完善民族区域自治制度以及基层群众自治制度，更加重视和健全各类民主制度、丰富民主形式，从各领域扩大公民有序政治参与，不断扩大民主的社会化程度。尤其要围绕直接表决式民主与协商讨论式民主、直接选举式民主与间接代表式民主来拓展民主形式，提高人民参与社会政治生活的民主化水平。

第六，把权力"关进制度的笼子"。我国的民主政治建设和政治体制改革，目标是实现现代的民主法治国家。党的十八届三中全会明确指出：我们要"紧紧围绕坚持党的领导、人民当家做主、依法治国有机统一深化政治体制改革，加快推进社会主义民主政治制度化、规范化、程序化，建设社会主义法治国家，发展更加广泛、更加充分、更加健全的人民民主"。进一步强化我国民主政治的制度建设的极端重要性，誓言要用制度去管权、管事、管人，把"权力关进笼子"，用制度、法律法规去管控权力，让人民去有效监督权力，让权力在阳光下运行，使权力成为实施民主政治的"手段"。

第七，构筑科学的权力运行体制机制。坚持用制度管权管事管人，就必须构建决策科学、执行坚决、监督有力的权力运行体系，健全惩治和预防腐败体系，建设廉洁政治，努力实现干部清正、政府清廉、政治清明。构建起决策科学、执行坚决、监督有力的运行体系，意味着各种权力之间职责分明、职权分设、权力制衡。

中国社会主义民主政治，是人类政治文明的重要组成部分，既吸收借鉴世界政治文明优秀成果，又具有中国自己的创造性，是一个需要不断探索、完善的艰难过程。

（六）精神文化的时代化

现代化过程更是思想观念、精神文化的变迁进步过程。但是否思想文化都要现代化，人们有着许多争论。其实，即使物器层面的东西，恐怕也不能全部现代化，比如几千年的物品，那是文物，越古老越有价值，更何况人类的思想文化呢。

不过，说"现代化"并不是不要历史、不要传统。物品也好，文化也罢，"现代化"都是一个传承、扬弃、提升的历史进化过程。

未来中国的精神文化发展趋势将会是怎样的呢？细的难说，但起码应该强化的方向有：

第一，社会主义思想文化的时代化。在当代中国，共产党经过几十年革命、建设、改革、开放、发展实践，积累了许多执政和建设经验，学习引进、消化运用、丰富发展了马克思主义，逐步形成了中国共产党自己独特的思想理论、精神文化。这就是马克思主义、社会主义的思想文化。这是当代中国社会思想文化的主流，处于统率领导地位，发挥主导性作用。任何时候，都必须坚持社会主义先进文化前进方向，坚持中国特色社会主义文化发展道路，培育社会主义核心价值观，巩固马克思主义在意识形态领域的指导地位，巩固全党全国各族人民团结奋斗的共同思想基础。但正因为要实现上述目标，就必须使社会主义思想文化随着时代实践的发展而发展，这样才能保持时代活力。

第二，中国传统思想文化的时代化。中华民族是一个具有悠久历史文化的民族。中华文化是中国各民族共同创造的文明成果。中国优势传统思想文化是我们各民族发展的根基，是各民族团结凝聚、共同生活的精神家园。中国传统思理文化是炎黄子孙的脊梁和灵魂。中国传统思想文化是华夏儿女的基因和符号。中国精神是我们继往开来的不竭动力。中国文化是我们引以为豪的无价之宝。中国传统思想文化是我们的立身之本、发展之源，也是同世界对话的最大财富和基本优势。因此，我们的现代化必须牢牢扎根于中国的历史和现实，必须传承弘扬中华民族的优秀思想文化。毫无疑问，在中国现代化的进程中，中华民族的历史传统和优秀思想文化，必将得到新的更大发展。

第三，世界优秀思想文化的中国化。中国的现代化过程，也是学习、吸收、借鉴、运用世界各民族优秀思想文化的开放过程。当今世界，封闭不开放，只能死路一条。坐井观天、夜郎自大，搞不了真正的现代化。世界各国各民族的优秀的、有积极意义的思想文化，虽然并不都能照搬到别国普遍适用，但他们都是人类共同的文明成果。人类进化发展的道路是多条的，方式也是多样的。毕竟一方水土养一方人。但人类又同住一个地球，是一个具有许多共性的命运共同体。各个民族、各个肤色人种、各个不同国家，尽管千差万别、千姿百态，有时甚至势不两立、你死我活，但它们毕竟有着太多的共同的喜乐悲哀，共同的生存发展需求，共同的困惑难题，共同的美好梦想。因此，各国各民族的优秀思想文化，无疑具有普遍的积极意义，有值得学习借鉴之处。海纳百川，有容乃大。只有善于学习各国之长、站在人类文明制高点的民族，才是伟大的民族，才能真正推进现代化。毫无疑问，在中国现代化的进程中，中华民族的思想文化与世界各国的思想文化交流必定增多，世界优秀思想文化的中国化也必将得到新提升。

第四，创造中国现代新文化。建设现代化的过程，必然也是探索、创造、积累现代思想文化的过程。没有现代思想文化，现代化是实现不了的。当代中国共产党人的一个重大使命，就是要站在历史进程的时代高度，以宽广的世界视野，探索和创造出与现代化进程相适应的新的时代文化。这种思想文化，必须在把马克思主义（社会主义）文化、中国优秀传统文化和世界优秀文化进行有机融合、传承扬弃、借鉴创新的基础上，结合现代化建设实践和时代发展轨迹，创造性地形成富有世界视野、中国气派、时代特征的现代新文化。这就是我们正在积极推行的中国特色的社会主义新文化。

（七）社会活动的法治化

现代化国家必定是法治化国家。因为，人治是传统落后国家的重要标志，社会由封建传统社会进步为现代文明社会，一个最主要的内容和标志，就是社会运行和社会生活的法治化。

当代中国政治改革的目标，就是要构建民主法治社会。为此，必须大力推进法治中国的建设。建设法治中国，就必须坚持依法治国、依法执政、依法行政共同推进，坚持法治国家、法治政府、法治社会一体建设。

第一，必须维护宪法法律权威。宪法是保证党和国家兴旺发达、长治久安的根本法，具有最高权威。要进一步建立健全全社会忠于、遵守、维护、运用宪法法律的制度。坚持法律面前人人平等，任何组织或者个人都不得有超越宪法法律的特权，一切违反宪法法律的行为都必须予以追究。

第二，必须坚持依法执政、依法行政，建立健全把党的主张、路线、方针、政策转化为国家、政府行为的法律法规。必须不断深化行政执法体制改革，加快建设法治政府，建立权责统一、权威高效的行政执法体制，不断完善行政执法程序，规范执法自由裁量权，加强对行政执法的监督，全面落实行政执法责任制和执法经费由财政保障制度，做到严格规范公正文明执法。

第三，必须确保依法独立公正行使审判权检察权。要进一步优化司法职权配置，健全司法权力分工负责、互相配合、互相制约的机制，加强和规范对司法活动的法律监督和社会监督。尤其要不断完善人权司法保障制度，尊重和保障人权。进一步规范查封、扣押、冻结、处理涉案财物的司法程序。健全错案防止、纠正、责任追究机制，严禁刑讯逼供、体罚虐待，严格实行非法证据排除规则。逐步减少适用死刑罪名。

以上这些措施，都将使中国民主政治的制度化、规范化和程序化建设大为加快，社会的法治化水平大为提高。

（八）发展成果的共享化

1978年实施改革开放之后，中国发生了翻天覆地的变化。

经济保持快速增长。1979—2012年，我国国内生产总值年均增长9.8%，同期世界经济年均增长只有2.8%。经济总量连上新台阶，综合国力大幅提升。国内生产总值由1978年的3645亿元迅速跃升至2012年的518942亿元。人均国内生产总值不断提高，成功实现从低收入国家向上中等收入国家的跨越。1978年人均国内生产总值仅有381元，2012年达到38420元，扣除价格因素，比1978年增长16.2倍，年均增长8.7%。根据世界银行数据，我国人均国民总收入由1978年的190美元上升至2012年的5680美元，按照世界银行的划分标准，已经由低收入国家跃升至上中等收入国家。

改革开放至今的35年，我国城乡居民生活实现由温饱不足到总体小康并向全面小康迈进，社会保障事业从低层次到制度建立再到全面推进。1978—2012年，我国就业人员从40152万人增加到76704万人，年均增加1075万人。城乡居民收入显著提高。2012年，城镇居民人均可支配收入24565元，比1978年增长71倍，年均增长13.4%，扣除价格因素，年均增长7.4%；农村居民人均纯收入7917元，增长58倍，年均增长12.8%，扣除价格因素，年均增长7.5%。

由此可见，改革开放以来，我国的经济实力和城乡居民的生活水平大为提高。用国际上的通用标准，我国已由低收入国家进入了中等收入国家；用我国自己的说法，则已从温饱不足到总体小康并向全面小康迈进。

但是，我们在看到社会财富普遍快速增长、城乡居民生活水平普遍大为提高的同时，也要客观清醒地承认，我国东、中、西部区域发展极不平衡，生产性财富与消费性财富很不均衡协调，城乡之间发展差距极大，各行业各群体之间收入高低悬殊，特别是社会贫富两极分化明显，以致成为一个严重的社会新问题。

这就是，社会财富如何更公平合理地共生共创共享？平均主义使社会缺乏活力而导致共同贫穷，但贫富两极分化会使社会缺乏和谐而导致失衡动荡。

经过改革开放35年的发展，当代中国的现代化建设进入了一个新阶段：在保持让那些有本事肯努力的公民合法致富的同时，应该更注重社会公平与社会效率的统一，让发展的成果让更多人共创共享。中国要建设的现代化，是普遍富有、普遍和谐、普遍具有创造活力的高收入社会。为此：

第一，必须调控好生产与生活、投资与消费（主要指生活性消费）的关系。我们要转变发展方式，仅仅调整投入结构、产出结构、产业结构是远远不够的，还要高度重视国民收入与分配结构。

中国要成为经济强国，不能只是制造大国、生产大国、贸易大国，还应该同时成为消费大国、生活大国。当今中国面临的重要问题之一，是如何成为一个更强大的消费社会。人们有足够理由猜想，中国经济社会发展必然要逐步进入一个消费时代。

第二，必须平衡好东、中、西部之间区域的协调发展。中国区域辽阔、民族众多，各地发展差异大，"同步走""齐步走"不可能，也不科学。但必须优势互补，加大先发地区带动和帮助欠发达地区发展的力度，使中西部地区"赶超式"发展，为推进共创共享社会打实区域发展基础。

第三，必须分类调控好各行业之间的收入差距。要切实加大收入分配结构调节力度，尤其对垄断行业、国有经济行业高收入现象，不能视而不见、听而不闻、放任自流。

第四，必须加快建设福利社会。发展成果普惠化的社会，就应该是一个福利社会。福利社会也就是社会所有公民的基本生存、基本生活、基本权益普遍得到法治化、制度化保障的社会。这就是社会保障"托底"的社会，也是共创共享社会的基础性制度安排。福利社会不同于由国家大包大揽的"福利国家"，更不等于力不从心、养懒汉的"高福利国家"。在西方，"福利国家"与"福利社会"也是有区别的。"福利国家"更强调由国家承担完全责任来满足社会成员的福利需求，即使在经费由社会成员缴纳、由社会组织运作的情况下，政府也要全面承担福利资源分配和服务提供的责任。20世纪末，西方出现了"福利社会"概念，更强调的是由政府和其他社会机构以及个人共同合作承担福利责任。"福利社会"不意味着提供"免费午餐"，防止形成"福利依赖"。福利总要有来源的，政府财政本身并不产生福利。所以，社会福利应根据国家发展水平而定；福利方式也应多样化，有免费、有减费、有缴费；而且福利最重要的首先是投资于教育、健康、就业。我们必须加快建立健全普惠制的社会保障制度。

第五，必须加快建立平衡富人与穷人利益的协调体制。这是当代中国现代化建设过程中，理论上的社会主义共同富裕取向与实践上的贫富分化差距过大的一个现实"矛盾性课题"。共同富裕当然不是"同步""齐步"富裕，是有差异、有先后、有快慢的富裕。但必须以社会所有成员共生共创共享，即社会有基本福利、有平等发展致富机会为基础，让人人都同时有或多或少增加收入、改善生活的机会，也就是大家都有所"富"、都有生活更美好的希望。因此，对那些不合法的致富，必须坚决打击、取缔；对那些合法合乎政策而不合理的致富，必须及时调整法规和政策；对那些不违法违规而不合理的致富，必须加以规范调控；对那些阻碍提高依靠自己智慧、技术、劳动而获得更多收入的法规政策，必须加快调整；尤其对农民工、低收入者、贫困群众，要加大救济力度和帮扶力度，建立健全动态性社会救助制度，大力发展社会慈善事业；等等。

尽管我国的扶贫工作取得举世瞩目的成就，但任务仍十分艰巨。根据1978年的标准，当年全国农村绝对贫困人口约有2.5亿人，约占全部人口的1/4，2007年下降为1479万人，平均每年脱贫811万人。按照2008年标准，2007年农村贫困人口为4320万人，2010年下降为2688万人，平均每年脱贫544万人。按照2010年制定的新的扶贫标准，2010年农村贫困人口为16567万人，2012年为9899万人，不足全部人口的10%，平均每年脱贫3334万人。如果再加上城镇的低收入困难家庭，我国的贫困、低收入人口数量十分巨大。随着社会向前发展，扶贫帮困的标准自然也是水涨船高的。从动态和社会发展一般规律角度讲，一个社会的贫困人口通常占5%—10%，即标准高一点是10%左右。中国目前光低保对象，城镇有2000多万人左右，农村有5000多万人左右，约占总人口的5%。这还是在比较低标准下的贫困人口数量。

因此，中国要建立富人和穷人之间的协调平衡体制机制，可谓任重道远。我们要解决好共生共享问题，面对目前中国社会已经分层分化这一现实，积极寻求共生共存、共富共享的制度体制政策，要使"穷人不能再穷，富人不致出走"，努力建设发展成果、社会财富"共享化"社会。

这是艰难的。然而，这又是未来中国社会必然要强化的基本趋势之一。

（九）社会财富的金融化

在工业化向后工业化、低收入向中高收入、温饱社会向小康富裕社会转变时期，正是社会财富有了较大积累、经济金融化快速提升时期。

因为，这个时期，社会工业化、城镇化有了较大发展，社会经济较快增长，社会财富有了较多积累，社会工商业不但完成了资本原始积累，而且开始进入转型发展的更高阶段。这个阶段，更多地依靠已积累的大量资本去实现科技创新和金融创新，以培育和催生新兴产业和新的市场需求。

这个时期，也正是公民已完成生存型、温饱型需要向休闲型、发展型需求转变的时期。社会公民除了满足基本生活需要外，手上也有了一定积蓄。这些财富一方面为培育新兴消费市场，使社会进入消费时代创造了条件，另一方面，财富本身具有追求增值的天性，需要寻找保值增值的机会，也就是客观上有大量的社会财富需要转化为投资经营的资本。

这个时期，正是社会经济结构、产业结构、需求结构、城乡结构等快速调整变动时期，也尤其是社会阶层、社会利益、社会财富的分化变动时期。因而社会迫切需要形成新的体制机制和市场平台，去协调平衡这些矛盾，去实现发展成果更多地让社会成员共享，资本、金融市场就是一个极为重要的机制和平台。

适应时代发展的客观需要，正是在工业化、城市化发展的中后期，人们生活水平步入小康和中高收入阶段，整个社会经济的金融化大为提升，金融、资本市场快速崛起，金融产业快速发展，并形成了面向社会的广为普及和具有相当普惠制的金融体制和金融市场。虽然不能说全民财富都步入了资本化、金融化行列，但的确只要有一定积蓄的家庭,都普遍卷入了金融、资本市场,都拥有相当的金融资本和财产性收入,从而又造就出了大量中产阶层和富裕家庭。

今天的中国也正开始步入这样一个发展阶段。改革开放以来,我国城乡居民拥有的财富有了显著增加。2012年年末,城乡居民人民币储蓄存款余额39.96万亿元,比1978年末增长1892倍,年均增长24.9%。股票、债券等金融资产规模也不断扩大。城镇居民拥有的财产性收入从无到有,2012年占人均全部年收入比重上升到2.6%。

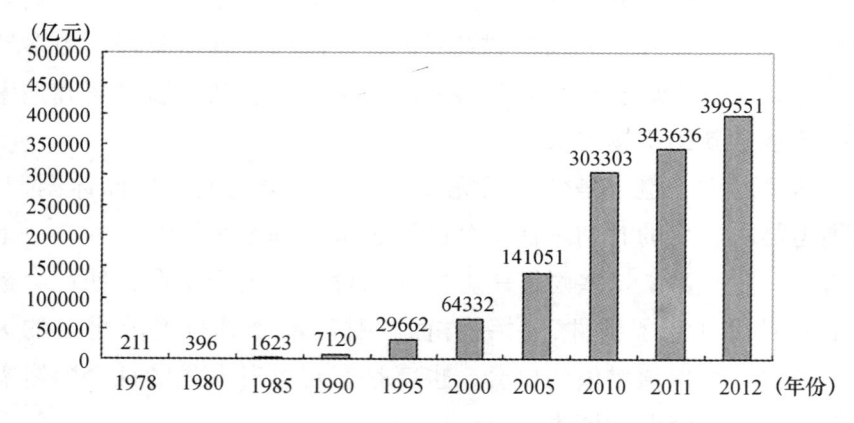

图3-1　1978年至2012年年末城乡居民人民币储蓄存款余额

然而,中国人存款比例很高但投资收益有限。据国外有关机构公布的2013年全球财富报告指出,自2000年以来,中国人均财富几乎翻了两番,从5700美元升至2013年的22230美元(增长快的主要原因之一,是人民币兑换美元增值很大,但国内人民币是贬值的,购买力在下降。因此,中国人的实际财富并没有增长那么多——编者注)。2013年拥有100万美元的百万富翁数量为112.3万人。但这些财富大都以储蓄等"死"的资产形式存在。中国人往往只重视积蓄财富而忽视经营财富,只重视劳动性收入而忽视财产性收入。造成这个结果的原因很多,但其中一个重要方面,就是我们的金融体制改革滞后，金融市场发育不快，金融知识普及不够，尚未形成真正造福广大老百姓的普惠制的金融体制，使得老百姓有点钱后除了存银行、买房子以外，就没有其他更多的投资渠道，以获得更实惠的财产性收入。我们要推动中国向更富有的社会转型，就需要发展金融、资本市场，增加老百姓投资经营回报，让老百姓既成为劳动者，又成为投资者和资本拥有者。

正因如此，对未来中国来说，过去几十年积累起来的大量财富，尤其老百姓手中的近 40 万亿元天量财富，如何激活？如何变为既造福百姓又推动新财富创造的金融资本？这是一个诱人的大课题。因此，未来中国的普惠制金融潜力巨大，财富、资产管理和共同基金会市场很大，资产资本化、资产证券化、资产债务化以及运用好金融新产品等等都非常重要。

过去中国的发展积累了大量资本，未来中国的发展需要更多的资本。中国人需要有更多更安全的机会，把大量闲置在银行的存款，投资到高收益、高回报的发展领域，把沉睡的"死钱"转化为不断增值的"活资本"，把老百姓的"劳动性收入"转化为"财产性收入"。只有这样，才能推动中国经济加快转型升级，才能使老百姓获得更多收入，进而步入全面小康的中高收入直至达到现代化的高收入阶段。

未来中国，将迈入一个金融化时代，也就是说，中国社会财富的金融化，是中国未来发展的一个重要趋势。

所谓"金融化"，是指社会经济活动的资本化、金融化水平很高，金融产品、金融市场、金融产业在经济社会活动中的地位作用很大，金融财富成为社会财富的主流，也就是金融活动越来越成为经济社会发展和提高公民生活水平的重要动力。

为什么金融化是经济社会发展的必然趋势呢？

这是因为，资金是人类一切经济活动和日常生活中除人之外最为基本、最为活跃、最具流动高效的要素（"血液"）；资金等金融资产是社会财富最具标志性、决定性的组成部分；金融财富是最具通用性和全民性的"家产";资本市场、金融市场是社会市场体系中最有活力、最具灵敏、最具高效配置发展资源的市场机制,是市场的成熟、高级形态。因而,一个社会的经济越发达,市场体系越成熟,其资本化、金融化水平也就会越高。也正因为如此,金融是现代经济的核心。

纵观当今世界,凡经济发达、科技昌盛的国家,无一不是金融大国。欲建设现代化国家,就不能不加快建设现代金融。没有现代金融,也就建不起现代化国家。在世界经济越来越金融化的时代,中国一个紧迫而艰巨的战略任务,就是要尽快建设高度发达的金融强国,及早成为三足鼎立或平分天下的世界金融中心。

(十) 发展环境的生态化

对我们人类生存和发展来说,良好的自然生态环境是最大的财富。

未来中国,应该是美丽的中国。如果我们的现代化是以牺牲生态环境为代价的,那就不是人民所企盼的真正的现代化。

中国在工业化、城镇化和现代化进程中,生态环境越来越成为一个不可回避的重大问题。按照"环境库兹涅茨曲线"假说,在大规模工业化阶段,环境与经济增长关系先同向加大、后反向减小的倒 U 形规律,即当大规模工业化快速发展时,由于资源投入大量增加,带来了更多的污染排放,环境质量不断恶化;当大规模工业化进入转型发展阶段时,由于新技术应用、产业结构优化升级以及清洁能源的推广,使环境质量随着经济增长逐步改善[①]。但是,这并不意味着可以等待工业化进展到中后型再来整治污染,更不意味着可以走先污染后治理的发展道路。

无论是国际现代化发展先例还是中国自己的现代化建设实践,都已经反复昭示我们:必须走现代化发展的生态文明之路。可以

---

① 参见陆百甫《改革战略的形成与改革的走向》,载《中国改革》2013 年第 8 期。

说，生态文明是工业文明发展到一定阶段的产物，是人类对传统工业文明带来的生态环境危机反思的重大成果，也是我们人类要在更高层次上实现人与自然之间、人与人之间的和谐发展，走绿色循环低碳发展之路的探索和追求。

生态文明是我们人类与自然界之间良性互动的关系，也是人类经济持续发展的一种文明形态。生态文明的实质，就是要培育创造以能源资源、生态环境承载为基础，以自然规律为准则，以可持续发展为目标，建设生产发展、生活富裕、生态良好的文明社会形态。从经济现代化角度讲，绿色循环低碳发展是生态文明的基本内涵，也是实现生态文明的主要途径。只有在经济建设和社会发展的各个方面都充分考虑自然资源和生态环境承载能力的基础上，推动城乡建设和生产、流通、消费各环节的绿色化、循环化、低碳化，实施经济循环发展，并加大环境保护力度，加快生态修复保护，我们才能有效地促进生态文明建设。

18世纪中叶开始的工业革命，在造福人类社会的同时，也给人类带来了沉重的资源环境代价。20世纪30年代后，工业革命带来的环境污染和生态破坏事件屡屡发生，从而引发人类对工业文明弊端的反思。生态文明就是这种反思的成果。我们看到了1972年罗马俱乐部发表的《增长的极限》报告，警示人类若再沿着依靠消耗大量资源和严重污染环境的发展老路走下去，地球将达到支撑人类发展能力的极限而走向崩溃。1972年6月，我们又听到了首次人类环境会议发出了"只有一个地球"的呐喊，并通过了著名的《人类环境宣言》，成为世界环境保护的历史转折点。1987年，我们又领悟到了由世界环境与发展委员会发表的《我们共同的未来》报告中第一次提出的"可持续发展"新理念，呼吁既要满足当代人的发展需要，又要满足后代人的发展需要。1992年，我们再次看到了《里约环境和发展宣言》和《21世纪议程》中的警世理念：全球环境问题已经对人类生存与发展构成了现实威胁，出路只能走可持续发展之路。2012年,我们怀着喜忧参半的心情,读到了在巴西举办的"里约+20"峰会上发表的《我们期望的未来》。

看来,生态文明的道路是艰难曲折的,但令人欣慰的是,可持续发展、绿色发展、循环发展、低碳发展、生态文明,毕竟已经逐步成为各国的普遍共识。

1994年,我国也发布了《中国21世纪议程》,提出了实施可持续发展战略,进一步强调要从"重经济增长、轻环境保护"转变为"保护环境与经济增长并重";从环境保护滞后于经济发展转变为环境保护和经济发展同步;从主要用行政办法保护环境转变为综合运用法律、经济、技术和必要的行政办法解决环境问题,并把建设资源节约型、环境友好型社会作为经济社会发展的重大战略任务。

毫无疑问,发展环境、生态文明是一个有机的整体,既要治理污染又要减少污染;既要治理保护又要运用新科技新材料;既要抑止污染、减少污染又要修复生态;既要治理减少生产性污染又要治理生活性污染;既要解决经济领域的污染又要解决其他各个领域污染;既要解决一时一地的污染又要重视大区域、全国性和全球性的污染问题。

因此,生态文明建设,除了高度重视工业、经济领域污染问题外,更要全社会达成共识,转变过去现代化发展方式,转变人类生存和发展理念,转变人类的思维方式、生产方式和生活方式,从根本上建设生态文明。

党的十八大是我国建设生态文明的一个新的里程碑:"建设生态文明,是关系人民福祉、关乎民族未来的长远大计。面对资源约束趋紧、环境污染严重、生态系统退化的严峻形势,必须树立尊重自然、顺应自然、保护自然的生态文明理念,把生态文明建设放在突出位置,融入经济建设、政治建设、文化建设、社会建设各方面和全过程。"生态文明建设是其他各项建设的自然载体和环境基础,没有良好的生态文明,其他一切建设都将成为

"无本之源"。因此，各个领域的现代化建设，都应该以不损害生态环境为基本底线。

习近平总书记在致生态文明贵阳国际论坛2013年年会贺信中指出："走向生态文明新时代，建设美丽中国，是实现中华民族伟大复兴的中国梦的重要内容。中国将按照尊重自然、保护自然的理念，贯彻节约资源和保护环境的基本国策，更加自觉地推动绿色发展、循环发展、低碳发展，把生态文明建设融入经济建设、政治建设、文化建设、社会建设各方面和全过程，形成节约资源、保护环境的空间格局、产业结构、生产方式、生活方式，为子孙后代留下天蓝、地绿、水清的生产生活环境。"

我们完全有理由期待，生态文明、美丽中国，将成为中国现代化建设的显著特点，也将成为我们社会的文明新形态。

对未来中国，我们可以期待、可以畅想的方面还有许多许多。比如，未来中国将会迎来一个城市化社会、老龄化社会、福利化社会、网络化社会和发展动力科技化时代。在国际上，未来中国的地位、作用、责任、义务都会不断强化，世界的中国元素、中国色彩、中国故事也会大大增加。如此等等，都是我们所希望的。

但是，我们最大的畅想，是中华民族现代化的顺利推进和实现；我们最大的梦想，是中国共产党人带领各族人民成功开辟人类现代化发展的文明新路！

梦想的实现，需要现实的实干。

当今中国正处于发展的转型阶段，现代化建设正走在通向珠穆朗玛峰山顶的"半山坡"上。

我们立志爬坡过坎，

我们没有退路，

我们只能前行！

二 经济新常态的主要特征与浙江发展面临的机遇和挑战①

认识新常态，适应新常态，引领新常态，是当前和今后一个时期我国经济发展的大逻辑，也是浙江经济发展的大逻辑。而如何把握经济新常态的主要特征，认清浙江经济发展面临的挑战和机遇，抓紧构建适应和引领经济新常态的再平衡，是今后尤其是"十三五"发展绕不开的问题，甚至是本源性的战略问题。

（一）经济新常态的主要特征

"新常态"一词，是 2010 年 1 月 27 日在瑞士达沃斯世界经济论坛年会上，由美国太平洋基金管理公司总裁埃里安提出的概念，意思是说，2008 年国际金融危机以后，世界也许再也无法回到全球金融和经济危机前那种稳定的"正常"状态，它将面临一个全新的"正常"状态。在国内，国务院发展研究中心的专家学者较早引用了这个概念，并结合中国情况进行了新的阐述。

2014 年 5 月，习近平总书记在河南考察时第一次提出新常态。他说："我国发展仍处于重要战略机遇期，我们要增强信心，从当前我国经济发展的阶段性特征出发，适应新常态，保持战略上的平常心态。" 2014 年 12 月，习近平总书记在中央经济工作会议上明确提出，"我国进入经济发展新常态"。明确强调，科学认识当前形势，准确研判未来走势，必须历史地、辩证地认识我国经济发展的阶段性特征，准确把握经济发展新常态。认识新常态，适应新常态，引领新常态，是当前和今后一个时期我国经济发展的大逻辑。

概括地说，我国经济新常态的主要特征，体现在以下九个方面发生的阶段性变化。

---

① 作者系浙江省委政研室原副主任、研究员、浙商发展研究院副院长郭占恒。

一是消费需求发生阶段性变化。过去我国消费具有明显的模仿型排浪式特征，从家电到汽车再到住房等，都是如此。现在模仿型排浪式消费阶段基本结束，个性化、多样化消费渐成主流。这时，保证产品质量安全、通过创新供给激活需求的重要性显著上升，必须采取正确的消费政策，释放消费潜力，使消费继续在推动经济发展中发挥基础作用。

二是投资需求发生阶段性变化。经历了30多年高强度大规模开发建设后，传统产业相对饱和，主要基础设施初步形成。但基础设施互连互通和一些新技术、新产品、新业态、新商业模式的投资机会大量涌现，对创新投融资方式提出了新要求，必须善于把握投资方向，消除投资障碍，使投资继续对经济发展发挥关键作用。

三是出口和国际收支发生阶段性变化。国际金融危机发生前，国际市场空间扩张很快，出口成为拉动我国经济快速发展的重要动能。现在全球总需求不振，我国低成本比较优势发生了转化。同时我国出口竞争优势依然存在，高水平"引进来"、大规模"走出去"正在同步发生，必须加紧培育新的比较优势，使出口继续对经济发展发挥支撑作用。

四是生产能力和产业组织方式发生阶段性变化。过去供给不足是长期困扰我国的一个主要矛盾。现在传统产业供给能力大幅超出需求，产业结构必须优化升级，企业兼并重组、生产相对集中不可避免。新兴产业、服务业、小微企业作用更加凸显，生产小型化、智能化、专业化将成为产业组织的新特征。

五是生产要素相对优势发生阶段性变化。过去劳动力成本低是最大优势，引进技术和管理就能迅速变成生产力。现在人口红利锐减，人口老龄化日趋发展，农业富余劳动力减少，要素的规模驱动力减弱，经济增长将更多依靠人力资本质量和技术进步，必须让创新成为驱动发展新引擎。

六是市场竞争特点发生阶段性变化。过去主要是数量扩张和价格竞争，即低成本的过度竞争。现在正逐步转向质量型、差异化为主的竞争，统一全国市场、提高资源配置效率是经济发展的内生性要求，必须深化改革开放，加快形成统一透明、有序规范的市场环境。

七是资源环境约束发生阶段性变化。过去能源资源和生态环境空间相对较大，对粗放型"高投资、高增长"带来的"高排放、高污染"有一定的容忍度。现在许多资源接近枯竭，环境承载能力已经达到或接近上限，必须顺应人民群众对良好生态环境的期待，推动形成绿色低碳循环发展新方式。

八是经济风险积累和化解发生阶段性变化。伴随着经济增速下调，各类隐性风险逐步显性化。所说风险总体可控，但化解以高杠杆和泡沫化为主要特征的各类风险将持续一段时间，必须标本兼治，对症下药，建立健全化解各类风险的体制机制。

九是资源配置模式和宏观调控方式发生阶段性变化。过去实施全面刺激经济增长的政策，随着市场变化，其边际效果明显递减。面对新形势，既要全面化解产能过剩，也要通过发挥市场机制作用探索未来产业发展方向，必须全面把握总供求关系新变化，科学进行宏观调控。

这些阶段性变化集中表现在三点：一是增长速度下台阶，从高速增长转为中高速增长，而且是不可逆的，以后也不会再恢复到过去那种高增长；二是质量效益要上台阶，经济结构不断优化升级，当然这是一个漫长的过程，急不得，也急不来；三是调换发动机，经济发展动力主要由要素驱动、投资驱动，转为主要由科技、管理、体制机制等创新驱动。这些趋势性变化说明，我国经济正在向形态更高级、分工更复杂、结构更合理的阶段演进。

当然，如果从更大范围看，也可以说，自2012年党的十八大以来，党和国家工作进入了新时期，进入了新常态。政治上，反对腐败、转变作风、反对特权等都进入了新常态。社会上，依法治国，提高治理体系和治理能力现代化，高度关注民生等进入了新常态。文化上，弘扬社会主义核心价值观等进入了新常态。生态上，尊重自然、倡导绿水青山就是金山银山，看山望水记乡愁进入了新常态。国际上，既主张和平发展、建设和谐世界，又在南海、东海问题上强势维护国家主权，破除美、日等国围剿也进入了新常态。

（二）浙江经济较早进入了发展新常态

如果说，经济增长速度换挡，经济发展方式转型，经济发展动力转换，是经济新常态的典型特征。那么，从这方面看，浙江经济早在2008年以来就进入了发展新常态，大体比全国早5—6年。主要原因有以下三点。

第一，增长速度较早下台阶。2008年以来，浙江经济增长速度由过去长期保持在2位数增长回归1位数增长，由全国领跑的第一方阵回落到全国最后一个方阵。如2007年经济增长14.7%，全国第16位，到2008年回落到10.1%，全国倒数第6位；2009年回落到8.9%，全国倒数第4位；2011年增长9%，全国倒数第3位；2012年增长8%，全国倒数第3位；2013年增长8.2%，全国倒数第6位；2014年增长7.6%，全国倒数第8位。

第二，原有发展方式较早陷入困境。2008年以来，浙江"成长的烦恼"集中显现，粗放型经济发展方式已走到尽头，原有的由劳动力、土地资源、环境容量、模仿定制、低端市场等构成的低成本竞争优势等明显消失或减弱，潜在增长力明显下降。

第三，体制机制较早遇到瓶颈。2008年以来，浙江民营经济发展遇到体制机制的瓶颈制约，原有的"小、低、散、弱"等先天不足和盲目投机性投资问题集中爆发，加上国家政策遇到"玻璃门""弹簧门"和"旋转门"的阻碍，难以真正落地，社会活力和发展动力明显减弱。

以上这些都使得浙江经济比较早地进入了新常态，进入了速度换挡、方式转变、动力转换的转型期。这是正常的阶段性、规律性变化，不必担心，也不必焦虑。因为发展的领先必然要导致转型的领先。

（三）浙江经济发展面临"八期叠加"与融合的挑战

自 2008 年国际金融危机以来，全球经济急剧震荡，陷入深度的结构调整之中。这种深度调整目前还没有结束，依然面临复杂严峻的形势。今后一个时期包括"十三五"时期，经济发展不仅面临"三期"叠加，而且面临社会问题、环境问题、改革攻坚问题、国际市场低迷问题、国际地区冲突频发问题等的交织和困扰，其中任何一个问题应对处置不当，都可能引发系统性风险。所以，在我看来，浙江发展面临的挑战是多方面的，至少面临八期叠加和融合，或者说是"三期"加"五期"的叠加和融合的挑战。

一是经济增长换挡期。目前中国经济正处在这两个节点上。一方面，经过 35 年的高速发展，中国的工业化、城市化、市场化、国际化发展的初始阶段任务已经完成，成为全球第二大经济体、第一大贸易体、第一大制造业国和第一大外汇储备国，2014 年人均 GDP 折合 7485 美元，已进入由高速增长转换为中高速增长的时间窗口。与此同时，中国的人均 GDP 水平也已进入上中等收入国家行列，面临跨越"中等收入陷阱"的挑战，面临经济转型和再平衡的阶段转换。由此，中国经济发展由过去的高速增长转入中高速增长，着手解决经济转型和再平衡问题，是一个合乎规律的现象。

二是结构调整阵痛期。过去长时期实行的"高投入、高增长、高消耗、高排放、低效益"的粗放型发展方式和排浪式消费，形成严重的产能过剩，这不仅体现在钢铁、水泥、电解铝、平板玻璃、煤化工、造船等传统产业，即使在部分新兴产业如多晶硅、风电设备、新材料等也出现了产能过剩，个别行业甚至出现了绝对量和长期性的过剩。据有关资料，我国粗钢产能 9.7 吨，加上在建 1.5 亿吨，总量超过 11 亿吨，而市场需求仅 8 亿吨左右。其中，仅河北就拥有 2 亿多吨钢铁产能，超过欧洲。水泥产能超过 30 亿吨，需求量大致在 22 亿吨左右。化解产能过剩难度很大，这关系到地方、企业和职工的真金白银，关系到各级政府的政绩评估，也关系到经济增长速度和经济总量的上下取舍。

三是前期刺激政策消化期。2008年，为应对国际金融危机冲击，国家出台了出手快、出拳重的一揽子刺激政策，即4万亿元短期刺激投资，加上各省市配套的约18万亿元，总计超过20万亿元。这虽属不得已而为之，一时阻止了经济下滑，但也干扰了市场的自发调节，延滞了经济结构调整，积累了一些经济风险。当前正是化解这些风险的关键时期。2014年年底中国地方政府债务余额23万亿元人民币，考虑或有债务总额超过30万亿元；到2015年5月底广义货币M2余额130.74万亿元，由于实体经济不振，房地产市场出现拐点，股市剧烈波动，银行不良资产上升，防范出现系统性风险的任务十分艰巨。

四是社会矛盾凸现期。从2003年到2013年，我国居民收入基尼系数始终保持在0.47以上，2014年降为0.469，达到了联合国有关组织表示收入差距较大的0.4—0.5的警戒线。而一般发达国家的基尼系数仅为0.24—0.36。实际上我们面临的问题，不仅是分配不公导致的两极分化问题，还有腐败、特权、垄断等引发的问题，社会诚信缺失问题，安全生产事故频发问题，食品药品安全问题，社保支付能力问题，司法公正问题，大城市拥堵问题，反恐问题，以及社会治理体系不完善和治理能力不强问题等。总之，当前各种思想文化相互激荡，各种矛盾相互交织，各种诉求相互碰撞，各种力量竞相发声，推进改革与发展的敏感程度、复杂程度、艰巨程度，一点都不亚于30多年前。

五是环境治理紧迫期。2013年以来，"雾霾"成为中国环境污染的关键词。雾霾不仅是北方的现象，而是蔓延到全国。从2013年1月起，全国有4次雾霾过程笼罩30个省（区、市）；随后入冬以来，雾霾天气持续笼罩着中东部十余个省份，到年底，上海、南京、杭州等长三角地区成为最严重地区，上海多地多次出现PM2.5数据超过500。同样，水污染、土壤污染问题也累积性爆发出来，呈现出点源污染与面源污染并存，生活污染与工业污染叠加，土壤污染与水污染、大气污染交互，土壤沙化、江河断流，情况十分复杂，形势相当严峻。群众呼唤环保局长下河游泳，湖南镉大米事件，上海黄浦江死猪事件等，都反映了环境治理的紧迫性。

六是全面深化改革攻坚期。与以往相比，现在面临改革的全面性、深刻性、复杂性、艰巨性前所未有。过去的改革主要是做增量，大家受益；现在的改革还要动存量，要动一部分人的奶酪，而触动利益比触动灵魂还难。从某种意义上说，如果不啃掉改革中遇到的利益集团、制度惯性、行政垄断、特权利益、寻租腐败等"硬骨头"，就会形成"穷人不满""富人不安"的"两头不讨好"的局面，就会严重影响劳动、知识、技术、管理、资本的活力竞相迸发，阻碍创造社会财富的源泉充分涌流，无法让发展成果更多更公平惠及全体人民。而这样的发展不仅不可持续，还会影响到社会稳定，最终也会影响到经济发展。

七是国际市场低迷常态期。当前，市场成为最稀缺的资源，世界经济低迷将成为一种新常态，外贸出口增长压力很大。因为，世界经济的增长已由危机前20年的年均5%左右，下滑到2008年以来年均不到3%，主要发达国家，包括金砖国家都在减速，希腊主权债务危机严重影响欧元区和欧洲经济的稳定，预期今后一个时期也很难恢复到危机前的水平。

八是国际地区冲突频发期。进入21世纪以来，国际地区冲突不断。先是伊拉克战争，后是突尼斯、埃及、利比亚、叙利亚等国相继动荡，使这些国家经济不仅没有增长，反而出现倒退，缩减了市场需求。尤其是乌克兰国家的分裂，克里米亚地区并入俄罗斯版图，使大国关系发生重大变化，势必影响全球经济合作和经济治理，进而影响全球经济稳定发展。再有，美国插手我国周边如钓鱼岛问题、南海问题，致使中日、中菲地区局势有加剧之势，也会影响这一地区的经济合作和发展。

还有这些年来，我国及浙江企业的劳动力、用地、融资、环保、商务等综合成本上升过快，在中低端市场已没有明显的竞争优势，而以品牌、标准、质量、服务等为主的高端市场竞争优势又没有建立起来，处在一个"高不成、低不就"的窘境。所以整体上说，经济增长仍然面临较大的下行压力。

（四）浙江经济发展面临的机遇

挑战和机遇是并存的。上述八个方面的挑战，如果应对得当，也可转化为浙江发展的机遇。同时，更要深刻地认识到，中国是一个正处在工业化、城市化、市场化、国际化进程快速演进和转型的大国，也是一个正处于成长上升阶段的经济体，其自身的发展潜力、发展空间、发展韧性和回旋余地都很大。浙江也是一样。虽说传统的劳动力红利、土地资源红利、环境红利、低端市场红利、全球化红利等正在消失或减弱，但也有许多新的红利在形成和积累起来。主要有：

一是深化改革的红利。关键是在资源配置和微观经济领域真正让市场发挥决定性作用。通过观念创新、制度创新、技术创新、管理创新、经济业态创新、商业模式创新等，进一步焕发大众创业、万众创新的活力，进一步焕发民营经济的活力，以此提高资源配置效率，提高全要素生产率，提高经济增长的质量和效益。

二是新型城镇化的红利。中国城镇化正处在提速和提升的"双提"阶段。近期看，可通过解决"三个一亿人"的问题，即促进约1亿农业转移人口落户城镇，改造约1亿人居住的城镇棚户区和城中村，引导约1亿人在中西部地区就近城镇化，进而带动投资、基础设施建设和大众消费的增长。

三是创新驱动的红利。加快从人口红利向人才红利转化，推动传统制造向工业4.0版提升，落实好《中国制造2025》，推动制造大国向创造强国转变。目前，我国研发人员总量已居世界第一。2014年研究与试验发展（R&D）经费支出13312亿元，比上年增长12.4%，与国内生产总值之比为2.09%，表明我国科技实力不断增强，与美、日等发达国家的差距进一步缩小。

四是互联网+的红利。以互联网、云计算、大数据、物联网等为标志的信息技术的突破性应用,将催生一些新的经济形态,目前发展势头很猛,如智慧产业、智慧物流、智慧医疗等。当然,互联网+,关键在那个加,"加什么"是一个企业的核心竞争力。

五是新兴产业崛起的红利。主要是节能环保产业、文化创意产业、有机农业、旅游产业、大健康产业包括医疗和休闲养生产业等,已形成旺盛的市场需求。如新能源革命的快速充电技术、储能技术和微电网技术,高浓度有机污染物提取生物柴油技术,猪牛排泄物快速转化饲料和有机肥技术等,都已获得重大突破和市场化应用。

六是区域协同发展红利。主要是打破行政区划,在更大范围整合和配置资源,提高发展的协调性,包括京津冀协同发展,推动长江经济带发展等。比如推动京津冀协同发展,可以促进垄断部门把移动通信的漫游费取消或大幅度降低。

七是推进"一带一路"建设。包括设立亚洲基础设施投资银行、设立丝路基金,这为企业的发展创造了巨大的市场空间。目前"一带一路"建设有60多个国家响应,人口总数达44亿,经济总量约21万亿美元,分别占全球的63%与29%。中国的高铁、机场、码头、道路等基础设施建设能力和核电、水电、机电设备等,都有较强的市场竞争力。

八是国家宏观政策发力支持经济发展。针对经济下行压力比较大的问题,2014年年底召开的中央经济工作会议明确提出:"积极的财政政策要有力度,货币政策要更加注重松紧适度。"在2015年4月30日召开的中央政治局会议上,强调"高度重视经济下行压力"。提出了稳增长的"八大招式",涉及降税清费、重大基础设施项目等投资、货币政策、扩大消费、房地产健康发展、创新驱动、国企改革、京津冀协调发展等。这些相机抉择的政策,目的是防止经济出现坠崖式下降。

总体上说,虽然当前经济增长下行压力较大,但支撑经济增长的有利因素正在形成和积累起来,而且经济增长的质量和效益正在得到改善。从长远看,浙江经济仍能保持一个较长时期的中速增长。

(五) 积极构建适应经济发展新常态的再平衡

经济发展进入新常态,是改革开放以来中国经济发展阶段的重大转折,必然会带来一系列的深刻调整和重大变化。当经济发展由过去的高速增长转为中高速增长以后,原有的经济生态和平衡关系被打破,必须重新构建与之相适应的新的经济生态和平衡关系。由此可以说,积极构建适应经济发展新常态的再平衡,是"十三五"梳理好发展理念、遵循"三大发展规律"、贯彻"四个全面"战略布局、谋取新一轮发展主动权和实现可持续发展的战略选择。

积极构建适应经济发展新常态的再平衡,是一个系统工程和长期任务。初步研究,可能有以下九大平衡关系需要抓紧构建:

一是顺应产业结构演进规律和产业融合趋势,积极构建产业结构再平衡。实现"三二一"的产业结构,一直是国民经济发展所追求的目标。从全国看,2013年三次产业增加值占国民经济比重为10∶43.9∶46.1,历史上第一次三产超过二产,形成"三二一"的产业结构。2014年,浙江第三产业比重也首次超过第二产业,形成"三二一"的产业结构,三次产业增加值结构由上年的4.7∶47.8∶47.5调整为4.4∶47.7∶47.9。这标志着中国及浙江工业化初始阶段以至中期阶段的任务已经完成,进入了工业化后期阶段。可以说,中国工业化的峰值已过,工业在产业结构中的比重出现拐点,由过去长时期的一再提高,到最近几年出现下降。这一进程还将继续延伸到"十三五"以至更长一段时期。同时,工业化面临向新型工业化的提升,面临工业化与信息化的"两化融合",面临工业化与信息化、城镇化、农业现代化的"四化同步"发展等一系列新课题。

然而,工业在国民经济中的比重下降,并不意味着主导地位下降，反而应强化。因为即使像美国这样的后工业化国家，还一再提"再工业化"。为此，下一步产业结构的再平衡，一是工业比重的下降与服务业比重的上升不能顾此失彼，即在大力鼓励发展服务业，相应调整工业强县、强市、强省战略的同时，绝不能忽视和冷落工业。二是工业要在"化"字上做文章，按照《中国制造2025》的战略指向，升级工业4.0版，促进工业化与信息化紧密融合，促进工业化的智慧化和服务化，促进工业迈向中高端，提升国际竞争力。三是加强农业的基础地位，提升农业的工业化、市场化和服务化水平。总之，要积极构建"两化融合"和"四化同步"的产业结构发展再平衡。

二是顺应新一代信息技术革命突破和互联网+趋势，积极构建新老经济业态的再平衡。目前，以移动互联网、云计算、大数据、物联网等为标志的新一代信息技术取得突破性应用，正在催生许多新的经济业态。尤其是互联网+，具有跨界融合、创新驱动、重塑结构、尊重人性、开放生态、连接一切的六大特征，有着强大的冲击力，无论产业、企业、政府、个人，离开互联网，就一定会被OUT。今后尤其是"十三五"时期，互联网+将是连接一切的时期，将催生一大批互联网+制造业、互联网+服务业、互联网+农业、互联网+金融、互联网+物流、互联网+教育、互联网+医疗、互联网+购物等新业态。

当然，互联网+作为一种颠覆性的技术和商业模式，不会也不可能取代传统产业和商业模式，这里有一个新老经济业态的再平衡问题。这种再平衡的构建早已开始。从2014年3月腾讯入股京东，阿里入股银泰，再到2015年8月阿里入股苏宁，这实际是线上线下的联合，也是传统商业模式与现代商业模式的联合。正如马云所说："互联网公司的机会未来30年一定在线下，而传统企业的希望一定是在线上。""两个活得不好的业态结合起来，应该活得很好。"以后，互联网企业入股制造业、制造业企业入股互联网企业，都可能发生。浙江既是传统制造、传统商贸尤其是传统专业市场大省，又是互联网技术和应用大省，如何做好互联网＋的文章，搞好新老经济业态的再平衡，使传统业态与现代业态携手创造新的业态，完全可以期待。

三是顺应人口红利减弱和人口老龄化趋势，积极构建就业结构再平衡。过去维系经济高增长的一个重要原因，是充足而低廉的劳动力供给。这一情况已发生拐点。据国家统计局数据，2012年我国15—59岁劳动年龄人口第一次出现了绝对下降，比上年减少345万人。今后劳动力总量减少的趋势也难以扭转。同时，我国劳动力工资上涨很快，已高出许多发展中国家，甚至已接近美国等发达国家的水平。劳动力供给绝对减少和工资水平大幅上升，为企业发展和经济增长带来前所未有的压力。同时，人口老龄化快速到来。2014年我国60岁以上老年人数量已超过2亿，占总人口的14.9%，明显高于10%的联合国传统老龄社会标准。而且未来20年中国将进入老龄化高峰。预计到2050年前后，老年人口将达到全国人口的1/3。

浙江是一个典型的劳动密集型制造业大省，产业层次低，就业门槛低；外来人口多，外来低端人口多；工资成本高，工资成本上升快。而且人口老龄化水平高出全国3个多百分点。可以说，未来浙江发展面临的人口红利减弱和人口老龄化问题，比全国还要严重，维系经济发展的就业问题也会比全国严重得多。对此，必须积极促进由低端就业平衡向高端就业再平衡的转化。这就是说，一方面，要通过"五水共治""四换三名""三改一拆"等转型升级组合拳的实施，倒逼企业向产业微笑曲线两头延伸，减少挤压淘汰低端劳动力需求。一方面，要通过加强职业技术教育，提高劳动者技能和素质，提高全员劳动生产率，以劳动生产率的提升，对冲劳动力减少和工资水平上升的压力。同时，还要及早研究劳动力就业结构转换、退休年龄转换、工资上涨标准，以及养老保险标准等一系列再平衡问题。

四是顺应消费能力提高和消费需求升级趋势，积极构建消费结构再平衡。按照世界银行划分标准，一个国家或地区人均GDP处于3000—10000美元时，属于上中等收入经济体。2014年我国人均GDP约为7485美元，其中有7个省市的人均GDP达到1万美元以上。这意味着我国已达到上中等收入国家水平，同时也意味着居民的消费能力、消费需求、消费档次、消费品位、消费质量等都发生了深刻变化。而这种变化，已明显地由国内蔓延到国际。近年来，中国居民的大规模消费，由留学教育，发展到国际旅游、购房、抢购奢侈品，甚至发展到抢购诸如奶粉、马桶盖、保健品、化妆品等。

国人不信国货，抢购外国产品成风。这不是消费者的问题，而是我们的消费产品结构和消费环境和政策出了问题。如果不及时改变消费供给和优化消费结构，不大力提升消费的品种、质量、档次，不提高消费的服务和信誉，不改变消费的环境和政策，扩大消费需求只能是一句空话，甚至成为拉动国外需求的动力。因此，积极构建消费结构再平衡，关键要改变粗放型的数量供给，转而在满足消费者多样化需求、个性化需求、精致化需求上下功夫。简单说，就是把消费者对国外的需求冲动吸引转移到国内来，这就需要国内的消费品质、消费结构和消费环境有一个根本性的提升。

五是顺应经济增长动力结构转换趋势，积极构建发展动力再平衡。驱动经济增长的动力是多方面的，涉及是政府计划为主配置资源，还是市场机制为主配置资源；是主要由生产要素驱动，还是主要由技术创新驱动；是主要依靠投资、出口拉动，还是主要依靠消费的协调拉动，等等。毋庸讳言，由于历史的多方面原因，过去的经济增长，其一是政府驱动，政府利用手中掌握的土地、能源、环境、审批、财政、税收等资源，充当招商引资的主体和第一责任人，各地经济增长主要看是否为强势政府和强势领导。其二是要素驱动，主要依靠土地、能源、矿产、环境容量、劳动力等各种生产要素的投入，甚至以资源和环境为代价获取经济增长。其三是投资和出口驱动，主要依靠大规模投资和外贸出口拉动经济增长。

进入经济发展新常态，面对国际市场需求减弱和经济下行的长期压力，必须重新构建经济增长的动力结构，即由短期驱动力转换为长期驱动力。这就要求：其一遵循经济规律，让市场在资源配置中起决定性作用，使市场规律和市场机制成为驱动经济增长的主动力，而更好发挥政府作用的前提，是建立在市场起决定作用的基础上，而不是相反。其二变要素驱动为创新驱动，充分发挥科技作为第一生产力的作用，用技术变革提高生产要素的产出率，依靠科学技术创新带来的效益提高，来实现集约型的经济增长。其三变主要由投资、出口拉动为主要由消费和投资、出口协调拉动。其中，即使扩大投资也应有消费的匹配。因为长期过度依赖投资造成的投资回报递减规律已明显地显露出来，而长期过度依赖出口也造成进出口结构、外汇储备以及基础货币供给的失衡。当然，经济增长动力结构的转换极其艰难，受制于很多条件，其关键在于政府自身的改革是否到位以及驾驭市场经济的能力提高。

六是顺应城市化减弱和城乡一体化趋势，积极构建城市化结构再平衡。2014年中国常住人口城镇化率达到54.77%，已超过世界平均水平。浙江更高一些，达到64.9%。按照各国城市化发展规律，城市化进程在超过30%以后都会明显提速直至达到70%以上。现在来看，中国可能在城镇化率超过50%以后就会出现增速放缓。从实证分析看，中国城镇化率2002年为39.1%，2010年为49.9%，2014年为54.77%，从2002年到2010年年均提高1.35个百分点，而从2010年到2014年年均只提高1.22个百分点。浙江更明显一些，2010年以前，城市化率年均增速都在1个甚至1.5个百分点以上，此后增速都低于1个百分点。同时，城镇化质量不高的问题也越来越突出：大量农业转移人口难以融入城市社会，市民化进程滞后；土地城镇化快于人口城镇化，城镇用地粗放低效；城镇空间分布与资源环境承载能力不匹配，城镇规模结构不合理；"城市病"问题日益突出，城市服务管理水平不高；体制机制不健全，阻碍了城镇化健康发展。更重要的是，北京、上海、广州、深圳、杭州等大城市人口蜂拥而入，拥挤不堪，而许多地区人口净流出，空巢不堪，严重背离了城市化重整山河、让生活更美好的初衷。

其实，城市化的本意不是让大家都进城，都市民化，而是让城市的文明包括交通道路、供水供电、网络通信、产业布局、教育文化、医疗卫生、公共服务等设施向农村延伸，使广大农民也能享受到现代城市文明。为此，今后城市化的重点应是推动城市资源向农村下沉，大城市资源向中小城市下沉，中小城市资源向中心镇和中心村下沉，以资源疏导带动人口流动，走就地就近城市化道路。这方面，北京疏解非首都功能，带动京津冀一体化，为杭州等热门大城市的功能定位、区划整合、产业选择，及与周边地区的优势互补、协同发展提供了一个很好的范例。

七是顺应自然规律和遏制生态环境恶化趋势，积极构建资源环境再平衡。2015年8月8日，超强台风"苏迪罗"侵袭台湾，强劲风雨造成临海的台11线花东海岸公路62公里附近道路路基流失，一旁"人定胜天"石碑遭大浪损毁卷走，景象惊人。接着，"苏迪罗"横扫福建、浙江、江苏、安徽、江西5省39市217个县，造成773.6万人受灾，26人死亡，7人失踪，直接经济损失181.9亿元。血的教训再次警示我们："人胜不了天"，人在大自然面前是很渺小的。其实，反思起来，过去世界300年的工业化和中国30多年的工业化，无不在"人定胜天"的无知无畏下，毫无节制地向大自然索取，造成资源枯竭，江河断流，空气污染，环境恶化，引发许多人为造成的灾难，遭到大自然的报复。

完全可以说，人类的粗放型发展已经走到了极限，遏制全球气候变暖和生态环境恶化趋势，已刻不容缓，已成为人类的共同目标和行动。下一步发展的再平衡，就是要走遵循经济规律的转型发展、遵循社会规律的和谐发展、遵循自然规律的可持续发展道路。这里，遵循自然规律应为第一规律。为此，今后的发展一定要树立和践行"绿水青山就是金山银山"的理念，另一方面，要做好大量还债工作，包括治理各类污染，修复污染的土壤、空气、河流等。

一方面，要着力开发利用可持续的资源、能源和循环利用技术。同时，要按照自然资源承载力，合理安排人口分布、产业布局和经济发展。这样的发展速度不一定会高，但效果一定会好。

八是顺应国际经济形势新变化和外贸发展方式转变趋势，积极构建对外开放再平衡。2008年国际金融危机造成的影响是深刻和长期的，这或许是"二战"以来世界经济增长的阶段性转折，或许是"二战"后70年来世界经济高增长的终结。用经济"新常态"一词的发明者，美国太平洋基金管理公司总裁埃里安的话说，世界也许再也无法回到全球金融和经济危机前那种稳定的"正常"状态。同时，加上发达国家普遍进入低增长阶段和中国经济进入阶段性转变的"新常态"，而新的经济体的增长则难以替代这两股力量的削减，今后世界市场的低迷是长期的。更重要的是，中国及浙江的比较成本优势大为减弱，一些低端劳动密集型产业，不仅面临印度、越南、马来西亚等国及非洲国家的替代，甚至也面临美国、欧洲等发达国家"再工业化"的挤压。

而从另一角度看，中国及浙江经过三十多年的对外开放，形成了基础设施较为完善、产业配套能力强、劳动力素质比较好、外汇储备丰富等综合优势。更重要的是，锻造出一大批具有世界眼光和战略思维、具有整合世界资源和市场能力的企业家，如浙江的鲁冠球、李书福、马云、南存辉等。今后对外开放格局的再平衡，一是优化进出口结构，外贸出口向中高端市场迈进，"由卖得多卖得贱，向卖得少卖得贵"转变，着力提高出口产品的附加值。外贸进口更多引进稀缺资源、高端技术、紧缺人才等。二是加快"走出去"步伐，鼓励企业在全球投资，构建资源、制造、物流和技术研发基地，促进中国制造与世界制造相融合。三是实施好"一带一路"、亚洲自贸区等战略，在促进他国发展的同时，为自己发展赢得机会和市场。

九是顺应财政收入放缓和支出刚性增加趋势，积极构建财政收支再平衡。自1992年以来，我国财政收支一直呈现两位数以上的"双高增长"格局，即财政收入年增长均在10%以上，最高年份2007年达到32.41%，财政支出增长也均在10%以上，最高年份2008年达到25.7%，而且多数年份是财政支出增长高于财政收入增长，财政收支、增长又高于GDP增长。这种情况到2014年发生重大转变，随着GDP增长下行到7.4%，财政收支增长也双双降到1位数，分别仅为8.6%和8.2%。这是23年来的第一次。地方财政收入更不乐观，2014年多个省区市财政收入比上年下降，其中12个省市区财政收入增长降到1位数，有的省甚至出现负增长（-4.38%）。2015年可能会延续这一情况。同时，政府负债居高不下，截至2013年底总负债超过56万亿元，社保基金缺口达10万亿元。更重要的是，今后财政收支矛盾会进一步凸显：一方面，随着经济增长放缓，房地产出现拐点，土地财政乏力，扩大"营改增"试点行业，进一步减轻中小企业相关税费等，财政收入增长回落到1位数将成为常态。另一方面，增加科教文卫居等民生保障，补充社保基金、加强生态环境修复治理，加快中西部地区基础设施建设等，使财政支出继续呈刚性增长。

针对今后财政收入放缓和支出刚性增加趋势，必须抓紧研究优化财政收支结构，积极构建更有效率的再平衡。一是各级政府要树立过紧日子的思想，厉行勤俭节约，严格控制"三公"经费支出，提倡勤俭办公，节省每一个"铜板"。二是加强预算执行管理，盘活财政存量资金，进一步提高财政资金使用效益。三是改善民生要尽力而为，量力而行，循序渐进，立足于保基本、兜底线、促公平，多做"雪中送炭"，不搞"锦上添花"。四是创新财政投资方式，对公共基础设施、公共服务和扶贫开发等，尽量通过政府和社会资本合作的PPP模式、投资基金、政府购买服务等方式引导社会资本投入。

以上九大再平衡，虽不尽全面，但只要能大体做到，就一定会使原有的经济发展方式发生根本性的转变，进而促进经济走上平稳健康可持续的发展轨道。

三　新常态下推进浙江新型城市化的着力点[①]

"十三五"时期，是全面建成小康社会的决战期、全面深化改革的攻坚期、全面推进依法治国的关键期。我国经济发展进入新常态，城市化作为扩大内需的最大潜力，是推动经济向形态更高级、分工更复杂、结构更合理阶段演化的强劲动力。未来五年，浙江省在推进新型城市化过程中，要认识新常态、适应新常态、引领新常态，加快转变城市化发展方式，全面提高城市化发展质量。

（一）浙江省新型城市化的时空格局发生变化

1. 区域空间结构加速重组

在"一带一路"的战略构想下，长江经济带将通过综合交通体系联通陆上向西的丝绸之路经济带和海上向东的21世纪海上丝绸之路，全国"两横三纵"[②]的城市群格局将逐步形成。长三角城市群作为参与国际竞争的"桥头堡"，集聚产业、技术和人才的趋势进一步强化，区域经济一体化发展向纵深推进。浙江深入推进"4+6"[③]国家战略实施，并按照主体功能区划优化调整人口和生产力布局，杭州、宁波、温州、金华—义乌四大都市圈加快建设，与周边城市共同成长、连片发展的特征十分明显，城市之间的经济联系、分工协作日趋紧密，全省四大板块的空间格局已基本形成。同时，美丽乡村建设加快推进，小城市、中心镇培育工程深入实施，各类特色小镇的培育和建设正在启动，全省城市化空间形态正在发

[①] 作者系浙江省人民政府咨询委员会刘亭。
[②] "两横三纵"即以欧亚大陆桥、沿长江通道为横轴和以沿海、京哈京广、包昆通道为纵轴的城市群格局。
[③] "4"指海洋经济发展示范区建设、舟山群岛新区建设、温州金融综合改革试验区和义乌国际贸易综合改革试点，"6"指加快推进舟山江海联运服务中心、民营绿色石化基地建设，积极创建杭州国家自主创新示范区、中国（杭州）跨境电子商务综合试验区，积极发展银行，加快设立义乌国际邮件互换局和国际邮件交换站。

生着深刻的变化。

2. 轨道交通网络化发展

在"七线两枢纽"① 建成或开工建设的基础上，浙江省又积极部署实施铁路建设"八八计划"②，预计到 2020 年，浙江铁路运行里程将达 4000 公里，11 个市都将通达时速 200 公里以上的高标准铁路，基本形成"浙江 2 小时高速铁路交通圈"。而按照已批复的都市圈城际铁路近期建设规划，浙江省将规划建设城际线 22 条，其中 2020 年前主要建设 11 条，加上先期批复的温州市域铁路建设规划，全省共有 14 条城际铁路，届时将在都市圈内形成 1 小时交通圈。与此同时，杭州、宁波、温州等城市的地铁建设，未来五年也将迎来建设高峰期，加快推动城市进入地铁时代。轨道交通的快速发展，将大大缩短城市间的时空距离，改变人们的出行方式，方便要素的自由流动。更重要的是，轨道交通带来的廊道效应、节点效应及空间分异作用，浙江省未来的城市化空间发展仍有较大的可塑性，成为新形势下调整优化城市化空间结构的一个重要契机。

3. "互联网+"改变生产生活方式

在信息化迅猛发展的今天，物联网、云计算、大数据、移动互联网等新一代技术，正引领着城市向"互联网+"时代迈进，信息化作为一种全新的生产方式、组织模式和发展模式，在引起政治、经济、文化、生活、观念等众多领域全新变革的同时，也改变着人类社会、经济和生活的时间结构和空间结构。浙江省已形成系统化智慧应用市场开发与商业模式创新的良好基础，具备良好的网络基础设施条件和技术支撑平台，互联网逐渐融入城市的各个角落，改变着城市的生产生活方式。一方面，互联网与各产业融合创新，在

---

① "七线"是指沪杭、杭甬、宁杭、杭长、杭黄等客运专线以及金温铁路扩能改造和九景衢铁路；"两枢纽"是指杭州铁路东站枢纽和宁波铁路枢纽。

② "前八"指 2014~2015 年确保开工 8 个项目，包括九景衢铁路、乐清湾港区支线、杭黄铁路、衢宁铁路、商合杭客专、宁波穿山港区铁路支线、金台铁路、头门港铁路支线。"后八"指 2016~2017 年再开工 8 个项目，包括金甬铁路、湖苏沪城际铁路、通苏嘉城际铁路、衢丽铁路、龙泉至浦城铁路、金华至黄山城际铁路、沪乍杭铁路、宣杭铁路电气化改造工程。

技术、标准、政策等方面实现互联网与传统行业的对接，推动工业互联网、电子商务和互联网金融快速发展。另一方面，互联网消费作为城市生活科技化、信息化与便捷化的重要标志，逐渐成为居民生活中不可缺少的重要组成部分，网络市场有望成为市场消费的主要平台。这种由互联网构成的虚拟空间，改变着人们时空距离的感受，深刻地影响着浙江省未来城市的发展方向、空间形态、功能布局。

（二）浙江省新型城市化面临的主要问题

1. 土地瓶颈制约更加突出

我国实行"两个最严格"的土地管理制度，并划定城市开发边界、永久基本农田和生态保护红线，严格控制城市建设用地规模增长。浙江省人多地少，耕地后备资源严重不足，又地处东南沿海地区，属于建设用地重点控制地区，推进城市化面临实有土地与土地指标的双重制约。未来五年，用地指标自上而下、层层趋紧的刚性约束，以及低丘缓坡和围海造地政策的更加严格，使得用地政策突破的可能性降低，倒逼全省在有限的空间里，提高土地的开发效益，构建精明增长、紧缩发展的空间开发模式，推动土地利用从平面粗放的增量扩张型，向立体集约的存量挖潜型转变。这是浙江省今后城市化面临的一项重要课题，也是浙江省城市化的重要出路所在。

2. 城市融资模式需要创新

在传统的融资模式下，城市政府以"地"生财，主要通过"征地—卖地—收税收费—抵押—再征地"的滚动模式，将土地带来的直接收益和间接收益[①]，作为筹集城市建设资金的主要来源，以缓解政府财政收入的不足。在新形势下，中央要求严格防范地方债务风险，土地资源也严重紧缺，原先的"土地财政"融资模式已

---

① 土地直接收益包括土地出让金和税费收入，间接收益即以土地为抵押物进行融资，土地债券融资、土地项目融资、土地开发融资和土地储备基金等模式。

难以为继，迫切需要加快城市融资模式创新，更好地发挥市场配置资源的决定性作用，有效激发社会资本活力，建立规范多元可持续的城市建设投融资机制，破解城市化进程中的资金问题。

同时，浙江省是流动人口大省，大量农业转移人口挤占了城市十分有限的教育、医疗等公共资源，使很多城市的基础设施和公用设施处于紧缺或超负荷运行状态。按照十八大的要求，有序推进农业转移人口市民化，要将义务教育、就业服务、基本养老、医疗卫生以及保障性住房等公共服务覆盖常住人口，以及为保障城镇健康协调发展所必需的市政设施、社会事业、生态环境等城市功能建设，对城市的公共财政提出了严峻挑战。

3. 城市环境压力不断加大

我国不断加大能源消耗的约束力度，在实行"降低单位 GDP 能耗"和"控制能源消费总量"政策之后，又推行"一挂双控"①措施，能源消费政策愈加趋紧，能源需求的增长空间越来越小。由于城市人口能源消费水平高于农村人口 2—3 倍，并且城市化要求配套城市基础设施和住房建设，必然会带动建材、冶金等相关产业的发展，未来五年能源需求仍然呈现刚性增长态势。而浙江省以煤为主的能源结构、高能耗高污染产能的扩张以及机动车辆的迅速增加，造成了严重的大气污染，给城市环境和居民健康带来严重影响。近年来，全省各地灰霾天数在迅速增加，主要城市局部时段的空气污染指数位列全国前列，而耗煤工业和汽车尾气的大量排放，也导致了全省大部分城市面临严重的酸雨问题，对城市的空间布局及建筑材料都提出了重要挑战。同时，在"五水共治"的大力推动下，全省主要流域及城市的河道水质出现了可喜变化，河岸环境也有了显著改善，但饮用水安全问题屡遭考验，暴雨期间城市的内涝灾害时常发生，黑河、臭河、垃圾河也未完全消除，改善城市水环境依然任重道远。

---

① 即能源消费与经济增长挂钩，对高耗能产业和产能过剩行业实行能源消费总量控制强约束，其他产业按先进能效标准实行强约束。

4. 社会治理方式亟须转变

随着城市化的加快推进，社会分化加速、社会矛盾加剧，社会结构面临深层次的调整和转型，人的需求结构更趋多元，对提高社会治理能力提出了更多、更高的要求。当前以政府为核心、以管制为主的传统社会治理方式，已难以适应社会主体分层化、利益多样化、价值多元化的发展趋势，也难以应对全球化和网络时代社会治理的重大挑战。这要求浙江省在推进城市化进程中，加快制度创新和法治建设，转变政府偏重经济建设的职能，加强提供更多就业机会与基本社会保障、遏止收入差距持续扩大、保护生态环境、维持市场公平秩序、保障社会弱势群体利益等社会管理职能，促进社会治理方式现代化。

（三）浙江省推进新型城市化的五大着力点

1. 以都市圈来优化整合城市化空间

未来五年，浙江省要突出都市圈的主体形态，通过人口集聚、资源集约、功能集成，构建不同层次的"中心"，并通过交通运输、网络、通信等物质性网络，以及各类要素自由流动而形成的非物质性网络，将中小城市、小城镇乃至广大农村地区连接成网，促进城市化空间结构的优化整合。加快建设杭州、宁波、温州和金华—义乌四大都市圈，集聚高端要素，发展高端产业，以中心城区带动周边县市一体化发展。发展壮大湖州、嘉兴、绍兴、衢州、舟山、台州、丽水等区域中心城市，完善综合服务功能，增强集聚辐射能力，加快培育成为都市圈的副中心。支持推动有条件的经济强县，引导城市专业化发展，积极培育成为都市圈的次中心。与此同时，按照"宜业、宜居、宜游"的导向，集聚人才、资金、资源，营造众创空间、提供创业服务，聚焦信息、环保、健康、旅游、时尚、金融以及高端装备制造七大产业，兼顾丝绸黄酒等历史经典产业，建设一批具有特色产业支撑和独特文化内涵和旅游功能的特色小镇，依托发达的综合交通网张，融入都市圈整体发展。

2. 以产权改革推进农村人口转移转化

按照"三权到人（户）、权随人（户）走"的要求，统筹推进户籍制度和农村土地制度改革，以农民财产权利的资本化、城乡要素配置的市场化为导向，推动建设城乡统一的土地市场，促进农业转移人口市民化。加快土地确权、赋权进程，赋予农民更多的财产权利和土地财产处置权，推动城镇户籍准入与土地权利分离，允许携带土地指标进城落户。进一步完善农村承包地流转机制，加快推进宅基地的确权颁证工作，探索建立农村宅基地有偿退出机制，健全农村集体资产收益分配机制。进一步深化统筹城乡综合改革，建立农村与城镇的公共服务对接机制，以及农村"三权"与城镇户籍、就业、住房保障等权益的挂钩机制。合理评估义务教育、医疗卫生、社会保障、就业培训等市民化成本支出，探索建立省、市、县政府之间的公共成本分担机制。深化财政分配制度改革，加大省级财政统筹力度，按照常住人口确定各级财政分成，探索建立农业转移人口专项资金转移支付制度，在科学核算的基础上，实现各项公共服务的经费"费随人转"。同时，探索建立城镇用地指标与吸纳农业转移人口数量挂钩机制。

3. 以"互联网+"促进产业转型升级

适应县域经济向城市经济的演进，在加快推进智慧城市试点的基础上，综合运用现代科学技术、整合信息资源、统筹业务系统，推广智能化信息应用和新型信息服务，探索城市生产生活和规划建设管理的新模式，促进城市转型发展。充分发挥互联网开放共享、高效集聚和配置资源的优势，引导企业利用互联网平台集聚共享市场需求、研发设计、供应商、用户、加工制造等资源，推动供应链、设计、用户等不同层面的协同，促进企业生产组织模式的创新。重点支持智能工厂、全流程交互平台、车联网等集成创新，积极开展个性定制、远程设计、创客等试点，推动生产模式由大规模生产向个性化定制转变。鼓励企业通过互联网进行产品和营销模式创新，支持智能绿色的生产运营创新，推广大数据分析、能耗监控、精细管理、工业APP等为代表的工业互联网应用。加快发展移动互联网产业，推动物联网、软件和信息技术服务、互联网金融、智慧物流、服务外包等信息服务业，把新一代信息技术融入传统服务业，培育新兴服务业态，集群化发展地理信息产业和智慧化应用产业，打造全国一流的数字媒体基地和数字阅读基地，加快推进跨境电子商务通关服务平台和外贸交易平台建设，不断拓展电子商务的发展空间。

4. 以治水治气治堵为突破口改善人居环境

以治水、治堵、治气为突破口，多措并举、综合施策，全力整治水体污染、大气污染、交通拥堵、环境脏乱等问题，加快更新和完善城市的基础设施网络，提高城市的建设和管理水平，全力提高城市系统自身的安全性和承灾能力，努力改善城市人居环境，提升城市生活品质。坚持"防治结合、综合治理"并举治污水，"强库、固堤、扩排"并举防洪水，"强库堤、疏通道、攻强排"并举排涝水，"开源、引调、提质"并举保供水，"源头控制、再生利用"并举抓节水，全力推进"五水共治"。加快优化能源消费结构，积极推进核电建设重启，因地制宜地发展光伏、风电、生物质、海洋能等可再生能源，着力推进大气污染综合整治，加强移动源污染治理，大力推广清洁能源汽车，大力推进"大气防治"。确立以公交为导向的城市发展模式，进一步完善由轨道交通、城市快速公交、公交、公共自行车组成的城市公交系统。加大城市快速路建设力度，优化骨干路网体系，提高城市支路网密度。加快城市交通拥堵点改造，加大道路功能提升和管理挖潜。实施循环交通组织工程，提高城市交通总体通行效率。深入推进"三改一拆""四边三化"行动，全面改善城市人居环境。

5. 以模式创新来筹集城市建设资金

按照国家新型城市化综合试点的要求，加快推进宁波市、嘉兴市、义乌市、龙港镇的城市化综合改革，率先探索城市化发展的新模式、新路径、新机制，为全省乃至全国提供可复制、可推广的经验和模式。创新城市化投融资机制,加快建立管理规范、风险可控、成本合理、运行高效的地方政府债务融资机制,建立城市政府资产负债表制度,支持有条件的城市发行市政债券。放宽准入、完善监管、提供资金支持和税收优惠等激励政策,分类推动社会资本尤其是民间资本参与市政基础设施领域市场化建设。依法放开经营性领域开发建设和经营市场,以公共私营合作制(PPP)、股权合作等方式,建立投资、补贴与价格的协同机制,推动准经营性领域向社会资本开放。采取政府回购或购买服务等方式推动非经营性领域由社会投资人组织实施,通过委托运营、股权出让、融资租赁、基金引导、整合改制、后勤社会化等方式,推动存量资产专业化运营力度,扩大产业化经营规模。

四 面向 2030 重构城市化生态系统[①]
——信息时代发展规则变化对城市化影响及浙江的响应

(一)迭代进化:工业时代与信息时代不期而遇

1. 两个时代的差异

人类文明的进步的本质是用更少的人力和物力投入养活更多的人。人口繁荣,文明兴盛。在工业革命开始前一个漫长的时期,地球人口都呈现缓慢增长。直到 18 世纪英国工业革命开始,地球人口呈现倍数级增长。从 1600 年的 5 亿,用 230 年达到 1830 年的 10 亿;又用 100 年时间增长一倍,1930 年达到 20 亿;再用四分之三个世纪又增长了两倍有余,1960 年 30 亿,1999 年 60 亿,2011 年达到 70 亿。

为何如此短的时间,尤其是 1850 年英国工业革命之后,人口增长发生如此快速跃迁?主要有两大原因:

其一,工业化促使人口加速集聚城市,助推了城市文明的兴

---

① 作者系浙江省发展规划研究院潘毅刚。

盛。城市，这一人类创造出来的最重要的人工系统，在工业化助推下，规模集聚下，效率提高，并互相提供就业，从无法掌握命运的未知山野逐步走向了可以预期未来的现代文明。

其二，信息化促使知识加速增长外溢，实现了通用科技的共享共用共赢。19世纪70年代以后，信息通信和电子信息技术的高速发展，知识扩散和外溢呈现爆炸式增长。今天我们一个手机APP应用就能存储农耕时代汗牛充栋的文献，并能进行智能查询和运用（见图3-2）。现在一张畅销报纸一周的信息量比18世纪一个人一生所收到的资讯量还大；现在1年产生的信息比过去五千年的总和更多。信息知识由静态的独占变为动态分享外溢，由封闭半封闭走向了开放共享。存储运用能力的不断提高，普及应用更加广泛，信息知识呈现几何级增长，生产效率进一步提高，为人口增长迎来一轮高峰提供了可能。

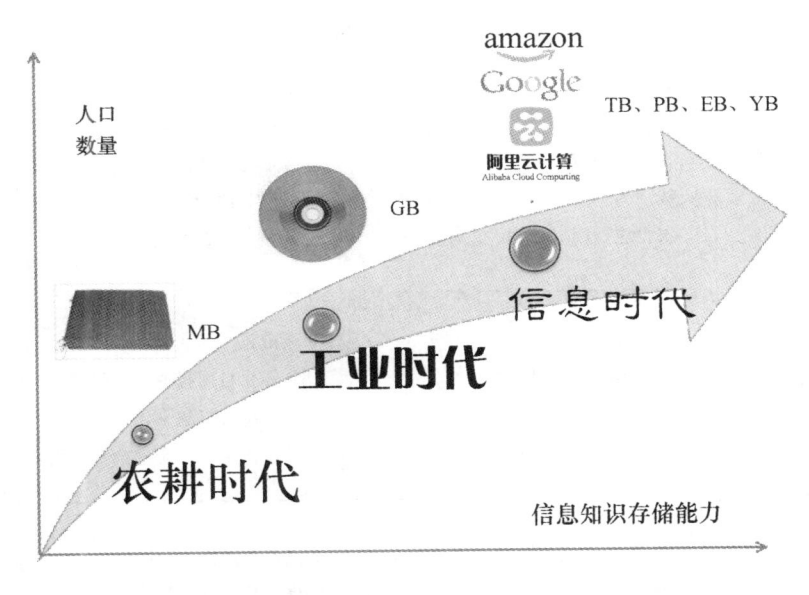

图3—2 不同时代人口数量与信息存储能力关系

工业化叠加信息化发展，让人类文明的演进发生了翻天覆地的变化。尤其是 19 世纪 70 年代以来，信息化高能跃迁，已将人类社会从工业时代的机械化、自动化、智能化加快向智慧化发展时期推动，颠覆性改变正在发生，七大变化尤为突出（见表 3-1）。

表 3-1　　　工业时代与信息时代发展特征的差异比较

差异比较	工业化时代	信息化时代
生产方式	1. 大规模集中化生产 2. 萨伊定律、规模经济、机械化、流水线生产 3. 工业区、专业化组织分工 4. 工业经济引领 5. 人是劳动工具	1. 大规模分散化协作 2. 长尾理论、范围经济、3D 打印、智慧化生产 3. 功能区、众包、众筹、众创 4. 服务经济引领 5. 机器人和人工智能替代
消费方式	1. 大众化消费 2. 排浪式、模仿式 3. 重商品消费 4. 线下为主 5. 衣食住行用（住房、汽车）	1. 多样化消费 2. 多批次、个性化 3. 重服务和体验 4. 线下、线上结合（O2O） 5. 科技、教育、文化、娱乐等
就业方式	1. 集中化 2. 组织化，为组织服务 3. 福特制、泰勒制、科层制 4. 资产化生存，有资产有信用	1. 离散化 2. 个体化自由择业，自我实现 3. 自由组合、扁平化 4. 数字化生存，有记录有信用
社交方式	1. 关系型、群落型 2. 契约型信任 3. 线下为主、生产消费分离 4. 有圈有层、有边界、慢聚合	1. 点对点连接、网络化 2. 虚拟社区型信任 3. 现实虚拟结合、生产消费叠加 4. 有圈无层、无边界、快聚合

续表

差异比较	工业化时代	信息化时代
资源配置	1. 单向维度集中，向城市集中 2. 按城市等级配置公共资源 3. 行政干预性手段偏多	1. 任何维度集中，特色离散化 2. 按需求配置公共资源 3. 市场化配置为主
人口流向	1. 向城市集中速度逐渐加快 2. 单向都市圈城市群集聚	1. 集中速度放缓并逆流动加大 2. 城乡、大中小城市双向流动
时空特点	1. 全球化层级分明、梯度模式 2. 中心化，链式、线性联系 3. 金融资本和技术垄断 4. 时空限制多	1. 世界更平、更小，天下模式 2. 去中心化、网络状联系 3. 信息文化共享、金融和技术普惠 4. 时空限制少

第一，生产方式更分散。在互联网、移动互联、物联网更加普及，信息传送带宽不断提高的背景下。经济分工进一步趋于细化。工业时代的大规模集中生产越来越没有必要，规模经济逐渐转发为规模和范围经济并重，多批次、分散化大范围协作成为可能。工业生产更多的由机器完成，服务经济成为经济主导力量。代表性模式有德国工业4.0的智慧化生产，IBM、苹果等制造企业的服务化发展以及红领西服的订单生产线、亚马逊前置库存和无人运货飞机研发等，都代表了未来趋势。

第二，消费方式更加多样。消费模式从大众消费加快向多样化消费转变，消费者同时又是内容生产者，让消费也成为生产的一部分；消费内容从重商品到重服务和体验；消费场所从线下为主，转为线上线下结合。科技、教育、娱乐、文化、农业体验等消费内容逐步替代工业时代的房地产和汽车等商品消费。

第三，就业方式更加自由。现在有一句话很流行——要么Uber（优步），要么被Uber（优步）。这不是说Uber模式和技术有多么先进，而是指它对就业方式和消费方式的颠覆。Uber的模式是信息时代典型的就业方式。从业者与平台之间是非固定雇用关系，掌握一定技能，组织通过平台扁平化管理，自由高效安全协作。信息时代的数字化生存，将改变只有资产等于有信用、有能力的就业生存方式。自主择业、自由创业，在多样化主导的服务经济、大规模分散协作支持下成为可能。

第四，社交方式更加多元。信息时代与工业时代不同，社交方式是网络状、无边界、有圈子无层次，根据需要快速聚合交往。如年轻人的情感信息交流，有Facebook、Twitter、Snapchat；熟人关系交往有微信；职场商务关系有领英；婚恋关系也比工业时代更广泛，如百合网、世纪佳缘；相同兴趣关系更加无界限、有黏性，如比较成功的社交群体公众号罗辑思维，早已不是工业时代的线上（电视）的单向传输，线上聚人群，线下有活动，还有商品推介，甚至社交与消费的界限也都模糊了。

第五，资源配置更加精准。在工业时代资源的配置主要是通过市场和政府两种力量实现，政府的力量仍常起主导作用。在信息时代，资源配置的方式将更加市场化。将单向的城市集聚向更分散的特色化集聚转变，配置标准也由城市等级的行政性分配向市场化按需配置转变。

第六，人口流向更多维度。人口流动速度加剧，但流向更加复杂，从加速向城市集中的特征，向城乡双向流动甚至逆流动转变。大中城市不再成为这个时代人口流动的唯一"蓄水池"。

第七，时空特征更加模糊。时间和空间界限将因人人互联、人物互联、物物互联而被打破，信息联系的较强，让区域间的区位优势明显弱化，随着配套基础设施的支撑加强，后发地区的发展条件有了根本性改变。

总的来看，信息时代对工业时代的生产生活方式进行的改变是颠覆性的。其一，连接方式发生颠覆。信息流、人流、资金流、物流和思想流的联系更直接、更多元、网络化。其二，时空界限发生颠覆。虚拟与现实融合（从AR到VR）、地域空间界限打破，进化迭代速度更快，人们将获得更多自由和发展时间。其三，发展方式发生颠覆。以人为本、量需生产、按需分配，更加离散化、个性化、自主化，大数据和云计算支撑下生产生活组织的计划程度更高。

2. "互联网+"对发展规则的重构

正如铁路、电线对发展的颠覆性改变一样，信息时代互联网、移动互联网以及物联网的广泛应用，也让发展规则重新书写。

规则1：免费。在传统商业模式中，免费更多的作为一种促销手段，免费成本多由企业自身承担的。但互联网时代来临后，最流行的一句话却是：羊毛出在狗身上，让猪来埋单。这话的意思是，在别人收费的地方免费，在别人挣钱的地方亏钱，让消费者不花钱或少花钱达到目的，实现盈利。免费的线上店颠覆了收费的线下实体卖场，免费的维基百科战胜了收费的大英百科，免费的"某额宝"战胜了收费的银行，无不是采取这种方式。免费不是真正免费，它推动的是制度的重构。

规则2：众包。分工是经济发展的重要源泉。一件事分成若干简单的事，组织专业化实施，实现规模经济。浙江当年的块状经济快速发展，就是这一道理。但信息时代，这种分工已经不限于组织或集群内部，也不是专业外包，而是与用户共同创造价值的分工模式，"包"的主体从生产者变成消费者自身，用户产生内容或服务（UGC），它对现有经济组织方式无疑是一次重大改变。早期维基百科、前面提到的当下对出租车行业冲击甚大的Uber模式，就是典型案例。Uber生产者多是签约用户，没有多少正式员工，组织方式的接近市场、低成本、高效机动灵活。

规则3：生态化。互联网经济的垄断性要远高于传统经济模式。一个同类领域，"八二"现象尤为突出。如电商平台，仅有的几家企业几乎占市场80%以上份额。但是，为什么它不像传统经济模式中，对垄断那样敏感呢？原因在于，在互联网经济中少数企业垄断的是网络平台，整体平台和大量专业的中小企业形成了一个进一步分工的生态圈。平台不是中心，而是生态基础设施。这个网络生态系统是一个共生共存系统，企业用户越多，平台利润越大，这也是免费经济实现可能的基础。

规则4：大规模个性化消费。当下排浪式大众化时期已经逐渐过去，个性化消费日渐升温。但个性化消费从生产者角度而言，受展示场地和推销成本制约，难规模，不经济。但是互联网改变了这一规则，通过互联网，那些本来需求量不大的商品都有可能有人卖，也有人买，这就从规模经济转变为了非规模化的范围经济。这也是义乌小商品实体市场进入第四代之后，受电商冲击，不得不主动转向网络平台的原因之一。

规则5：注意力经济。著名诺贝尔经济学奖获得者赫伯特·西蒙曾说过，"随着信息的发展，有价值的不是信息，而是注意力。"这种观点被形象地描述为"注意力经济"。今天的互联网已经进入移动时代，一切皆可连接，实时在线连接代表着能了解生产消费最有价值的数据，也意味着取得了争夺人的最稀缺资源——时间的可能。这也是当下国内著名互联网企业投入巨大资源，争夺移动连接入口主导权的原因。

规则6：内容服务高于产品。信息时代的互联网经济不是虚拟经济，而是服务经济。互联网经济之所以会对传统经济产生巨大冲击，是因为它能提供更精准、更人性、更优质的产品和服务，它能让更恰当的产品服务找到最需要的人。如个性化定制、精准投放的互联网广告，更加安全贴心便利的支付服务，整合线下线上优势方便消费者的O2O模式。

规则7：时空无边界。这是互联网经济与传统经济模式最大的优势。因为互联网连接，不仅实现了市场无边界，是更切实的全球市场；也实现了生产无边界，可以让消费者服务消费者，让生产者成为消费者；还实现了时间无边界，互联网世界没有时差，是24小时经济。

规则8：万物互联重构。我们的经济世界正在加快成为一个网状实时协同的大网络，网络没有中心，网络即是"大脑"。物联网+互联网将人与人、人与物、物与物相连，一个建立在实时大数据基础之上，计算无处不在的智慧化时代正加快来临。

规则9：创客化。创客是互联网时代个体发生的最大变化，也是大众创业、万众创新的现实来源。信息时代就业更趋自由，尤其是互联网为个体的创新创业提供了一个前所未有的巨大平台。一切资源皆可如此轻易获得，资本要素都在虚位以待。在互联网时代，缺的不是资本、资源、要素，缺的是创新、创意和人才。

规则10：跨界融合。互联网经济没有既定领域，它不仅打破了统计意义上的一、二、三产的分类，也模糊了现实生产消费中的行业界限。互联网金融颠覆了传统银行业，电商平台颠覆了传统零售业和实体市场。"互联网+"一旦与物流、医疗、教育、农业等跨界融合，带来的不是规模的改变，而是质的变化，是效率提升，完成了传统模式难以实现的目标。

必须看到，时代切换的深刻变化刚开始不久，并仍将继续，它正在影响人类社会方方面面，未来一定不止于此，未来会超出我们想象。十条规则只是信息时代规则的冰山一角，且仍在动态进化。当下，我们既不可把信息时代"互联网+"概念化虚置，也不能被当前的浮华遮住了眼睛，更不能因为看不清，而失去了辨别正确方向规律的定力。因为信息时代互联网的大规模来袭，时代正在改变，未来属于勇敢开拓者。

（二）文明回归：信息时代对城市文明的再认识

1. 工业时代城市文明的反思

一个文明替代一个文明是因为它解决了上一个文明的突出问题。正如工业时代解决了农耕时代，如何更好地养活更多的人一样。信息时代来临，要解决的是人如何更好地生产，更好地生活，更好地就业，享受更平等的服务问题。

有一句话讲得好，城市让生活更美好。这是一种对先进文明的期盼。真是这样吗？工业时代的城市文明让我们陷入了深深的困惑。

其一，认识问题。到底是人在建城，还是建城为人，认识模糊。城市化高速跃进，给我们带来了大量空置的房子——鬼城、睡城。房子越建越多，但依然有3亿多人在城市彷徨，游离城市之外，无处安身。

其二，效率问题。大量投资无效，土地城市化普遍，有限资源被无限耗散，人的生活水平和品质并没有得到实质性改变。

其三，交通问题。当下无论大中小，还是一、二、三线城市都已经进入无城不堵的时代，每日做钟摆状移动，大量时间浪费在交通、等待上。

其四，就业问题。工业化的城市发展随着生产效率提高，并没有与城市规模扩张同步提供更多的就业机会。相反，无限集中的城市就业方式，让就业更加艰难，就业质量更差。越来越多的低文化素质劳动者失去了就业机会。

其五，环境问题。人口高度集中不仅带来的拥堵，也带来的集中污染，垃圾围城、霾、水和空气污染在城市极为普遍。

此外，脆弱的城市生态系统，下雨就涝；更加频发的资源缺乏，水质性缺水，高峰期缺电，无不困扰城市人的生活；还有更加突出的城市社会犯罪问题等等，无不与这一时期城市化特征相关。

当然，这些问题有一部分可以通过城市化自身的规划、管理和服务来解决，但有些问题却必须有新的思路才能解决。正如一个人永远不能靠自己拽着头发离开地面一样，工业文明下的城市化有它的硬伤。

今天的物的城市化，最终让城市人口越来越多，但人却感到越发孤独。今天的城乡分离的城市化，让年轻人都离开了广大农村，留下年老体弱的老人和孤独的儿童。今天出于经济需求的城市化，依然挤压着更广大乡村发展的资源和空间，人类的栖息地正因此而遭遇根本性威胁。

这一切都等待一个新时代来对它进行改变。

2. 面向2030年浙江城市化的阶段特征和影响

信息时代的来临，让我们看到了希望。在工业时代，城与市是合一的，但在信息时代城与市却可以分离。一旦两者分离，变化就产生了。市超越了时空界限，城也就未必还是哪个城了！

从21世纪以来的三十年，浙江的城市化大致经历或将经历三重境界、三个阶段：

第一重境界：见城是城。突出城市外形，修路搭桥，设市建区，只为求城之形出，效率大于公平，无关人之感受，此谓物的城市化阶段。大致是21世纪以前至21世纪以来第一个十年。

第二重阶段：见城不是城。突出城市服务，生活就医、就学就业、商贸金融各项服务，路网水网电网信息网服务网，逐一完善，遂成体系，成本日降，公平效率兼顾，满足人之需求便利，此谓人的城市化。大致是2011年到2020年。

第三重境界。见城又是城。突出城市功能，城乡边界融合，功能互补，联系紧密，服务均等，设施互通，城市有鸟语花香，绿廊水道，农村亦洁净舒适便利，有就业机会，但城是城之风貌，乡是乡之味道，此谓城乡一体化。这一阶段，大致需十年，到2030年方有可能初见成效。

因此，我们认为，信息时代的城市文明本质发生改变。它不是农耕文明简单复归，也不是工业文明的升级版，更不是工业文明和农耕文明的简单相加。它是农耕文明和工业文明的合理因素的基因重组，乘数放大，值得期待。

从工业时代到信息时代，城市化四方面影响突出：

影响1：文明回归。文明不是终结，而是螺旋式上升，经过工业化反思，城市文明向农耕文明汲取营养，重新理解自然，拥有农耕时代的生态智慧。

影响2：人性凸显。以人为中心，人口自由流动、要素服务设施按需精准配置。

影响3：农村崛起。城乡差距大缩小，将使得越来越多的人，期待田园归去来兮，农村将再次崛起。

影响4：平等共享。世界更平、更小，国有疆界，思想、知识、技术无疆界的天下平等模式成为可能。城乡关系将变成功能互补关系，而不是谁主导的问题。

（三）拥抱趋势：重构城市化生态系统，和谐融入地球生态圈

城市是人类嵌入地球的人工巨复杂系统，很长一段时间，受资源和条件所限，人类是被动地去适应接受时空限制。进入信息时代，人类第一次有可能主动去通过进化文明，利用机器和信息工具，改变时空关系和安排，改变人类赖以生存的系统。这也是人类从被动走向主动的关键一跃。

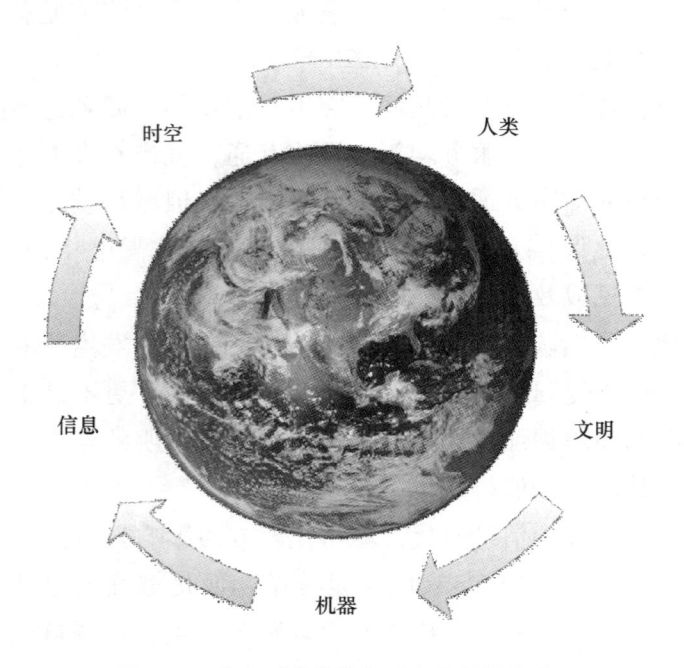

图3-3 信息时代人类与时空的逻辑关系

我们认为，在未来一个时期，在信息时代人类文明发展任务之

一，就是主动去重构城市化生态系统，更自然地嵌入地球生态圈中，与之和谐共存。这既是文明进化的必然，也是进化的智慧。

大体来看，信息时代重构城市化生态系统需处理好八对关系：第一，个体与集体的关系。在更离散、更自由的组织模式下保护发展的多样化。第二，集权与分权的关系。在更加多元的城市和社会结构中，适应好管理的分散化。第三，政府与社会的关系。小政府、大社会，政府与社会、政府职能以及与市场的边界必须重新厘清。第四，智慧与隐私的关系。万物互联背景下，信息安全和隐私安全至关重要，隐私保护和安全大概是唯一一个可以阻挡信息化加速发展的理由。第五，人性与机器的关系。机器对人的替代，亘古未有，这远比工业时代电气化生产线淘汰劳工来得彻底。人工智能发展之下，尊重人性、保护人权，成为重构城市化生态系统中不得不面对的新问题。第六，效率与公平的关系。城乡一体发展将对工业时代的资源配置方式提出新的要求，保持高效率和维护公平性，必须得到平衡。第七，做大与做强的关系。到底是继续做大城市，吸引人流向节点城市和城镇集聚，还是寻找新的城市发展形态；到底是在农村就地城市化，还是继续加速向城镇集聚，是一个关系生产、消费和分配的核心问题。第八，保护与发展的关系。农耕文明的复归与工业文明合理的结合，与当年工业文明替代农耕文明一样，必将带来新的冲突，如何扬弃，需有分寸。

回到现实的浙江，浙江的城市化进程加速发轫于20世纪末，浙江对于城市化内涵理解与实践走在全国前列。浙江进入信息时代也走在全国前列。对于"七山二水一分田"的浙江，一半山区一半海洋的浙江，比任何地区都更有条件，也有必要，更有可能在重构城市化生态系统上走在全国前列。六个理念非常重要：

一是要开放包容而不是裹足犹疑，政府管理和社会治理要拥抱文明回归大趋势。信息时代对文明改变最大的变化是离散化、平等化。浙江当下已经在推进"四张清单一张网"的改革，也有了政府治理连接百姓和社会的互联网接口。但这依然不够，信息时代的技术的进步，以及"互联网＋"、物联网等连接改变的不是管理服务的形式，改变的是制度，是治理结构和体制机制的重构。因此，迎接信息时代政府管理和社会治理的核心是，根据实际情况，重新梳理政府职能，界定政府、社会和市场关系，简政亦减人，改革部门，开放公共数据，消除部门信息孤岛，除需统筹的权力之外，真正做到一律放权于社会、放权于企业、放权于基层。

二是要系统设计而不是各自为战，联通城乡，阡陌交通，移动世界，打通全方位立体网络，创造城乡平等发展机会。信息时代的政府不是无事一身轻，而是要顺大势、谋大事、抓大统筹。未来五至十年，浙江有必要加快统筹抓好"七网"建设，即天网（通信、通讯、通航、移动互联网等）、地网（公路、铁路、城际轨道、市域交通、地下管网等）、水网（港区、内陆航运网、八大水系和内河网络）、绿网（城市绿廊、乡村道路景观绿化美化等）、服务网（政务管理、城乡公共服务、社会保障）、创新网（创新走廊、科技城、科技市场、众创空间、文化空间和平台等载体）和资本网（做强银行、股权、债券、保险市场网络、财富管理市场、产权交易市场，创新激活产业基金、PE、VC、互联网金融、城镇化投融资模式等），最终实现无论在城还是乡，在发达地区还是欠发达地区，都能实现权利有保障、基本服务平等、资源获得便捷、创新成本较低。

三是要叠加做强功能而不是做大城市规模，着重打通战略平台和关键节点，争取全球分工生态的中高层、中高端。下一阶段浙江省城市化的重点，大、中、小都不是问题，必备功能和关键节点才是关键。建议把城市化建设的重心放在城市发展的关键节点和网络建设上，以点带面，以网扩面，要在全球范围内配置城市设施和平台功能。建议顺应新一轮开放发展的趋势，在港口一体化开放、都市圈和城市群网络化发展、多层次资本市场、多层级创新平台建设以及海洋产业和农业现代化发展上加快谋划部署，高位势参与国家和全球竞合发展。

四是要软制度推动而不是硬投资带动，借力借势、保护和发展兼顾，人力资本投资优先，助推农村再次崛起。农村再次崛起不是光靠投资，三个关键领域制度创新值得重视：其一，城乡资源配置市场一体化的制度，土地、资金等关键要素投入要制度平等。其二，生态补偿制度。要建立跨区域的生态补偿体制机制，大范围统筹发展与保护。其三，人力资本投资制度。降低一切有碍于人力资本向农村流动制度性成本，引导社会资本加大对农村地区吸引人力资源的政策制度力度。此外，如何在农村鼓励信息化应用，鼓励"互联网+"与旅游、农业以及养生养老的结合也是制度创新的重点。

五是要文化引领而不是设施占领，弘扬生态文化，构建文化生态，共铸城乡一体、共享发展的城市化文明。浙江是文化大省，目标是成为文化强省。新的城市化阶段，要把文化建设和发展作为核心任务，善于挖掘文化潜在优势，保护特色优势，发挥核心优势，促进城乡文化流动，乡为城用，以先进的城市促进乡村文明发展，实现文化的交流一体、特色多样的发展格局。

六是要保护人性而不是放纵物性，探索信息效率和隐私保全的合理边界，增强大数据生存、发展和风控能力。信息化发展的核心竞争领域不能只看到应用，还要看到如何更安全地应用。要助推浙江城市化继续走在前列，可以发挥浙江信息化发展走在全国前列的优势，抢占先机，进一步加快"两化融合"发展的步伐，在信息化应用中要在数据产权的制度安排，大数据安全、云计算能力建设、信息安全和隐私保全，以及潜在风险防范上创新技术、设立标准上，大胆创新，并给予必要政策支持，鼓励城市智慧化发展，聪明增长，最终实现全面发展，安全发展，引领全国乃至世界信息化。

（四）结语

回看历史。

1969年，互联网诞生，实现了它在地球上第一次信息远程传输,网络在输送第三个字母时崩溃,改变却因此发生。

三十年后,2000年美国互联网经济泡沫破裂。但一批伟大的公司诞生,Google、阿里巴巴、百度、腾讯相继发展壮大,并改变世界和中国。

历史不会再重复,但历史也并未止步。

2015年,中国实施"互联网+"行动计划,中国网民突破6.4亿,手机网民突破5.5亿,数字依然在加速增长……

前瞻未来,未来照进现实。

2030年,在互联网诞生六十年,中国互联网普及年届而立之时,重构必将发生,一个未知而又无比清晰的世界正在呼唤。

等待我们的未来城市文明,已不单是聚集与增长,而是自由与幸福;不再是冰冷与混乱,而是活力与智慧;不会是灰色和不安,而是一个充满生机的城乡网络,一个绿色、开放、包容与地球圈和谐共存的生态系统!

浙江这片热土,当仁不让的又一次站在了未来的前列!

五 《中国制造2025》及浙江省的机遇与挑战[①]

当前,以互联网为标志的新一代信息技术已经掀起了传统制造产业大变革的序幕。美、德等发达国家相继提出深入推动制造业和信息技术融合创新发展的产业规划,进一步强调了现阶段制造产业大变革的重要性。我国作为传统制造业大国,经济发展面临"三期叠加"矛盾,资源环境约束加大,劳动力等要素成本上升,传统制造业的发展方式已经难以为继,必须牢牢把握全球制造业融合创新发展的重要机遇,及时抢占产业变革先机和制高点,加快推动中国制造向中国智造转变。

2015年5月8日,国务院正式发布《中国制造2025》,开启了

---

① 作者系浙江省经信委工业经济研究所兰建平。

推动制造业转折转型、创新发展的序幕。《中国制造 2025》作为国家战略出台，是推动我国制造业发展的重要抓手，指明了未来发展的方向和目标。作为传统制造业大省，进入 21 世纪以来，浙江省的工业化进程加快，工业整体素质明显改善，但是始终没有真正没有摆脱高投入、高消耗、高排放的粗放模式。面对"中国制造 2025"，浙江省必须充分认识和准确把握制造业发展出现的新变化和新趋势，抓住国家《中国制造 2025》实施机遇，结合浙江省实际，加快浙江省制造业转型升级的进程，打造浙江工业 2.0。

（一）《中国制造 2025》是大势所趋、潮流所向

《中国制造 2025》是我国实施制造强国战略的第一个十年行动纲领，也是党中央、国务院主动应对新一轮科技革命和产业变革的重大战略选择。实施《中国制造 2025》的本质是通过政府对资源配置的引导，将有限的资源引向实体经济。作为实体经济的核心，重振制造业有利于促使经济结构重新回归健康的状态。因此，通过《中国制造 2025》的提出，将制造业的转型升级放在国家战略层面的高度，本身有着非常重要的逻辑脉络。梳理这个逻辑脉络，更透彻地看待《中国制造 2025》，对我们把握未来经济发展走向具有极其重要的意义。

1. 《中国制造 2025》是技术变革的必然选择

在 2008 年的次贷危机中，美国房市和股市受到了重大冲击。但是，危机爆发后的美国政府并没有将刺激房地产和复兴金融业作为政策出台的重点，而是提出了重振制造业发展的宏大目标，先后于 2009 年 12 月和 2010 年 8 月 11 日公布了《重振美国制造业框架》及《制造业促进法案》，由此开启了全球制造业变革的序幕。然而，为何美国政府在危机发生后没有把有限的资源直接引向虚拟经济领域，而是把振兴制造业作为未来经济发展的重要部署，这背后又有什么样的逻辑呢？

回答这个问题必须从技术创新的角度来考虑。经济发展史和技

术发展史之间有着密不可分的关系。奥地利学派经济学家熊皮特认为，技术创新对经济发展产生着巨大的推动作用。自20世纪90年代以来，信息化浪潮就已经开始推进美国等发达国家发展以先进制造技术为核心的制造业。直到今天，美国依然是全球先进技术的领导者，这就决定了在全球制造业的价值链中，美国可以凭借技术优势占据最高端，获得远高于其他国家的高额利润。

在危机之中将有限的资源集中到制造业，其本质是将资源集中到了技术创新上。美国政府非常清楚，虚拟经济是一种信心经济，实体经济的稳定增长可以重新唤起人们对未来经济增长的信心，进而促进虚拟经济的复苏。只要美国始终占据全球先进技术领导者的地位，美国经济就不会被其他国家超越。这也解释了为什么次贷危机过后，尽管美国政府将中心转向实体经济，但是道琼斯指数仍然稳定上涨。

反观中国，虽然我们自称制造大国，但是由于技术水平的落后，我们只占据了制造业的最低端，不但利润被美国人赚走，自然资源和智力资源也大量流向美国，环境污染和资源消耗却留在了中国。未来，只有比美国更重视技术创新，摆脱技术落后的束缚，我们才有可能改变现状，在经济上赶超美国。所以说，发布《中国制造2025》是我们应对技术变革和创新竞争的必然选择。

2. 《中国制造2025》是经济转型的必然选择

改革开放以来的三十多年中，我国逐渐形成了以政府主导、投资驱动为主要特征的经济增长方式，并形成了相应的产业结构。这种中国特色的经济发展模式在很长的时间里都为中国经济的发展起到了很大的作用，中国的GDP以远高于全球平均水平的速度快速增长，一跃成为仅次于美国的第二大经济体。但是，收获成绩的同时，危机也孕育了。

以投资驱动经济发展的模式提高了经济风险发生的可能性。2010年，我国投资占GDP比重为69.3%。2013年，这一数值增长到了76.7%，远远高于20%的全球平均水平。这种高水平的投资占比必然导致生产能力过剩、利润水平下降、银行坏账增加等问题的产生。如果不能及时地对经济发展方式做出转型，任其发展的后果就犹如高速飞奔的汽车突然失去了一只轮子，终有一天将对社会就业和金融体系造成难以挽回的结果。

《中国制造2025》是我们扭转劣势的重要一步。当前的情况已经表明，为了经济平稳有序的发展，我们必须改变投资驱动型的经济发展方式，顺应新科技革命和产业变革的机会，努力实现创新驱动。同时，在投资上，把切实提高投资效率放到十分重要的位置上，突出有效投资。保持经济持续健康协调发展。

《中国制造2025》的实质是通过制造业转型提高投资效率，进而转变经济增长方式，最终以创新驱动逐步替代投资驱动。《中国制造2025》提出了五条方针，即创新驱动、质量为先、绿色发展、结构优化和人才为本。这五条方针为我们指明了提高投资效率的五条基本路径：一是进一步加大创新投入，强化创新引领发展的研发理念；二是提升中国制造的产品质量，培养质量优先的生产理念；三是摆脱传统制造业对资源环境的过度消耗，建立节能减排的发展理念；四是优化产业结构，引导企业形成做大做强做精的战略理念；五是培养各个领域、各个层级的人才，形成以智力资本支撑制造业发展的人才理念。

3. 《中国制造2025》是绿色发展的必然选择

《中国制造2025》中，"绿色"作为一个关键词出现了46次。这不是一个偶然的现象。正如文所言，传统制造业的发展方式以牺牲环境资源为依托，极大地破坏了我们国家的自然生态系统，特别是对人民群众危害严重的非常规污染物如持久性有机污染物、重金属等几乎都来源于工业领域。2014年，我国工业能效、水效与发达国家仍然存在巨大的差距，其中钢铁行业国内平均能效水平与国际先进水平相比还落后6%—7%，建材落后10%左右，石化化工落后10%—20%；我国万美元工业增加值用水量为569立方米，还远高于日本的88立方米、韩国的55立方米、英国的89立方米。

绿色制造是《中国制造2025》的重要主题之一。大力发展绿色制造，要求我们形成节约资源、保护环境的产业结构和生产方式，尽快建立污染轻、产出高、效益好、消耗少的环境友好型工业体系，力求全面革新传统设计、制造技术和生产方式，加快构建起以"绿色"为特征的工业制造体系。着力把绿色制造落到实处，也是工业转型升级发展的底线。

（二）《中国制造2025》是浙江智造引领之门、制造强省之道

浙江是我国制造业发展较为成熟的地区，也是国内最早提出发展信息经济的省份，在智能制造领域具备国内领先的发展水平。《中国制造2025》指明了浙江制造业做大做强的发展方向，浙江省应该把握契机，重点打造与"互联网+"深度融合的信息经济，重点建设与"创新驱动"深度融合的国家制造业创新中心，重点发展与"名企名品名家"深度融合的"四基"研究中心，把"浙江智造""浙江创造""浙江制造"作为浙江省"工业强省2.0"建设阶段的核心领域，以技术创新为重点推进产业发展，为经济回暖提供有力支撑。

1. "互联网+信息经济"：引领"浙江智造"率先发力

2015年6月24日，国务院常务会议通过《"互联网+"行动指导意见》，核心就是推动移动互联网、云计算、大数据、物联网等与现代制造业结合。浙江在全国率先提出发展信息经济，"互联网+"、信息经济与制造业融合后，将会为浙江制造业的效率提升和价值创造带来新的机遇。

浙江省具备的良好基础和独特优势，是全国领先的电子商务、物联网、云计算、大数据、互联网金融创新、智慧物流、数字内容产业中心。在"大众创业、万众创新"的浪潮下，越来越多的创业创新者已经把"互联网+"、信息经济作为未来企业适应新生态、新环境的核心动力。后续，在落实《中国制造2025》的过程中，浙江要着力发挥已有的互联网、信息经济基础和优势，大力推进国际电子商务中心、全国物联网产业中心、全国云计算产业中心、全国大数据产业中心、全国互联网金融创新中心、全国智慧物流中心、信息化和工业化深度融合国家示范区等多项措施，推动"浙江智造"率先发展、引领发展。

2. "制创中心＋创新驱动"：助推"浙江创造"追赶跨越

经济新常态后，创新驱动已经明确为未来经济社会发展的核心动力，也是转变经济发展方式的最佳路径。展望未来，制造业创新中心将为浙江的再次跨越开启强大引擎，创新驱动有望使浙江摆脱"标兵越来越远、追兵越来越近"的局面，"制造业创新中心＋创新驱动"有望实现"浙江创造"在第一方阵中的追赶跨越。

全力推进创新驱动是浙江打造未来竞争力的核心工作。但是，传统的制造业企业在创新活动中大多依赖于单一企业的技术研发。随着科技水平的日益提高和产业发展的日渐成熟，制造业的产业边界逐渐模糊，产品复杂程度快速提升，技术集成表现出广度和深度的大幅拓展。在此背景下，企业已经难以单独承接全部的创新活动，而是需要与高校、科研院所、服务中介及其他企业共同组建协同创新网络。《中国制造2025》的发布为浙江构建和完善协同创新网络提供了契机，在以创新驱动推动制造业跨越追赶的过程中，实现研发、设计、生产、物流和服务等活动的协同化和网络化，最终实现价值和资源配置的优化。

3. "四基＋三名"：保障"浙江制造"品质至上

改革开放前，浙江是一个典型的农业省份，工业基础相对薄弱。改革开放后，尤其是加入世贸组织后，浙江一跃成为典型的出口省份，轻工业基础逐步增强，而新工业、现代工业基础依然薄弱。2013年，浙江省高技术产业产值仅为广东的15.9%、江苏的17.4%、山东的51.5%。

进入"工业强省2.0"建设阶段，要着力增强与战略性新兴产业、高新技术产业密切相关的核心基础零部件（元器件）、先进基础工艺、关键基础材料和产业技术基础（以下统称"四基"）等工业基础能力，培育一批基业长青的知名企业、升级换代的知名品牌、国际视野的知名企业家。突出高新技术产业、七大产业和战略性新兴产业，积极引导并培育行业龙头骨干企业、中小企业"隐形冠军"、现代产业集群"龙头企业"，打造"浙江制造"品牌。

（三）浙江要在落实《中国制造2025》中乘长风、破万浪、谋新篇

推进落实《中国制造2025》，加快建设智造强省，是浙江省增创竞争新优势，抢占世界先进制造业发展制高点的必然选择，也是加快传统制造业转型升级的机会所在。然而，《中国制造2025》也对我们提出了很大的要求和挑战。

1. 《中国制造2025》对浙江创新能力提出新挑战

提出《中国制造2025》，是对美国、德国和日本等老牌工业化国家的一个公开挑战。但是我们也要清晰地看到，这些国家的制造业仍然保持着极强的竞争力，其源头主要来自企业对产品创新和研发方面投入的高度重视。相比较而言，我国企业的创新活动主要以模仿和消化吸收再创新为主，缺乏国际一流水平的自主创新能力，核心技术对外依存度较高，产业发展需要的高端设备、关键零部件和元器件、关键材料等大多依赖进口。再者，提升企业自主创新能力的瓶颈又不仅仅来自企业内部，还和诸多外部因素密切相关，例如社会教育机制、研究机构和高校的科研水平、融资环境，以及政府的创新扶持等。所以，推进浙江省制造业的转型升级，首先要解决自主创新能力不足的问题，重点完善以企业为主体、市场为导向、产学研用相结合的制造业创新体系，围绕产业链部署创新链，围绕创新链配置资源链，加强关键核心技术攻关，加速科技成果转化，提高关键环节和重点领域的自主创新能力。

2. 《中国制造2025》对浙企管理模式提出新挑战

《中国制造2025》既是制造业转型升级的重大机遇与挑战，也是对中国管理模式的高水平要求，必须有与之相适应的管理模式。

只有企业组织能力、技术创新管理、人力资源管理、企业文化管理、产业支撑体系等多个方面共同发展，才能够支撑浙江省从制造大省向智造强省转变。长期来看，智能装备是未来制造业发展的主流方向，网络化、自动化、数字化的高度融合是智能装备的主要特征。新型的管理模式应该强调数字化管理的理念，将这种理念融入产品的研发、制造、销售环节，以及企业的创新管理、人力资源管理和文化管理中。

3. 《中国制造2025》对浙商群体素质提出新挑战

一家企业的发展，一个产业的进步，一个地区的兴旺，都离不开人的支撑，离不开精神动力的支撑。一直以来，浙商主要靠加工制造、牺牲环境、出卖苦力赚钱，凝聚成"走遍千山万水，说尽千言万语，想尽千方百计，尝遍千辛万苦"的"四千"精神。在《中国制造2025》推进过程中，要求通过机器换人减少一线普通操作工人数量，需要引进学历更高、素养更高、成本更高的劳动者，以满足智能发展、创新发展、品牌发展，必须弘扬"千方百计提升品牌，千方百计保持市场，千方百计自主创新，千方百计改善管理"的"新四千"精神。"新四千精神"是一个整体，相互有内在联系，其中知名品牌是占领市场的关键，改善管理是打造品牌的根基，自主创新是提升品牌的动力。一个企业家经过多年努力有了自己的企业，一个企业经过多年发展有了自己的品牌。如何保持企业在市场竞争中基业长青，如何保持品牌在市场竞争中畅销不衰，这需要浙商群体在新时期新常态下做到凝意专志、内外兼修、心境澄明，毫不动摇地发展实体经济、做强做大制造业，把握机遇，找到真正属于自己的精彩人生，创造属于这个时代的精彩人生。

第四篇

发展目标：向着更高水准的全面小康社会迈进

一 "十三五"时期浙江经济社会发展环境、发展阶段和发展目标研究[①]

（一）"十三五"时期国内外环境判断及对浙江省的影响

1. 世界经济：逐步走出后金融危机的调整期，增长的动力将有所增强，但增长的不稳定性与不平衡性依然突出，增速难以恢复到危机前水平

（1）从经济增长周期看，世界经济在调整中逐步转向上升通道。金融危机以来，世界经济总体呈"刺激性复苏—调整性回落—趋势性增长"的轨迹，目前仍处于调整性回落的末期，但已逐步显现出向"常态化"过渡的特征。预计"十三五"初期仍将延续低速增长态势，之后世界经济将转入趋势性增长阶段，但增速难以恢复到经济危机前年均5%以上的水平。

（2）从经济增长动力看，新制度和新技术将引领增长。一是全球贸易和投资便利化有利于降低世界经济运行成本，扩大全球产业分工的规模效益。据OECD测算，2013年年底WTO达成的"巴厘一揽子协定"中，仅贸易便利化协议就将给全球经济带来每年1万

---

① 作者系浙江省经信中心汪燕。

亿美元的收益并创造 2100 万个就业岗位，帮助发展中国家和发达国家出口分别增长 10% 和 5%。二是以新能源和新信息技术为特征的"第四次工业革命"为未来技术创新提供了重要的方向。物联网、云计算、智慧地球以及在此基础上形成的"大数据"概念，以页岩气为代表的非常规能源及其他新能源的开发利用，将对产业结构调整和全球经济增长产生深远影响。

（3）从经济增长风险看，贸易规则变化、量化宽松货币政策退出和地缘政治风险将增添经济增长的不确定性。一是发达国家主导的新贸易规则对发展中国家带来不利影响。TPP、TTIP 以及 G7 计划推进的新一轮贸易自由化协定一旦达成，世界经济自由贸易的门槛将被整体提高，对发展中国家带来不利影响。二是量化宽松政策退出给新兴经济体带来新的风险。以美国 QE3 为代表的全球量化宽松政策退出，加剧新兴市场金融市场和货币市场波动，引发经济、社会和政局动荡，给世界经济带来新的不确定性。三是潜在地缘政治风险加剧了世界经济不确定性。中国钓鱼岛和南海争端、朝鲜半岛安全、印度半岛安全问题，俄罗斯与乌克兰矛盾、北约东扩与俄罗斯利益冲突、非洲内战及种族冲突等地缘政治争端短期内难以化解，加剧了世界经济增长的不确定性。

2. 国内经济：进入全面深化改革的历史新阶段，改革、创新、城镇化成为经济增长主动力，但"三期叠加"的阶段性特征进一步凸显，经济发展将转入"增速放缓，调整加快"的新常态

（1）经济仍具备平稳增长的内生动力。一是改革红利全面释放。"十三五"时期将继续围绕简政放权、财税体制改革、完善金融市场体系等方面改革，进一步明确市场在资源要素配置中的决定性作用。二是科技创新为经济增长提供原动力。以 3D 打印、大数据为代表的新一轮科技革命和产业变革正在孕育兴起，与我国加快转变经济发展方式形成历史性交汇，将为经济增长提供源源不断的新动力。三是城镇化加快推进为扩大内需创造广阔空间。未来城镇化过程将兼顾广度和深度，不仅是人口进入城镇后的消费需求，还

有庞大的基础设施、公共服务设施和住房建设需求。据测算,"十三五"时期城镇化可以创造约数十万亿需求。

(2)"三期叠加"的阶段性特征决定了经济发展进入"新常态"。一是高速转向中高速发展的新常态。"十三五"时期是我国跨越"中等收入陷阱"的关键期,这一时期,经济发展将由过去的高速增长转入中高速增长。据测算,"十三五"时期浙江国潜在经济增长水平在7%左右。二是经济结构调整和去产能化的新常态。当前工业部门的产能过剩与服务业部门的供给不足并存,结构调整和去产能化将贯穿"十三五",政府将进一步出台"倒逼"政策,促进企业转型升级。三是宏观调控的新常态。政府将从金融危机时期需求端的短期调控转向供给端的中长期调控,宏观调控的频率和精准度将进一步提高。财政政策将"挖坑放水到开渠引水,从建设型财政向服务型财政转型",货币政策"从宽松货币到稳健货币,从总量宽松到结构优化转型"。

(二)"十三五"时期浙江省经济社会发展阶段及主要特征

1. 发展阶段：正式迈入高收入国家（或地区），处于工业化后期向后工业化时期过渡阶段

(1)从人均GDP判别标准看,已迈入高收入地区。2014年,浙江省人均GDP达到11878美元,预计2015年可以突破13000美元,"十三五"浙江省人均GDP将向20000美元迈进,按照世界银行对低收入、中等收入、高收入国家（地区）的界定标准[①],"十三五"时期浙江省将正式迈入高收入国家（或地区）。

(2)从工业化进程判别标准看,工业化后期向后工业化时期过渡阶段。根据国际上惯用钱纳里标准和霍夫曼系数判定标准（见表4-1）,"十三五"时期,浙江省已进入产业高端化、服务化为主

---

① 世界银行根据人均GNI对各经济体进行划分（2010）,组别分为：低收入经济体为1005美元以下；下中等收入经济体在1006—3975美元；上中等收入经济体在3976—12275美元,高收入经济体为12276美元以上。

要标志的后工业化时期。

表4-1　　　　　　工业化不同阶段主要指标的标志值

主要指标		前工业化阶段	工业化实现阶段			后工业化阶段
			工业化初期	工业化中期	工业化后期	
人均GDP（美元）	1982年	364—728	728—1456	1456—2912	2912—5460	>5460
	2015年	875~1750	1750~3500	3500~7000	7000~13125	>13125
产业结构		A>I	A>20%，A<I	A<20%，I>S	A<10%，I>S	A<10%，I<S
农业从业人员比		60%以上	45%—60%	30%—45%	10%—30%	10%以下
霍夫曼系数（R）		—	4—6	1.5—3.5	0.5—1.5	<1

注：工业化阶段划分的标准，依据钱纳里、霍夫曼的相关研究确定，表中A、I、S分别代表第一、第二、第三产业增加值所占比重。钱纳里的标准以1982年的美元为衡量标准。因货币现值和通货膨胀率影响，不能直接数值对比。本文以钱纳里标准模型中1982年数据换算成2012年（通过货币现值剔除CPI计算得出）。

2. 发展特征：步入增速换挡、结构调整、提质增效、动力转换的"新常态"

（1）经济增速换挡：从高速增长到中高速增长。

国际金融危机爆发以来，浙江省经济过度依赖外需的高增长动力被弱化，经济依赖廉价丰富生产要素的高增长时代趋于结束，经济运行进入一个拐点转折期。根据浙江省前5个经济增长周期持续时间延长的趋势推断（见表4-2），第六个周期将延续至"十三五"中后期。因此，预计"十三五"时期全省经济总体将呈现"前低后高、保持中速"的增长特征。

表 4-2　　　　　　　　1976 年以来浙江省经济周期表

周期序号	起止年份	峰值	谷值	波动幅度	周期年数
1	1976—1979	21.9（1978）	4.0（1975）	17.9	4
2	1980—1983	16.4（1980）	8（1983）	8.4	4
3	1984—1989	21.7（1985）	-0.6（1989）	22.3	6
4	1990—1999	22（1993）	3.9（1990）	18.1	10
5	2000—2009	14.7（2007）	8.9（2009）	5.8	10
6	2010—				

——发展理念向提质增效转变。当前省委省政府提出"五水共治""两美浙江"、创新型省份等重大战略，都突出了以人为本的科学发展理念，释放了政府更加注重经济增长质量和效益的信号，未来浙江省将注重根据包括土地、劳动力、资金、技术、管理、市场等要素在内的潜在增长率来发展经济。

——增长红利向人力资本转变。"十三五"时期，作为经济潜在增长力支撑的数量型"人口红利"将被质量型"人力资本红利"替代，大量受过高等教育的劳动力将得到有效利用，孕育出浙江省在中高端制造业上的新比较优势。

——增长源泉向改革创新转变。随着改革力度的不断加强，"十三五"时期浙江省将加快推进政府职能改革、市场化改革、制度创新等措施来弥补资源红利衰减的负面影响，为浙江省经济发展提供强大动力。

（2）经济结构调整：从失衡到优化再平衡

——产业发展高标化。经济服务化，"十三五"时期，第三产业占 GDP 比重将超过 50%，浙江省将由"工业型经济"向"服务型经济"转型。制造业高度化，浙江省制造业大规模扩张的空间逐步缩小，将以降低物化劳动消耗，提升产业价值链和产品附加值为方向，推动制造业向中高端水平发展。产业融合化，"机器换人""电商换市"的持续推进，工业化和信息化将深度融合，同时制造业和生产性服务业的融合也进一步加快。

——需求拉动高效化。投资增效，与产业升级相关的设备投资、技术创新和工艺改造投资需求以及基础设施网络化、产业融合化、城乡一体化的需求将有较大提升，投资质量和效益不断提高。消费升级，绿色制造、新能源、新材料等新兴产业和现代服务产业的快速发展，以及居民收入水平的提高、消费习惯的转变，都将助推消费结构的升级。出口提质，浙江省出口将延续"十二五"以来提升产品和服务品质的中速增长，贸易结构可能呈现高端化趋势。

——要素配置高端化。为适应产业高级化趋势，浙江省对提高劳动力素质和科技创新的投入将继续加大；要素投入由依赖劳动力、土地等一般性要素向依靠人才、科技创新等高层次创新要素转变将成为要素结构变化的主旋律。

（3）社会民生改善：从民生保障到管理创新

——城乡统筹一体化。2014年年末，浙江省城市化水平已达到64.9%。预计到2020年，浙江省城市化水平将达到72%。空间组织迈向都市经济主导，目前环杭州湾、宁波、温州、金华—义乌四大都市区初步形成，经济总量占全省比重超过60%。"十三五"时期，以"县域经济为主体"的空间布局将逐步被以中心城市为核心、大中小城市协同发展的"都市经济主导"所替代。产城融合步伐加快，"十三五"时期，浙江省城市建设将更加注重以城市功能提升支撑产业升级，以产业升级带动城市功能提升，促进产业和城市融合发展，逐渐打破"重生产、轻服务，先生产、后服务，城市与产业严重分离，生活功能发展滞后于生产功能、社会事业滞后于经济发展"的城市空间格局。

——人口结构调整。"十三五"时期，浙江省人口老龄化将进一步加剧，劳动年龄人口规模逐年下降，人口总抚养比将由2016年的45.7%提高到2020年的51.3%，"人口红利"正在逐步减弱。劳动年龄人口规模下降导致劳动力成本上升。在单独两孩政策下，全省劳动年龄人口规模持续下降的趋势已不可逆转，劳动用工紧张或者民工荒的困扰将不断加重，倒逼浙江经济的转型升级。人口老龄化推动医疗、养老等公共服务需求急剧增长。据测算，"十三五"时期，60岁及以上的老年人口由2015年的900万人增加到2020年的1084万人，常住老年人口比重将由2015年的16.2%上升到2020年的19.2%，年均提高0.6个百分点。人口老龄化将导致社会抚养系数不断提高，常住人口总抚养将由2015年的44.8%提高到2020年的53.0%，对社会保障体系和公共服务体系的压力加大。

——社会管理创新。党的治理理念得到提升，十八届三中全会提出，要创新社会治理，提高社会治理水平，维护国家安全；要改进社会治理方式，激发社会组织活力，创新有效预防和化解社会矛盾体制。社会中间组织快速发展，近年来，浙江省社会发展中产生的社会中介组织发展迅速，形成"浙江特色"，覆盖了行业管理、就业促进、社会福利、社区管理、环境保护等诸多领域。公民意识的不断增强，在社会管理实践中，人们逐渐认识到，除了政府以外，还必须包括社会的广泛参与，才能充分调动社会积极性。

（4）改革开放深化：从局部突破到全方位拓展

——要素改革"市场化"。劳动要素市场改革突出教育、医疗、养老和住房等公共产品的均等化；土地要素市场改革突出农民土地权利的重新界定；金融市场改革突出服务于实体经济发展；生态建设改革主要是创新生态保护和资源有偿使用机制。

——政府改革"透明化"。继续深入推进政府权力清单、企业投资项目负面清单和财政专项资金管理清单以及浙江政务服务网为核心的政府改革。通过加快转变政府职能，减少政府对资源的直接配置，减少政府对微观事务的管理和干预以及减少政府对资源要素价格的干预，打造"有限""有为""有效"政府。

——民营经济发展机制"公平化"。未来改革按照权利平等、机会平等、规则平等的要求，落实"非禁即入"原则、完善"浙商回归"体制机制、抓好"个转企、小升规、规改股、股上市"，再塑民营经济创新发展新优势。

（三）"十三五"时期浙江经济社会发展目标和指标体系构建

1. 发展目标

（1）总体目标

"十三五"时期，浙江省经济社会发展的总体目标是：实现"四个翻一番"，全面建成更高水平的小康社会，为"两富""两美"现代化浙江建设奠定坚实基础。

（2）具体目标

——综合实力显著增强。在优化结构、提高效益、降低消耗、保护环境的基础上，实现经济平稳健康发展，全省生产总值和人均生产总值年均分别增长7%以上和7%，实现地区生产总值和人均地区生产总值比2010年翻番目标。

——产业结构明显优化。基本形成浙江特色的现代产业体系，服务业增加值占GDP比重达50%以上，新兴产业成为支柱产业，其中生产性服务业占服务业比重达57%。全社会劳动生产率显著提高。

——创新能力显著增强。自主创新体系更加完善，研究与试验发展经费支出占GDP的比重达到3%，科技进步对经济增长的贡献率明显提升，创新资源有效集聚，创新效益大幅提升，基本形成创新驱动发展格局。

——人民生活殷实富裕。城乡居民人均收入水平稳步提升，力争年均增长7%和7.5%，实现城乡居民收入比2010年翻番目标，城乡居民收入差距进一步缩小。基本公共服务均等化水平明显提高。社会就业更加充分，覆盖城乡居民的社会保障体系日益完善。

——城乡区域统筹显著加快。常住人口城市化率达到70%左右，杭州、宁波、温州、金华—义乌四大都市区初步形成，功能互补、结构合理、大中小城市和小城镇协调发展的城镇体系基本建成。美丽乡村建设取得重大进展，主体功能区建设进展顺利，区域发展格局进一步优化。

——生态环境优美宜居。确保完成国家下达的节能减排约束性目标，生态环境质量不断提升，可持续发展水平明显提升。初步形成比较完善的生态文明制度体系，争取建成全国生态文明示范区和美丽中国先行区。

——改革开放不断深化。要素、财税金融以及转型升级体制机制等重点领域和关键环节改革取得突破。以"四张清单一张网"为核心的政府自身改革取得显著成效。民营经济创新发展、社会事业改革创新和社会治理体制机制进一步健全。开放型经济发展水平全面提高，国际分工地位和影响力明显提升。

2. 指标体系设置主要依据

（1）把握战略总要求，体现全面性

指标体系的构建要全面贯彻落实党的十八大、十八届三中全会和省第十三次党代会以来各次全会的精神，全面体现"创业富民，创新强省""物质富裕，精神富有"和"建设美丽浙江，创造美好生活"的战略要求，对中央和省委省政府战略导向的重点领域给予充分体现，切实将党委政府的战略导向和决策部署落到实处，形成一个全方位的指标体系。此外，还需要考虑与国家"十三五"规划的衔接，以及与政府任期目标、各专项中长期规划的衔接。

（2）突出发展阶段特征，体现特色性

为保持在时间序列上的可比性和连续性，指标体系的设置要保留和继承以前指标体系中能较好反映经济社会发展状况的指标，以便于进行横向比较和纵向比较。同时，在继承的基础上，要注重发展阶段特征，选用少而精、精而准、体现浙江省情和阶段性特点的特色指标。

（3）注重现有统计基础，体现操作性

在指标遴选上应挑选具有综合性和代表性的主要指标，学术研究色彩较浓的指标也不宜纳入。指标选取和目标值的确定，在尽量与国家和浙江省已有指标体系衔接的基础上，要充分考虑指标数据的可得性。设置的指标最好是有统计基础或将会具备统计基础的，以利于今后的年度、中期或五年评估。

3. 指标体系的构建

在上述三大原则的基础上，"十三五"规划指标体系主要包括综合实力、转型升级、人民生活、生态环境、城乡区域5个领域28项指标（见表4-3）。

表4-3 浙江省"十三五"经济社会发展规划指标体系框架

分类	序号	指标名称	单位	"十二五"规划	统计基础	指标内涵
综合实力	1	地区生产总值	亿元	√	√	经济总量
	2	人均地区生产总值	元	√	√	人均实力
	3	高学历人口比重	%	×	√	人口素质
转型升级	4	第三产业增加值占生产总值比重	%	√	√	产业结构
	5	R&D经费支出占GDP比重	%	√	√	科技投入
	6	每百万人口发明专利授权量	项	×	√	创新能力
	7	全社会劳动生产率	万元/人	×	√	技术效率
	8	生产性服务业增加值占服务业比重	%	×	√	服务业内部结构
	9	单位建设用地GDP产出	万元/亩	×	√	土地利用效率
	10	民间投资占全社会固定资产投资比重	%	×	√	民间活力
人民生活	11	城镇常住居民人均可支配收入	元	√	√	居民收入水平
	12	农村居民人均纯收入	元	√	√	居民收入水平
	13	五年新增城镇就业	万人	√	√	就业水平
	14	城乡居民医疗保险参保人数	万人	√	√	社会保障
	15	城乡居民养老保险参保人数	万人	√	√	社会保障
	16	人均期望寿命	年	√	√	居民健康水平
	17	十五岁以上人口平均受教育年限	年	×	√	教育水平
	18	每千名老人拥有养老床位数	张	×	√	养老保障

续表

分类	序号	指标名称	单位	"十二五"规划	统计基础	指标内涵
生态环境	19	万元 GDP 综合能耗	吨标准煤	√	√	节约能源
	20	万元 GDP 用水量	吨	√	√	节约用水
	21	万元 GDP 二氧化碳排放量	万吨	×	√	降碳
	22	主要污染物排放量	万吨	√	√	降低排放
	23	全省河流 I—Ⅲ类水质断面比例	%	×	√	水资源质量
	24	全省细颗粒物（PM2.5）浓度	%	×	√	空气质量
城乡区域	25	城乡居民收入比	%	√	√	收入差距
	26	城市化水平	%	√	√	城镇化进展
	27	城市公共交通分担率	%	×	√	公共交通
	28	城镇保障性安居工程住房	万套	√	√	住房保障

（四）"十三五"时期浙江经济社会发展主要指标测算

1. 关于实现"四翻番"的指标预测分析

（1）关于 GDP 和人均 GDP

根据综合分析测算，建议"十三五"GDP 增速目标定为年均 7% 以上。

从经济增长变化趋势和潜在经济增长水平看，改革开放以来，浙江省经济总量总体保持高速增长，1979—2014 年，GDP 年均增长 12.5%。进入 2000 年以后，每个五年规划时期经济增速呈现逐步减缓态势："十五"期间（2001—2005 年）年均增速为 12.8%，"十一五"期间（2006—2010 年）为 11.8%，"十二五"前四年（2011—2014 年）为 8.2%，且年度间基本逐年下降。同时，浙江省经济潜在增长率①从 2006 年开始，已经连续 9 年回落。"十二五"时期经济潜在增长率估计在 8.4% 左右，大幅低于"十五"

---

① 潜在增长率是指一个经济体在一定时期内、在各种资源正常限度地充分利用下，所能达到的经济增长率。经济潜在增长率的测算多采用 HP 滤波法。

（12.1%）和"十一五"（11%）平均水平。"十三五"时期，随着人口、资源、出口等传统经济增长红利的衰退，根据HP滤波法测算，预计浙江省经济潜在增长率下降到7.5%左右。从历史经验看，实际经济增长率一般围绕潜在增长率上下波动1个百分点左右，据此判断，"十三五"时期经济增长将处于6.5%—8.5%的运行区间。

再从实现"四个翻一番"的目标要求看，2014年全省生产总值已达到37994亿元（2010年价），如果2015年增长7.5%左右，将达到40844亿元（2010年价）。那么实现2020年全省生产总值比2010年翻一番、达到5.55万亿元的目标要求，"十三五"时期年均增长需要达到6.3%左右。

经济增速的安排还要考虑人均生产总值翻一番的目标要求。①人口自然增长率。2000年以来浙江省人口自然增长率总体趋于稳定，"十五"期间人口平均自然增长率为4.16‰，"十一五"平均为4.72‰，2001—2010年10年平均为4.44‰，"十二五"前四年为4.56‰。②跨省净迁移人口。2001—2010年10年间是浙江省净迁入人口规模最大的时期，共迁入人口813.5万人，平均每年净迁入人口81.35万人。进入"十二五"以来，浙江省人口由净迁入转为净迁出。据统计，2011年、2012年、2013年和2014年分别净迁出5.71万人、11.16万人、4.02万人和17.5万人，平均每年净迁出约10万人。③人口规模预测。根据浙江大学人口课题组研究，单独二孩政策对人口自然增长率的影响主要发生在近两年，会有小幅回升，到2015年达到峰值，随后影响将持续减弱。"十三五"时期人口自然增长率仍将稳定在4‰—5‰。据此，我们按照中位数4.5‰进行浙江省人口自然增长数量测算。考虑到未来跨省人口净迁移数量存在一定的不确定性，我们采用了每年净迁出人口5万、10万、15万分别进行预测，得到2020年人口规模高、中、低三个结果，分别是5628万人、5598万人和5567万人。④根据3个不同的人口规模方案反推GDP增速。按照人均GDP翻一番的目标

（104000元），对GDP增速进行反推，按照人口规模从高到低，GDP增速分别需要年均增长7.5%、7.3%和7.2%才能实现人均GDP翻一番的目标。

综上分析，"十三五"全省经济增速必须设定在7.2%—7.5%，才能实现GDP和人均GDP翻一番的目标要求。此外，据我们了解，国家"十三五"规划《基本思路》提出的GDP增速目标为7%左右，上海市为6%—7%的区间，广东省为7.5%左右，山东省为8%左右，福建省为10%左右。浙江省"十二五"前4年平均增速略高于全国平均和上海市，低于广东、山东、福建等省，按此判断，浙江省"十三五"GDP增速设定为7%以上，是比较合适的。

（2）关于城镇居民人均可支配收入和农村居民人均纯收入

根据测算，建议"十三五"城镇居民人均可支配收入、农村居民人均纯收入增速目标定为分别增长7%和7.5%以上。

"十二五"时期城乡居民收入增长情况。自2000年以来，浙江省城乡居民收入一直处于全国各省区首位，总体上保持平稳增长态势，但增幅也呈逐渐下降趋势。"十二五"前四年（2011—2014年）城镇居民人均可支配收入和农村居民人均纯收入年均分别增长7.6%和8.7%。到2014年，浙江省城镇居民人均可支配收入36673元、农村居民人均纯收入15780元（均为2010年价）。其年均增速均未达到《"十二五"规划纲要》提出的8.5%和9%的目标要求，实现到2015年41100元和17400元的预期目标存在较大的难度。

按照实现"四个翻一番"的目标要求测算"十三五"城乡居民收入需要达到的增速目标。2020年城镇居民人均可支配收入和农村居民人均纯收入比2010年翻一番，分别要达到5.5万元和2.4万元（均为2010年价），若2015年城镇居民人均可支配收入和农村居民人均纯收入均增长8%，将分别达到39607元和17043元（均为2010年价）。这样，这两项指标要实现上述"翻一番"目标，"十三五"时期则分别需要年均增长6.8%和7.1%。

据上测算，考虑到保持城乡居民收入与经济增长基本同步，和体现缩小城乡居民收入差距的导向,我们提出"十三五"时期城镇居民人均可支配收入和农村居民人均纯收入分别增长7%和7.5%的目标建议。

2. 其他主要指标的测算说明

(1) 第三产业增加值占生产总值比重

从发展阶段看,"十三五"时期浙江省处于人均 GDP 10000—20000 美元发展阶段,消费结构和产业结构将加速转变,居民消费将进入大众高消费阶段,同时随着产业分工深化,生产性服务业需求空间进一步拓展,服务业发展的空间和潜力很大。从发展趋势看,2014 年浙江省三次产业占比由 2010 年的 43.5% 提升至 47.9%,年均提高 1.1 个百分点,预计 2015 年可达 49% 以上,"十三五"时期,随着"互联网+"、信息、健康、旅游等产业的加速发展,浙江省第三产业增加值占生产总值比重仍将稳步上升。综合考虑,建议将 2020 年第三产业增加值占 GDP 比重设定为 55%。

(2) 城市化水平

2011—2014 年,浙江省城市化水平年均提高 0.83 个百分点,预计 2015 年可以达到 66% 左右。"十三五"时期随着全国新型城镇化的加快推进以及浙江省城市群建设、小城市培育和中心镇改革的加快推进,城市化水平有望继续稳步提高,预计年均提高 0.8 个百分点左右,2020 年可顺利实现《浙江省城镇体系规划(2011—2020)》提出的 70% 的发展目标,建议将 2020 年城市化水平目标设定为 70%。

(3) 民间投资占全社会固定资产投资比重

2014 年,全省民间投资占固定资产投资比重为 62.8%,2011—2014 年,年均提高 0.58 个百分点。"十三五"时期,随着国家放宽民间资本进入领域以及 PPP 等一系列政策的深化落实,以及浙江省以"四张清单一张网"为核心的政府自身改革、市场化改革以及浙商回归的深入推进,浙江省民间投资有望继续保持较快增长势头,结合 2013 年省政府工作报告"2017 年民间投资比重力争提高到 65% 以上"的目标要求,建议将 2020 年民间投资占全社会固定资产投资比重目标设定为67%。

（4）R&D经费支出占GDP比例

2014年，R&D经费支出占GDP比重为2.34%，2011—2014年均提升0.14个百分点，2015年预计可以实现规划2.5%的目标。"十三五"时期，随着"大众创业、万众创新"浪潮的席卷以及浙江省创新驱动战略深入实施，R&D经费投入强度逐年提升。结合省委十三届三次全会提出的"到2017年R&D经费支出占GDP比例达2.7%"的目标，建议2020年R&D经费支出占GDP比例目标设定为3%，年均提高0.1个点。

（5）五年新增城镇就业

2011—2014年城镇就业人数累计新增405万人，已超额完成"十二五"规划五年新增300万的目标。"十三五"期间，随着"大众创业、万众创新"浪潮的席卷，以及服务业的加速发展，经济吸纳就业的能力有望进一步增强，同时考虑到"机器换人"和转型升级因素，建议"十三五"新增城镇就业数目标由"十二五"时期的300万人提高至400万人。

附表4-1　　　　　浙江省人口变动有关情况表

年份	自然增长率（‰）	自然增长人口（万人）	净迁移人口（万人）	净增长人口（万人）	总人口数量（万人）
"十五"平均	4.16	—	—	—	—
"十一五"平均	4.72	—	—	—	—
十年平均	4.44	—	—	—	—
2011	4.07	22.2	-5.71	16.49	5463.00
2012	4.60	25.16	-11.16	14.00	5477.00
2013	4.56	25.02	-4.02	21.00	5498.00
2014	5.0	27.5	-17.5	10.00	5508.00
"十二五"前四年平均	4.56	24.97	-9.60	15.37	-

注："—"表示人口净迁出。

附表 4-2　2010—2020 年"四翻番"指标进展和预测情况

（绝对值均为 2010 年价格，增速均为可比价增速）

年份 指标名称	2010 绝对值	2011 绝对值	2011 增速(%)	2012 绝对值	2012 增速(%)	2013 绝对值	2013 增速(%)	2014 绝对值	2014 增速(%)	2011—2014年均增速(%)	2015年预计 绝对值	2015年预计 增速(%)	"十二五"(2011-2015)年均增速(%)	2020年目标 绝对值	"十三五"(2016—2020年)年均增速(%)
地区生产总值	27722	30217	9	32634	8	35310	8.2	37994	7.6	8.2	40844	7.5	8.1	55500	6.3 (7.3)
人均地区生产总值	51711	55434	7.2	59703	7.7	64359	7.8	69058	7.3	7.5	74168	7.4	7.5	104000	7
城镇居民人均可支配收入	27359	29411	7.5	32117	9.2	34397	7.1	36736	6.8	7.6	39675	8	7.7	55000	6.8
农村居民人均纯收入	11303	12377	9.5	13466	8.8	14557	8.1	15765	8.3	8.7	17026	8	8.5	24000	7.1

注：括号内数值是在实现"人均 GDP 翻番"基础上的增速。具体来说：若不考虑 GDP 和人均 GDP 的相关性，2020 年实现 GDP 翻番，"十三五"时期 GDP 年均增长 6.3% 即可；若考虑 GDP 和人均 GDP 之间的相关性，需要分析人口因素的影响，综合各方面因素预测，2020 年全省常住人口约为 5598 万（中方案），以此测算 2020 年要实现人均 GDP 翻番目标，"十三五"时期 GDP 需年均增长 7.3%。

二 浙江全面建成更高水平小康社会的
进程、关键和路径[①]

党的十六大提出全面建设小康社会的宏伟目标，十七大对实现全面建设小康社会宏伟目标作出全面部署，十八大根据我国经济社会发展实际和新的阶段性特征，对全面小康社会提出了新的目标要求，确保到2020年全面建成小康社会。"努力实现'四个翻一番'，全面建成更高水平的小康社会"必将成为浙江省"十三五"规划"纲要"的重要目标任务。本研究在回顾浙江省全面小康社会指标体系演变和进度监测的基础上，围绕全面建成小康社会的重点和关键点，分别从加快产业结构、城乡结构、人口结构、收入分配结构、要素结构等方面，提出了全面建成更高水平小康社会的突破路径，以供决策参考。

（一）全面小康社会进程评估

1. 小康社会统计监测指标体系的演变历程

自从邓小平提出"小康社会"这一新概念以来，尤其是党中央把建设小康社会作为战略目标之后，国内对小康的理论研究十分热烈，不同体系下，浙江省的小康社会变也较大，主要经历了以下进程。

第一，20世纪90年代初，国家统计局等部门联合制定了《全国小康生活水平基本标准》，用以评价和监测实现小康的进程。总体小康评价指标体系涵盖五大方面，包括经济发展水平、物质生活条件、人口素质、精神生活和生活环境，共计16个指标。根据这个标准测算，浙江省在1995年总体小康实现程度达到95%以上，即基本实现总体小康。1999年总体小康实现程度达到了100%，即

[①] 作者系浙江省经信中心沈晓栋。

完全实现总体小康的目标。到2000年，全国也基本实现了总体小康的目标。

第二，党的十六大提出全面建设小康社会的目标后，2003年，浙江省委政研室、省发改委、省统计局开始研究制定浙江省全面小康监测指标体系，该指标体系由经济发展、社会事业、人民生活、社会和谐和生态环境等五大方面24个指标构成，2004年开始测算；根据《浙江省全面小康监测指标体系》，2006—2011年，浙江省全面小康社会实现度分别为86.9%、89.6%、91.7%、93.5%、95.2%和96.9%，自2008年开始已连续4年达到90%以上，表明浙江省已基本实现全面小康，但离100%的全面建成还有一定的距离。

第三，2008年6月由国家统计局正式印发了《全面建设小康社会统计监测方案》（国统字〔2008〕77号），并从2008年起连续编印全国和各地的监测报告。根据这一指标体系测算，2006—2011年，浙江省全面小康社会实现度分别为82.3%、85.1%、88.0%、89.5%、91.0%和92.6%，自2010年开始已连续2年达到90%以上。

第四，2013年，国家统计局按照党的十八大提出的全面建成小康社会新要求，对全面建设小康社会指标体系进行了修改和完善，形成了《全面建成小康社会统计监测指标体系》，由五大方面39个一级指标构成。按照十八大的新要求，指标体系由经济发展、民主法制、文化建设、人民生活和资源环境五个方面组成。同时，考虑到全国内地31个省区市经济社会发展水平基础的不同，国家统计局设计了两套方案，第一套为全国内地31个省区市统一目标值，第二套为东、中、西部的部分目标值设置有区别，各省市可根据自身需要选择不同的评价方案进行评价。

第五，2015年，为落实中央"四个全面"战略布局，和2020年实现县县全面小康的目标，省委政策研究室、省发改委、省统计局提出了《浙江县域全面小康社会统计监测指标体系》，由经济发展、民主法制、文化建设、人民生活、资源环境五大方面的 24 个指标构成，删除了第三产业增加值占比、基尼系数等县域层面无法计算或评价意义不大的指标。

2. 全面建设小康社会监测评价

为了保持与以往监测评价的延续性以及各省市之间的可比性，浙江省采用第一套方案即统一目标值对 2000—2012 年浙江省全面建成小康社会进展情况进行测算，结果显示：

（1）全面小康建成进程总体走在全国前列

2002 年以来，全面小康建成进程指数领先于全国指数的优势均保持在两位数。2012 年，浙江省小康指数高于全国（83.55%）12.27 个百分点，居全国第三位，各省区市第一位，比国家统计局统计科研所的原指标体系测算结果前移 3 位。北京、上海超过 96%，浙江、江苏超过 95%，江苏初步测算结果是 95.82%，天津、广东超过 94%，广东初步测算结果是 94.4%（2010 年前六位分别是上海、北京、广东、天津、江苏、浙江）。

（2）全面小康社会总体水平逐年提升

从 2000 年的 62.7% 起步，三四年上一个台阶，2004 年上升至 71.3%，2007 年提高到 81.4%，2010 年提升至 90% 以上，2013 年进一步提高至 96.7%，连续 4 年达到 90% 以上，近 4 年年均提高 2.12 个百分点，基本实现了全面小康目标。距离 100% 的全面目标还差 3.3 个百分点，剩余 7 年时间年均只需提高 0.47 个百分点。当然越到后期，剩下未实现的指标再提高难度越大。但浙江仍有望提前率先全面实现建成全面小康社会的目标任务。

（3）经济发展指数起点最低，但提高速度最快

从 2000 年以来 12 年各领域分指数变化趋势看，经济发展指数年均提高 4.17 个百分点，已连续 3 年达到 90% 以上；人民生活指数几乎一直都是五大方面中最高的一个（2012 年被文化建设方面超越），连续 5 年在 90% 以上；文化建设和资源环境指数分别连续 3 年和 5 年达到 90% 以上；民主法制指数起点较高，但提

高速度相对较慢，年均提高 1.44 个百分点。

表 4-4　　　　　2000—2012 年浙江小康指数　　　　　（%）

年份	2000	2001	2002	2003	2004	2005	2006	2007	2008	2009	2010	2011	2012
经济发展	46.60	48.70	51.30	53.74	56.95	61.40	66.11	72.30	78.92	84.75	92.03	95.10	96.69
民主法制	67.03	64.94	64.32	62.48	61.15	67.03	67.85	69.37	72.09	75.58	77.72	81.70	84.26
文化建设	59.28	60.63	67.54	71.22	78.25	80.98	82.16	83.49	87.31	88.21	94.13	95.67	98.11
人民生活	72.96	74.29	75.56	78.25	80.08	84.42	86.83	87.71	90.02	91.32	94.08	95.79	97.72
资源环境	67.06	67.85	69.92	72.83	75.99	79.65	84.37	87.88	91.92	94.58	90.64	95.49	96.81
小康指数	62.73	63.74	66.13	68.45	71.32	75.47	78.55	81.40	85.37	88.22	91.02	93.95	95.82

（二）小康社会建设中需关注的问题

尽管当前，浙江省小康水平在全国处于领先地位，也呈逐年上升态势，但也要看到经济社会发展中不平衡、不协调、不可持续问题依然存在，到 2020 年，全面建成更高水平小康社会还有一段艰巨的路要走。总体看，主要体现在：

1. 同步实现"四翻番"的难度不容忽视

"四翻番"既是省委、省政府的重大战略决策，也是全面小康指标体系的重要内容。从单一指标执行情况看，GDP、人均 GDP、城镇居民和农村居民收入年均增长 6.3%、7%、7.1% 和 6.8% 即可实现 2020 年翻番的目标，压力并不太大。但必须看到，四个指标相互间存在关联性和耦合性，需协同考虑。从 GDP 和人均 GDP 相关性看，2015—2020 年全省 GDP 按年均 7% 计算，要同步实现人均 GDP 翻番，则 2020 年常住人口 5500 万，与 2014 年相比，近乎零增长，考虑到人口自然增长率，每年净迁出人口需在 20 万以上，难度可想而知。因此要同步实现 GDP 和人均 GDP 增长，势必要求同步控制常住人口规模。从居民收入与 GDP 相关性分析，经济增长是城乡居民收入增长的基础，因此保持合理的增长速度很重要，没有一定的速度就难以实现居民收入翻番目标，根据模型测算，如果保持收入分配结构不变，2020年要实现城乡居民收入翻番，2015—2020年GDP需年均增长8.5%左右，考虑到未来浙江省潜在增长水平在7.5%左右，因此仅靠GDP的增长带动收入增长难度很大，收入分配结构调整将是城乡居民收入翻番的主要路径。

2. 民主法制建设落后于经济社会发展

2012年，经济发展、文化建设、人民生活、资源环境四个方面指数都在95%以上，但民主法制方面落后于经济社会的发展，指数仅有84.3%，差距较大，亟须更多的关注和推进。分项看，社会安全指数明显偏低。浙江社会安全指数仅为64.2%，仅比上年提高0.4个百分点，是所有指标中评价值最低的，也是提升最缓慢的。主要原因是经济犯罪案件较多，刑事犯罪人数（被告人判决生效人数）比重较高，且近年来呈现小幅上升趋势。民主法治建设需进一步推进。2012年，浙江省每万名公务人员检察机关立案人数（贪污受贿和渎职侵权案件）为7.85人，比上年增加了0.84人。律师数量较少，虽然每万人拥有律师工作人员数为2.87人，但拥有执业律师数仅为2.13人，距离2.3人的全面小康目标值还有一定的差距。展望"十三五"，一方面，经济发展、文化建设、人民生活、资源环境指数已达到较高水平，提升空间有限，另一方面，全面依法治国和全面从严治党的战略布局将全面实施，民主法制建设这一短板将是浙江省全面建成更高水平小康社会的关键所在。

3. 资源环境保护不容忽视

21世纪以来，浙江省委、省政府以生态省建设为龙头，践行科学发展观，推进生态文明建设，相继部署实施了"绿色浙江""生态浙江"、"美丽浙江"等重大战略和"五水共治"等重大举措，取得了明显的成效，总体上浙江省的生态环境质量位居全国前列。但过度依赖资源环境消耗的增长方式还没有得到真正转变，2012年环境质量指数为89.12%，且离全面小康目标值相差仍然较远,"十三五"环境保护压力不容忽视。一是污染排放已接近或超过环境承载能力上限。COD、SO_2、NOX、一次PM2.5等主要污染物排放量均超过区域环境承载能力。区域性、结构性污染仍十分突出,多数经济发达地区环境超载程度已相当严重。量大面广的低端产业对资源环境的刚性需求仍然具有较大的依赖性,有效提升环境承载空间的难度仍然较大。二是环境质量仍不能满足公众期望。全省32.6%的地表水省控断面达不到功能区要求,平原河网水质总体为重度污染,近岸海域水质总体极差,灰霾天气日益常态化,酸雨率居高不下。环境污染类型已经呈现复合型、叠加型的特征,且环境风险仍然高危敏感。群众对环境质量的满意度仍然较低。三是环保能力难以适应环保任务要求。环保执法队伍与量大面广的污染企业严重不匹配,基层和农村的环保力量更为薄弱。环保财政投入和科技支撑保障相对不足,环保监控能力还存在死角和盲区。公众主动践行生态文明的意识仍然不足,环保体制机制弊端仍然明显,改革仍需深化。

(三) 全面建成更高水平小康社会的难点和突破路径

"十三五"时期,无论是发展环境、发展阶段还是发展动力,都在发生深刻的变化,各种因素交错在一起相互影响、相互制约,对浙江省今后一个时期发展的质量、转型的速度、效益的提升都提出了更高的要求,难度不可低估。唯有通过"倒逼",加快产业结构、城乡结构、人口结构、收入分配结构、要素结构的调整,打好省委、省政府一系列促进产业转型升级、创新发展的"组合拳",才能确保建成更高水平小康社会。

1. 加快产业结构调整:全面实施创新驱动战略,促进产业转型升级,着力形成高附加值、高劳动生产率、高工资支付水平的产业结构,是全面建成更高水平小康社会的根本途径

产业层次低是困扰浙江的发展的"瓶颈",突出表现在:

一是产业附加值低。工业增加值率反映工业生产的附加值和质

量效益，2013年全省规模以上工业增加值率为18.9%左右，低于全国平均（20.5%）1.6个百分点，也低于同期山东（19.2%）、广东（24.2%）、江苏（21.8%）、上海（21.3%）的水平（见表4-5），而美国、日本、德国等发达国家工业增加值率均在45%左右。

表4-5　　　　2005—2013年规模以上工业增加值率横向比较　　　　（%）

	浙江	广东	江苏	上海	山东	全国①
2005	21.0	26.2	24.6	23.9	27	28.7
2006	19.4	26.4	24.2	23.3	26	28.8
2007	19.5	25.5	23.4	22.3	24	28.9
2008	19.8	26.9	21.8	21.5	26	(25.7)
2009	20.1	26.7	22.9	21.7	24	(24.7)
2010	20.2	23.7	23.1	21.1	22.5	(23.0)
2011	19.3	22.8	23.2	21.3	21.4	(22.3)
2012	19.1	23.6	22.1	21.4	19.9	(21.5)
2013	18.9	24.2	21.8	21.3	19.2	(20.5)

二是劳动生产率低。浙江省劳动生产率低是与产业结构、技术装备、市场营销模式等密切相关的。2013年浙江省全社会劳动生产率（GDP/就业人数）为101290元/人，仅为上海的47.6%、江苏的81.4%，不足美国和日本的15%、韩国和中国台湾的1/3。预计到2020年要实现GDP翻番，按就业人数4000万计算，则全社会劳动生产率需达到14万元/人（2010年价格）左右。

三是工资支付水平低。工资性收入是城乡居民收入的主要来源，浙江省低劳动生产率、低产业附加值的产业结构只能维持较

---

① 由于国家统计局自2008年起不公布工业增加值，2008—2014年全国和山东工业增加值率＝工业增加值/规模以上工业总产值。上海工业增加值率为工业增加值/工业总产值。

低的工资水平。2014年全社会单位在岗职工年平均工资约为48145元,低于全国平均水平,与美国(44500美元),日本(41000美元),韩国(22000美元)差距甚远。2013年浙江省城镇居民和农村居民工资性收入占比分别为65.7%和52.6%,从走势看,两个占比呈"一降一升"趋势(见图4-1),综合分析,若2020年城乡居民工资性收入占比分别按60%、56%计算,要在2020年实现城乡居民收入翻番,则全社会在岗职工平均工资需达到90000元(2010年价格)。因此提高工资性收入是城乡居民收入翻番的关键。

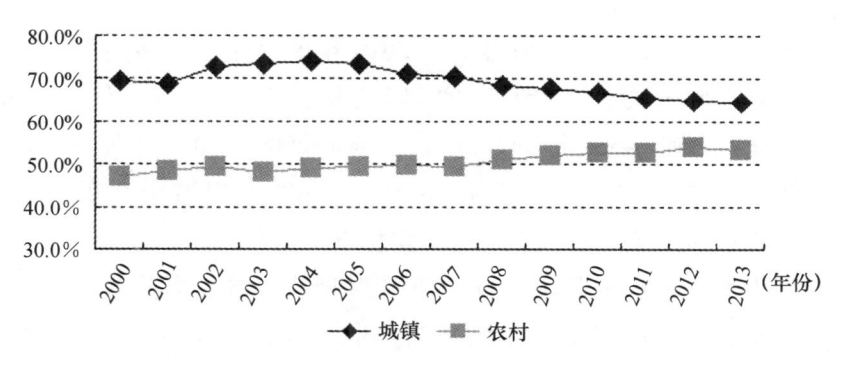

图4-1 2000—2013年工资性收入占城乡居民收入比重

围绕全面建成小康社会的目标,加快产业结构调整的着力点,一是加快推进"腾笼换鸟",逐步淘汰一批产业附加值低、劳动生产率低、工资支付水平低的产业,谋划和布局一批重大产业项目,加快发展高端装备制造业、战略性新兴产业,择优发展石化、钢铁等基础性工业,打好以治水为突破口的转型升级攻坚战,争取到2020年形成全社会劳动生产率达到14万元/人、工资支付水平达到9万元的产业结构。二是全面实施创新驱动战略,努力实现"八倍增、两提高",提高产业核心竞争力。三是着力打好一批"组合拳",全面推行"机器换人",抓个转企、企上规、规改股、股上市,推进减员增效、减能增效、减耗增效、减污增效,加快传统产业改造提升，争取实现工业增加值率实现每年提升0.3%—0.5%的目标。四是加快推进企业的组织形式、商务模式、营销模式的创新，鼓励中小企业推进产业联盟、技术联盟，扶持总部型企业发展，着力培育名牌、名企、名家。

2. 加快城乡结构调整：深入推进新型城市化，充分挖掘内需潜力，引导城乡人口合理流动，提升城乡一体化水平，是全面建成更高水平小康社会的最大动力

城市化拥有巨大的内需潜力，农民转为市民的过程意味着内需的扩大和全社会劳动生产率的提高。据测算，每增加一个城市人口，至少可新增投资需求10万元以上、消费需求2万元。根据《浙江省城镇体系规划（2011—2020年）》，2020年城市化水平将达72%、常住人口将达5800万，预计将新增715万城镇人口，由此可新增7150亿元投资需求和1430亿元消费需求。根据2006—2014年三大需求平均贡献率（消费46.6%、投资48.5%）测算，仅城市化就可增加GDP 4000亿元，对GDP翻番贡献率达18%左右。

但从另一个角度看，城乡人口结构变动对城乡居民收入翻番将提出更高要求。目前浙江省城乡居民收入反映的是4450户城镇居民、4700户农村家庭样本数的收入平均水平，似乎并不受城乡人口结构变化的影响。而我们追求的是城乡居民实实在在和没有水分的收入增加。从实际情况看，随着农业转移人口规模不断扩大，其对城乡居民收入的影响日益凸显。对于城镇而言，短期内农业转移人口的收入水平难以跟上城镇平均水平；对农村而言，转化为城镇居民的农业转移人口往往是农村居民中的高收入群体，这批人群的转移会在短期内降低农村居民的总收入水平。因此，如何在提高原有城镇人口收入水平的基础上，对冲农村人口进城后的收入差距，弥补农村居民收入水平下降，是建成更高水平小康社会需要破解的重大现实问题。

不考虑城市化因素，静态分析浙江省城乡居民收入翻番要求，若2015年城镇居民人均可支配收入和农村居民人均可支配收入均

增长8%,2015—2020年年均需增长6.8%和7.1%。考虑城市化因素,即考虑浙江省还有400万左右农村人口要转化为城镇人口的对冲影响,城乡居民收入要实现翻番,则年均增速需达到7.6%,远高于静态分析时的增速要求。

因此,挖掘城市化巨大潜力,破解农村人口转移带来的收入对冲问题,是全面建成更高水平小康社会的关键。一是要深入实施新型城市化战略,优先抓好中心城市,提升设区市中心城市综合实力,加快培育小城市和中心镇,促进城乡一体化。二是要着力破解"城市病",全面实施"三改一拆"、城市治堵、"四边三化"等专项行动,提升城乡生活品质。三是要突出产城融合,把城市化与工业化、信息化有机结合起来,推动产业集聚区高质量发展。四是要有序推进农民工市民化,建立一支稳定的、高素质的产业工人队伍。五是以城市化为依托,增强投资的有效性,促进消费升级,努力实现投资与消费的有机结合,持续释放内需潜力。

3. 加快人口结构调整:通过治小、治散、治污推动低端产业的整合和转移,加快推进"机器换人",控制外来人口无序过快流入,是全面建成更高水平小康社会的重要手段

外来常住人口的急剧增加,是近年来浙江省人均GDP从各省区第一位下降到第三位的重要原因,因此控制常住人口规模是实现"四翻番"的重要因素。"六普"显示,2010年全省常住人口中的省外流入人口为1182万人,占全部常住人口的21.7%,与2000年相比,增加了813万人,相当于广东、上海、江苏、山东外来人口增加数的1.26倍、1.39倍、1.67倍和7.52倍,特别是初中及初中以下文化程度占85.6%。低层次产业对低成本劳动力的需求、基本公共服务相对做得好、对外来人口管控比较宽松,导致了这十多年浙江省外来人口急剧增加。

假设未来6年浙江省常住人口继续保持现有年均增长70万左右的规模,要实现人均GDP翻番,GDP需年均增长8.4%以上(见表4-6)。而综合考虑国内外发展环境、浙江省所处阶段,预期未

来经济增长将围绕着增长中枢8%上下波动，显然现有外来人口增加的趋势和规模，足以影响"四翻番"目标的实现。

表4-6　人均GDP翻番前提下的GDP与常住人口之间的关系

2014—2020年常住人口年均增长（万）假设	70	60	50	40	30	20	10	0
2015—2020年GDP年均增长（%）	8.4	8.2	8.0	7.8	7.6	7.5	7.3	7.1

反过来测算，假设2015—2020浙江省未来经济增长按7.5%推算，要实现人均GDP翻番，则到2020年常住人口规模要控制在5638万以内，年均增长需控制在20万左右。如果考虑到2020年人口普查年因素[①]，实现目标难度非常大。

因此，控制外来人口无序流入，留住一批、提高一批、引进一批、转移一批，是全面建成更高水平小康社会的重要前提。一是要加快实施"机器换人"，提高技术装备水平，从总量上减少对一般劳动力数量的依赖。二是要抬高企业准入和岗位准入"两个门槛"，加快推动低端产业的整合和低端劳动力的转移，鼓励和引导来浙务工人员"带业回乡""返乡创业"，尝试开展"以业控人""以房管人""以证管人"，引导部分外来人口回流。三是要以高层次创新人才、创业人才、高技能人才队伍建设为重点，加大高端领军人才的引进和培养，释放人力资本的"红利"。

4. 加快收入分配结构调整：加快健全以税收、社会保障、转移支付为主要手段的收入分配调节机制，提高一线劳动者收入，提高财产性收入，提高创业性收入，努力实现"两个同步"，是全面建成更高水平小康社会的关键所在

从浙江省发展趋势和基础看，GDP和人均GDP是"追兵渐进、

---

①　人口普查每10年一次，普查年，人口都会出现大幅增长，2000年普查后人口比1999年增加205万，2010年普查后人口比2009年增加172万。

标兵渐远",但城乡居民收入分别连续14年和30年居全国各省区之首。因此在实现"四翻番"过程中,保持城乡居民收入在全国领先位置应是浙江省的主攻方向,这是最终体现经济增长质量和效益的重要标尺,是群众观点的最终体现,也是省委、省政府提出的工作底线。

回顾2000—2014年,城镇居民人均可支配收入增速仅4年、农村居民人均纯收入仅3年快于同期GDP增速。同时,还必须看到,上一个十年浙江省城乡居民人均收入年均9.7%和7.9%的增速,是在同期GDP年均增长12.4%的基础上实现的,今后一个时期浙江省将进入中速增长阶段,潜在经济增长率可能保持在7.5%左右,如果保持收入分配结构不变,按照上一个十年城乡居民人均收入增速低于GDP 2.7个和4.5个百分点计算,则城乡居民人均收入年均增速仅能达到4.8%和3%,实现城乡居民收入翻番难度很大。

因此,按照城乡居民收入增长与GDP同步的要求,必须在提升产业层次、提高劳动生产率的基础上,加快收入分配制度调整。当前,浙江省收入分配领域仍存在一些亟待解决的问题,突出表现为:一是居民收入增长远滞后于财政收入和企业利润的增长。2013年与2000年相比,全省地方财政收入增长10.49倍,规模以上工业企业利润增长10.38倍,城乡居民人均收入仅分别增长3.32倍和2.98倍。二是劳动报酬占GDP的比重偏低。2013年全省劳动报酬占GDP的比重为42.1%(见图4-2),低于全国平均水平3.5个百分点,列全国各省区市第25位,比2000年降低7.3个百分点,低于欧美及日本、韩国等东亚国家10—15个百分点。三是财产性收入比重偏低。2014年浙江城镇居民人均财产性收入为1465元,占可支配收入的比重为4.24%。农村居民人均财产性收入(不含土地征用补偿收入)546元,占人均纯收入的比重为3.75%。与世界发达国家相比,差距甚大,有着巨大的增长空间。

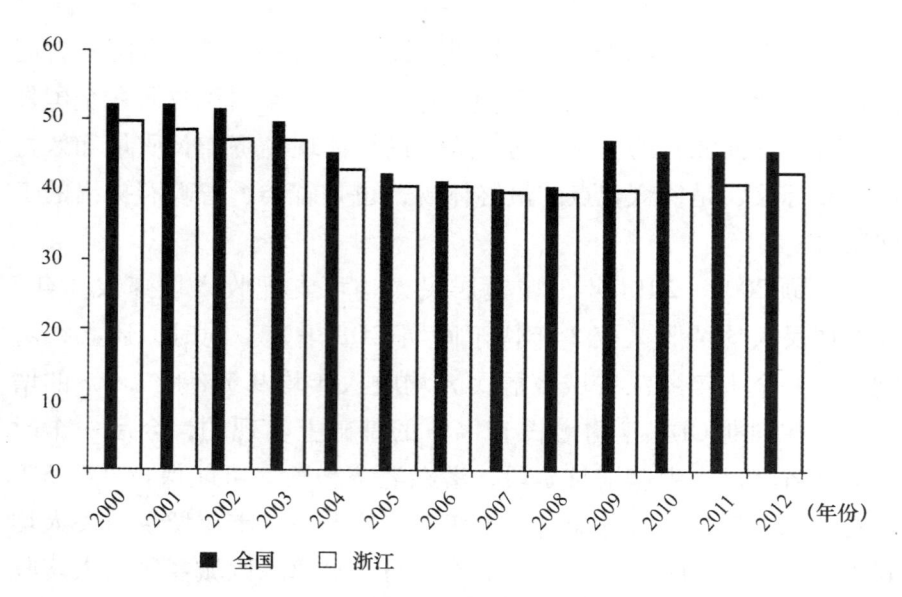

图 4-2 2000—2012 年浙江和全国劳动报酬占 GDP 比重

据测算，劳动者报酬与城乡居民收入的回归系数分别为 0.47 和 1.05，2020 年城乡居民收入按 55000 元和 24000 元计算，即 2020 年城乡居民收入要实现翻番，劳动报酬占 GDP 比重需达到 43.6%，2013—2020 年需年均提高 0.2 个百分点。

因此，实现城乡居民收入翻番，一是要提高一线劳动者收入。通过收入分配制度改革，形成在初次分配中劳动报酬稳步增长的内生机制，力争到 2020 年劳动报酬占 GDP 比重达到 43.6%。二是要努力缩小不同行业、不同群体的收入差距。进一步规范收入分配秩序，通过改革逐步提高最低工资水平。三是要提高财产性收入。积极拓展城乡居民投资渠道，完善资本市场，鼓励金融创新，推进农村土地制度创新，探索农居房产权改革，增加农民财产性收入。四是要增加创业性收入。围绕"大众创业、万众创新"，鼓励自主创业，特别是创办科技型和创新型企业，加快推进"电商换市"，努力吸引海外高层次人才来浙落户创业，培育更多的"草根老板"。

5. 加快要素结构调整：以腾笼换鸟、空间换地、水环境治理、节能减排为突破口，提升传统资源产出率，有效集聚创新资源，是全面建成更高水平小康社会的重要保障

浙江经济在经历了30多年的高速增长阶段之后，"十三五"时期将面临土地、劳动力、能源、环境容量等多重瓶颈制约，继续依靠廉价的资源要素投入、低价竞争、数量型扩张等传统增长方式显然已经难以为继。

一是能源供需矛盾突出。据测算，在既有节能情景下2020年能源需求总量为2.41亿吨标煤，在强化节能情景下则为2.32亿吨标煤，"十三五"能源供应总体宽松，但规划的省内煤电项目、核电项目，由于国家政策和社会稳定等因素的影响，电源项目建设存在一定的不确定性，同时由于浙江省对外来电力有很强的依赖性，外来电比例、特高压输电通道建设进展等都直接影响浙江省能源供给。此外，实现能源总量和单位能耗"双控"目标的压力加大。"十三五"及中长期国家将继续收紧能源消费政策，目前浙江省单位GDP能耗下降幅度较大、基数较低、节能空间有限，下一步完成国家下达的能源控制目标任务的压力将进一步增大，浙江省能源结构必须在未来几年有较大的调整。

表4-7　　浙江省能源"双控"基本情况① (2010年价)

时间	能源消费总量（亿吨标煤）	五年增长率	万元GDP能耗（吨/万元）	五年降低率
2000年	0.656	/	0.77	/
2005年	1.2	12.9%	0.76	/
2010年	1.69	6.9%	0.61	20%
2015年	2.24	5.7%	0.50	18%
2020年	2.89	5.2%	0.45	10%

① 数据说明：(1) 万元GDP能源全部折算成2010年价；(2) 2015年和2020年数据根据《浙江省"十二五"及中长期能源发展规划》。其中，2015年国家下达能源消费总量仅为1.65亿吨标煤（国统数）。

二是土地供需矛盾突出。据测算，浙江省适宜建设用地面积为286万公顷，综合考虑生态、农业等用地，全省土地开发强度上限为13%，2012年实际开发强度已达到10.38%，建设用地面积为1643万亩（不含水库水面），按照2030年达到开发强度上限的目标反推，"十三五"期间可新增用地供给为132万亩。根据土地利用总体规划，"十三五"时期全省可使用的新增建设用地规划指标只有62万亩左右。根据用地需求的综合测算，"十三五"时期新增建设用地需求量为150万—190万亩，供需缺口较大。2012年全省单位建设用地GDP为19.6万元/亩，根据"亩产倍增"计划，即使将建设用地质量全部用足，到2020年单位建设用地GDP也需达到32万元/亩，土地粗放低效利用现状亟须改变。

三是融资供需矛盾突出。到2014年年末全省本外币贷款余额为7.14万亿，贷款余额与GDP的比值为1.78（见表4-8），为全国平均水平的1.3倍，分别为江苏的1.66倍、广东的1.42倍、山东的2倍。2000—2014年浙江省信贷/GDP比值增长1倍，无论从绝对值还是增速上，都显著高于国内绝大部分地区。一方面反映单位贷款带来的产出是明显偏低的，另一方面，也反映浙商跨省投资活跃，导致资金大量流出。尤其在近年来出现不良贷款率不断攀升的局面，反映出浙江省的金融生态已经遇到较为严峻的挑战。假设浙江省贷款/GDP比例保持在1.78的水平，2020年GDP要实现翻番，信贷规模预计要达到14万亿左右，2015—2020年年均增长12%左右，这显然也是不可能的。

表4-8   2000—2014年沿海主要省市贷款/GDP比值情况

	浙江	广东	江苏	上海	山东	全国
2000	0.88	1.09	0.70	1.25	0.74	1.00
2005	1.27	1.04	0.89	1.84	0.75	1.12
2010	1.69	1.13	1.07	1.99	0.83	1.27
2011	1.66	1.11	1.03	1.94	0.83	1.23

续表

	浙江	广东	江苏	上海	山东	全国
2012	1.72	1.18	1.01	2.04	0.86	1.29
2013	1.74	1.22	1.05	2.05	0.88	1.35
2014	1.78	1.25	1.07	2.03	0.90	1.36

四是水资源供需矛盾突出。浙江省人均水资源量为1760立方米，低于全国平均水平，2012年浙江省总用水量为223.2亿立方米。根据国家下达的用水总量控制目标，到2015年浙江省用水总量控制在229.49亿立方米，2020年为244.4亿立方米，万元工业增加值用水量到2015年要比2010年下降27%。水资源问题将成为浙江省可持续发展的一大难题。

因此，实现"四翻番"必须加快资源要素配置结构调整，提升资源产出率、推进节能减排、发展创新型经济，加快生态文明建设。一是要提升资源产出率。要大力推行"空间换地"，提高现有用地容积率，盘活存量用地。强化"以亩产论英雄"导向，节约集约利用新增用地。二是要强化节能减排"硬约束"。要以水资源管理"三控"、能源"双控"目标为抓手，把扩大有效投资与"腾笼换鸟"、淘汰落后产能有机结合起来，探索建立环保标准、调整城镇土地使用税、实行差别电价水价等新机制，倒逼企业技改和产业升级。三是要促进能源生产和消费革命。加快发展可再生能源和清洁能源，积极开展与能源富集省区的能源合作，进一步优化能源供给结构。引导消费者购买节能环保低碳产品，促进消费方式向绿色低碳转变。四是要提高资金使用效率。深化温州市金融综合改革试验区、丽水市农村金融改革，争取在地方金融制度创新、民营银行发展、信用体系建设等方面取得突破，引导金融业加大对实体经济、结构调整和转型升级的支持力度，切实维护浙江省良好的金融生态。

第五篇

重点任务:谱写走在前列的新华章

一 浙江实施创新驱动发展的重点、难点和着力点[①]

我们认为,"十三五"及未来发展的最根本的关键举措,就是如何加快创新驱动发展。

(一) 形势与需求

1. 发展基础

"十二五"以来,在省委、省政府的领导下,浙江省大力实施创新驱动发展战略,全面深化科技体制改革,加快创新型省份建设步伐,全省自主创新能力、科技综合实力和竞争力迈上新台阶。目前,浙江省区域创新能力居全国第 5 位,综合科技进步水平指数排在全国第 6 位,企业技术创新能力居全国第 3 位,成为国家首批创新型试点省份。2014 年,全省研发经费支出预计达 960 亿元,较 2010 年增长了 15%;研发经费支出相当于生产总值的比重由 2010 年的 1.78% 提高到 2.34%;研发人员预计达 38 万人年,是 2010 年的 1.7 倍;专利申请量和授权量分别达 26.1 万件和 18.9 万件,均居全国第 2 位。重大科技专项实施绩效明显,在新能源、新药创

---

① 作者系浙江省科技厅周国辉。

制、城镇污水处理、汽车设计制造和纯电动汽车、农作物品种选育等方面突破一批关键核心技术，获得了一批有影响力的科技成果。科技创新基地建设不断加快，青山湖科技城建设成效明显，未来科技城成为集聚创新资源的新高地，杭州国家自主创新示范区建设取得突破性进展。高新区转型升级不断加快，核心载体作用明显增强，衢州、温州、萧山临江高新技术产业园区升格为国家级高新区，目前浙江省国家级高新区已达6家。产业技术创新体制机制不断完善，围绕做强纯电动汽车、光伏发电装备、船舶装备等14个产业链，建设了149家重点企业研究院。新型研发机构加快建设，中科院宁波材料所、浙江清华长三角研究院等创新载体集聚优质资源，转化创新成果，有效支撑区域创新体系建设。科技体制改革不断深化，科技大市场建设进展明显，科技成果竞价拍卖机制进一步完善。创新创业生态环境不断优化，新型创业孵化器建设加速推进，科技金融结合不断深化，人才创新创业活力不断激发。创新型省份建设步伐加快，创新驱动发展格局正在形成。

2. 趋势判断

"十三五"是浙江省率先建成创新型省份和全面建成小康社会目标最后冲刺的五年，也是深化科技体制改革，实施创新驱动发展战略的关键五年。未来五年，新一轮科技革命和产业变革加速推进，不断引发集群性技术突破和颠覆性创新，科技创新更加成为实现经济稳步增长的重要抓手和长远发展的基石。创新全球化的广度和深度将不断拓展，学科交叉融合更加紧密，基础研究、应用研究、技术开发和产业化的边界日趋模糊，创新周期将进一步缩短。技术创新与商业模式、金融资本、创业资本进一步深度融合，推动科技成果加速转化应用。科技创新将深刻影响着新一轮的经济社会发展，为经济增长提供核心动力，以信息、生物、新材料为代表的新技术突破正在成为新的经济增长点和创业就业的源泉。

经济社会发展进入新常态是今后五年最为重要的特征，发展方式、经济增速、结构优化、动力转换正在发生重大转变，创新驱动发展、支撑引领经济社会转型升级的需求更加迫切，融入全球创新网络的空间更加广阔，大众创业、万众创新的热情更加高涨，技术与知识产权的竞争将日益激烈。主动适应、积极引领新常态既是科技工作在新时期面临的重大考验，也是科技发展的重大机遇，加快推进科技创新面向经济社会发展，开发新产品、形成新产业、创造新需求、引导新消费，支撑经济社会高质量发展，是科技创新应当担负起的重要历史使命。

3. 发展思路与目标

"十三五"期间，浙江省科技发展的总体思路是坚持以创新驱动发展作为战略导向，以科技体制改革作为突破口，以促进科技成果转化作为主攻方向，以开放合作作为重要路径，着力打造全国成果转化中心和产业转型升级试验区，为全面建成创新型省份开拓一条浙江实践之路。

力争到 2020 年努力实现三大目标任务：一是在全国率先跨入创新型省份行列。主要体现在研发投入、研发人员、发明专利等指标上。全社会研发投入占 GDP 比例达到 2.8% 以上，研发人员力争达到 70 万人，公民具备基本科学素质的比例达到 9% 以上，每万人发明专利拥有量达到 17 件。二是创新驱动发展战略实施取得突破性进展。主要体现在科技经济深度融合、民生科技等指标上。科技进步对经济增长的贡献率达到 65% 以上，技术贸易总额达到 300 亿元以上，高技术产业增加值增幅高于规上工业增加值增幅 2 个百分点以上，科技服务业增加值增幅高于服务业增加值增幅 3 个百分点以上，社会公益领域科技水平整体提升，适应民生改善需求的技术和产品得到大力发展，科技支撑可持续发展和改善公共服务的能力显著增强。三是科技体制改革在主要领域和关键环节取得决定性成果。主要体现在科技体制机制创新，大众创业、万众创新氛围的营造、技术市场体系建立健全等方面。科技管理体制改革加快推进，杭州国家级自主创新示范区建设取得积极进展，浙江科技大市场加快建设，在全省形成科技成果集聚的"洼地"、科技成果交易的品牌"高地"。

为实现上述目标任务，需要着力做好以下几个方面的工作。一是优化创新空间布局。积极推进州杭州自主创新示范区建设，加快高新园区和科技城建设发展，打造杭州大城西科技创新示范走廊。二是增加科技成果的供给。把科技进步和创新与结构转型紧密结合，推进重大科技成果商业化应用，围绕经济社会发展重大需求，攻克和掌握影响产业发展的核心关键技术，推动高新技术产业化，加快培育发展战略性新兴产业。三是不断提高企业创新主体的地位。加快培育创新型企业，发挥企业在促进科技成果转化中的重要作用；研究制定培育科技型中小型企业的政策，引导市县加大投入，推动科技型中小企业走创新驱动发展之路。四是大力发展科技服务业。积极发展技术转移、创业孵化、知识产权、科技咨询等专业科技服务和综合科技服务，加快发展科技大市场，引导培育新兴科技服务业态。五是促进大众创业、万众创新。加快发展科技金融，推动众创空间等新型创业服务平台建设，营造良好的创新创业生态，激发大众创造活力。

（二）存在的主要问题

改革开放以来，浙江省委、省政府充分尊重和发挥人民群众的首创精神，坚持市场取向改革，凭借体制机制创新，从一个"资源小省"发展成为"经济大省"，经济总量居全国第 4 位，财政收入居全国第 5 位，人均收入连年居全国各省区首位，百强县总数多年居全国第一位，在全国率先步入工业化中后期，为转型升级奠定了坚实的基础。但与此同时，也成为在全国最早面临发展瓶颈的省份。浙江省的发展优势有所弱化，体制机制先发优势面临改革进入深水区和兄弟省市加快改革创新的双重压力，低成本优势受到要素成本上升和资源环境约束加大的双重压力，低价格优势受到国际贸易保护主义和国内同业竞争的双重压力。从横向比较看，改革开放后的前 20 年，浙江经济年均增速达 13.3%，仅次于广东，排在全国第2位；进入21世纪后，2001—2003年，GDP增长速度居全国第5位；2005—2007年居全国第9位，2014年进一步下降到全国倒数第8位。自1994年以来，浙江GDP总量一直位居全国第4位，广东、江苏、山东则一直位列国内经济总量的前三。就绝对额而言，近几年来浙江省GDP总量与前三位的差距正在逐步扩大，变化曲线成扩散喇叭形。2000年，浙江省GDP与第1位的广东存在4600亿元的差距，与山东、江苏的差距为2000亿元；到2014年，浙江省与广东的差距扩大到2.7万亿元，与江苏、山东的差距达2万亿元。2014年GDP总量列全国第5位的河南，与浙江省的差距也仅为5000亿元。经济增速的放缓，有其发展阶段变化所致的合理成分，但也显露出浙江省增长乏力、后劲不足的问题，创新驱动发展是浙江省下一阶段发展的必然选择。加快实施创新驱动发展存在的主要障碍和问题有：

1. 科技资源相对缺乏

缺乏能够承载高端科技人才和创新资源的大院大所大企业。除中国社会科学院宁波材料所和省农业科学院外，其他研究机构普遍规模较小；企业也以中小规模为主，主营业务收入在百亿元以上的企业仅149家，与江苏、广东差距较大。造成了承担机构难以承载高水平的科技资源和高质量科研活动。

2. 科技投入相对不足

近年来浙江省R&D经费投入呈现缓长趋势。R&D经费占全国的比重在2007年达到7.6%后，从2008年开始呈逐步下降趋势，2013年已经降到6.9%，而同年江苏R&D经费投入占全国的比重达到12.6%。2013年全省R&D经费817.3亿元，仅为江苏的55%、广东的56.6%。

3. 产业层次偏低

高新技术规模小。自2000年以来，广东、江苏的高技术产业快速发展，2013年高技术产业主营业务收入分别是浙江省的6.4倍、5.7倍，山东更是迎头赶上，扭转了2000年落后于浙江省的局面,2013年高技术产业主营业务收入为浙江省的2.1倍。

4. 发展基地偏少

高新园区数量少、规模小。截至目前,浙江省有杭州、宁波、绍兴、温州、衢州、萧山临江6家国家级高新区,而江苏、广东、山东、福建、辽宁则分别有13家、10家、9家、8家、7家。浙江省6个国家级高新技术产业开发区批复的面积合计约44平方公里,不及广东、江苏等兄弟省市一个园区的规模,更不及北京的中关村科技园区和上海张江科技园区。

5. 高层次人才相对匮乏

在高层次、高素质人才特别是领军型人才人数方面,浙江省与北京、上海、江苏等先进省市都存在较大差距。人才结构不够合理,传统产业人才较多,战略性新兴产业、现代服务业人才相对不足,企业创新人才尤为缺乏。2013年浙江省平均每个规模以上工业企业研发机构人员不足35人,低于全国平均水平的49人;企业研发机构中具有博士、硕士人员比例平均为6.7%,与全国平均水平的12.7%相差甚远。

针对上述问题和不足,下一步要重点解决以下问题:一是科技体制改革的步伐与加快建立技术创新市场导向机制的要求不相适应,企业技术创新能力有待进一步提升;二是科技有效供给能力与经济社会发展提质升级的要求不相适应,创新基础相对薄弱,高层次创新人才不足,高新技术产业比重偏低;三是科技管理方式和日益复杂的科技创新活动不相适应,面向科学研究、技术开发和创新活动的分类管理机制尚未真正建立,科技管理的效率和质量需要进一步提升;四是政策环境与有效激发科研人员创新活力的要求不相适应,科研诚信和创新文化有待进一步改善。面对新机遇新挑战,我们必须切实增强紧迫感和责任感,抢抓机遇,直面挑战,增强创新自信,大胆革除阻碍科技创新的体制机制障碍,释放改革红利,加快实施创新驱动发展战略,推动浙江省科技事业迈上新台阶,为打造浙江经济升级版作出新贡献。

（三）实施创新驱动发展的举措

1. 推进重点领域核心关键技术突破

（1）突出战略性新兴产业

浙江省把突破一批支撑战略性新兴产业发展的关键共性技术作为科技发展的优先任务。在新一代信息技术、生物技术、高端装备（海洋装备、医疗装备）制造、新能源、新材料和新能源汽车等产业领域，跟踪3D打印、固态存储、量子通信、石墨烯等新型材料等新技术发展，凝练优先发展主题，明确攻关方向，集中优势力量进行攻关，为增强战略性新兴产业的核心竞争力奠定坚实的基础。

（2）促进重点产业技术升级

围绕产业转型升级，积极推进"四换三名"工程和"两化"深度融合，加强产业关键共性技术研发，加快行业先进适用技术研发和创新成果推广应用，支撑重点产业振兴和传统产业改造升级，促进产业整体技术水平明显提高，科技成果转化和产业化能力不断增强，重点产业能耗和排放进一步下降。

（3）加强农业农村科技创新

按照在工业化、城镇化发展中同步推进农业现代化的要求，统筹城乡发展，提高农业现代化水平，改善农村民生，有效推动农业产业发展、农民增收和社会主义新农村建设。加强农业关键技术突破和成果转化应用，在农业新品种选育、农业机械、农产品精深加工、农产品安全等方面获取并推广一批重大科技成果，为浙江省农业与农村现代化发展提供科技支撑。加快推进国家农村信息化示范省建设，紧紧围绕发展现代农业和建设社会主义新农村的重大战略需求，全方位加快推进浙江省农村信息化建设。建立健全农村科技服务体系，壮大农村科技特派员队伍。

（4）推动高技术服务业科技创新

突出智慧物流、智慧交通、智慧社区、数字文化、电子商务等领域，大力发展知识和技术密集型服务业，加强现代服务业重点领域技术攻关,加大技术集成和商业模式创新,推出一批系统解决方案,建设现代服务业科技创新和产业发展的支撑体系。

(5) 积极推进科技惠及民生

重点在人口健康、公共安全、资源保护、环境生态、新型城镇建设等重大民生科技领域,明确具体支持重点,寻求民生改善的技术解决方案。以国家可持续发展实验区等为载体强化技术成果的示范和推广,全面提升科技服务民生的能力。

2. 推进浙江科技大市场建设

(1) 加快网上技术市场平台建设

运用云计算、大数据、电子商务技术,改造提升现有浙江网上技术市场,打造实现网上实时信息发布、实物成果展示、成果对接洽谈、签约交易等功能的产学研合作、科技成果竞价拍卖、科技股权融资重要平台。推进网上网下结合的市县科技大市场建设试点,结合市、县主导产业发展,建设网上技术市场分中心。

(2) 完善技术中介服务体系

整合集聚技术中介、咨询评估、科技金融、知识产权服务、法律咨询等中介服务机构,形成技术转移和科技成果转化产业化的创新服务链。开展科技中介机构企业化运作改革,建立按交易实绩补贴的激励制度,把科技中介机构逐步推向市场。建立省、市、县三级科技成果转化财政专项资金,鼓励和引导企业、高校院所、浙商、创业投资机构、金融机构和民间组织开展科技成果转化工作。

(3) 优化成果交易转化要素配置

放宽高校、科研机构科技成果处置权,明确科技成果转化收益权。设法解决科技成果转化融资难问题,鼓励并引导各市县、高新区、科技企业孵化器设立种子资金、天使投资引导基金、科技成果转化引导基金,创新科技金融产品和服务,加快形成多元化、多层次、多渠道的科技创新投融资体系。支持科技信贷专营机构发展,支持设立科技银行、科技支行、科技小额贷款公司等金融机构。建立信贷风险补偿机制,支持创新投资发展。

3. 提升重大创新基地载体功能

（1）加快推进科技城建设

支持杭州青山湖科技城、未来科技城、宁波新材料科技城、嘉兴科技城、舟山海洋科学城发展，突出产业主攻方向，强化产城融合发展。积极支持温州、金华等有条件的中心城市谋划建设新的科技创新平台，打造创业基地、创新基地、产业基地三大基地，成为全省科技创新发展的新引擎。充分发挥杭州科技创新资源，进一步优化空间布局，打造沿文一西路为中轴的从浙江大学紫荆港校区至青山湖科技城的杭州大城西科技创新示范走廊，形成浙江省创新创业示范基地。

（2）推进高新园区扩容提质

加强统筹规划和协调，明确全省高新区的空间布局和产业导向。积极推进有条件的省级高新园区创建国家级高新区。优化布局省级高新区建设，加快推进省级产业集聚区创建高新园区步伐，积极推进工业化与信息化深度融合，实现高新园区从要素驱动向创新驱动的转变，力争每个设区市有一个及以上产业特色明显、集聚水平较高的高新区。坚持分类指导，深化改革高新区管理体制机制，赋予高新区管委会相应的社会经济事务管理权限。完善高新园区统计监测调查制度和第三方评价、排序制度，落实好高新区争先创优激励机制和摘牌淘汰机制。

（3）提高高新园区竞争力

进一步突出产业主攻方向，推动错位发展、特色发展，促进战略性新兴产业的垂直整合。在全区积极推进"四换三名"工程，提高园区产业集聚水平。打造一批以大企业大集团为龙头、产业支撑和配套体系完善、特色鲜明的现代产业集群。

（4）发展壮大高新技术产业

坚持把高新区作为发展高新技术产业、战略性新兴产业和高技术服务业的核心载体，按照"既高又新"、错位布局、集聚发展的要求，高标准引进培育低碳、绿色、智能产业。推动高新区基于现有产业基础，找准一两个主导产业或支柱产业作为主攻方向，打通产业链条，促进垂直整合，形成在全省乃至全国具有比较优势的现代特色产业集群。

（5）加快培育高新技术企业和科技型中小企业

加快发展高新技术企业，根据企业申请条件的成熟程度，组织申报一批、培育发展一批、选择储备一批，召开培训会、辅导会，为企业做好服务工作。进一步做好高新技术企业复核工作，落实高新技术企业所得税减免等优惠政策。研究制定培育科技型中小型企业的政策，引导市县加大投入，推动广大科技型中小企业走创新驱动发展之路。建立科技型小微企业的创业服务促进机制，支持科技人员创业、民间资本投资科技领域创业、创业资本与科技成果相结合创业的"三创业"。

4. 加快众创空间等平台建设

（1）推进杭州国家自主创新示范区建设

充分依托杭州滨江高新区和临江高新区，发挥其在体制机制方面的灵活优势，全面提高杭州自主创新和辐射带动能力，将其打造成为具有国际影响力的"互联网创新创业中心"。着力推进国家自主创新示范区"6+4"政策在杭州国家自主创新示范区的先行先试。鼓励市县基层在科技体制改革、市场化资源配置等方面加强探索，先行先试，争创各类改革试点和示范。

（2）探索创新型特色小镇建设

抓住"两化深度融合"等重大机遇，按照"互联网+"的思路，在信息经济、健康、节能环保、科技金融、高端装备等新兴产业领域，按照企业主体、资源整合、项目组合、产业融合原则，着力探索和支持一批创新生态良好、产业特色鲜明、技术配套领先的特色小镇建设。通过新理念、新机制、新载体推进产业集聚、产业创新和产业升级。

（3）强化各类创新平台建设

进一步完善孵化机制。以孵化器为基础，以企业孵化为核心，建设与科技企业需求相适应的"创业苗圃（前孵化器）+孵化器+加速器+产业园"的孵化链。探索推进新型孵化器建设。鼓励一批孵化器依托自身优势，创新孵化模式，建设一批以创新工场、车库咖啡屋等为代表的新型孵化器，为创业者、创业团队和创业企业提供更好的创业辅导服务。强化公共科技服务平台整合提升。围绕各类创新主体创新需求，整合各类公共创新平台载体，为全社会提供一站式公共科技服务。逐步推行"创新服务券"等购买公共服务方式，充分发挥公共科技服务平台的人才和资源优势，在开放共享中提升全社会创新水平。

5. 加强基础研究与源头创新

（1）提升原始创新能力

面向国家和浙江省未来发展战略需求和科学前沿发展需求，完善学科布局，推进学科交叉。尊重科学规律，加强稳定支持，鼓励潜心研究，积极营造有利于自由探索的学术环境，引导兴趣驱动的科学研究聚焦于国家和浙江省战略需求。加强基础研究顶层设计与前瞻部署，争取突破一批关键科学问题，取得一批重大原始创新成果，显著增强浙江省在国内外科学研究中的地位和影响力，为浙江省科技长远发展奠定重要基础。同时，注重加强与其他科技项目特别是国家自然科学基金的协调与衔接，努力实现科学研究资源的优化配置。

（2）完善基础研究体制机制

根据科学、规范、公开、公正的要求，明确基础研究与种子基金的定位，坚持同行评议为核心的科学基金制，进一步完善省自然科学基金资助体系、管理体制和运行机制，建立科学合理的绩效评价体系，不断提升科学基金效能与公信力。争取财政部门支持，形成省自然科学基金财政投入的稳定增长机制。积极探索"非共识"项目的资助机制，引导科研人员结合国家战略与地方需求，敢为天下先，开展变革性和颠覆性创新。完善全创新链的衔接，强化基础研究与应用研究的结合，促进基础研究成果的转化应用。加强科研、评审、管理三支基础研究工作队伍建设，促进浙江省基础研究事业的持续健康发展。鼓励浙江省科研人员与国内外一流的科学家和科研机构开展广泛深入的合作交流，促进浙江省更多科学领域进入国内外前沿。完善联合资助机制，引导企业等社会资源投入基础研究。

（3）强化基础研究前瞻引领功能

以国家自然科学基金委员会—浙江省人民政府两化融合联合基金等为重要平台，吸引全国和浙江省基础研究领域的一流科学家，着力解决制约浙江省信息化与工业化深度融合以及重点支持的战略性新兴产业（包括生物、新能源、高端装备制造、节能环保、新能源汽车、物联网、新材料、海洋新兴以及核电关联产业）中关键科学问题的基础研究与前沿技术研究，加快基础成果在相关产业转化和应用的速度，充分发挥基础研究在创新性省份中的引领作用。

6. 培育创新人才与团队

（1）造就一批高层次科技领军人才和创新团队

加快形成高层次创新人才集聚机制。加快探索以调动和激发科技人员积极性、创造性为核心的科技经费管理和使用方式。构建多元的人才考评体系，设立以科研能力和创新成果等为导向的科技人才评价标准。整合国家和省"千人计划""新世纪151人才工程""百千万科技创新人才工程""钱江人才计划""青年科学家培养计划"，进一步凝练主题，形成浙江省计划体系中的创新载体与人才专项。尤其要突出领军型创新创业团队建设，建设符合全省产业发展导向、创新路径清晰、创业成果显著、预期效益明确的领军型创新创业团队。不断拓宽创新人才与团队的引进渠道，依托创新平台、产业联盟、创业基地等培养和造就大批研发人才、产业化人才、投融资人才、管理人才、商业模式创新人才。

（2）激发科技人员创新创业活力

重点依托高新区、大学科技园、科技企业孵化器、行业协会等，扶持和鼓励科技人员的创新创业活动。加强对科技型中小企业创新创业和发展的政策支持，积极为创业人才提供服务，培养杰出的创新型企业家和高级管理人才，充分发挥企业家和科技创业者在科技创新中的重要作用。进一步落实《关于省级事业单位科技成果处置收益权有关问题的通知》，推行科技成果处置权改革，推行成果收益权分配改革。

7. 提升科技开放水平与合作水平

（1）加快新型科研机构建设

坚持实施"引进来"战略，推广省校合作和清华长三角研究院建设的经验，加快产学研合作，依托青山湖科技城、未来科技城等创新基地，利用市场机制引进共建一批产权清晰的新型科研机构，以增量激活存量，发挥示范辐射作用，带动全省科研机构转型发展。坚持企业为主体的产业技术创新机制，按照把科技资源配置到企业、配置到重点产业、配置到关键领域的要求，围绕补齐"短板"、做强产业链、延长产业链，在行业龙头骨干企业中布局建设一批重点企业研究院。

（2）加强军民科技合作

研究制定和落实军民科技合作的各项规划和政策措施，强化军民科技的深度融合。鼓励和支持浙江省具有优势的企业、高校、科研院所参与重大国防科技专项的实施，参与国防技术装备的研制与生产。推动军工与高校、民用科研机构的开放共享与双向服务，建立高校、民用科研机构与国防科研机构的协作机制，组织重大科研项目的联合攻关，实现军民科技资源开放共享。探索创新军民科技合作的方式，以各种形式开展军民科技对接和军民科技合作，推动军工科技成果向民用转移。在加强国家安全保密工作的前提下，拓宽信息渠道，强化军民信息共享。积极探索建立政府公共信息平台，为军民信息交流提供支撑。

（3）完善政府间双边科技合作机制

巩固和深化政府间科技合作，拓展合作领域，形成层次合理、重点突出的科技合作新格局。推进与加拿大、芬兰、意大利和以色列联合研究计划,加强在海洋科技、清洁技术、再生能源、智慧物流等领域的科技合作与交流。继续推动在海洋工程、新能源、新材料与先进制造、信息网络、现代农业、生物与健康等前沿技术领域的合作研发。

(4) 提高科研活动国际化程度

加快推进国际科技合作基地建设。鼓励有实力的民营科技企业通过收购兼并等方式,赴国外设立研发机构,设立双向互动的国际科技园或孵化器。鼓励跨国公司、央企在浙设立研发机构。支持企业、高校、科研院所联合,积极参与国际学术交流和国际科技计划、大学科学工程,利用海外科研基础条件加强国际科技合作,建立中外联合实验室和工程技术园区。招募和聘请海外离退休科学家、工程师来浙江省开展技术咨询与服务,帮助企业解决技术难题。

8. 加大知识产权运用和保护力度

(1) 推进知识产权强省建设

全面深化知识产权战略实施,知识产权事业发展全面融入创新驱动发展战略,充分发挥知识产权制度激励创新的基本保障作用。全力推进知识产权领域改革,知识产权对科技创新和产业转型升级的支撑作用显著增强。大力培育知识产权实务人才、管理人才和高端复合型人才。到"十三五"末,专利、商标、版权、地理标志、集成电路等知识产权创造能力显著提升,知识产权制度对全省经济发展、文化繁荣和社会进步的促进作用充分显现,形成优质创造的聚集优势、顺畅流转的市场优势、有效保护的环境优势、有序竞争的制度优势和激励创新的文化优势。知识产权拥有量平稳增长,结构明显优化。高质量专利拥有量明显增加,每万人发明专利拥有量达到17件。有效注册商标量明显增加。知识产权强省目标基本实现,知识产权工作继续位于全国前列。

(2) 提高知识产权运用效益

坚持市场导向,进一步促进知识产权与科技、经济、人才等生产要素的深度融合，充分发挥知识产权制度在创新资源配置中的基础性作用。全省企业运用知识产权（专利）参与市场竞争的能力明显提升，知识产权市场价值充分显现。加快知识产权运营交易和投融资体系建设，完善知识产权咨询、评估等功能，建立线上线下互动的知识产权运营和交易平台，推动建立多层次、多元化知识产权投融资服务体系。有序开展专利导航试点和重大经济科技活动知识产权评议试点工作。推进知识产权密集型产业发展，推行知识产权集群管理。"十三五"末，知识产权的市场价值充分显现，知识产权密集型产业占国内生产总值的比重显著提高；技术市场成交额和知识产权交易数量大幅提升；知识产权投融资总额快速增长。

（3）健全知识产权执法体制

进一步健全知识产权侵权查处机制，建立健全专利侵权案件协作调度与侵权判定机制、电商领域和展会专利执法维权机制、网上专利纠纷案件办理机制。强化行政执法与司法衔接，推进诉调对接工作，进一步加大涉嫌犯罪案件移交工作力度。积极推进知识产权维权中心建设工作。加快知识产权诚信体系建设，推动将专利侵权假冒及执行失信、专利代理失信等信息纳入社会信用评价体系。"十三五"末，建成更加完善的知识产权保护体系，长效协作机制进一步健全。行政执法和司法保护能力大幅增强，市场监管水平明显提升，知识产权侵权成本大幅提高，滥用知识产权现象得到有效遏制，知识产权保护社会满意度进一步提升。

9. 全面深化科技体制改革

（1）推进科技计划管理制度改革

把深化科技计划管理制度改革作为科技管理体制改革的突破口。省级科技计划进一步突出目标导向、聚焦重大科研任务的功能。加强各科技计划围绕创新链、产业链发展的系统部署，优化顶层设计和组织流程，实现资源配置的高效集成和项目、基地、人才的有机结合。建立全省统一公开的科技项目管理平台，完善科技报告制度。根据科研活动的规律和特点，加强科研经费的过程监管，改进科研经费使用的绩效评价,提高科研经费管理的科学化水平。

(2) 深化科技评价和奖励制度改革

按照"目标导向、分类实施、客观公正、注重实效"的要求,加强科学技术评价工作的宏观管理、统筹协调和监督检查,建立健全科学技术评价制度。针对科技计划、机构、人员等不同对象,基础研究、应用研究、科技产业化等不同类型科技活动的特点,确定不同的评价指标、内容和标准。坚持科研评价的创新和质量导向,避免频繁考核、过度量化,使科研人员专注于科研活动。继续开展科技成果评价试点工作,推动科学技术研究项目的标准化评价。发展第三方独立评估制度,指导和支持社会专业评价机构开展科技评价。进一步完善科技奖励制度,充分发挥科技奖励在引导科技发展方向和创新模式、激励和表彰科技创新人才、促进社会进步和经济发展中的重要作用。

(3) 建立省市县联动的科技管理机制

加强对市县科技工作的指导和支持,发挥市县科技管理部门作用,完善科技干部队伍能力建设,提升市县科技部门服务本地经济社会发展的能力。加强科技管理人员培训,提高科技管理能力和业务素质。深入实施市县党政领导科技进步目标责任制考核,开展创建科技强市县活动。

二 加快推进新型农业现代化[①]

21世纪以来,随着市场化、工业化、城镇化的深入推进,浙江农业发展进入须需转型升级的新阶段。时任浙江省委书记习近平从当时浙江农业的实际出发,明确提出把高效生态农业作为浙江现代农业的主攻方向,努力走出一条"经济高效、产品安全、资源节约、环境友好、技术密集、凸显人力资源优势的新型农业现代化道

---

① 作者系浙江省咨询委顾益康、沈月琴、潘伟光。

路"。近十年来特别是"十二五"以来，全省各地在发展高效生态农业上进行了积极实践探索，创造了新型农业现代化发展的新经验，率先破解了浙江乃至全国农业转型发展遇到的矛盾与瓶颈，为推进中国特色农业现代化和"十三五"农业发展提供了许多有益的启示。

（一）浙江以新型农业现代化破解农业转型发展难题的实践探索

近年来，浙江发展高效生态农业走新型农业现代化道路取得了令人瞩目的成就和丰富的经验，集中表现在破解农业转型发展的六大难题上：

1. 着力破解稳粮增收的难题

粮食是安天下的基础性战略性产业，但在市场化农业背景下，浙江省与全国一样，一直面临着粮食效益低下、农民积极性不高的问题，尤其是浙江人均土地资源少，"政府要粮、农民要钱"的矛盾十分突出，稳粮增收成为一个十分棘手的难题，大家担心浙江发展高效生态农业、调整优化农业生产结构会把粮食生产调没了。为此，浙江省有针对性地采取了多管齐下稳粮增效的措施。一是在全国率先实行粮食市场化改革和停征农业税，从根本上减轻了种粮农民的税费负担，让粮食生产走上了市场化的新路子。二是通过大力培育种粮大户、家庭农场、合作社等新型种粮主体和启动粮食功能区建设，稳住粮食生产的基本盘。通过加大对粮食生产的扶持力度和积极引导土地向新型种粮主体集中，使得新型种粮主体数量、经营规模、种粮面积都有很大的发展，2014 年种粮大户、家庭农场和合作社的粮食播种及服务面积占总粮食播种面积比例达到了 75% 左右。同时在 2010 年，全省启动了 800 万亩的粮食功能区建设和高标准农田建设，到 2014 年全省粮食生产功能区累计建成 6441 个、面积 572 万亩。还通过不断完善农田基础设施，提高农田地力，进一步提升粮食综合生产能力。三是大力推广粮经复合的农作制度创新，突破粮田低效益的瓶颈。通过建立农技推广基金，创新和推广粮经结合、种养结合、粮饲牧结合等新型农作方式，实现"千斤粮万元钱"。四是通过培育社会化服务组织和机械补贴发展全程机械化，降低粮食生产成本，提高粮食生产经济效益。五是全面增加粮食生产和粮农的补贴，强化了粮食生产的政策激励。在中央粮食补贴的基础上，创新种粮大户直接补贴、水稻统防统治补贴、早稻育秧、订单稻谷奖励政策等具体措施，增加了农民种粮的补贴收入。浙江省的经验已让种粮也成为有奔头、有效益的产业，在实现破解全国普遍存在的稳粮与农民增收矛盾的难题上作出了成功的探索。

2. 着力破解谁来搞农业的难题

随着大量中青年农民进城务工经商，如何解决农业劳动力老龄化问题、培育新型农业经营主体，破解谁来搞农业的难题已成为浙江发展现代农业所面临的十分紧迫的课题。浙江省采取五大举措来解决这一难题。一是积极创新土地流转方式，让家庭农场成为农业经营的主体力量。通过创新整村流转、长期流转以及土地股份合作农场等形式，有效促进了土地规模经营持续增长。截至 2014 年，土地流转率已达 48%，已有经工商注册登记的家庭农场 17955 家，家庭农场经营规模平均达到 106 亩。二是积极发展农民专业合作社。浙江省积极引导支持农民专业合作社的发展，到 2014 年，全省农民专业合作社总数已达 42552 万多家。全省已有农业龙头企业 7621 家，在农产品加工营销、出口等方面发挥了积极作用。全省新型农业经营主体经营面积占总承包耕地面积的约 50%。三是积极培育新型职业农民，率先在全国作出大中专农科专业学生免除学费的鼓励政策，并积极鼓励大中专毕业生农业创业。四是率先探索构建"三位一体"新型农业合作服务体系和社会化服务体系建设，为农业发展提供生产、供销、信用等服务，着力解决农业生产经营过程中服务短缺问题。五是不断深化城乡综合配套改革，积极推进城乡发展一体化。浙江省较早开展统筹城乡的改革试验，在 2004 年率先制定了《浙江省统筹城乡发展、推进城乡一体化纲要》，并成为国家城乡综合配套改革的试点省份。近年来又率先推动农村土地承包经营权、宅基地使用权、农村集体资产股权的"三权到人（户）、权随人（户）走"集体产权制度改革，推动农民社会人和经济人的分离，促进城乡资源要素合理流动，大大激发农民创造力与活力，进而形成以农民为主体的大众创业、万众创新的新局面。

3. 着力破解农业既高效又生态的难题

针对许多地方农业存在"生态不高效、高效不生态"的问题，浙江省把协调推进农业的高效化、绿色化作为突破这一难题的战略举措。2005年时任浙江省委书记的习近平就提出了"绿水青山就是金山银山"的绿色发展新理念，2006年又明确提出建设现代农业要以发展高效生态农业为主攻方向。在这一战略思想指导下，全省各地都在积极探索既高效又生态的农业发展方式。一是大力发展生态循环农业。积极推广农业种养生态循环、资源开发的生态循环和废弃物处理的生态循环等多层次、多形式的生态循环模式，并通过推进实施畜禽养殖污染治理与排泄物资源化利用、畜禽生态养殖提升和种植业肥药双控与减量三大工程，有效地促进了农业面源污染治理。浙江省目前已成为全国唯一一个生态循环现代农业的试点省份。二是大力推进农产品质量安全体系建设。通过提高农产品质量标准，推进农业标准化生产，大力发展"三品一标"农产品，实施农产品绿色品牌战略，培育了一批具有市场竞争力的特色化、绿色化、品牌化的优质高值的农产品，并积极推动在主导产业中全面构建全程可追溯的安全生产体系和监管体系建设，保障农产品品质与安全。三是积极发展高效生态的新型农业业态。积极拓展多功能农业，以"现代农业+"的新思路培育发展农业新业态，大力发展"现代农业+旅游产业"的休闲观光农业、"现代农业+文化产业"的文化创意农业、"现代农业+健康产业"的绿色养生农业等多种新型农业业态，打造出一批多功能现代农业综合体。全省农业休闲观光旅游产值近年大幅提升，从2010年的89.22亿元提高到2014年的181.42亿元，翻了一番。四是率先推进农业信息化与电商化。

利用农业信息化等农业新科技，发展智慧农业，积极利用农村电子商务，2014年拥有62个全国淘宝村，在全国独占鳌头，在农产品电子商务、智慧农业建设和农业行业信息建设等方面走在全国前列。五是全面推进农业农村生态环境整治建设。在全国率先实施"千村示范、万村整治"和"五水共治"环境整治工程，全面优化农业农村的生态环境。2003年在时任省委书记习近平的大力推动下，浙江启动"千村示范万村整治工程"，在2008年实施"美丽乡村行动计划"，2013年又全面部署推进"五水共治"工程，使全省农村生态环境得到了全面的改善和优化。

4. 着力破解农业科技"最后一公里"的难题

农科教产学研脱节、科技成果推广应用率低一直是我国农业科技为农服务的瓶颈，也成为农业科技应用的"最后一公里"问题。为此，浙江省围绕高效生态农业，积极探索这一难题的解决，一是推进农科教、产学研一体化。通过大力推动全省农业科技创新，着力建设农科教、产学研一体化的推广服务体系，全面增强科技对现代农业和新农村建设的支撑引领能力，如浙江大学与湖州市开展全方位的校地合作，提出举全校之力助推湖州新农村和现代农业建设。二是创新农业公共服务体系建设。从2005年起，浙江全省全面开展农技推广体系改革，建设农技推广、动植物疫病防控、农产品质量监管"三位一体"的综合性农技推广机构。截至2013年底，共建成乡镇或区域农业公共服务中心1653个，实现了由单纯的农技推广服务向社会化公共服务的全面转变。三是从2003年开展实行农业科技特派员制度。十余年来，省、市、县三级共派送达12万人次。这种直接向农业基层一线派驻高校、农业科研院所专业科技人员的做法有力地促进了当地农业增效、农民的致富，也成为浙江解决农业科技"最后一公里"的问题。四是实施聘用农民技术员制度，从农业科技示范户和农村种田能手选拔和聘任一批农民技术员作为村一级的农技推广员，造就了一批最接地气"永久牌"的农业技术队伍。五是建立农技推广基金制度，组织动员社会各界关心支持农业科技推广事业，以各方筹集的农技推广资金和资深的农技专家推广员来推广高效生态的农业新技术，把众多农作制度创新项目落实到了农村基层。

5. 着力破解农业基础设施薄弱的难题

农业强必须要基础设施强，农业基础设施建设是降低自然风险、发展农业高效生态坚实的基础。针对农村家庭承包经营体制后农业公共投入少、农田基础建设薄弱的问题，浙江省像抓工业园区一样来抓农业基础设施建设。一是推进农业"两区"建设。2010年省委、省政府作出了建设粮食生产功能区和现代农业园区的重大战略决策部署，到2014年累计建成粮食生产功能区6441个、各类现代农业园区642个，合计总面积932万亩，约占全省耕地面积的1/3。二是开展高标准农田建设。通过积极增加政府投入，统筹农业综合开发、土地整理、农田水利等项目，加强农田、林区和国有农林场排灌设施、防洪设施、机耕道路等建设，以及通过增施有机肥、农艺修复、农牧结合、农渔结合、农田整治等地力培肥措施，形成一大批高产稳产的高标准农田。二是大力实施农业减灾、防灾工程。省委、省政府审时度势，做出推进千里海塘、万里清水河道、千库保安等重大农业水利工程建设，并积极推进农业气象服务体系和农村气象灾害防御体系建设，有效地提高了浙江农业抵御自然灾害的综合能力。

6. 着力破解依法护农兴农的难题

如何在全面依法治国框架下通过法律政策层面依法护农、依法兴农，这是农业农村治理体系和治理能力现代化的新课题，浙江省在诸多方面进行了大胆创新实践。一是率先在全国通过《浙江省农民专业合作社条例》和完善《浙江省村经济合作社组织条例》，为农业农村的基本经营制度的稳定和农业经营体制的创新，提供了重要的法律保障。《浙江省农民专业合作社条例》是我国第一部农民专业合作组织法规，为全国人大起草农民专业合作组织的全国性法规提供了有益的借鉴；《浙江村经济合作社组织条例》的修改完善为推进农村产权制度改革，构建起产权清晰、权责明确的农村集体经济的运行机制提供了法律依据。二是积极推出农业政策性保险，降低农民生产的自然风险。浙江省是全国农业保险最早试点地区之一，从2006年至今浙江省政策性农业保险险种已达40个，政策性农业保险已经实现了主导品种全覆盖，成为全国险种最多的省份之一。三是与时俱进地制定强农护农惠农的政策法规。2002年以来先后通过全面停征农业特产税、农业税，同时对实行种粮大户直接补贴、农资综合直补、农作物良种补贴及水稻机械化作业环节补贴等政策，减轻农业负担同时增加了农业补贴，在法律政策制度层面实现了依法护农兴农。四是率先加强农业综合执法建设。浙江省是全国首个成立农业综合执法机构的省份，2002年就形成了省总队、市总队、县大队上下贯通运行有效的执法体系。通过有效执行和贯彻农业相关法律和行政主管部门行使的种子、农药、化肥、饲料、基本农田保护、农业机械以及农产品质量安全等方面的执法和行政处罚工作，推进了全省的农业法治建设。

（二）新常态下浙江发展高效生态农业推进新型农业现代化的新对策

在中国经济进入新常态的背景下，浙江省农业发展也步入新阶段。浙江高效生态农业发展的外部条件和内部动因发生了深刻变化，面临挑战与机遇并存的新形势。新常态下浙江农业的发展，要以习近平在浙江提出的高效生态新型农业现代化的战略思想为指导，以农业转型升级为主线，以改革创新为驱动力，通过"强产业、强主体、强科技、强设施、强服务、强生态"的"六强"战略，推动浙江高效生态农业发展达到一个新水平，努力使浙江在新型农业现代化进程中继续走在全国前列，使浙江农业率先成为有奔头的产业。

1. 强产业，着力构建市场竞争力强的新型农业产业体系

提升农业产业的市场竞争力是实现强农的首要任务。必须以品

质型小康需求为导向,以产业融合化、多功能化、品牌化、集聚化来推进农业结构、产品结构、品质结构和区域结构的全面优化,做大农业产业的体量,实现农业产业的全面转型升级。一是围绕做强做大特色优势主导产业,按照产业融合和全产业链发展的思路,推进农业上下游产业融合和前后环节的连接。加快种子种苗业、农机农技装备业、农产品精深加工业的转型升级,延长产业链和提高附加值,建设农产品精深加工大省。加强农产品市场体系和物流体系建设,鼓励发展连锁经营、直供配送、电子商务、大宗农产品现期货交易等新型流通业态。把水稻、茶叶、蔬菜、干鲜果品、生猪等打造成为具有全产业链形态的现代农业主导产业。二是顺应农业多功能的趋势,以"现代农业+"的新思路培育发展农业新业态。积极发展"现代农业+旅游产业"的休闲观光农业、"现代农业+文化产业"的文化创意农业、"现代农业+健康产业"的绿色养生农业、"现代农业+互联网"的智慧电商农业、"现代农业+循环经济"的生态循环农业等多种新型农业业态,来满足小康型品质生活多种消费新需求。三是加快推进农业品牌化战略。积极推动区域品牌公共形象的设计、应用和推广、营销,以品牌战略全面提升浙江省农产品的品质形象,提高品牌的增加值。四是以产业集聚化发展的思路,以现代农业园区为依托,以农业产业带、现代农业综合体、国家农业公园、农业产业化特色小镇为载体,推进农业产业的集聚化发展。

2. 强主体,着力构建经营活力强的新型农业经营体系

把大力培育新型农业经营主体、优化农业生产经营体系作为强农的核心任务。要以发展适度规模经营的家庭农场、农民专业合作社、农业企业等新型农业经营主体和新型职业农民的培育为主攻方向,着力构建集约化家庭经营与产业化合作经营相结合的新型农业经营体系。一是把培育现代家庭农场作为培育新型主体的基础性工作。要通过健全土地流转机制,鼓励专业大户、返乡农民工和大中专农科毕业生,发展适度规模经营的现代家庭农场,使之成为浙江

省农业家庭经营的主体力量。二是规范提升农民专业合作社，增强农民专业合作社的经营实力和服务能力。针对当前农民合作社多而小、散而弱的状况，加快农民专业合作社的整合和联合，积极组建农民合作社联合社，增强合作社的生产服务功能、农产品加工营销功能、资金互助功能。鼓励有条件的合作社兴办农产品加工、物流企业和农产品电子商务。三是要积极推进农业企业化经营和农业产业化合作经营，要顺应工商企业积极投资现代农业的新趋势，积极培育一批高投入、高产出、高科技、高效益、高品位的现代农业企业公司。同时积极引导从事农产品加工营销的农业龙头企业与农民专业合作社、家庭农场结成股份合作的利益共同体，构建起共创共荣、利益共同的产业化合作经营的新机制。四是把培育新型职业农民作为发展壮大新型农业经营主体的战略突破口。要充分发挥浙江省农民大学、农林高校和科研院所、职业技术学校和各类农业技术推广机构等的作用，发展农业职业教育和学历教育。进一步出台政策鼓励大中专毕业生和返乡农民工从事现代农业的创业。

3. 强科技，着力构建驱动力强的新型农业科技创新体系

强化农业科技支撑、提升农业科技含量是提升浙江省农业核心竞争力的关键举措。要顺应新一轮农业科技革命和信息化时代到来的新趋势，以农业生物技术、设施装备技术、信息化技术等新技术的应用为突破口，以农业科技体制改革和农科教产学研新机制建立为动力，围绕农业知识创新、技术创新、产品创新、成果创新、服务创新，全面提升浙江省的科技支撑力。一是突出特色主导产业的全产业链科技支撑，加强产业的产前产后两头的发展。深入实施特色主导产业"种子种苗工程"，培育一批产学研结合的种业龙头企业，增强种业的开发能力和对生产的引导作用，形成配套的特色优势农产品良种繁育体系，建设种业大省。加大特色产业主导产业的精深加工环节的研究，建设精深加工大省。二是加快推进农业信息化和智慧农业的发展。要把推进农业信息化、智能化和农业机械化、设施化作为推进新型农业现代化的一项战略任务。要积极运用

互联网、物联网、大数据等先进技术，提高农业生产智能化、精准化水平。三是进一步探索和完善产学研农科教相结合新型农业科技创新服务体系。围绕浙江十大农业特色主导产业分别建立融合高校、科研院所、农业高科技企业等科技力量的省一级十大农业知识与技术协同创新的平台（联盟），以农业产业技术问题为导向，以科研项目为纽带，以首席专家负责开展农业科技的协同攻关，市县农业技术服务中心负责技术推广，构建出农业科技集成创新和综合配套技术应用的支撑体系，同时在大力培育面向基层的数量众多的专业化、社会化、多形式专业服务机构，促进科研与农业生产紧密结合。

4. 强设施，着力构建保障力强的新型农业装备设施体系

强化农田水利设施建设和农业机械装备建设是夯实现代农业发展的物质保障。要以深入推进农业"两区"建设、农业机器换人、农业减灾防灾为重点，以进一步夯实浙江现代农业发展的基础。一是推进农业"两区"建设为重点的农业园区化建设。大力建设各类现代农业主导产业园区、精品农业园区、规模化的畜牧养殖小区、标准化的水产养殖园区、农产品加工园区和农产品市场物流园区，使之成为农业规模化、标准化、集约化生产的有效农业产业功能区。继续推进土地整理，加强农田水利设施建设，完善沟渠路配套，建设高产稳产的标准农田。深入实施标准农田质量提升工程，通过测土配方等沃土工程增施有机肥、农艺修复、农牧结合等措施，加大中低产田改造力度，提高耕地地力。二是推进农业"机器换人"的农机装备建设。发展农机社会化服务，探索推广政府购买社会化服务的有效模式，降低生产成本，以粮食生产等全程机械化为典型，促进农机从产中机械化向产前、产中、产后机械化延伸，农业生产向设施化、智能化、精准化转型，使农业机械化水平不断提升。三是加强农业减灾、防灾体系和能力建设。要积极创新防灾减灾工作、强化大江大河治理和基础设施建设、完善灾害预警应急机制和救助保障机制等防灾减灾体系建设，切实提高农业抵御灾害

能力，促进农业可持续发展。

5. 强服务，着力构建助推力强的新型农业社会化服务体系

构建新型多元化社会化服务体系是实现强农的不可或缺的配套工程。要通过强化政府公共服务机制、农民合作组织服务机制、企业社会化服务机制，构建多元化多功能社会化服务体系。一是进一步推进服务生产、供销、信用"三位一体"合作服务组织的服务。要充分发挥农民专业合作社的服务功能，在生产服务的基础上拓展供销服务、资金互助、保险互助等服务功能，打造成具有生产合作、供销合作、信用合作"三位一体"的农民合作经济组织。加大浙江省农合联建设的试点与总结工作，推广农合联生产、供销、信用三位一体的服务模式，同时推进深化供销社改革，把供销社组织打造成为为民服务的综合性平台。二是以互联网和农产品电子商务为重点新型农产品现代流通服务体系。加快建设浙江省各县市农产品电子商务平台建设，以农产品电子商务平台为载体，覆盖龙头企业、批发市场、中介组织、合作社、家庭农场的农产品现代流通综合信息网络。探索建立物联网互联网应用下的农业生产资料、农产品原料、生产加工、流通、仓储、销售等环节的追溯体系。三是构建政策性农业金融、保险服务体系。进一步创新农村金融产品，广泛开展农房抵押、土地经营权抵押、农民集体资产股权抵押等手段，推动农村金融服务，并对农业贷款实施利率倾斜优惠政策；推动农村政策性保险的覆盖范围，鼓励支持区域特色主导产品保险品种的设计开发。

6. 强生态，构建可持续发展能力强的新型绿色环境体系

要从我国已进入农业生态文明建设新时代的实际出发，充分认识到绿色生态也是生产力，把强化农业生态环境建设作为高效生态农业可持续发展的基础保障，全面推进浙江省生态循环农业试点省份建设。一是加大源头生产环境的绿色化。系统推进耕地、水、生物和森林等资源的保护和生态高效利用，大力推进农业生态环境的修复和农业环境污染的治理。加快耕地质量修复，加大中产田和低

产田的改造，加强水土保持，提升基本农田地力。二是加快推进农产品质量安全体系和生态循环农业建设。加快实施生态农业强省建设，全面实行标准化安全生产技术和"减量增效"、病虫草害综防技术，严格控制化肥、农药等的施用量投入，遵守农业生产良好操作规范，建立生产安全体系；优先在主导产业中全面构建全程可追溯的安全生产体系和监管体系建设，落实生产经营者主体责任，加快农产品安全违法犯罪行为的惩治体系建设。创新和推广粮经结合、种养结合、粮饲牧结合等高效生态新型农作制度，提高"三品一标"优质农产品的比例。三是推进产后加工、包装、运输、销售环节的绿色化，实行农产品的绿色包装、绿色销售，减少加工、运输损耗与能耗。四是完善绿色生态政策机制。要采取政府补贴、税收减免、信贷优惠等方面的支持政策，支持环境生态保护、扶持一批绿色生态型农业经营主体，推广绿色生态农产品生产，进一步建立起发展高效生态农业的长效机制。

三 加快发展七大产业 促进经济转型升级[①]

2015年浙江省政府工作报告提出，要加快培育能够支撑未来发展的大产业，特别是要加快发展信息经济核心产业、节能环保产业、健康服务业、旅游业、时尚产业、金融业、高端装备制造业等七大产业。作为推进浙江省"十三五"期间经济社会发展的重大经济支撑，已经成为浙江省加快转型升级发展的战略性举措。

（一）面临形势和要求

1. 国际新一轮科技革命与产业变革催生新技术新业态

全球正出现信息技术、生物技术、新能源技术、新材料技术等交叉融合的新一轮科技革命和产业变革，成为世界经济发展的重要

---

① 作者系浙江省经信委工业经济研究所兰建平。

引擎，将使全球要素配置方式、生产方式、组织模式与人们生活方式发生革命性的转变。浙江以敏锐著称的企业家群体、丰富的民间资本、柔性的产业组织结构以及现代网络市场将为浙江经济赢得新的竞争优势，为浙江经济在新工业革命背景下实现新突破提供重要基础。

2. 国际新一轮产业制高点竞争带来新压力新动力

2008年国际金融危机倒逼了全球新一轮科技革命与产业变革的孕育提速，世界各主要发达国家已经呈现新产业、新技术发展节奏不断加快的新态势。美、德、英、日、韩等国家纷纷提出和实施一系列战略规划，旨在充分发挥技术领域的领先优势，加强在新兴科技领域的前瞻布局，以谋求抢占制高点、强化新优势。面临日益激烈的地区竞争，浙江也应抢抓机遇，顺势而为，加快推进以互联网、物联网为载体的信息经济大发展，打造浙江经济社会发展的"升级版"。同时，新一轮的产业制高点竞争也带来了新技术的溢出和新市场的壮大，为浙江省发展七大产业带来了新的动力。

3. 我国新一轮对外开放拓展新市场新要素

贸易投资自由化、金融便利化为浙江企业在全球范围内进行资源优化配置、汲取高级要素开放红利打开了更为广阔的窗口，开辟了新渠道。自贸区建设和"一带一路"战略的实施有利于催生新的投资需求，拓展新的国际市场，集聚高端人才要素和技术要素，为浙江省抢抓第四轮对外开放发展先机，突破经济转型升级难题和落实一批重大项目，加快投资建设提供重要机遇。

4. 我国新一轮消费层次升级催生新需求新供给

随着以互联网技术为代表的新一代信息技术的快速发展，企业开始进入客户定制化时代，需求成为产业升级的重要动力。近些年来，我国消费者收入的较快增长、支付能力的大幅提高和健康意识的不断增强，生活消费从温饱型向休闲享乐型转变，对高品质、差异化产品需求快速增长。随着消费层次的加快升级，个性化、多样化消费渐成主流，消费品向高端化方向发展的趋势日益明显。一方面,浙江以消费品生产为主体的轻工业发达,这些行业直接面向消费者,使得终端消费者的需求能与产业结构更有效的结合。另一方面,浙江省居民收入水平位于全国前列,2013年浙江省城镇居民人均可支配收入超过全国平均水平四成有余,人均消费水平超过全国平均水平近三成,人均生活消费支出超过全国平均水平近八成,这将为浙江发展环保、健康、旅游、时尚等产业奠定良好基础。

5. 浙江省步入新一轮发展阶段带来新情况新要求

当前,浙江省正处于由高速增长向中高速增长转变、要素驱动向创新驱动转变、工业化中后期向工业化后期转变的关键阶段。浙江省2014年全年增长率为7.6%,略高于全国平均水平,但是同1991—2010年保持了20年10%以上的经济增长率相比还是出现了明显的下降趋势,迫切需要有一批能支撑经济较快增长的大产业;35年来浙江经济赖以快速发展的具有比较优势或相对成熟的产业,因产业趋近生命周期的衰退期或因陷入产业低端锁定或因处于产业外部转移而出现不断衰退,迫切需要一批主要依赖于技术创新、产品创新、业态创新和商业模式创新的大产业;新一轮的发展阶段,浙江面临传统制造业升级缓慢而新兴产业及服务业发展滞后的挑战,迫切需要一批能满足工业化后期发展阶段市场需求的大产业。

(二) 发展现状及存在的问题

1. 发展现状

一是产业基础好。根据相关资料并结合现有资料估算,2014年浙江省七大产业增加值约10900亿元,约占全省地区生产总值的27.1%,产值(或主营业务收入)约61100亿元。其中,信息经济核心产业增加值2780亿元,占全省GDP比重的6.9%,产值14739亿元,产业规模位居全国第五位,作为全国第一个"两化"深度融合国家示范区,2014年浙江"两化"融合指数达到86.26,位居全国第三;环保产业增加值890亿元,占全省GDP比重的2.2%,产值4717亿元,在废弃物利用方面处于国内领先地位;健康服务业增加值493亿元,占全省GDP比重的1.2%,产值2612亿元;旅游业增加值2833亿元,占全省GDP的7.1%,占服务业增加值的14.7%,产值15020亿元;时尚产业制造业环节增加值1056亿元,占全省GDP的2.6%,销售收入约5600亿元,已形成了良好的发展基础和有利的发展条件;金融业增加值2934亿元,占GDP的比重达7.3%,占服务业增加值的比重达15.3%,产值15556亿元,已成服务业的支柱产业;高端装备制造业增加值951亿元,占全省GDP比重的2.4%,产值5044亿元(见表5-1)。

表5-1　　　　　　2014年七大产业的增加值及产值情况续表

产业	增加值	产值	增加值占GDP比重
信息经济核心产业	2780	14739	6.9%
节能环保产业	890	4717	2.2%
健康服务业	493	2612	1.2%
旅游产业	2833	15020	7.1%
时尚产业	1056	5600	2.6%
金融产业	2934	15556	7.3%
高端装备制造业	951	5044	2.4%

注:表中数据部分为估算数据。

二是集聚程度高。浙江省七大产业呈集聚发展态势,如环保产业已经形成了杭州环保服务、绍兴环保服务、诸暨电除尘、嘉兴布袋除尘器、温州固废处置、湖州膜处理、台州滤布、玉环填料等一批具有特色明显的环保产业基地;康复护理依托浙江省集江、海、山、湖于一体的地理环境、通畅便捷的交通以及丰富的中医院资源,在丽水、衢州和金华等地兴起了规模较大的健康休闲和养生养老产业;时尚产业已初步建成了12个省级特色工业设计示范基地,形成了杭州女装、宁波男装、温州鞋业、绍兴纺织面料、海宁皮革制品等一批在全国具有影响力的特色产业集群。高端装备制造业已建成乐清工业电气、杭州装备制造、新昌轴承、舟山船舶修造等4个"国家新型工业化产业示范基地",以及嘉兴光伏装备、杭州青山湖高端装备、舟山船舶装备、永康现代农业装备、湖州现代物流装备、诸暨现代环保装备、柯桥和新昌智能纺织印染装备等具有明确产业方向的省级现代装备产业高新园区。

三是发展潜力大。浙江省旅游资源丰富,西部山区占全省陆域面积的70%,拥有26万平方公里、3061个岛屿的海域,结合三次产业融合发展的时代机遇,旅游业发展潜力巨大。节能环保产业具有领域宽、产业链长、需求拉动效应明显等特点,对相关产业具有1∶5的带动作用。浙江节能环保产业规模位居全国前列,预计未来一段时期节能环保产业增速将明显快于经济增长速度。浙江省地处国内经济最为发达的长三角地区,人均GDP已突破1万美元,经济发展水平已步入中上等收入国家行列,社会消费结构由生存型向多元化、高端化升级,对时尚产业和健康产业的需求较大。另外,浙江省老龄人口基数庞大,为健康产业拓展奠定了市场空间。再者体制机制蕴藏着巨大潜力。随着改革的深化,浙江体制机制的先发优势更加明显,市场准入全面放开,将会有更多的民营企业和民营资本进入七大产业,成为加快七大产业发展的巨大动力。

四是产业亮点多。新一代信息技术领域创新创业活跃,涌现出一批电子商务、现代物流、互联网金融等领军企业和一批智慧安防、智慧能源、智慧制造等物联网企业。在环保产业领域已经初步形成了一批技术先进、投资规模大、竞争实力强的龙头骨干企业,环境监测、大型电除尘、垃圾焚烧发电等部分仪器装备制造技术已达到或接近国际水平。在医疗服务、健康管理、医疗器械和健康食品等方面具有鲜明特色,如温州是全国首个社会资本办医综合改革试点城市,社会资本办医已迈出实质性步伐;杭州师范大学健康管理学院是国内首个健康管理学院,拥有"服务国家特殊需求的博士人才培养项目";浙江省医药制造业的竞争力位居全国前列,药品销售总额位居全国第四;胡庆余堂、立钻、正大青春宝等龙头企业已经具备较强的品牌影响力。旅游资源丰富，旅游文化也初步形成。在时尚产业已形成一批全国性行业龙头企业和知名品牌，在 2014 年工业品牌培育示范企业名单中，浙江省 6 家时尚企业入选；具有"浙银品牌"之称的银行机构稳健发展，证券市场"浙江板块"加速崛起，保险业的"浙江亮点"逐步显现，期货业的"浙江军团"全国领先，"浙商系列"法人金融机构加快发展；高端装备制造业领域形成了一批民营企业活跃、产业特色明显、配套设施完善的装备制造基地，发展了空分设备、工业汽轮机、数控机床、电除尘设备、余热发电锅炉、DCS 控制系统等一批具有国际竞争优势的高端产品。

2. 存在的主要问题

一是产业竞争力有待提升。浙江省的七大产业缺少主业突出、创新能力强、有综合实力和国际竞争力的大企业。信息、时尚和高端制造业主体是民营中小企业，产品普遍技术层次低、设计创新能力弱、产品附加价值低，并且以基础类配套产品为主，带动性大、附加值高的产品少，市场竞争力明显不足。旅游产业组织普遍存在企业规模小、经济实力弱、品牌意识差、市场竞争力低的现象。环保产业中不少产品性能达不到国际环保标准，在技术水平和供货能力上难以满足国际市场要求，国际市场占有率不高。对金融的关注点主要集中在资金保障和服务实体经济的功能上，对把金融产业作为战略性产业培育发展的重视程度还不够。与沿海主要省市相比，对金融业的政策扶持力度还不够，地方金融机构规模实力还存在较大差距，与浙江金融大省的地位还不相称。健康产业的总量规模尚小、产业化程度有待提高，包括优势资源产业化程度不高、产业结构层次较低以及健康食品高技术开发应用不足等。

二是发展后劲有待增强。2014 年，浙江省信息经济和高端装备制造业的投资增速分别为 16% 和 6%，比 2013 年下降 6 个和 14 个百分点，2012—2014 年的信息经济和高端装备制造业的年均增速仅为 18.9% 和 12.9%。信息产业投资规模偏小，缺少重特大项目的引领带动，发展速度明显放缓，在全国的位次面临着下降危险，尤其是与广东、江苏等先进地区的差距不断被拉大。健康产业发展格局仍处于点状、局部的发展状态，同时由于健康产业品牌较弱、产业中介服务较为欠缺，使其未能成为吸纳产业金融资本和智力资本的磁场。时尚产业链中的创意设计、营销等环节与制造环节协作不紧密，教育培训、媒体宣传、时尚活动等对时尚产业发展的支撑作用仍然不足。长期以来，保护环境被当作一项事业，环保产业也被认为需要大量投入而产出很少。目前有关环保的事情主要依靠各级环保部门在大力推动，发改、经信等其他部门及全社会深入参与的格局尚未形成，阻碍了环保产业进一步发展壮大。

三是创新水平有待提高。七大产业以企业为主体的技术创新体系尚未建立，产学研结合不够紧密，技术开发投入不足，一些核心技术尚未完全掌握，部分关键设备依靠进口，一些国产化节能环保设备的性能和效率有待提高。2014年，浙江省服装、皮革行业的研发投入强度均在1%以下，与美国（2.29%）、法国（2.13%）、意大利（1.3%）等发达国家相比差距还比较大。同时时尚产业的设计专业人才缺乏，尤其缺乏一批具有国际水平的设计领军人物。金融结构失衡仍较突出，大银行的金融组织体系与中小企业需求不完全匹配，中小金融机构仍然偏少、偏弱，支持中小企业发展的能力还不足；直接融资比例偏低；居民理财需求日益强烈，但财富管理业务发展仍较滞后，创新能力和风险管理水平还不高。新型金融业态统筹推进仍有待加强，要占据未来新型金融业态发展的战略制高点，仍需进一步凝聚共识，从投资环境营造和政策措施扶持上加大力度。环保产业大多停留在技术研究开发阶段，产业化步伐较慢，并存在新技术、新产品、新成果鉴定评价不规范，推广难度大的问题。相应的环境监测和环境质量控制网络体系尚不健全，相关基础研究、应用研究、产业化研究均落后于西方发达国家，履行国际公约和应对全球环境问题的科技支撑能力、新产品开发能力需要进一步加强，如PM2.5监测设备缺乏技术优势，稳定性、准确性不足。

健康产业的结构层次较低,如健康医药领域偏重低附加值制造,缺少基因药物、生物工程育种等技术含量高的医药产品。其次,健康食品高技术开发应用不足,产业组织化和市场化程度低,难以适应居民对功能性健康食品的需求。

四是体制机制有待进一步完善。节能环保法规和标准体系尚待完善,监管能力不足,惩罚力度小,执法不严,导致一些国家明令淘汰的高耗能设备仍在使用,污染治理重设施建设、轻运行管理。能源资源价格不能充分反映稀缺程度,税收优惠激励力度有限,生产者责任制尚未建立,有关扶持节能环保产业发展的政策、资金分散,针对性、操作性不强,投融资渠道不畅,节能环保企业融资困难。受体制机制、部门利益等影响,政府数据集中难、共享难、开放难,公共信息资源开放共享程度偏低,数据开发利用的综合效益尚难显现。由于健康产业属于新生事物,全省尚未建立完善的法规和制度体系,产品与服务智力参差不齐,行业规范化建设不足,缺乏统一的、与国际接轨的标准体系和运行良好、监督有力的产业监督认证体系。当前浙江省不少旅游景区存在着重开发、轻规划,先开发、后规划的现象,开发规划工作没有摆在重要位置,规划意识淡薄。此外,由于景区的多重管理,使得控制权力过于分散,各部门,各行其是,缺乏统一的管理和协调。

五是基础设施有待进一步健全。浙江省信息基础设施建设虽然走在全国前列,但宽带网络仍存在资源瓶颈和宽带接入能力制约,全面统筹、互联互通和信息普遍服务水平有待提高,宽带网络最后"一公里"问题没有得到很好的解决。网络信号覆盖和质量有待提升,通信资费仍然偏高,网络服务能力与服务水平与用户需求仍有较大差距。云计算、物联网等基础设施滞后,商业模式有待创新,直接影响基于固定互联网特别是移动互联网的应用创新和电子商务的发展,也影响中小企业信息消费的云端化。浙江省许多地区交通建设落后于旅游景点的建设,尤其是景区内部、景点之间交通还存在较多问题:交通不畅、景区道路状况差、景区不通班车或班次少、车况差。

(三) 总体要求和目标

1. 总体要求

以十八届三中全会、四中全会精神为指引，贯彻落实习近平总书记系列重要讲话精神和"四个全面"战略布局，以"八八战略"为总纲，围绕现代产业体系建设，顺应世界新一轮科技革命与产业变革及我国消费结构升级趋势，以创新驱动和深化改革为动力，发展信息产业、环保产业、健康服务业、旅游业、时尚产业、金融业、高端装备制造业等七大产业为重点，全面推进"四换三名"、特色小镇创建、创新驱动发展、产业投资强化、品牌质量提升，结合产业特征分类施策，加快将七大产业打造成为浙江省的支柱产业和主导产业，持续推动经济大省向经济强省迈进，为实现"四个翻一番"、高水平全面建成小康社会和"两富""两美"现代化浙江建设奠定坚实基础。

2. 发展方向

——坚持创新驱动。加快从要素驱动、投资驱动转向创新驱动，充分调动企业、创客两类主体创新热情，推动以技术创新、产品创新、业态创新和商业模式创新等为特征的大众创新、全面创新，进一步完善产业创新体系，鼓励新技术、新产品、新业态、新模式的探索和应用，走创新驱动的发展道路。

——坚持结构优化。瞄准新一轮产业变革重点领域，全面优化产业结构、企业组织结构、产品结构和空间结构。大力发展七大产业中技术含量较高或能够满足中高端消费需求的重点领域，积极培育一批知名企业、上市公司和成长型小微企业，加快培育一批知名的产品品牌和区域品牌，加快创建一批七大产业领域特色小镇，走提质增效的发展道路。

——坚持产业融合。按照信息化、新型工业化、新型城镇化、农业现代化"四化"同步的要求，大力发展"互联网+"、

"旅游+"等新业态，推动信息经济、旅游业对相关产业的全面渗透，加快推动金融业与实体经济的良性互动，加快环保、健康、时尚、高端装备等产业中制造环节与服务环节的融合发展，走产业融合的发展道路。

——坚持开放合作。抓住国家实施"一带一路"、长江经济带、京津冀协同发展三大战略的重大机遇，实施更加主动的国际化发展和区域合作战略，进一步提升开放平台，培育市场主体，优化营商环境，以开放合作带动提升浙江省七大产业在国内外分工格局中的地位和作用，走开放合作的发展道路。

——坚持绿色发展。确保七大产业可持续发展能力提升，确保水清天蓝的生态环境。以"低碳化、循环化、集约化"为重要导向，加快金融、旅游、健康等产业发展，做大环保产业，着力推动信息、时尚、高端装备等产业中制造环节的绿色改造升级，不断提高绿色精益制造能力，追求绿色可持续的发展方式，走生态文明的发展道路。

——坚持人才为本。坚持把人才作为加快发展七大产业的根本，建立健全科学合理的选人、用人、育人机制，加快培养七大产业发展急需的专业技术人才、经营管理人才、技能基础人才，营造大众创业、万众创新的氛围，走人才引领的发展道路。

3. 发展目标

"十三五"时期浙江省七大产业发展的总体目标是：力争到"十三五"期末，七大产业的产值年均增速普遍达到15%左右，产值均超万亿元，在全省地区生产总值中的比重提高到40%以上；七大产业领域中新兴产业、新型业态、新生代企业家培育等方面走在全国前列，初步形成以创新引领、结构优化、产业融合、开放合作、绿色低碳、人才为本等为核心特征的现代产业体系，努力成为全国现代产业发展示范区建设、全球具有一定影响力的高端制造业和现代服务业基地。七大产业发展的具体目标如下。

(1) 信息经济发展目标

到2020年，信息经济核心产业主营业务收入超过3万亿元，信息经济在全省经济中的主导地位初步确立，信息经济发展水平位于全国前列，基本建成国际电子商务中心和全国物联网产业中心、云计算产业中心、大数据产业中心、互联网金融创新中心、智慧物流中心、数字内容产业中心和国家"两化"深度融合示范区，成为全国信息经济发展的先行区。

(2) 环保产业发展目标

到2020年，全省节能环保产业产值规模达1.5万亿元，总体规模位居全国前列，成为浙江省经济转型升级的新增长点和支撑性产业，形成一批具有核心竞争力的产业基地和企业群，助推全省生态文明建设取得实效，有力支撑"美丽浙江"建设。

(3) 健康产业发展目标

到2020年，全省健康产业全产业链总产出达到1万亿元，形成一批重点项目、一批骨干企业、一批知名品牌和一批产业集群，基本建立覆盖全生命周期、内涵丰富、形式多样、结构合理的健康产业体系，成为推动经济社会转型发展的重要力量。

(4) 金融产业发展目标

到2020年，基本建立全国领先的大金融产业格局、特色鲜明的金融产业功能体系、竞争力强的金融主导产业，金融业总收入达到1.6万亿元，金融业增加值占地区生产总值比重达到9%。

(5) 旅游产业发展目标

到2020年，力争把旅游业培育成为总收入超1.5万亿元的大产业，把浙江建设成为更加发达的旅游经济区和全国一流、全球知名的旅游目的地，率先全面建成旅游经济强省。

(6) 时尚产业发展目标

到2020年，时尚产业全产业链销售收入超万亿元，基本建成国内领先、具有较强国际竞争力的时尚产业基地，形成以设计、营销为核心，以制造制作为基础，以自主品牌为标志的时尚产业体系,实现浙江省从传统产业加工制造中心向以创意设计引领的时尚产业创造中心转变,成为国内时尚产业发展的先行区和示范区。

(7) 高端装备制造业发展目标

到2020年,规模以上高端装备制造业总产值超1.1万亿元,高端装备制造业成为全省支柱产业,建成以创新引领、智能高效、绿色低碳、结构优化为核心特征的高端装备制造业体系,高端装备制造业发展水平位于全国前列,成为我国重要的高端装备制造基地。

(四) 重点领域和布局

立足现实基础和发展潜力,结合区域优势,明确产业导向,因地制宜地制定符合区域特点、彰显区域特色的发展战略和产业方向。

1. 信息经济核心产业

积极部署实施信息经济战略任务,通过商业模式创新、新应用拓展、新技术突破、新服务创造和新资源开发,着力发展"互联网+"新业态,推进浙江产业智能化升级,打造万亿级信息经济核心产业,建设感知互联的智慧城市,全面提升信息经济基础设施水平,为浙江建设信息经济大省赢得先机。

2. 节能环保产业

顺应国内外节能环保产业发展趋势和市场需求,立足浙江省产业基础,打造集研发、设计、制造、服务于一体的节能环保产业链,重点发展节能和新能源技术装备制造业、环保技术装备制造业、节能环保新材料产业、节能环保信息技术产业、资源综合利用产业、节能环保服务业等六大重点领域。

3. 健康服务业

满足人民群众不断增长的多层次、多样化的健康服务需求,加快形成多元办医格局,大力发展商业健康保险,加快发展健康养老、中医药医疗保健、健康管理、健康信息、健康旅游和文化服务，培育健康服务业相关支撑产业，不断增加健康服务供给，提高服务质量和效率，培育新型健康业态，创新健康服务模式。

4. 旅游业

扎实推进旅游业态由观光旅游为主向休闲度假为主转变，旅游发展动力由资源驱动向创新驱动转变，旅游管理由行业管理向产业促进转变，着力深化旅游改革创新、优化旅游空间布局、丰富旅游产品供给、构筑旅游产业集群、扩大旅游多元消费和完善旅游公共服务。

5. 时尚产业

着力在重点领域、重点区域、重点企业、重点环节等方面实现突破。大力发展时尚服装服饰业、时尚皮革制品业、时尚家居用品业、珠宝首饰与化妆品业、时尚消费电子产业等五大领域。加快"时尚名城"建设，重点创建杭州、宁波、温州三大时尚名城，其中杭州以时尚流行趋势研究与发布、丝绸、女装、布艺、动漫为特色，宁波以男装、绿色家电、文具等为特色，温州以服装、皮鞋皮具、眼镜、打火机为特色。推进一批特色时尚产业基地建设，重点推进柯桥面料、海宁皮革、诸暨珍珠饰品、义乌饰品、临海休闲用品、嵊州领带服饰等六个产业集群开展特色时尚产业基地建设试点，打造成为国内外具有较大影响力的特色时尚产业基地。

6. 金融业

着力构建五大金融产业、四大金融平台、三大区域金融布局的大金融产业格局，加快金融机构、金融市场、金融业务创新，进一步推进金融产业实力强和金融服务实体经济能力强的"金融强省"建设。

7. 高端装备制造业

依托浙江省装备制造业产业基础和发展优势，进一步细分市场，打造集设计、研发、制造、服务于一体的高端装备制造业产业链，形成依托高新区与产业基地的高端装备制造业错位发展的新格局。重点发展新能源汽车及轨道交通装备、高端船舶装备、光伏及新能源装备、高效节能环保装备、智能纺织印染装备、现代物流装备、现代农业装备、现代医疗设备与器械、机器人与智能制造装备及关键基础件等十个领域。

（五）关键任务和举措

根据"十三五"加快发展七大产业的目标要求，围绕产业发展重点，大力推进信息等七大产业领域的"四换三名"、特色小镇创建、创新驱动发展、产业投资强化、品牌质量提升等重点举措，并结合产业特征开展分类施策。

1. 推进"四换三名"

一是深化"腾笼换鸟"。加大落后产能淘汰与低端落后块状行业整治力度，加快化解产能过剩矛盾，继续开展综合性"腾笼换鸟"省级试点示范，为七大产业发展腾出资源要素与环境容量的空间。二是深化"机器换人"。重点围绕七大产业中的制造业领域或制造环节，加强行业分类指导，开展"机器换人"典型示范项目建设，加强金融支持，培育一批工程技术服务公司，实施"互联网＋"行动计划，全面推进以智能制造为核心的"机器换人"，加快提升七大产业的生产效率。三是深化"空间换地"。完善建设用地差别化管理机制，健全建设用地供应政策，加快标准厂房和"小微园"建设，确保七大产业发展用地需求。四是深化"电商换市"。重点针对七大产业中适于应用电子商务交易的产品或服务，完善网络销售平台，开展跨境电子商务试点和省级电子商务示范，加快推进企业网络销售，深入推进电子商务拓展市场，为七大产业发展拓展市场空间。五是深化"三名"工程。以七大产业领域为重点，完善竞争推荐、分类培育机制，健全"三名"培育的准入、监测、考核、退出等市场化管理机制，鼓励引导试点企业在全球范围内组合高端要素；大力培育七大产业的新生代知名企业家。

2. 创建特色小镇

一是明确小镇定位。把培育发展特色小镇作为加快发展七大产业、推进新型城市化及促进城乡一体化的重要战略支点和节点；以促进产业转型升级为目标，以改革创新为动力，加快推进特色小镇的产业集聚、功能集成、要素集约，走特色发展之路。二是聚焦七大产业。按照企业主体、资源整合、项目组合、产业融合原则，重点围绕七大产业，在全省建设一批具有独特文化内涵和旅游功能的互联网小镇、云计算小镇、基金小镇、旅游小镇等特色小镇，实现"产镇融合"发展。三是创新运作方式。坚持政府引导、企业主体、市场化运作，每个特色小镇要明确投资建设主体，由企业为主推进项目建设。在创建程序方面，采用"宽进严定"的创建方式推进特色小镇规划建设。四是严格政策扶持。对如期完成特色小镇年度规划目标任务的市县，以及对在创建期间及验收命名后的特色小镇，要分别兑现新增用地奖励指标和财政支持。在总结特色小镇创建经验的基础上，要适时研究可行的激励和约束政策。

3. 实施创新驱动

一是加强技术创新。重点围绕信息、环保、时尚、健康、高端装备等产业领域中的制造环节，要以技术入股、股份合作、改制重组、技术外包、委托开发、购买成果等合作形式，重点攻关前沿技术研究、关键和共性技术、科技成果转化等难题，加快政产研介用合作机制建设，构建协同创新体系，全面提高企业自主创新能力。二是加强产品创新。对信息经济核心产业、节能环保业、时尚产业、健康服务业、高端装备制造业等产业领域中的制造环节，在加强技术研发的基础上，进一步突出工业设计与服务。充分结合各地旅游资源，因地制宜开发旅游新产品。以满足金融市场有效需求为前提，结合浙江经济发展实际，适度创新金融产品。三是加强业态创新。充分发挥信息技术对经济发展的强力渗透作用，大力发展"互联网+"新型业态；加快发展文化旅游、商贸旅游、工业观光旅游、景观农业等"旅游+"新型业态。四是加强商业模式创新。围绕七大产业领域中的制造环节，大力发展"制造+服务"的服务型制造；加快发展七大产业的总部经济、总集成总承包服务等新型商业模式。

4. 加强产业投资

一是加强项目建设。重点围绕七大产业，定期实施一批投资规模和产业关联度大、带动作用强、技术水平高、市场前景好的重大投资项目，加快建设七大产业重大投资项目库。探索建立七大产业投资考核评价机制，加大引导七大产业民间投资的政策支持力度。探索建立七大产业重点投资项目的服务跟踪机制，改善投资服务。二是用好产业基金。充分发挥浙江省政府性产业基金对七大产业发展的重要金融支持作用，重点围绕七大产业的科技成果转化、"四换三名""两化融合""创业创新"等重点领域；对七大产业重大项目可实行"直接投资"运作模式，采取直接参股、参与定向增发或优先股、持有"金股"等不同的股权投资管理形式。三是创新融资模式。重点针对七大产业，分批推出银企对接项目，运用融资租赁、金融租赁、股权投资等各种融资模式，建立七大产业重点投资项目多元化融资保障的长效机制。

5. 提升品牌质量

一是提升产品与服务品牌。围绕七大产业，引导企业制定品牌管理体系，扶持一批品牌培育和运营专业服务机构，提升品牌形象。围绕高端装备、信息、环保、健康等产业的制造环节，培育一批拥有较高行业知名度的专业化品牌；围绕时尚、信息、健康等产业的制造或服务环节及旅游业、金融业，培育一批有较高市场知名度的消费类品牌或服务类品牌。围绕七大产业集聚区，打造一批特色鲜明、竞争力强、市场信誉好的产业集群区域品牌。二是提升产品与服务质量。重点围绕七大产业中的制造环节，推广先进质量管理技术和方法，完善质量监管体系，加快提升产品质量。针对高端装备、环保设备、医疗器械、电子信息制造等领域，着力提升产品的性能稳定性、质量可靠性、环境适应性和使用寿命等指标；针对时尚、医药等领域实施覆盖产品全生命周期的质量管理；针对旅游、金融、环保服务、健康服务、信息服务等领域，切实改善服务质量。三是提升产品与服务标准。围绕七大产业中有国家标准、行业标准或地方标准的领域，推动浙江省企业积极参与标准制定，支持有条件的标准加快国际化；制定实施一批拥有核心技术和科技创新成果的标准，加快提高自主知识产权的标准转化率。

6. 开展分类施策

——信息经济领域。围绕信息经济核心产业、信息化应用和信息基础设施等方面的战略任务，重点推进实施一批重点工程，形成浙江省独具特色的信息经济发展新路径，推动全省信息经济步入加速发展的轨道，为浙江建设信息经济大省赢得先机。

——环保产业领域。抓住国家加快发展环保产业的机遇，充分发挥产业基础优势，推进技术创新工程、龙头骨干企业培育工程、节能环保改造提升工程、节能环保产品推广应用工程、循环化改造工程、环境治理重点工程等六大工程建设，打造一批特色产业基地，实施一批重大产业项目，提升产业发展水平，将环保产业培育成为全省新的经济增长点。

——健康产业领域。放宽市场准入，实施"负面清单"管理，建立公开、透明、平等、规范的健康服务业准入制度。健全人力资源保障机制，深化医疗卫生人事制度改革。加强与土地利用总体规划、城乡规划的有效衔接，统筹保障医疗等健康服务业发展用地需求。优化投融资引导政策，鼓励金融机构按照风险可控、商业可持续原则加大对健康服务业的支持力度。完善财税价格政策，将健康服务业纳入全省服务业发展引导资金支持范围。

——旅游业领域。坚持以人为本、深化改革、依法兴旅、融合发展，实现经济效益、社会效益和生态效益相统一。实施"双万亿工程"，争取到2017年，全省旅游总投资超过1万亿元，旅游总收入达到1万亿元。推进"双十板块"建设，规划建设环湘湖等十大旅游综合板块，着力培育宁波杭州湾等十大旅游特色板块。实施"新十百千工程"，争取到2017年，全省创建20个左右旅游产业发展示范县（市、区），培育100个左右省级旅游度假区和旅游风情小镇，培育1000家左右乡村A级旅游景区和特色民宿。

——时尚产业领域。以"贵、韵、厚、少、独"为发展原则，推进一批时尚名城建设、一批特色时尚产业基地建设、一批时尚产业园和特色小镇建设、一批时尚重点企业培育、一批时尚活动的开展，着力提升时尚产业设计创新能力，拓展时尚产品营销渠道，加快时尚产业智慧制造，培育重点时尚品牌，构筑时尚产业链。

——金融业领域。加强金融产业发展的顶层设计和统筹，优化金融产业发展的法治和信用环境，完善金融产业的投入激励机制，强化金融产业发展的人才支撑，建立金融产业发展的综合统计制度，建立与金融产业相适应的监管体制。

——高端装备制造业领域。以"绿色化、智能化、超常化、融合化、服务化"为主攻方向，以工业化和信息化深度融合为手段，实施五个"一批"，发展现代制造模式，优化发展环境，扩大产业规模，提升创新水平，加快推进浙江省由"装备制造大省"向"装备制造强省"转变。

（六）战略支撑和保障

加快发展信息等七大产业是新时期浙江经济转型升级的新要求，要以新理念、新机制、新载体推动产业集聚、产业创新和产业升级，全力抢占未来经济发展制高点。

1. 完善工作机制

七大产业要分别建立由省政府领导负责的工作领导小组，建立完善产业发展联席会议制度，决策解决全省性重大事项、重大困难和重大问题。建立健全目标责任及绩效考核机制，明确各地、各部门工作职责，形成牵头部门抓总落实、相关部门分工协作、省市县三级联动，合力推进产业发展的工作格局。

2. 加强政策扶持

充分发挥专项资金等的作用，支持产业领域创新，加大关键共性技术攻关力度，支持技术进步、成果转化、重大示范和推广应用等。建立支持产业发展的多渠道、多元化的投融资机制，鼓励金融机构创新金融产品品种，建立民间资本与项目对接机制，支持股权投资基金、产业投资基金等参与项目。坚持节约集约用地原则，按照土地利用总体规划，加强产业规划布局和用地保障，优先安排重点项目用地，推动土地差别化管理。

3. 打造产业载体

打造一批产业发展基地。依托现有一定基础、符合区域定位且发展前景看好的产业发展平台，在全省培育一批产业基地，推动产业集群式发展。开展一批试点示范。推进重点领域的试点示范工作，实施一批产业试点示范，推广应用试点示范经验。建设一批重点项目。建立省级重大项目库，推进实施一批重大项目，在项目审批、要素保障等方面给予重点支持。培育一批龙头骨干企业（机构）。依托现有发展优势，在重点关键领域培育一批龙头骨干企业，充分发挥龙头骨干企业的示范带动作用。

4. 强化人才保障

创新人才培育和引进机制。依托社会、高校等力量，开展全方位、多层次专业人才的培养，创新人才引进、使用和激励的政策环境，以美好的事业和良好的服务留住人才。加强政府、企业、高校、协会等之间的联系和合作，构筑服务全省产业发展的技术、人才、评价、标准等平台，全面加速经济发展进程。

5. 营造发展氛围

充分发挥市场在资源配置中的决定性作用，深化审批制度改革，坚决取消和下放一批审批事项，最大限度地落实企业为主体的市场经济原则。加强诚信体系建设和知识产权保护，强化行业自律和社会监督。完善相关法律规范和监管，建立健全行业标准体系，强化标准实施，加强行政主管部门的监管和执法。

6. 深化重点改革

信息经济，要创新产业培育引导模式，制定信息经济风险投资政策，创新省信息经济创业投资基金运作模式，探索建立促进互联网金融持续健康发展的制度。节能环保产业，要加快推进资源性产品价格改革，完善电力峰谷分时电价政策，加大差别电价和惩罚性电价政策实施力度，大力推行合同能源管理模式。健康服务业，要深化医疗卫生人事制度改革，落实医师多点执业政策，推进副高以上职称、重点或紧缺专业医技人员的自由执业试点；建立健全政府购买社会服务机制。旅游业，要全面宣传和贯彻落实《旅游法》，修订《浙江省旅游管理条例》《浙江省旅游度假区管理办法》等地方性法规规章和规范性文件，不断提高依法治旅水平；建立严重违法企业"黑名单"制度，加大曝光力度，完善违法信息共享机制。时尚产业，要加强知识产权保护，开展多部门联合执法行动，有效打击侵犯知识产权和商标品牌的不法活动，形成企业自我保护、司法维权保护和政府依法保护三位一体的知识产权保护体系。金融业，要优化金融产业发展的法治环境和信用环境，加快出台《浙江省地方金融监管条例》，形成市场准入、日常监管、违规认定、风险处置的完整监管体系。高端装备，要积极引导企业由传统制造方式向现代制造模式转变，推进标准化模块化制造模式、协同制造模式、智能制造模式和绿色化制造模式；深化产业技术创新综合试点，加强省、市、县三级政府协同配合，共同支持装备重点企业研究院建设。

四 一带一路背景下浙江开放型经济发展思路与对策[①]

"一带一路"是新一届中央政府着眼世界大局、面向中国与世界发展合作提出的重要战略构想，对于深化区域合作、促进亚太繁荣、推动全球发展具有重大而深远的意义。"十三五"时期，浙江省开放型经济面临错综复杂的国际、国内形势，面临很多新情况、新问题，最大的机遇就是"一带一路"，最大的挑战也是"一带一

---

① 作者系浙江省商务研究院张汉东。

路"，浙江省的开放型经济应当且必须放在这一背景下进行思考和谋划。本文主要分析了"一带一路"背景下浙江省"十三五"开放型经济发展所处阶段及其特征，浙江开放型经济的目标任务、政策体系转变、统筹利用两个市场两种资源以及对外开放平台载体等若干全局性、基础性的重大问题。

（一）"一带一路"提出的国际、国内背景

总体来看，当前及今后一个时期，世界经济将延续低速增长态势，国际竞争加剧；国内经济面临下行压力，亟须化解产能过剩；国际贸易规则面临重构，国际话语权争夺更加激烈。国家提出"一带一路"战略，为"十三五"时期浙江开放型经济发展指明了方向。"十三五"时期浙江面临的国内外环境更为错综复杂，"一带一路"发展的机遇很多，但是面临的挑战也不少。

1. 国际背景

世界经济将延续低速增长态势，增长动力正发生变化，主要由发达国家驱动，新兴经济体比预期疲软，国际竞争将更加激烈。全球贸易规则正在重构，多哈回合谈判受阻，多边贸易体系受到质疑，以及美欧力图通过区域贸易安排达成无例外的综合性自由贸易协议，中国可能会面临"二次入世"。

（1）世界经济将延续低速增长态势，国际竞争将更加激烈

发达经济体复苏势头良好，美国经济增长强劲，欧盟面临希腊主权债务危机为复苏前景蒙上阴影，日本经济形势向好；新兴经济体面临分化。印度增长前景看好，有望成为世界经济增长又一动力，俄罗斯经济将陷入衰退，巴西在低增长徘徊。新技术、新变革将推动世界经济进入新一轮经济周期。据国际货币基金组织（IMF）研究，1929年以来全球经济经历了14轮周期。"十三五"期间，由于世界经济刚刚经历了1929年危机之后时间最长、冲击最大的金融危机和经济衰退，经过近几年的调整之后，当前一些重要科技领域和产业领域发生革命性突破已初显端倪，正引领和带动

全球产业结构大调整，一场抢占未来发展制高点的竞赛正在深入展开。美国实施再工业化政策初见成效，德国实现以智能制造为主导的工业4.0革命的引领发展，世界主要国家都在新能源、新材料、信息经济、节能环保等重要领域加强布局。"十三五"国际经济环境可能略好于"十二五"，为浙江开放型经济提供了一个相对稳定的外部环境。

（2）全球贸易规则正在重构

多哈回合谈判受阻，新一轮贸易投资规则谈判已成为影响全球经济结构调整的新的重要因素，新规则、新体制将带来世界经济格局重大调整。当前，多边贸易体制受到质疑，美国正加快主导包括日本、韩国、澳大利亚等国在内的跨太平洋伙伴关系协议（TPP）和美国欧盟间的跨大西洋贸易与投资伙伴关系协定（TTIP）和贸易服务协定（TISA）区域合作谈判，企图重新建立新的贸易投资体系。中国对于包括TPP在内的、有利于促进亚洲地区经济融合和共同繁荣的倡议均持开放心态。积极参与国际贸易谈判，有利于在谈判中掌握一定的主动权，不被边缘化。但由于TPP的谈判要价高，目标的自由化程度是中国目前还难以承受的，而且谈判中可能会涉及诸如劳工标准、环境问题等带有价值观色彩的问题。一方面中国没有被邀请参与TPP谈判，一方面中国即便被邀请也很难立即参与谈判。面对困局，中国一方面加快与世界各大洲不同国家商谈国家地区间自由贸易协定，如中国与韩国、澳大利亚，中国与东盟，中国与日本，等等；另一方面推进"一带一路"建设，通过强化一带一路起到对冲美国三大贸易谈判的作用。

（3）地缘政治因素将更深影响世界经济的区域发展格局

随着亚太、西亚北非、中欧等地区地缘政治的深刻变化，世界经济走向的不确定性加大，存在诱发严重货币战、汇率战和贸易战的可能。当前我国面临极为严峻的外部地缘政治环境，领土争端等随时可能激化，成为危及中国复兴进程的不确定因素。我国的资源进入主要是通过沿海海路，而沿海直接暴露于外部威胁，一带一路通过加强与中亚、东南亚等周边国家的合作，营造和平稳定的周边环境，将有利于战略纵深的开拓和国家安全的强化。

2. 国内形势分析

"十三五"时期，我国经济处于"新常态"下的重要结构调整期，各种矛盾风险叠加期，国内开放大布局、大改革、大创新的大发展期，总体经济形势更为严峻。

（1）"新常态"下的增长下行压力更大，并将在"十三五"初期表现得更为突出

中国经济当前进入了中高速增长的"新常态"，中国经济将从两位数的高速增长进入7%左右的中高速增长阶段，这一时期关键动力在于调结构、促转型，若转型成功，将进入新一轮经济调整增长，若转型不好、升级不成，也有可能经济会陷入滞涨的发展状态。从目前情况看，中国进入中等收入陷阱的可能性在50%以上。所以，我们认为，在"十三五"时期转型调整过程中，我国经济增长的下行的压力将更大，而且这个转型的压力在"十三五"初期表现得将更为突出。

（2）国内要素条件的变化将倒逼经济尤其是开放型经济的转型

我国支撑发展的要素条件也在发生深刻变化，近几年，企业人工、资金、财务、环保等各项综合成本上升幅度大，单纯依靠低成本的发展方式，已经难以适应经济发展。近些年，人工成本年均增长10%—15%，社保缴费基准每年提高10%左右，沿海地区的一线工人工资有很多都在4000元左右；环保安全成本增加明显；工业用地成本不断增加、企业融资贵、融资难问题仍然存在等，这些都使企业成本攀升严重。据测算，目前企业的综合成本接近西方发达国家水平，相当于越南、孟加拉国、缅甸、印度等周边发展中国家的2—3倍。

（3）国内需求结构的变动将推动新一轮发展

市场需求结构加速调整。由于外部市场不确定因素增多、市场开拓难度加大、贸易保护和贸易壁垒盛行使得出口导向模式面临挑

战,促销费、扩内需将是未来的一项重要任务。高速铁路、城市轨道交通、机场、重要港口、高速信息网络设施、核电等基础设施或能源建设将进一步加快;居民消费结构升级,对优良的生态环境、信息服务、文化教育、医疗养老、旅游服务的需求更加迫切。城乡结构加速一体化。"三个一亿"人口融入城市将成为这一时期城乡结构变动最大的特点。东部沿海地区以都市区和城市群为龙头引领城乡发展的趋势更加明显,人口加速向城市集聚,省域间、城市间竞争进一步加剧。

(4)"一带一路"大布局将为"十三五"发展带来发展空间

我国提出"一带一路"的重大战略设想,"一带一路"涉及约65个国家,总人口44亿,经济总量21万亿美元,分别占全球的62.5%和28.5%。"一带一路"是我国新一轮对外开放的重要引擎,作为自主推进的大战略,更利于掌握主动权和话语权,对沿线国家和参与省市的带动效应也更为突出。"一带一路"通过推动与沿线国家的政策沟通、道路连通、贸易畅通、货币流通、民心相通,将带来贸易、投资、基础建设、文化交流等大发展,初步估计,每年投资于"一带一路"的资金将超过2000亿美元,有利于深化与沿线国家的经贸合作,提升经贸发展水平,培育对外开放新优势,开创开放新格局。长江经济带将通过综合交通体系联通陆上向西的"丝绸之路经济带"和海上向东的"21世纪海上丝绸之路",成为具有全球影响力的内河经济带、东中西互动合作的协调发展带、沿海沿江沿边全面推进的对内对外开放带。未来国内经济分布可能逐步形成"东部研发、西部资源和中部生产"的产业分布空间结构。

3. 浙江形势分析

"十三五"时期,浙江经济结构调整阵痛将更为突出,深度转型带来的增长压力、矛盾凸显将更加明显。

(1)传统产业转移快但新兴产业接力过慢带来的增长后劲不足的问题将更为突出

近年来,浙江省境外投资和浙商在外投资规模和速度均居全国前列。但需警惕的是，在传统优势产业转移和资本外流的同时，本土新兴先进制造业、高技术产业、现代服务业等培育却相对过慢，造成更新接替能力不足。目前，浙江省相当多的企业仍以劳动密集型、低技术含量、低附加值的产品与产业结构为主。2010—2013年浙江省各行业产业增速和利润水平均居于全国中下游水平，浙江制造业增加值率已经从1986年的39.8%下滑到2013年的19.3%。加快形成高附加值的新兴支柱产业极为迫切。

（2）民营经济稳步发展但后劲不足带来的主体创新动力不足的问题将依然明显

近年来，浙江一直引以为豪的民营经济仍然有一定发展，但其产品低端、企业弱小、布局分散、所有制单一的弊端开始显现，转型升级压力尤为紧迫。相对而言，支撑浙江省民营经济加快转型发展的创新支撑准备却明显不足：一是自主创新能力较弱；二是创新平台和设施支撑乏力，中心城市综合功能不强、缺乏要素集聚能力强的大都市；三是人才资源集聚不够，高学历人口比重低于全国平均水平，人力资源素质难以适应产业结构升级的需要。

（3）投资、消费放缓使得经济的动力有所减弱

浙江省投资因制造业产能过剩及创新技术相对不足、房地产库存较高等因素而难以长期维持高速增长，投资效果系数及投资回报率都在降低。当前，投资对于稳增长仍起关键作用，但对经济增长的拉动效应却在减弱。浙江省社会消费品零售总额一直稳定增长，但总体增速自2010年起呈环比下降趋势，从2010年的同比增长18.8%降到了2014年的11.7%，如果房地产、汽车消费持续低迷，增速不排除进一步滑落的可能性。中长期来看，宏观经济形势企稳、居民生活水平提升、零售业态升级以及行业差异化竞争的出现，将能够为消费注入活力。但消费仍然无法重回高速增长状态。

（二）一带一路背景下浙江开放型经济主要特点分析

浙江开放型经济经历了20世纪70—80年代的起步发展阶段、

"入世"前的逐步扩大阶段和"入世"后到国际金融危机的快速推进阶段后，在国际金融危机后，特别是国家提出一带一路战略后，浙江迈入了更加积极主动的深化开放阶段，"十三五"时期浙江省仍将处于这一阶段。面对国际国内新形势，省委、省政府突出加快转变经济发展方式主线，以开放促发展、促改革、促创新，突出在体制机制、开放平台等领域创新，浙江省开放型经济发展进入深化开放阶段。

根据国际、国内及省内经济环境和产业转型升级的前景，我们预测"十三五"时期浙江开放型经济将呈现如下特点：

1. 发展重点上：更加注重发展质量、更加注重转型，打发展基础

"十三五"时期，浙江将加紧培育浙江省开放型经济新的比较优势，强调制度供给，着力创新驱动，使出口继续对经济发展发挥支撑作用，外资引进真正对经济转型升级起到关键助推作用，"走出去"确实对大型本土跨国公司和浙江装备制造业起到培育作用。以全方位、更高水平的对外开放倒逼浙江省各领域的改革，提高浙江在全国经济社会发展中的地位，更好更快实现"两美"浙江。推动开放型经济朝着提升质量与效益的方向转变，努力打造一批境内外有影响力的出口品牌；打造一批综合实力强、国际化经营水平高的本土跨国公司；打造一批在国内外有影响力、有话语权的强势产业；打造一批集聚能力强、综合服务能力强的开放载体与平台；打造营商环境优越、政务服务便捷高效的开放型经济发展大环境。

2. 发展方式上：以扩大开放、创新驱动、整合资源来推动发展

一是要进一步扩大开放，以开放带动发展。新时期对外开放仍将是推动经济发展的强大动力，新形势下，要统一思想、排除质疑干扰、认准方向，坚持开放优先、开放带动，坚定不移地实施以开放促改革促发展的战略。进一步转变观念，实施积极主动、互利共赢的开放战略。进一步拓展对外开放广度和深度，要通过深化开放型经济体制机制改革，着力构建和完善充满活力、富有效率、更加

开放、更有利于开放型经济可持续发展的管理、促进、服务等体制机制，构筑全省对外开放新格局。

二是要注重创新，以创新驱动发展。要坚持创新驱动、敢为人先，不断探索对外开放的新形式和新做法。深入贯彻落实省委创新驱动发展战略的精神，切实增强创新的紧迫感和责任感，依靠理念创新、体制创新、管理创新、业态创新、载体创新、科技创新等，加快推动开放型经济转型升级、创新发展步伐，不断增强开放型经济发展活力和综合实力，切实推进发展方式的转变和竞争优势的重构。进一步完善创新体系，培育创新主体，增强创新活力，打造创新品牌，努力把浙江开放型经济建设成优势明显、引领作用突出、创新氛围浓厚的特色经济。

三是要注重整合国内外资源，以整合推动发展。深度整合要素与资源，集中力量推动开放型经济各领域融合发展。统筹不同区域、不同类型和不同发展层次开放型经济各领域发展，根据具体发展阶段、发展特色和发展需要，采取具体政策措施，加强引导和协调。以整合推动为契机，推进开放型经济各领域互动发展，形成以强带弱、资源共享、联动发展的新格局。高点定位、深度整合、科学规划，高标准、高质量地培育和建设一批开放型经济发展平台和载体，通过整合功能雷同、特点互补的小平台来搭建大平台，实现功能叠加和优势再造。

3. 发展效益上：要让开放型经济发展的成果更好、更有效地惠及全省经济、社会的发展

一是要让开放型经济在浙江省参与全国重大改革中发挥更大作用。在我国开放领域的重大先行先试改革上，浙江省要迎难而上，争取一批开放试点的先行先试。在"一带一路"建设上，要发挥浙江"走出去"优势、与沿线国家贸易往来密切、境外浙商多的优势，加大与沿线国家的贸易、投资和人文交流，为我国"一带一路"重大战略布局作出应有的贡献。

二是要以开放型经济发展进一步拓展浙江产业的发展空间。目

前，浙江经济已进入转型调整的关键期，面临着资源、劳动力、环境容量等制约，产业转型压力巨大。要充分利用浙江进出口贸易发展，拓展境外市场，利用跨境电子商务发展，建立企业的自主营销渠道，利用进口技术、先进装备等，实现机器换人，提高生产力，促进技术进步。利用服务贸易发展，通过增强国际金融、国际物流等服务贸易发展，提高全省产业的综合竞争力。通过利用优质外资，民外嫁接、以民引外等举措，促进传统产业转型升级；并通过引进外资，培育一批有利于浙江长远发展需要的战略新兴产业。利用"走出去"，来统筹利用全球资源为浙江所用，不仅将富余产能转移到沿线国家，将装备制造、技术标准、专业服务、传统文化等带出去，通过配置全球资源为浙江所用，拓展发展空间，助力转变经济发展方式。

三是要以开放型经济发展进一步提升民营企业创新能力，培育国际化大企业、大集团。促进民营资本参与国家战略和改革互利共赢。新的开放新形势为浙江的民营经济打开了一个历史性的发展机遇窗口期。民营经济有望在浙江全面深化改革战略中，率先突破，再创体制机制新优势；有望在扩大内需战略中，进一步分享国内居民消费和投资品市场成长的机遇；有望在打造浙江经济升级版和推进新型城市化的战略中，实现产业"腾笼换鸟"，城乡一体化发展水平再上新台阶；也有望借助新时期国家对外开放新契机，在加快建设海洋强省、金融强省、贸易强省、对外投资大省的进程中发展壮大自己。支持民企"走出去"收购国内外先进技术、人才、品牌等战略资源，建立研究开发机构和企业研究院。探索设立专门的战略并购基金，支持浙江省优势民企在重点产业核心技术上主动开展与央企、国内大企业、世界500强的战略合作，在技术、市场、产品开发等形成紧密的联盟。对浙江民企的新产品，在国际规则允许的框架内，坚持同等条件下优先采购。大力支持传统民营企业转型成科技型企业，大力发展民营创业投资。更大力度支持科技人员创业，引进国内外创业型人才来浙创业，培育一大批科技型中小企业。培育一批本土跨国公司、高新技术上市公司。集中力量、择优支持一批规模较大、经济效益好、带动能力强、产品具有竞争优势的民营龙头骨干企业，重点加强要素、平台、人才、资本市场、科技创新和品牌建设等方面的全方位支持。建议在中心城市、都市区构筑若干浙商总部经济平台，集聚本土民企总部。重点在杭州、宁波、温州、义乌、舟山等中心城市，建设若干体现金融集聚、科技研发、管理决策和市场运营的总部基地；鼓励企业将研发、经营和管理决策的总部留在浙江。支持龙头骨干企业在全球主要市场设立各类营销网络、创立国际知名品牌、创设国际合作研发机构、建立全球生产基地。在民营龙头骨干企业中培育一批扎根本土、全球化经营的跨国公司。

（三）浙江开放型经济"十三五"发展目标预测

"十三五"时期，浙江开放型经济发展将是在"新常态"下的发展。认识新常态，适应新常态，引领新常态，是"十三五"时期国家、浙江省开放型经济发展的大逻辑，新常态的首要特征就是发展速度上由高速增长转向中高速的稳健增长。"十三五"开放型经济主要指标设定建议需充分研究，综合统筹数量和质量要求，同时指标设定存在动态调整的可能性。由于开放型经济比国内其他经济组成部分受国际市场影响更大，波动更加剧烈，那种以国内GDP等指标来衡量开放型经济增长的惯性思维可能难以准确预测未来浙江开放型经济发展。笔者认为，"十三五"期间，总体来说，浙江开放型经济将呈现两高两低的特征，即服务贸易和"走出去"发展将保持较高的增长速度，货物贸易和招商引资将维持在一个较低的增长速度。

具体来说，浙江外贸从原来的快速增长进入转型提质发展期，外资由规模快速扩张阶段转入"量质并举"稳步增长期，外贸进入快速发展和可能的收获期，服务贸易处于快速起步阶段。外贸年度出口增长会低于浙江省GDP增长水平，预计浙江"十三五"外贸增长速度将稳定在3%—5%之间，年均增速保持4%左右。浙江引进外资的现有每年160亿美元左右的规模如果能够在"十三五"期间得以保持，将是一个很好的结果。保持对外直接投资15%左右的增长，在2018年前后接近和达到招商引资的规模水平，到2020年达到200亿美元左右，实现浙江国际投资净输出大省的目标；力争服务贸易在全省外贸总额中的比重提高，服务贸易出口规模迅速扩大，全省服务贸易2020年进出口额比2015年翻一番，年均增长率保持在10%以上。

（四）一带一路背景下浙江省开放型发展对策建议

1. 构建接轨国家战略的开放型经济政策新体系

"十二五"期间，省委、省政府积极贯彻落实国家开放型经济的各项战略和政策举措，结合本省实际，相继出台了一系列的政策措施，对进一步推动浙江省开放型经济发展起到了积极引领作用，但现有的政策体系也存在不少问题。一是创新力度不够，如对跨境电子商务试点、市场采购贸易方式和上海自贸区经验推广等缺乏顶层设计，研究不够深入，相关对策缺乏可操作性。在内容上更多地依靠投资拉动、出口带动、要素推动等传统政策来支撑和促进开放型经济的发展。二是部门协同不够。政府各部门各自为政，各自决策，没有形成有效合力，存在可操作性不强，效率不高等问题。三是社会组织和企业作用未得到完全发挥。个别企业对转型升级认识不足，长期从事传统产业（纺织、加工贸易），附加值低，国际竞争力弱。

"十三五"时期开放型经济政策体系构建，要"突出制度供给，强化创新驱动"，跳出部门框架，突出开放型经济战略大局，研究部署，集中力量，精准施策。在制定主体上，要建立党委政府总揽、部门协同配合、社会力量参与的机制，以适应开放型经济发展的需要。在政策设计上，要体现新常态的本质特征，适应新形势新任务的需要。体现速度和质量效益的统一。体现产业转型升级。

体现创新驱动。在政策创新上，完善国家战略推动政策，促进开放型经济深化发展。

一是研究制定经验复制推广落实政策。研究上海自贸区和义乌市场采购贸易方式等一系列国家战略，形成可复制、可推广的经验和政策，做好配套政策的规划与设计，明确实施计划、重点、步骤。

二是大力发展信息经济。随着跨境贸易电子商务试点落户杭州，杭州和宁波入选首批国家跨境贸易电子商务服务试点城市，以电子商务为代表的信息经济将成为"十三五"时期推动浙江经济进一步发展的重要动力。"十三五"时期的政策制定应突出发展信息经济这一重点，研究制定基于下一代互联网、移动互联网，适应云计算技术、时空技术、三维技术的信息经济产业，培育管理、服务及信誉好和技术力量强的跨境电子商务平台和企业，研究大力发展跨境电子商务、互联网金融、数字营销等的政策及举措。

三是把握"一带一路"建设重大机遇。"十三五"时期开放型经济政策要立足浙江对东盟各国及对东欧、中亚、非洲和拉美贸易投资拓展优势，抓住中央加快推进对发展中国家和地区的多边合作架构、深化发展贸易投资和金融合作机遇，积极谋划参与"一带一路"建设和推动对外经济合作与贸易投资进一步发展。同时，要研究"长江经济带"给浙江省开放型经济发展带来的机遇与挑战，研究浙江产业向"长江经济带"沿线和中西部转移的政策和举措。

四是完善贸易政策，促进开放型经济深化发展。研究制定外贸稳定增长、扩大出口新政策，研究改进企业反映强烈的进出口环节收费、贸易便利化、融资难融资贵等问题。研究优化关税结构、加大信贷支持力度，扩大先进技术、设备、生产服务进口政策，推动进口便利化，探索创新进口新模式，培育进出口促进平台。培育服务贸易领军企业，打响浙江服务品牌，加强服务贸易产业平台建设。完善贸易、产业、财税、金融、知识产权政策，培育外贸综合服务企业，培育外贸竞争新优势。

五是完善投资政策，促进开放型经济深化发展。坚持"引进来"和"走出去"并重的原则，进一步探索准入前国民待遇加"负面清单"管理模式的应用，减少行政审批，建立以备案制为主的管理制度，为企业投资创造更加宽松便利的环境。扩大外资市场准入，着力做好引进世界500强、推动民营企业与外资嫁接提升工作，探索文化领域对外开放，引导外资投向，推动引资、引技和引智相结合。研究制定"走出去"促进政策，建立产业、地区、投资方式等方面的政策导向，推动制造业、服务业"走出去"，向高附加值领域拓展。推进境外经贸合作区战略布局，扩大对重点国家、地区投资合作，完善信贷政策，创新金融产品，改进投融资方式，优化对外投资合作环境。推动国家层面为浙江省境外投资资源提供保障和支持。充分利用国家重大国际合作机制，为企业境外投资创造条件，解决境外投资中出现的问题。深化境外投资管理体制改革，进一步强化企业投资主体地位和企业境外投资的自主权，减少审批项目和环节，尽快落实境外投资备案制度。加大财政资金的扶持力度。研究增加支持浙商"走出去"开发利用国外资源的专项资金规模，降低申请门槛和条件。设立境外投资引导资金，重点帮扶境外资源类项目和获取著名技术的项目。完善境外保险。由政府财政为出口信用保险公司的企业境外投资项目保险提供一定比例的风险补偿，鼓励其扩大相应承保范围，提高投保限额，降低保险费率。鼓励商业保险机构开发商业性境外投资保险品种。

2. 接轨"一带一路"充分利用国际市场和资源

浙江是经济大省，却是资源小省，一方面产能过剩严重，一方面严重依赖国际市场。这就决定了浙江必须要充分利用国际市场和国际资源。要高度重视利用境外资源要素对促进浙江省经济社会发展的重要意义，充分利用国际市场和国际资源是化解浙江省产能过剩、解决浙江省自身资源储量不足的必然选择和有效途径，是浙江省经济转型升级的内在动力。当前浙江省在利用国际市场和资源方面认识要进一步提高，对外投资合作领域和层次需拓展提升，政府政策支持体系还不够完善。健全境外资源要素利用的政府服务机制和平台。

一是完善政府服务平台。要建立以政府服务为基础、中介机构和企业充分参与的信息平台，开展对境外投资资源的国别、资源分布、国家投资政策、投资环境等信息的收集、分析判断及推送。

二是要培育境外投资咨询中介机构。鼓励和支持建立专业性的境外资源投资评估和咨询中介机构，充分利用有关协会、商会及驻外使领馆咨询作用，多层面、多渠道地向企业提供投资国家政治、经济、法律、社会文化、自然环境、基础设施等信息，帮助企业规避风险。在重点国家和地区设立风险预警点，建立完善境外投资风险预警和援助机制。完善境外经贸纠纷和突发事件处置工作机制，引导和帮助企业利用国际经贸规则及双边投资协定维护企业合法权益。

三是加强对企业境外利用资源指导。要开展境外资源要素投资培训，提升企业"走出去"理念。改变企业境外投资目的不清、方向不明的现状，提升其国际化经营能力。要树立境外投资优秀典型，推广复制成功经验。要推动企业加大向发达国家投资力度。浙江省目前对外投资领域相对狭窄，投资主要分布在俄罗斯、刚果（金）、菲律宾、印度、印尼、南非等发展中国家，这些国家政治风险、经济风险和社会风险相对偏大。政府应加强对投资国别引导，吸引有条件企业向欧美等发达国家投资，扩大科技、人才等资源要素的利用和引进。

四是推动境外投资企业及项目转型升级。针对浙江省对外投资项目主要涉及矿产以及能源、土地直接利用，投资合作领域仍处于产业链中低端的现状，通过政策扶持及优惠，鼓励有一定实力和竞争力的大企业、上市公司通过跨国并购、参股、收购境外品牌和销售网络等方式获取品牌、技术、研发能力和营销渠道，向产业链中上端发展。

3. 创新开放型经济发展平台

目前浙江省开放型经济平台众多，但仍存在着多、散、小等现象，各级开发区、产业集聚区、海关特殊监管区隶属管理部门不同，相互协调不够。

一是着力提升境内开放平台，借助已有平台，有针对性地整合提升，应在省政府层面上对各类特殊经济区域实施统一领导，解决其体制机制回归问题，使其更好地发挥国际化、转型升级、城镇化、实施国家战略重要抓手的重要作用，积极争取设立国家自由贸易区，争取形成一个或若干个与上海自贸区等相似的贸易自由化便利化程度最高的开放型经济发展平台。

二是积极创建境外开发品台。境外工业园区建设是近年来浙江省"走出去"的成功经验，便于抱团走出去，要高度重视在"一带一路"国家设立或合作开发境外工业园区，吸引省内企业进入园区抱团发展。

三是强化品牌活动平台。继续做好浙江投资贸易洽谈会、中国中东欧贸易投资博览会、义乌小商品博览会等省内活动平台，继续重视广交会、华交会、投洽会等全国性投资贸易活动平台，积极打造日本、美国、迪拜等境外展会。

五　以宁波—舟山实质性一体化为重点建设港航强省[①]

时任浙江省委书记习近平说过，海洋是浙江发展的"优势所在、潜力所在、希望所在"，"深水岸线是浙江最大的自然资源优势"。宁波—舟山近海海域为深水岸线资源富集区，深水大港建设条件优越，战略区位显著，故建设宁波—舟山港为现代国际化枢纽港、力争使浙江成为全国港航强省，是近几届浙江省委、省政府坚

---

① 作者系浙江省发展规划研究院秦诗立。

持的战略决策。

为解决宁波—舟山港分属宁波、舟山两市带来的各自为政、无序竞争等弊端，2006年元旦省政府成立了宁波—舟山港一体化领导小组和宁波—舟山港管理委员会，明确了后者"三协调两负责"权责，启用了宁波—舟山港名称，提出了"四个统一"（统一品牌、统一规划、统一开发、统一管理）目标。经过10年努力，宁波—舟山港一体化取得了较显著的成效，也面临实质性一体化仍未有效突破的尴尬。

随着国家长江经济带、"一带一路"和自贸区、海洋强国等战略的实施，随着浙江海洋经济发展示范区、舟山群岛新区两大国家战略的推进，以宁波—舟山现代化国际枢纽港建设为引擎，以江海联运服务中心和港口经济圈建设为载体，以高能级开放合作平台创建和创新试点争取为契机，对加快浙江海洋经济做大做强、成为港航强省乃至海洋强省建设，具有十分重要的战略意义和现实意义。其中，加快宁波—舟山港实质性一体化，无疑是其核心所在、关键所在。

（一）宁波—舟山港一体化成效与问题

1. "四个统一"推进成果丰富

2006年以来，按照"四个统一"要求，宁波—舟山港一体化取得了重要进展，成果较为丰富。统一品牌上：宁波—舟山港名称正式启用，宁波—舟山港域货物吞吐量等数据统计实现统一，借助浙洽会、海洽会等推广宁波—舟山港品牌，一定程度上实现了对外统一的品牌宣传、招商引资。统一规划上：省、市联合编制实施了《宁波—舟山港总体规划（2006—2020年）》，以及集疏运规划、航道与锚地专项规划。《宁波—舟山港总体规划（2014—2030年）》已完成省部联合审查，即将由省政府、交通运输部联合发布。统一开发上方面：省市合作建设了金塘港区大浦口集装箱作业区、六横港区凉潭铁矿砂作业区、衢山港区鼠浪湖铁矿砂作业区、舟山跨海大桥、虾峙门口外航道等重大项目。2006—2014 年，宁波—舟山港累计完成达投资 700 亿元，万吨级泊位由 60 个增加到 150 个，新建改建深水航道 141 公里、锚地 100 多平方公里，基本形成了煤炭、矿石、原油、集装箱四大主要货种港口运输系统，跨海大桥、航道、锚地等共享共用基础设施建设步伐加快，基本建成了功能齐全、发达现代的港口集疏运体系。统一管理方面：设立宁波舟山港口一体化工作领导小组和宁波—舟山港管理委员会，推进港口联盟、港城联动、港航联合发展。2014 年，省内港口联盟产生的集装箱吞吐量突破 200 万标箱，义乌"无水港"共向宁波—舟山港输送集装箱 55.6 万标箱。

2. 宁波—舟山港发展成效显著

2006 年宁波—舟山港一体化推进以来，特别是海洋"两区"战略实施以来，宁波—舟山港发展成效显著。港口吞吐量持续快速增长。2014 年宁波—舟山港完成货物吞吐量 8.7 亿吨，连续 6 年居全球海港首位；完成外贸货物吞吐量 4.2 亿吨，首次超过上海港，居全国第一，并承担了全省外贸货物运输的 90% 以上。集装箱运输地位不断提升。2014 年完成集装箱吞吐量 1945 万标箱，承担了长三角 1/3 的国际集装箱运输量，全球排名从第 8 位上升为第 5 位，首次超过釜山港；2015 年上半年进一步超过香港港，跃居全球第 4 位；拥有集装箱远洋干线 130 条，连通世界 100 多个国家和地区的 600 多个港口，吸引约 240 家国际海运和中介服务机构落户，干线港作用显著增强。大宗散货运输地位日益突出，宁波—舟山港成为长江经济带原油、铁矿石的中转储备基地，分别承担了全国原油、铁矿石进口总量的 1/3、1/8，全国原油、铁矿石、煤炭储备量的 40%、30%、20%，长江经济带原油、铁矿石进口总量的 90%、45%。江海联运与航运服务稳步发展，完成江海联运吞吐量 2.1 亿吨，其中海进江 18335 万吨，江出海 2621 万吨；宁波、舟山大宗商品交易总额超 2 万亿元，船舶交易量居全国首位；宁波发布全国首个船舶交易指数，成立全国首家专业航运保险公司；以宁波航交所为核心，东部新城初步成为全省航运服务中心。

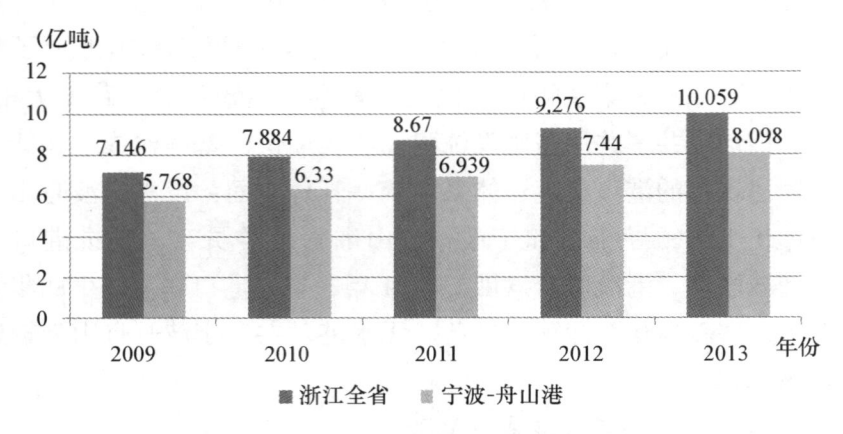

图 5-1　近年来浙江沿海港口货物吞吐量情况

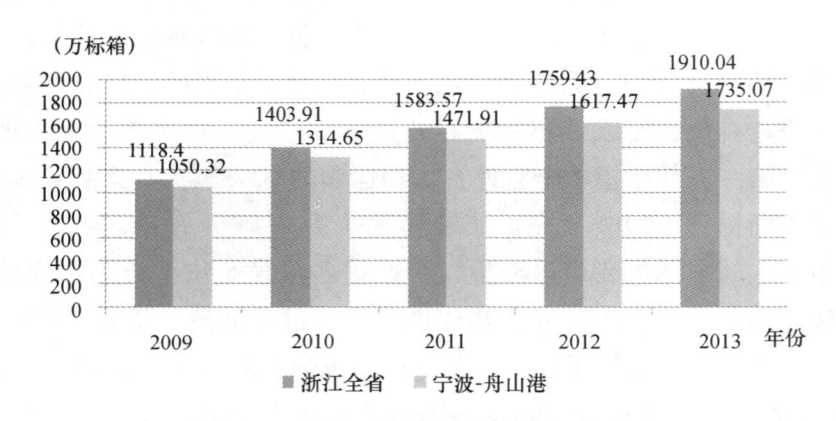

图 5-2　近年来浙江沿海港口集装箱吞吐量情况

3. 宁波—舟山港实质性一体化亟待破题

与建设国际一流强港所要求的现代港航服务功能完善与国际竞争力增强要求相比，与上海积极通过国际航运中心和自贸区建设来实现航运服务业跨越发展相比，与江苏积极借助长江口疏浚三期推进和港口资源整合来实现港口物流业追赶发展相比，与山东、福建等沿海港口加大体制机制创新与资源深度整合来实现转型发展相比，宁波—舟山港实质性一体化尚存在以下几方面亟须解决的问题。

一体化领导管理体制不健全。主要表现为：①宁波—舟山港一体化领导小组和管委会缺乏经费、编制，职责发挥不充分，"两负责三协调"职责法律地位不确定，抓手不充分，如何深化落实，如何与时俱进调整优化，迄今尚无总体方案。②宁波是国务院计划单列市，舟山为国家级新区，尽管两市均认为需港口一体化，大方向也基本形成共识，但客观上仍存在不同的利益诉求，双方合作的意愿、心态、渠道等正发生变化，统和力形成难度加大。③港口行政管理上，目前仍按属地分头管理，两市港政航政分设，"一港一政"未能真正实现；宣传招商上，两市依然沿用原来港口名称；运营管理上，两市港口集团合作意愿不强，目前仅在政府推动下就单个港口项目和公共基础设施项目开展合作。

一体化投资建设机制不完善。主要表现为：①规划管理上，由于各港区控规由宁波、舟山两市单独编制、上报，"规划统一"难以真正实现，加上《宁波—舟山港总体规划》（包括现修编版）里面所列港口泊位总量偏大，部分泊位功能重复、建设时序不明。②两市港口泊位重复投资、业务无序竞争的现象依然存在，优势互补，错位发展的资源整合机制不够完善。主要表现在，作为港航公共基础设施的航道、锚地、引航站等建设相对滞后，特别是锚地资源保护与建设亟须加大力度；大小洋山的功能定位和开发模式开发时机，各方意见还未统一；金塘岛整体开发中省海投集团与舟山、宁波两市政府、港口企业间的定位不够清晰。③两市海关、检验检疫、边检、卫检等口岸监管部门，以及港政、航政等港航行政部门的资源未有效整合，增加了物流成本，降低了通关效率，影响了口岸环境，且存在同港不同口岸政策的现象。

一体化"路线图"不清晰。尽管省里已经确定"四个统一"要求，但实现"四个统一"还没有总体思路、工作目标、具体办法。我国有通过行政手段强制合并的、有通过资本纽带控制的、有通过港口联盟来实现的，一体化程度均有不同。宁波—舟山港采用哪种推进路径，目前在协调管理、执法主体、市场主体选择、合作方式等方面尚不清晰。①省里成立了省海洋投资开发集团（省海投），作为全省海洋开发投融资平台，已入驻小洋山北侧综合开发、金塘岛整体开发，但其与宁波港集团、舟山港集团，以及与宁波、舟山两市政府及其投融资平台，如何实现错位发展、优势互补，亟待进一步明确。②响应全球港口枢纽化发展所需的港口联盟、港航联盟、航航联盟如何建设；如何引进国际先进的港口泊位运营商、航运金融服务商、航运服务交易商；如何实现现代航运服务业的集群发展、链式发展，以及港航一体、港城一体、区港一体发展，目前尚缺清晰思路、对标思维和推进举措。③无论是行政区划调整合并，还是口岸监管、港航管理的调整合并，都将对既有利益格局产生影响。新体制机制的创建，如何保护宁波、舟山两市的积极性和主动性，目前还没有双方都满意的解决办法。

（二）国内外港口一体化实践与启示

随着国际港口间竞合的加剧，特别是航运船队的联盟化发展，港口联盟已成为应对日益激烈市场竞争的重要途径。而对区域内港口群的一体化建设乃至"真正成为一个港"，作为港口联盟的最紧密形式，亦受到国内外城市高度重视，宁波—舟山港实质性一体化需加强案例借鉴与启示总结，以保障方案更科学、建设更可行。

1. 国内外港口一体化实践

港口资源整合或一体化建设指基于港口资源的稀缺性，通过市场方式或行政手段对资源交叉明显、港口间竞争激烈的港口群内的资源进行挖掘、合并、转移、重组，使港口资源的二次配置带来更大的效益，凸显港口的核心竞争力，促进区域内港口健康协调可持续发展的系列经济活动。港口合作本质是港口资源的整合。国内外港口一体化已有较多案例，既要借鉴经验，也需吸取教训。

在国内，上海：上海港以资本为纽带实施了"长江战略"，控制了长江沿线相当部分港口泊位（重点是集装箱泊位），在长江经济带建设中有着有利位置。山东：政府以青岛港为核心，通过港口联盟形式整合了威海港、烟台港，同时通过省属企业山东海运集团的组建，实现了港航联盟发展。福建，通过行政力量把原6个港口整合为3个港口，分别设立福州、湄洲湾港口管理局（分别含原福州港、宁德港、平潭港；原泉州港、莆田港）和厦门港口管理局（含原厦门港、漳州港）；河北、广西均由省级政府主导，通过整合沿海港口企业后成立唯一的省级港口集团。

在国外，纽约—新泽西港位于哈得孙河两岸，分别由两州政府管理，1921年合并成立纽约—新泽西港务局，统一负责两州的港政航政管理，作为非营利性机构，有效解决两州的不合理竞争问题，并独立管理辖区内部港口经济发展事宜；日本通过交通运输省有效协调，在发挥各港口积极性基础上，实现了东京湾港口群的统一品牌打造与有序竞争；德国通过政府集疏运体系和多式联运信息网络健全，推进港口联盟、港航联盟、港产联盟打造，实现了汉堡港口群、莱茵河港口群的一体化发展。

2. 港口一体化经验及启示

应看到，国内外港口一体化方案，主导力量并不相同，实际成效也差异较大。国外，港口一体化方案行政力量主要起牵桥搭线作用，顺而为。在国内，上级行政力量主导色彩浓厚，无论是对港口管理部门的整合，还是对港口运营企业的重组，乃至对外重大投资的安排，而导致部分一体化化努力成效较差，乃至以失败告终。故相对于国内港口一体化尚处于探索完善中，国外港口合作经验教训，更值得认真浙江学习借鉴。其基本经验和启示可概况如下。

统一协调。经验教训表明，港口间唯有合作推进一体化才是持续发展的硬道理。无论是纽约—新泽西港务局还是日本运输省、德国政府，对港口群管理和建设都发挥着至关重要的作用，包括缓解港口间竞争关系，协调港口发展方向，出台相应政策。

全面合作。港口群内各港口的合作除统一规划、分工定位外，还体现在共同制定环境保护条例，维护共同水域的生态环境；共同组建数据平台，交流先进经验；共同揽货，整体宣传，提高港口群整体知名度，形成区域品牌等，有效解决了单独一个港口难以发挥或实现的功能，充分起到了"1+1>2"的效果。

港城联动。政府对港口一体化的规划除传统的分工合作思路外，还积极将港口的发展同临港工业相结合，同时工业的错位发展有助于深化港口群分工。同交通运输网络相结合，充分发挥港口集疏运功能，推动多式联运，以及内河转运。同所依托城市相结合，积极配套发展大宗商品交易、进口商贸展销、分拨配送、航运金融服务、航运信息服务等都市型经济，成为城市在空间、功能、就业等全领域的有机组成部分。

自主运营。政府在对影响港口群整体利益的方面进行必要干涉的同时，还需保证港口运营的自主性，营造合理、公平竞争的环境。港口运营的自主性可以确保港口服务的竞争力，除费率的优势外，优质的服务，高效的通关速度，以及EDI电子平台的建立将成为港口间良性竞争的有力武器。

相互投资。港口建设投资大、成本高、风险大，根据各自需求和优势，可采取灵活的融资策略，以资本为纽带相互投资，既可解决筹资问题，又能实现港口间的"双赢"。

（三）宁波—舟山港实质性一体化理念与方案选择

新时期宁波—舟山港一体化在理念和方案选择上，既要借鉴国内外经验科学增强统筹，也要充分尊重和保护各方积极性，有效形成合力、保障活力。现从港口行政管理、口岸监管、投资开发三大方面进行理念与方案的分析比较。

1. *港口行政管理一体化理念与方案*

港口行政管理包括港口规划制定、涉港项目审批，及其港政、航政、船政、地方海事等权责的实施，是保障港口有序开发、日常监管的制度基础。

一体化基本理念与方案有两种：一是落实宁波—舟山港管委会

职能，即保留现宁波港航管理局、舟山港航管理局，常设化宁波—舟山港管委会，落实人员编制、办公场所和工作经费，同时进一步规范、明晰、充实管委会"两负责三协调"权责，增强对宁波—舟山港的统一规划、管理能力；二是设立宁波—舟山港航管理局，即整合宁波港务局、舟山港航管理局，组建宁波—舟山港航管理局，实行港政、航政、船政等规划与管理的统一，实现宁波—舟山港为一个港口。

国际上少有通过设立跨区港口管理局来实现行政管理统一的案例。这是因为港口早已超越码头建设、货物集散阶段，需与腹地集疏运体系、临港重化工业、大宗商品贸易、航运金融信息等统筹谋划，其规划建设日益成为港口城市有机部分。港口规划管理权上收，不利于宁波、舟山港口城市的规划建设与功能提升，不符合全球港口城市发展潮流。从国内少数省市的实践来看，跨区港口管理局设置并没发挥出预期成效，而对地方城市、港口建设积极性带来负面影响。

实际上，被国内视为港口跨区行政管理统一典型的纽约新泽西港务局，实际上为"自营自治、税收独立"公共机构，管委会由两州州长各任命6名委员组成，州长保留对所任命委员行动否决的权利；港务局管辖范围约1500平方公里，经营范围除港口运营外，还包括机场运营、隧道桥梁轻轨运营、商业开发与运营、工业园区开发与滨水地区再开发等，实现了"港城融合"发展。可见，纽约新泽西港务局为一"政企合一"组织。这种模式不仅在美国其他城市难以复制，在欧洲、亚洲、国内更难以复制。

从而，在"简政放权"背景下，方案一能激发和保护宁波、舟山两市积极性，保障城市与港口协同规划与建设，应是推进宁波—舟山港一体化的关键前提和必需基础；完善宁波—舟山港管委会体制机制，充实和发挥"两负责三协调"职能，则是推进宁波—舟山港一体化的必要举措和制度保障。机制上则需有刚性设计，如涉港重要项目审批需管委会先审议再按程序上报，以保障管委会职能能贯彻、落实。

2. 宁波—舟山港口岸监管一体化的理念和方案

口岸监管部门包括海关、检验检疫、公安、边检等，其一体化发展已成为增强宁波—舟山港竞争力的根本途径之一。

一体化基本理念与方案主要有三种：一是深化大通关、直通关建设创新。加强浙江、宁波电子口岸建设，优先支持促进两港一体化相关系统研发，促成两电子口岸数据的互联互通，推进杭州、宁波海关大通关平台无缝化对接，推动省内海陆国际物流联动发展；推进杭州、宁波两关在服务两港一体化、推进执法统一性及业务系统对接等的常态化合作，不断提高直通关、大通关便利化水平。二是舟山海关改为隶属宁波海关。可改变目前"一港两关"困境，结合舟山港域检验检疫由宁波代管，可实现"一港一关一检"目标，提升货物转关效率。三是宁波海关改为杭州海关。可实现全省海关管理一体化，相对舟山海关改为隶属宁波海关，力度更大，收益面更广。

宁波、舟山"一关一检"议案已提出多年，因地方、部门阻挠而难以实现。同时，近年来通过浙江、长三角区域大通关建设，宁波—舟山港通关、转关便利化水平已大幅提高，通过义乌、鹰潭等"无水港"建设，则实现了宁波海关辖区外城市货物的"直通关"。目前，宁波—舟山港集装箱货源30%来自市内、50%来自省内市外、20%来自省外，相对港口内部的转关，深化省内、长三角区域的大通关建设与关贸协作，及其"无水港"有序增建及"直通关"业务培育，无疑更现实和重要。对应，方案一可把宁波—舟山港口岸监管一体化核心放在业务流程、技术标准、体制创新等方面的统一和共建上，更有操作性、可行性。

3. 宁波—舟山港投资开发一体化的理念和方案

港口间竞争更多为港航开发商、运营商、服务商间的实力、经验竞争。随着港口开发、运营专业化程度，以及国际化竞争程度的提高，开放、合作已成为主流。

一体化理念和方案主要有两种。一是发挥宁波港集团、舟山港集团等力量。目前，宁波港集团集港口开发商、运营商一体，业务量约占宁波港域的85%，总资产超300亿元，年营业额超100亿元，居全国同行前列。舟山港集团以港口开发为主，业务量约占舟山港域的15%，总资产近100亿元，年经营额超10亿元。两集团已合作开发系列项目，较好实现优势互补；对港域其他重大项目，亦可通过多形式的市场化合作来推进发展。二是设立省属港口投资开发公司。根据存量资产主要靠市场化整合、增量资产主要由新机制、新公司开发的原则，组建由省国有相对控股，宁波、舟山两市国有参股的省属港口投资开发公司，负责宁波—舟山港重要岸线资源整合和新码头泊位的开发建设。公司成立后，可通过控股舟山港集团，加快战略性深水岸线资源及陆域腹地收储，集中力量加快舟山港域重大项目建设。

应看到，通过市场化合作，可更好地回归港口投资运营为经济行为的本质，减少不必要的非市场化因素及由此带来的重复减少、过度竞争；宁波港集团优势明显，舟山港通过公开上市可加快增强实力，有利于推广"地主港"开发模式。设立省属港口投资开发公司可较好体现省政府意志，加快一批战略意义重大的港口泊位及集疏运设施建设，加快宁波—舟山港域项目布局优化和优势发挥；便于开发与运营分离，引进国内外优秀港口运营商，形成与宁波港集团间的良性竞合。

但现参与港口泊位及集疏运设施建设的省属企业已较多，竞争已较充分；和民营企业一样，省属企业也面临资产保值增值、业务发展、利润增长压力，面对泊位部分资源过剩局面，省属公司投资开发港口积极性难获保证；省属公司控股舟山港集团后，在项目建设安排上可能会与舟山本地意图不一致，而形成新的冲突、矛盾。

从而，方案一可在充分尊重和发挥各方积极性，在支持宁波港集团通过市场化途径稳步实现宁波—舟山港资源有效整合、抱团发展的同时，保障舟山市政府可利用新区品牌、政策优势建设好舟山港集团等平台,实现全球化招商引资,在充分竞合中加快港口开发步伐、提升运营水平。

可见,宁波—舟山港实质性一体化目前有两种基本理念和思路。一是行政力量主导型,通过港口行政管理、口岸监管的一体化,以及省属港口运营企业的组建,来实现宁波—舟山港的行政与市场双重统一,但这可能与市场化改革导向不一致,且需充分吸取兄弟省市的失败或不成功教训;二是市场力量主导性,充分尊重市场、资本、企业的意愿与经济性,以更好地符合国内外港口一体化潮流与多方利益的协商、妥协与照顾,同时加强行政力量的指导和引导,来保障一体化方案的顺利推进。相对而言,市场力量主导型更值得参考和借鉴。

(四)宁波—舟山港实质性一体化思路与建议

根据上述宁波—舟山港实质性一体化的理念与方案选择分析,可提出以下基本思路与对策建议。

1. 基本思路

新时期宁波—舟山港一体化需按照问题导向和目标导向,加快实质性推进,争取尽快取得成效。总的思路是,充分借鉴国际先进港口合作的经验与启示,认真关注国内港口在一体化推进中面临的不足与风险,把增强和提升三大能力——港口综合竞争力、国际品牌影响力、现代港航服务能力——作为体制机制改革创新的出发点,聚力港航管理、投资建设、港口运营三大领域的体制机制创新,注重"三不"(两港域行政管理职能不削弱、相关港口企业的积极性不降低、两市政府的利益不受损),实现宁波、舟山两港域优势互补、错位发展、整体提升,建设国际一流强港。

2. 目标要求

推进宁波—舟山港实质性一体化,体制机制改革创新的根本目标就是改"两港两政"为"一港一政",关键和重点是实现港航管理、投资建设、港口运营一体化,从而逐步推动口岸管理的一体化。同时，考虑到国家长江经济带、"一带一路"和自贸区战略实施的实际，浙江海洋"两区"规划建设要求，宁波—舟山港实质性一体化需有紧迫感，加快明确一体化目标与推进进程。

力争3年内实现的目标。一是宁波—舟山港一体化管理机构与职责赋予，理顺省和两市港口、航运、投资、运营体制机制，创新实现"一港一政"管理体制；二是做大做强省海洋投资开发平台，并实现与宁波港集团、舟山港集团间的合理分工；三是宁波港集团、舟山港集团加快培育成为具有全国影响力、国际竞争力的现代港口运营商。

力争5年内实现的目标。一是北仑金塘一体化开发、鱼山岛综合开发、小洋山北侧集装箱码头、一批交通集疏运项目等重大项目建设取得关键性突破；二是宁波—舟山港的港口综合货物吞吐量保持全球首位，力争集装箱吞吐量超过香港，港产、港城一体化水平接近汉堡、釜山等国际先进水平；三是引进并扎根发展一批国际优秀的港口开发商、运营商、服务提供商，积极参与宁波—舟山港一体化进程。

3. 推进宁波—舟山港实质性一体化的若干建议

（1）正确认识和响应港口实质性一体化潮流

为增强竞合能力，沿海国家或城市纷纷推进港口一体化。其中，欧美、日韩国家多通过地方立法形式建立半官方的协商机制，来实现港口规划、建设、管理的一体化；通过港口运营商、船公司的参股、控股或港口联盟、港航联盟，来实现泊位、航线、航班运营的一体化。

但国内，以福建、广西、河北为代表，利用行政力量强制港口一体化，其成效需认真考察、影响值得警惕。如厦门港整合漳州港后，因税收实行属地管理，厦门港务控股集团开发重点放在厦门港域，漳州港域发展较慢，反对意见日渐增多；湄洲湾港口管理局成立后，因对所有港口岸线、岸线及配套陆域、水域实行低价收储，未来进入者将被迫高价购买或合作，已遭到泉州、莆田两市强烈反对。又如广西、河北，设立省属港口投资开发集团，控股沿海市港务公司、对岸线等资源收储，不仅导致近年来港口吞吐量、经济效益不升反降，更导致沿海县市怨声载道，严重影响了各地积极性。

对此，宁波—舟山港一体化在行政管理上更应突出统筹协商，参与方除政府部门外，需借鉴纽约—新泽西港、洛杉矶—长滩港管理经验，邀请港航协会、龙头企业、专家学者，以增强统筹协商科学性、可行性，同时积极加强立法调研，制定出台《宁波—舟山港一体化条例》，实现依法管港；口岸监管上更应突出便利化服务，通过电子口岸等信息化平台建设，以及完善对口岸监管部门服务质量提升的激励约束机制；投资开发上更应突出开放合作，政府可科学设计、有效加强对港口开发商、运营商、服务商在商事登记、股权收购、税费优惠、人才引进等方面的支持。

（2）调整充实管理机构，加强宁波—舟山港口一体化领导与管理

充实加强宁波—舟山港口管理委员会，为省政府直属正厅级事业单位，受省政府的委托，负责履行省委、省政府确定的"四个统一"和落实"两负责三协调"职能，决策、决定一体化发展中的重大问题，履行两港域的港航行政管理职责。委员会主任由省政府常务副省长兼任，常务副主任由省里委派，副主任由宁波、舟山市各派一名。省交通运输厅（省港航管理局）负责对宁波—舟山港实施行业管理和指导。撤销宁波—舟山港一体化领导小组，取消宁波、舟山港航管理部门有关宁波—舟山港的港航行政管理职能。组建统一的宁波—舟山港引航站、拖船公司，统一的船舶检测机构、船级社等，通过"政府规划、市场主体"模式，实现港航领域业务一体化。

为科学区分好省、市间的理应权责，确保港城联动的可持续性，一是要抓紧研究制定宁波—舟山港一体化管理条例或管理体制实施方案，以进一步明确省、宁波、舟山的权责分工与合作关系。二是一体化后涉及港航方面的地税和港航规费，扣

除宁波—舟山港管理局的日常支出后,均以2014年数据为基础,新增部分由双方按2014年占比分配。

(3)强化投融资平台,做大做强省海投集团,使其成为宁波—舟山港统一建设的主要投融资平台和市场主体

公司作为省属企业,以政策性投资为主,重点投资省内,特别是宁波—舟山港的深水岸线与滩涂资源战略性收储、重要码头泊位与航道锚地建设,推动浙江港口向"地主港"开发模式转型。目前,省海洋开发投资集团参与的三个重大项目中有两个位于舟山港域,即小洋山北侧区域综合开发、金塘岛整体开发,总体上符合省政府战略意图。

但需进一步做好三方面工作:一是开放股权,主动引入国内外优秀港口投资商,如香港招商局、马士基集团和宁波国投集团、宁波港务集团、舟山海关投集团、舟山港务集团等,来增强其专业化水平和投融资能力,今后还可吸引嘉兴、台州、温州投资入股,以资本为纽带逐步推进全省沿海港口的整合优化;二是明确其一级开发商定位,加快建立省海洋资源收储中心,所开发建设的泊位在全球招商引进优秀港口运营商,同等条件下优先考虑宁波、舟山港务集团(借鉴上海开发洋山深水港区经验与教训);三是作为基础设施投资主体,主要任务是承担战略性、长期性港航基础设施投资,在培育初期,省国资委会同管理委员会对其国有资本按微利、保本原则考核。

(4)创新运营机制,进一步发挥宁波港集团、舟山港集团力量,加快培育成为具有全国影响力、国际竞争力的现代港口运营商

目前宁波港集团综合实力处全国港口建设、运营企业中的前列,以资本为纽带,已对全省港口资源整合发挥出较好作用,且在江苏太仓港区、南京下关港区等亦有泊位投资和业务链合作。

新时期应积极支持宁波港集团、舟山港集团逐步弱化港口泊位投融资平台角色,加快向现代港口运营商转型升级发展;支持宁波港集团、舟山港集团在同等全球招商引资条件下可优先获得宁波—

舟山港域码头泊位运营权；支持宁波港集团、舟山港集团积极参与沿海港口（特别是浙江省沿海港口）、长江沿线港口、海上丝路重要港口运营特许权获取或合作运营参与；支持宁波港集团、舟山港集团积极参与内陆"无水港"体系健全、海铁联运体系健全。同时加强与香港招商局、新加坡港务集团、马士基集团、中远、中海运、中外运等港口开发商、港口运营商的引进谈判，引进国际先进港航服务商。

（5）进一步加强省级层面的规划统筹与政策扶持

在浙江海洋"两区"建设的新时期，宁波—舟山港口总体规划需有新的时代背景与战略要求，特别需与港口城市的功能培育与布局优化密切结合；要与国际集装箱干线港、国家大宗商品储运中转加工贸易中心建设相结合，重点加强梅山、金塘两港区新一代集装箱泊位（能承接18000标箱级轮船作业）及其航道、锚地的统筹规划，集中配套保税物流、转口贸易、国际集箱拼拆、国际采购、分拨配送等增值服务区域；结合舟山港综合保税区衢山分区建设，在鼠浪湖作业区加强新一代矿砂泊位（能承接40万吨级轮船作业）及其航道、锚地的统筹规划，培育发展矿砂的保税仓储、中转、交易、结算业务，成为亚太地区铁矿砂分销中心；加强现代物流、金融服务、信息服务、法律服务等业务培育，积极推进大宗商品交易商流、物流、资金流、信息流的"四流合一"，力促宁波—舟山港从全球第一货物吞吐大港向第一贸易大港的升级。

同时，加强宁波—舟山港域基础设施建设的政策扶持。例如，学习江苏、山东经验，实行"以路补港""以港养港"政策，每年从交通规费中拿出2亿元资金，用于宁波—舟山港域航道、锚地等公用基础设施建设；对非经营性的航道、锚地等公用设施用海免交海域使用金，对国家重点港口建设项目用海可依法申请减免或免交海域使用金；港口建设过程中经批准改造的废弃土地和开山填海整治土地，免征土地使用税10年等。

六 浙江地方金融发展的总体思路和重点[①]

（一）浙江金融发展的现实基础

近年来，浙江省金融系统围绕"金融强省"的总体目标，打造"中小企业金融服务中心"和"民间财富管理中心"，金融产业规模日趋扩展，金融机构体系日趋多元，区域发展特色日趋明显，金融业增加值、社会融资规模、存贷款规模和质量效益位居全国前列。

1. 金融业在经济增长中贡献度明显增加

2014年全省实现金融业增加值2934亿元，同比增加8%，占地区生产总值的比重达7.3%，占服务业增加值的比重达15.3%，已成为服务业的支柱产业。其中，货币金融服务业增加值占金融业增加值的比重为80%左右，保险业增加值占金融业增加值的比重为10%左右。规模以上金融业营业收入超过9000亿元。全省社会融资规模增量为7999亿元，在全国各省份中位居第四，与浙江省经济总量地位基本匹配。

2. 金融要素资源丰富，竞争地位较高

银行业金融机构存贷款规模保持平稳较快增长。2014年末全省本外币存款余额、贷款余额分别为79242亿元、71361亿元，分别位居全国第四、第三，贷款余额占当年地区生产总值之比为1.78%，比全国平均水平高0.41个百分点。证券期货交易规模较大，2014年全省证券经营机构代理交易额20.8万亿元，位居全国第四，期货经营机构代理交易额62.1万亿元，位居全国前列，交易额均占全国总量的10%以上。保险业服务领域不断拓宽，2014年全省实现保费收入、发生赔付支出分别为1258亿元、475亿元，

---

① 作者系浙江省金融办包存田。

位居全国第四、第五,同比分别增长13.4%、5.2%。保险深度、保险密度分别为3.1%、2284元/人。其他金融业态蓬勃发展,2014年年末省内信托投资公司、金融租赁公司、财务公司资产总额达1470亿元,融资担保机构担保余额792亿元,在中国基金业协会登记的私募基金管理人管理资金规模780亿元。地方居民的金融意识增强,金融投资的积极性空前提高,承担风险的能力也迅速提高,这是金融发展十分重要的基本条件。

3. 地方法人金融机构粗具规模

2014年年末全省法人银行机构共96家〔其中,全国性银行1家,城商行14家,农商行(农信社)81家〕,尽管总资产规模普遍不大,但各项经济指标在各省市有较高地位。证券、保险、信托、融资租赁等非银行法人金融机构虽起步晚,总数也不多,但近年业务发展较快,与浙江经济优势的结合度加深,显示出可喜的活力和经济社会效益。2014年年末全省有小额贷款公司344家,村镇银行71家,融资性担保机构486家,融资租赁企业105家,典当公司415家,成为基层小微金融的新生力量。一大批互联网金融企业开始涌现,成为浙江省金融体系的新兴力量。

4. 金融要素市场体系初步形成

区域性交易市场体系不断健全,搭建了涵盖股权、产权、金融资产、大宗商品等各类品种的交易平台体系,满足企业挂牌、股份流转、债券融资、金融资产转让等多方面需求。2014年年末,全省共有地方交易场所67家,实现交易额达29723亿元。债券市场融资工具力度不断加大,2014年共发行银行间市场债务融资工具1488亿元,发行企业债426亿元,发行中小企业私募债35亿元。民间金融市场规范发展,2014年年末全省共有民间融资服务中心29家,民间资本管理公司19家,当年管理民间融资规模160亿元,新型平台作用明显。

5. 产业资本参与金融业的积极性明显提高

产融一体化趋势明显,区域金融创新的主动性、创造性明显增强。随着实体经济转型升级不断深入，实体经济与金融的交集越来越多，实业界对金融的认识也不断加深，产业资本对投资金融业的兴趣日益浓厚，从发起设立小贷公司，尝试金融融资租赁领域，到参股城商行、农商行改组改造或增资扩股，非金融资本股东身影迅速增多。而这又与金融机构顺应市场化改革大方向，主动开展地方经济发展需要的务实性金融创新有直接关联。在多年高度统一监管大格局下，灵活务实的创新往往可以取得明显成效。实业资本不但看到金融对自身发展的帮助，更体会到金融还是一个具有投资价值的领域。从浙江近几年金融业改革发展的实践看，民营资本、实业资本参与度高的金融机构，其发展的结果普遍较好，运行质量普遍较高。

浙江金融业发展取得的成绩是可喜的。但从金融产业发展的高度看，这样的进展还是初步的，金融业发展的空间仍然很大，路途也很漫长。发展中存在的一些问题同样突出。一是金融产业重要性认识仍有偏差。对金融的关注点主要集中在资金保障和服务实体经济的基本功能上，对金融产业战略性重视程度还不够。二是金融结构失衡仍较突出。分支机构多，法人机构少。金融机构与经济发展对金融服务的需求匹配程度不高。三是地方金融总量小实力偏弱。地方金融机构规模实力与沿海发达省市相比还存在较大差距，与浙江经济大省的地位不相称。四是地方资本市场发展滞后，面向城乡居民财产性收入服务的专业财富管理机构水平不够高，在投资者心目中的地位不高。浙江居民财产优势没有很好体现在金融产业发展优势上。五是地方金融监管职能定位不清晰，监管力量不足，难以适应金融改革与发展的现实需要。

(二) "十三五" 金融发展与改革的主要任务

"十三五"是我国成功迈向"小康社会"的关键阶段，是我国经济能否成功实现结构转型，进而迈上发展新台阶的关键时期。十八届三中全会的《决定》，已经将我国今后一段时间金融改革与发展的主要工作任务做出明确阐述,重点突出,内在逻辑清晰,是浙江省做好金融发展工作的主要指针。对浙江省来说,肩负继续走在全国前列的光荣使命,金融自然承担着比其他省市更为重要的职责。不仅要为经济的发展提供坚强有力的支撑,而且要为金融业自身发展,特别是如何使金融业本身成为地方经济发展的新支柱产业之一,探索出一条现实可行的路子。因此浙江的金融发展必须在国家金融发展的政策背景下,充分调动浙江人民的创造性和主动性,充分发挥浙江几十年高速发展形成的特色优势,充分发挥改革创新的先发优势,在"十三五"期间实现浙江金融业新的跨越。

1. 对金融业进行重新定位,对金融的地位作用要有更加全面深刻的认识

重新定位的内涵如下。一是金融业不仅是国民经济的血液,而且已经成为国民经济的新活力、新动力的来源;二是金融不仅扮演经济发展的辅助角色,而且日益成为经济发展的主角,在经济发展的特定阶段,即经济结构的剧烈变动期更是如此;三是金融与实体经济发展的内在关系更为紧密。实体经济的发展水平及其对金融服务的内在需求,很大程度上决定了金融业的发展水平和发展格局。但在条件具备的情况下,金融的发展可以在很大程度上决定实体经济的发展状况,在经济发展的较高阶段,这一现象尤为明显;四是金融业本身是一个巨大的产业。在发达市场经济国家,尤其是美国和英国,金融业占当年服务业新增附加值的比例很高,一般年份可以达到20%左右,最高年份甚至可以占到30%。金融业占当年GDP的比例高达25%左右。浙江金融业2014年占GDP的7.4%,到2020年,争取达到9.5%左右,即经济总量中十分天下有其一;五是让金融从资源的"配置器"向资源的"集聚器"转变,在我国市场化改革不断迈向深入的历史时期,在中国经济不断融入全球市场的今天,各类宝贵的生产要素资源都需要借助金融市场及系列金融工具来达成;六是让金融成为城乡居民增加财产性收入的主要载体。这也是发达市场经济国家提供的一条有效经验。金融资产在浙江省城乡居民收入来源中占比仍然很低。除了居民的金融意识、投资能力的差异外，地方金融发展水平不高是主要根源。

2. 吸引集聚更多优质金融要素资源，发展地方金融交易市场体系

金融要素资源是地方金融发展的重要基础，浙江得益于市场化改革起步早，进展快，积累了较好的国民财富。尽管这几年受经济下行冲击，部分浙商的财富受到了冲击，但并未从根本上动摇浙商群体在财富积累上的相对优势。从浙江省当前的现实条件和现实需要看，最需要集聚和吸收的金融要素，一是相对固定，可用于投融资的资金及各种较高流动性的资产。而这与浙江经济社会对省外、国外资金的吸引力大小高度相关；二是适应今后金融产业发展需要的中高端金融人才及相关配套产业的中高级人才，这一要素的流入，与一个地方的金融活跃度，金融产业发展的空间大小以及金融产业发展的文化氛围高度相关；三是要有较多回报的投资对象、投资产品种类，这又与地方现有产业的特征，现有产业在国内外的竞争地位有密切联系；四是金融要素的配置效率和产出能力，很大程度上取决于地方金融要素交易市场的完善程度及功能发挥水平。从沿海各发达省市目前具备的金融要素条件及金融发展的相关工作基础看，浙江在"十三五"抓住发展机会，迅速吸引和集聚各类金融资源的基础是比较好的。

集聚金融要素的最有力工具是建立功能明确、运行顺畅的交易市场体系。尽管金融交易市场严格受中央监管控制，但地方也有一定的工作余地。从浙江需要看，目前最重要的交易市场培育工作，一是做深做透现有金融要素市场。浙江股权交易中心在全国率先起步，背靠浙江经济活力，有了一个很好的开局。挂牌交易企业已达1600多家。尽管受新三板分流的影响，新增挂牌企业增幅下滑，私募融资难度增大，但与新三板、创业板实行错位发展，尤其向小微企业挂牌及融资转移，应有很大的发展空间。浙江金融资产交易中心，浙江产权交易所的业务基础较好，下一步要在围绕中小企业各

类私募产品一、二级市场交易，新公司债券发行及交易，地方国有资产混合所有制改革的相关交易等方面加大力度，拓展深度。二是要加强现有大宗商品交易机构的优化整合，配合宁波港与舟山港一体化工作进展，真正发挥全球第一大港优势，打造在全国乃至世界上有特色、有优势的大宗商品交易中心。在整合及业务的拓展中，应充分发挥政策及区域位置优势，与上海国际航运中心建设计划更为紧密结合起来。在股权、投融资以及业务发展方面与上海展开更多高层次的合作。三是率先培育发展新的金融交易机构，特别是围绕互联网金融，排污权交易，碳排放交易等具有地方优势的业务领域展开。在培育此类交易组织时，要更加大引入省外、国外专业机构的工作力度，在更高的层次上，以更高的起点展开业务，使得新的交易模式，新的业态从一开始即占据竞争的主动地位。

3. 以法人金融机构专业化特色化改组改造为主要抓手，完善提升金融组织体系

按照我国金融改革的总体部署，利率市场化、人民币国际化、资产证券化是市场化改革的主要方向，现有的金融组织体系将随着改革的逐步深化而发生剧烈的变革。大致的发展趋势，一是国有控股金融组织的比重会下降，民营市场化经营的主体会增加；二是同质化经营会减少，业务的专业化、特色化成为主流；三是金融机构经营范围的行政化分割会趋于淡化，在互联网高度发达，投资者队伍不断拓展的今天，简单的边界划定已难以做到。四是新的金融业态，新的商业模式会层出不穷，且越来越会围绕着企业不同的发展阶段，不同的生命周期来拓展。机构的生命力及活力都将比传统金融机构更高。

根据上述基本判断，浙江在金融组织体系构造上面，重点应强化以下若干环节。一是做强做深地方主力总部金融机构。浙商银行、杭州银行、宁波银行、浙商证券、财通证券、浙商保险、永安期货等主力总部机构的主要努力方向，是继续扩大资本金规模，优化股东结构、强化公司治理，尽早争取进入国内或国外资本市场上

市交易。二是受限行政区划，基础相对薄弱，未来方向不明朗的法人机构，如部分城市商业银行、农村商业银行（农信社）、小额贷款公司等，主要的努力方向是对未来发展趋势达成共识，主动纳入大机构的组织体系，或进行跨区域的业务合作，乃至倒旗联合，求得新生。对部分依靠自身已很难实现实质性变革的法人机构，这也许是一个比较好的选择。三是对少数素质好，经营规范其同行业地位较高的中小法人机构，以及极个别基本面出现根本性变化，甚至已难以为继的法人机构，则应主动寻求新的出路，积极争取监管部门及当地政府的支持，引入实力机构及有明确新思路的专业管理团队，对机构进行全方位的重组改造。主要是向专业化、特色化方向发展。比如在浙江培育专业化科技银行，专门为中小城镇及小城市服务的浙江城镇银行等；四是高效率组建新型法人金融机构。在全国首批五家新型民营商业银行中，浙江直接、间接控制运行了三家，这是一个了不起的成绩。目前正在筹备的民营商业银行、专业性保险公司、消费金融公司、资产（处置）管理公司、互联网金融总部机构等，都要抢先一步，占据市场竞争制高点。从近几年浙江经济金融运行实践看，地方金融产业发展的快慢，很大程度取决于地方法人金融机构的多寡，金融运行风险的大小，取决于法人金融机构的运行质量。地方机构实力越强，活力越高，越有利于动员组织省外国外金融机构，也越容易调动他们的积极性，发挥这些大机构的作用。

4. 以打造全国有影响力的"民间财富管理中心"为契机，大力发展私募金融

这是迅速形成浙江地方金融优势特色，充分发挥浙江区域经济优势的现实选择。主要的工作内容：一是吸引和集聚一部分知名私募基金管理机构的总部或功能性总部、区域性总部落户、扎根浙江。至少在3—5年时间内，浙江的投资机会和投资环境，应在各省市中占据有利地位；二是重点支持省内已有的一批骨干私募管理机构，在一些优势业务领域培育一批新的特色型管理机构，这是可

信赖可依托的本土管理机构。本土力量越是强大,浙江对省外、国外资产管理机构的吸引力也越大;三是实行适度的空间集聚发展,现有的玉皇山南对冲基金小镇、余杭未来科技城的"梦想小镇",是今后一段时间专业投资管理机构的主要集聚区域。宁波、温州等区域中心城市也可以推动机构相对集聚发展;四是大力培育优化私募金融的生态圈,使募、投、管、退几个主要环节形成专业化分工合作格局,依托浙江省股权交易中心等平台,为私募管理行业提供登记、结算、交易等服务。继续举办中国(杭州)财富管理大会,全球对冲基金西湖峰会等具有影响力的峰会和论坛,营造良好的发展氛围。争取到2020年,浙江私募基金管理规模达到1万亿元以上,知名管理机构集聚、产品系列丰富(私募股权、债券基金、并购基金、夹层基金、平行基金、天使基金等),投资回报领先的私募发展格局,使浙江真正成为私募基金大省,成为全国知名的"民间财富管理中心",成为全国的"资金洼地"和"资本高地"。

5. 推动更多的优质企业上市挂牌,依托上市公司平台,推进产融一体化向深发展

无论是金融要素资源的集聚,还是地方金融机构的培育发展,还是地方资本市场的功能深化及运行活力,都离不开龙头骨干企业的参与。金融既为企业服务,又离不开企业的回馈和互动。当前各界呼吁的产融一体化,是经济发展到一个新的阶段的具体表现,是实体经济与金融产业的互动发展到了一个新阶段的标志。

要让浙江企业在我国资本市场继续占有先机,一是要立足发挥浙江企业活力强、股改等基础条件较好的优势,推动更多符合条件的企业,尤其是省委、省政府确定的七大万亿产业中的优质企业,到国内A股主板、中小板、创业板上市。推动具有发展前景的优质中小企业到新三板、省股权交易中心等区域交易中心挂牌。尽管挂牌企业的投融资功能相对较弱,但对企业增强对资本市场的了解、吸引私募机构投资、提升与上市公司的多方面合作机会等都大有裨益。部分挂牌企业经过几年的培育,还很有可能到主板或创业板申

请上市，这是浙江省上市公司群体强大的"后备军"。在当前经济结构剧烈变动期，上市公司数量的多寡、质量的高低可以决定一个地方经济运行的质量和效率，是地方产业转型升级的主要依托。二是以上市公司为主，充分发挥资本市场的独特功能，积极开展大力度的产业整合和企业并购重组。重点领域和并购对象，包括板块经济中同行业或产业链条相关企业，国资混改中部分竞争性行业中有独特价值的企业（包括有专业优势的国有研发机构或研发团队），境外适用先进技术及团队，国内外终端市场销售体系以及渠道、品牌资源等。三是鼓励支持龙头型上市公司为主发起或参与发起设立专业型或复合型产业投资基金，主要围绕强化主业，储备相关产业项目开展多种形式的股权投资。既可以增强对社会资本的动员能力，也可以大大增加主业及相关产业的发展机会。四是支持少数具有相应经济规模，具备进入金融产业投资发展的上市公司参与部分地方法人金融机构的新设或增资扩股，既增强龙头企业的金融理念和知识，又可以分享金融业发展的一部分成果，为今后更高层次上实施"产融一体化"打好人才基础和运行管理的基础。对多数浙江企业而言，目前并不完全具备进入金融产业实现控股经营的条件。应把主要精力放在强化金融意识，学会使用金融工具的问题上。

6. 争取更多的金融改革先行先试机会，努力在地方金融产业发展及地方金融监管上取得新的突破

一是继续推进现有重点金融改革试点。温州金融综合改革要以落实民间融资管理条例为契机，完善民间融资的备案、交易及征信等功能，推动定向债券融资和定向集合资金业务发展，打造民间金融创新的"温州样板"；丽水农村金融改革的重点，是要把握几年来信用体系建设的成果，推进金融支农惠农的进一步深化。积极探索林权、土地承包经营权和农民住房财产权抵押贷款新路径；台州小微企业金融改革的重点是做实小微企业信用保证基金，提升信用信息共享平台，创新小微企业金融服务机构和模式；义乌贸易金融创新试点改革的重点是推进贸易金融和供应链金融创新，构建与市

场采购方式相适应的特色金融服务体系。二是顺应国家经济改革的大趋势，根据金融业发展自身内在规律，在浙江开展一些新的改革实验。在有一定工作基础的海洋金融、科技金融、绿色金融（生态金融）等领域，先行先试的可能性较大，成功率也会较高。三是率先在地方金融监管体系打造方面迈出实质性步伐。温州市已做了一定实践，要及时总结经验，完善相关政策体系。浙江地方金融业发展越快，市场化改革越充分，金融监管的任务也就越重，结合浙江实际进行的地方监管探索也就越有价值。近些年，浙江省在民间融资管理、互联网金融日常监管、区域金融风险的预警防范及处理等领域，进行了卓有成效的实践探索，为形成地方金融监管体系打下了很好的工作基础。我们认为，只要有利于地方经济社会发展，有利于城乡居民财产性收入提高，有利于区域金融风险的防范处置，地方的主动改革探索就是有价值的，有生命力的，最终也会得到中央及社会各方面的承认。

七　加快把特色小镇建成创新创业的大舞台[①]

余杭梦想小镇建设从 2014 年 8 月启动至今，虽然时间不长，但小镇发展贯彻落实了省委、省政府的要求，定位精准、理念新颖、目标高远，特别是结合了浙江和整个中国经济社会的发展趋势，紧紧抓住了互联网经济、信息经济这一核心，立足于建设众创空间的样板、特色小镇的示范和信息经济的新的增长点的目标，发展速度很快，并已取得了显著成效。可以说，梦想的冲锋号已经吹响，梦想之帆已经起航，创业者们激情飞扬，正待中流击楫、创造人生出彩的美好明天。

梦想小镇的建设正是浙江开展特色小镇建设的一个缩影。面对我国经济发展进入新常态，为进一步推动全省经济转型升级和城乡

---

① 作者系浙江省人大王永昌。

统筹发展大局,省委、省政府作出了规划建设特色小镇的重大决策。省委书记夏宝龙从浙江适应发展新常态高度,对梦想小镇、特色小镇建设提出了要以产业为根本、城乡统筹为基础、生态环境为支撑、文化特色为优势等指导性要求。省长李强直接具体部署特色小镇尤其是梦想小镇建设,多次亲历调研,召开座谈会,提出了许多很有针对性、前瞻性的发展理念和工作举措,并现场帮助解决发展中的难题。

浙江的特色小镇建设,已经成为集聚创新资源、激活创新要素、转化创新成果的新平台,实现产业发展从资源要素驱动向创新驱动转变的重要途径。借此机会,立足于梦想小镇,就新常态下推进浙江省特色小镇建设、广泛开展大众创业和万众创新活动,实现新一轮的快速发展需要注意的问题。

(一)梦想小镇、特色小镇建设要适应经济发展新常态,成为转型升级的新亮点

新常态是对中国经济发展状态和趋势的基本判断。新常态就是不同于以往的、相对稳定的状态,其特征主要体现在四个方面。一是经济发展速度上从高速增长转为中高速增长。经济增速虽然放缓,但实际增量依然可观,而且也是有质量、有效益的一种中高速发展。二是经济结构上不断优化升级。产业结构向中高端化、现代化发展,且质量更好,结构更优。三是经济增长动力上更为多元。发展注入新动力,经济增长的推动力从传统要素驱动、投资驱动转向创新驱动,并协同推进新型工业化、信息化、城镇化、农业现代化的发展。四是政府职能不断转变。政府需要顺应经济发展形势,大力简政放权,释放制度红利,进一步激活市场活力。

我国经济发展新常态和以互联网为代表的现代科技成果的广泛运用,带来了经济社会的一系列深刻变化。新技术、新产品、新业态、新商业模式的投资机会大量涌现,新兴产业、服务业、小微企业作用更加凸显,个性化、智能化、专业化生产成为产业组织新特征，有序规范的市场环境正在加快形成。梦想小镇、特色小镇建设必须站在国家和社会经济发展全局的高度，善于观大势、识大局，善于把握当今时代涌现出的新技术、新产品、新业态、新商业模式的机遇，努力成为浙江省学习新常态、适应新常态、引领新常态、发展新常态的前沿阵地。

（二）梦想小镇、特色小镇建设要顺应时代潮流，成为经济发展科技化、互联网化的新引擎

18世纪中叶以来，人类历史上先后发生了四次科技革命。第一次科技革命开创了"蒸汽时代"（18世纪60年代至19世纪中期），标志着农耕文明向工业文明的过渡。第二次科技革命进入了"电气时代"（19世纪下半叶至20世纪初），电力、钢铁、铁路、化工、汽车等重工业兴起，石油成为新能源，世界各国逐渐形成一个全球化的国际政治、经济体系。第三次科技革命始于"二战"之后，以原子能技术、航天技术、电子计算机技术的应用为代表，全球信息和资源交流变得更为迅速，最主要标志是生产的自动化。第四次科技革命是"信息技术革命"，以电子和信息技术应用及互联网的全球化普及为标志，互联网技术成为创新驱动发展的先导力量，其主导标志经济、社会活动的智能化，将导致经济、社会各个领域的深刻变革。

中国错失了前两次科技革命的机遇，在第三次科技革命中也只是一个跟随者。目前正在如火如荼进行的第四次科技革命涉及科技的众多领域，但就影响的深度和广度来讲，主要是以互联网为代表的现代通信信息技术。包括云计算、大数据、移动终端在内的互联网技术，不仅促进了传统产业的升级改造，更渗透到各个行业和社会、经济、生活的各个角落，它无时不在、无时不有。中国目前已经有网络用户逾6.3亿，移动用户5.7亿。互联网已经从单纯的信息交流渠道提升为集知识信息、社交沟通、流通交易、设计制造、文化创造、生活方式、智能智力、动能资源和各行各业各类要素优化配置为一体的全球化、开放式的大平台，已成为综合功能的超级能量的大网络。随着"互联网＋"战略的实施，互联网作为一次产业、科技、社会大变革，将改变旧世界、创造一个新世界。可以说，经济和社会生活的互联网化改变了信息的传输、交换、储存方式，也改变了人们沟通、信息获取和利用的方式，还改变了社会资源的配置方式，进而推动了人类的经济和社会组织方式的变革。这为中国的进一步改革发展提供了难得的机遇，我们再也不能与其失之交臂。中国必须抢抓机遇，前瞻布局，以期在新一轮科技、产业革命中赢得主动。

特色小镇作为经济发展科技化、互联网化这一时代浪潮下浙江省富有创新的发展新载体，更要把握时代发展脉搏，紧跟时代发展步伐，以现代科技为基本动力，加强现代通信信息技术运用，特别是要落实好"互联网＋"战略，将移动互联网、云计算与大数据对接、融合发展，充分发挥互联网在生产要素配置中的优化和集成作用，将互联网的创新成果运用于经济社会各领域之中，形成广泛的以互联网技术为基本支撑的经济发展新形态。

梦想小镇的建设应依托互联网技术路径，重点打造成互联网创业小镇，培育电子商务、智能制造、软件设计、信息服务、集成电路、大数据、云计算、物联网、网络安全、文化创意、动漫设计等互联网相关产业，致力于通过做好"互联网＋"的文章，特别是关注移动互联网，将智能手机等类似终端设备作为连接消费、产业与金融的接点，培育新的经济增长点和产业新业态。梦想小镇还有未来科技城雄厚的科技资源的支持，并且靠近浙江大学、浙江师范大学、阿里巴巴等高校和大企业，具有无可比拟的天时地利人和优势。以打造互联网小镇为重点，可以说抓住了今天和未来发展的重点，抓准了今天年轻人创业创富的方向，前景十分广阔。

科技创新是现代经济社会发展最根本的动力。梦想小镇、特色小镇建设一定要依托现代互联网和信息技术的支撑，持续推动移动互联网、云计算、大数据、物联网等与现代制造业相结合，促进电子商务、工业互联网、互联网金融和社会公共互联网等新业态的健康发展，使其成为经济社会发展科技化、互联网化的新引擎。

（三）梦想小镇、特色小镇建设要适应经济发展资本化、金融化的趋势，创造资本市场和实体经济融合发展的新模式

资本化、金融化是市场经济繁荣发展的必备因素，也是经济社会发展的必然趋势。现代经济中任何产业的成长发展都离不开货币金融和资本市场的支持。当今时代，尽管实体经济是所有国家经济发展的基础，但经济活动的核心要素已不再是物质产品的生产，而是金融资产等资本的管理、流动和增值。一切经济发展资本化、金融化就是通过发达的资本市场建立资源优化配置机制，让资源变活、流动顺畅，使资源成为有效的发展资本，实现企业的股份化和社会融资的市场化。完善的资本市场具有相对公平的利益传导机制，有助于直接连接资源供给与需求，能有效提高资源配置效率，从而促进优势企业加快发展，增强企业技术创新能力，打造企业核心竞争力。

金融业的发达程度，经济金融化的发展水平已成为经济强国的重要指标，而且随着金融创新和金融业务的不断拓展，并受经济全球化和经济自由化的影响，金融活动已经跨越国界成为国际经济活动的核心资源，在全球范围内成为经济核心竞争力的"金融帝国"。国际经济活动日益以金融活动为中心，以资本关系为纽带，以金融体制和金融政策为调控工具，资本市场已经成为全球经济活动最活跃、最敏感的市场主体，并将给世界各国的经济社会发展带来更为广泛深刻的影响。企业经营必须有金融、资本理念，必须适应资本市场，必须与金融资本联手，才能有生存和发展的机会。我们要清醒地看到，企业有形的产品、资产、财富，只是资本的物化形态，背后的实质归根结底是资金流，尤其是资本的运动。

中国改革开放三十多年来，经济建设取得了举世瞩目的成就。2014年中国国内生产总值为636463亿元，连续三年位居世界第二

位,如果根据国际货币基金组织(IMF)购买力平价法测算,2014年中国国内生产总值为17.6万亿美元,超过美国的17.4万亿美元,已成为世界第一大经济体。这当然不应作过度解读。但我们应该看到,中国经济发展的动因,很大程度上是得益于整个经济货币化、金融化、资本化的快速发展。这就是说,把各类资源尽可能地商品化、市场化,把各种要素尽可能地流动化、资本化了,所以,经济发展加速,同时货币量也增长很快。当前,中国的银行、证券、保险、房地产信贷、基金、债券等金融业在国民经济中的地位不断上升,金融资产在社会财富中的比重日益增加。2015年1月末,中国广义货币M2余额已达到124.27万亿元,同比增长10.8%。这表明中国经济发展的资本化、金融化趋势已经越来越明显。但是,与世界上其他金融业高度发达的国家相比,我国的金融产业还远未成熟,经济金融化尚处于初级水平。

发展资本市场有助于企业特别是民营企业突破融资难题,能获得更多的资金支持,有助于推动资源向优势企业、龙头企业集中,推动企业做大做强,有助于完善经济运行和资源配置机制以及企业创新机制,促进科技创新和新兴产业培育。资本市场还具有财富形成功能,各种投资基金是居民理财的重要工具,有助于增加居民财产性收入,使居民分享经济发展成果。因此,加快金融体制改革步伐,着力推进现代金融体系和制度建设,是新常态下化解我国经济发展难题、促进经济转型、提升发展质量的重要途径。中央领导也反复强调,要以改革的方式加强对小微企业和创新创业的服务,着力解决融资难、融资贵问题;扩大直接融资,积极发展"互联网+金融"等新业态,支持金融创新,促进多层次资本市场持续健康发展。

特色小镇、梦想小镇建设必须认识到经济发展资本化、金融化的大趋势,牢牢把握金融改革和创新的机遇,注重运用资本和金融的手段,通过创新金融产品和服务,培育积极健康的金融市场,从而为创业提供有效的资本,用金融资本的杠杆去撬动企业健康发展。梦想小镇重点打造互联网创业小镇和天使小镇，确立了"双镇融合、资智融合"的发展路径，也就是"互联网+"与"金融资本+"的融合发展，这犹如车之两轮、鸟之两翼，可以说架起了经济发展最强劲的两大引擎。

下一步，天使小镇以及其他基金小镇的建设，要继续贯彻落实好国务院和省有关金融改革的精神和措施，重点打造和培育以科技金融为重点的现代科技服务业，聚集天使投资基金、股权投资机构、财富管理机构等金融组织，发展好科技金融、私募金融和互联网金融，探索开展互联网股权众筹融资，发展服务小微企业的区域性股权市场，发挥多层次资本市场作用，规范和促进初创企业融资，完善创业投资、天使投资进退和流转机制，为创新型企业提供综合金融服务，促进实体产业和金融资本的有机结合，形成"互联网+天使投资"的新型发展模式，进而为整个浙江经济的转型升级创造典型、提供经验。

（四）梦想小镇、特色小镇建设要适应我国新一轮的"大众创业、万众创新"新热潮，成为打造创客经济的新空间

大众创业、万众创新是在经济发展进入新常态下，为推动经济转型发展、增强经济内生动力、促进体制机制改革、缓冲经济下行压力的重要举措。大众创业，就是要把全社会每一个细胞都激活，增加市场主体，增加市场活力。万众创新，就是要创造出更多的新技术、新产品和新市场，提高经济发展的质量和效益，形成巨大的推动力量。创业在本质上就是创新精神，激发创造热情，是经济发展的原动力。美国也正是有了鼓励创新创业的智库文化，才造就了新技术、新产品、新业态源源不断地涌现。

大众创业、万众创新蕴藏着无穷创意和无限财富，是取之不竭的"金矿"，是中国经济的一个新的发动机、新引擎。为此，国务院最近专门下发《推进大众创新创业的指导意见》，要求各地按照党中央、国务院决策部署，以营造良好创新创业生态环境为目标，以激发全社会创新创业活力为主线，以构建众创空间等创业服务平台为载体，有效整合资源，集成落实政策，完善服务模式，培育创新文化，加快形成大众创业、万众创新的生动局面。

从理念和实践层面看，大众创业、万众创新既是一种新型经济活动，也是一场政府职能转换的变革。一方面，创新创业就是要鼓励大众应用新技术、开发新产品、创造新需求、培育新市场、打造新业态，加快建立以市场需求为导向的创业生态，帮助创业者制造出满足个性化、多样化消费需求的高质量产品，并引导社会资本投向新技术、新产品、新业态和新商业模式，不断创造新的投资空间，为经济发展注入动力和活力，保持经济中高速增长。另一方面，从根本上说创新创业还要通过完善法治环境和加快简政放权，并通过一系列政策制度安排和创新服务，实实在在地释放新一轮改革红利，在更广范围内激发和调动亿万群众的创新创业积极性，让创新创业从"小众"走向"大众"，让创新创业的理念深入人心，在全社会形成大众创新创业的浪潮，打造经济发展和社会进步的新引擎。

在大众创业、万众创新的浪潮下，特别是随着互联网信息技术的发展和数字化生产工具的普及，微成本创业已经成为趋势，一批极富创新精神和动手能力的创客队伍正在形成，并诞生了一批成长型科技企业，"创客经济"渐成气候，并将渗透到经济的各个领域，成为结构调整和转型升级的先遣队。

但创客并不完全等同于创业。创客是出于兴趣爱好，努力把各种创意转变为现实的人群。狭义地讲，创客们以用户创新为核心理念，热衷于创意、设计和制造，最有意愿、活力、热情和能力，是创新2.0模式在设想、设计领域的典型表现。创客强调的是形成一种新的创意和想法，并付诸行动，完成的是从0到1的工作。创业则是将创意的产品商业化，开拓市场、形成规模，完成的是从1到1万、100万乃至更多的过程。从创客到创业，是从0到1的飞跃，是从思想到行动的飞跃，更是从创意到市场的转化。可以说，创客是创业的基础，创业是创客的升华。只有先培养出千千万万个创客，才有可能诞生出一些成功的创业者。大众创业创新的关键，在于为创客们提供实现创意和交流创意思路及产品的线下和线上相结合、创新和交友相结合的社区平台，打通从创客到创业的渠道，让更多兼具创新和动手能力的创客快速成长，形成创客—创新—创业的生态。政府所要做的，就是加强扶持培育适宜创客经济发展壮大的条件，为创客们提供活动场所、创意交流平台的创客空间和环境。

浙江的特色小镇建设正是贯彻实施创新驱动发展战略的具体举措，顺应了"大众创业、万众创新"的新浪潮，通过集聚人才、技术、资本等高端要素，发展形成众创空间等新型创业服务平台，营造良好的创业创新生态环境，从而实现小空间大集聚、小平台大产业、小载体大创新，推动资源整合、项目组合、产业融合，加快推进产业创新和升级，形成新的经济增长点。

梦想小镇的建设过程中，坚持"人才引领，创新驱动"的战略，秉承从创意、创业到创造"三创"战略，定位于成为天下有创业梦想的年轻人起步的摇篮，立足于打造一个低成本、全要素、便利化、开放式的众创空间新样板，建设一个以新理念、新机制、新载体推进产业集聚、产业创新和产业升级的特色小镇示范工程，探索以创业创新为新引擎的互联网新经济发展模式，可以说定位准确、方向明确、措施有力，并且已取得显著成效。下一步，梦想小镇的建设要更加精准定位，加大公共服务设施的投入，为有梦想、有知识、有激情、有创意的年轻人，更好地提供资本、市场、经验等支撑，提供从创客到创业的零成本的服务，吸引和鼓励年轻人把梦想转变为创业的行动，使得梦想小镇真正成为创客创意的集散地和交流中心，成为创业者实现梦想的天堂，成为创业新高地、浙江新名片。

（五）梦想小镇、特色小镇建设要适应社会阶层结构中产化的趋势，成为培育中产阶层的新基地

中产阶层是指处于富裕阶层（或上等阶层）与贫困阶层（或下等阶层）之间的一种社会群体，也被称为中等阶层、中间阶层、中等收入阶层，是一群相对收入较高、较有文化修养和拥有高质量的生活，对社会主流价值和现存秩序有较强的认同感的群体。人类社会的发展总体呈现中产阶层由少变多的趋势。传统封建社会的社会结构主要是顶尖底宽的"金字塔形社会"，社会的一端是少数贵族，另一端则是农民、手工业者等普通大众，居于其间的中产阶级人数少、影响小。随着文艺复兴、工业革命和市场经济的兴起，中产阶层队伍逐步壮大，对社会的影响也越来越大，社会阶层结构逐步演变为两头小、中间大的"橄榄形社会"。

"金字塔形社会"由于经济社会资源分配不均，贫富分化严重，且中间阶层薄弱，上等阶层与下等阶层直接对立，容易导致战乱和社会动荡。"橄榄形社会"的基本特征是"两头小，中间大"，也就是中产阶层的数量和规模比较大，精英和底层的数量相对较少。中产阶层的庞大意味着社会经济资源的分配相对合理。由于中产阶层相对富有，对现实生活与现存秩序满意度相对较高，他们作为沟通精英和底层的桥梁和纽带，能够对社会矛盾和冲突起到较好的缓解作用，是维系社会稳定的基础性力量，是既存秩序的社会基础。同时，中产阶层的扩大，也就打通了社会底层群体向中产阶层群体、中产阶层群体向更高层群体向上流动的通道。因此，"橄榄形社会"各个阶层之间的矛盾和冲突不会很激烈，社会相对稳定和谐。国际经验证明，一个国家如果实现了社会阶层结构类型的现代化，拥有了一个庞大的中产阶层群体，就可具备较强的抗风险能力和可持续发展的实力，能够较好地抵抗各种经济风险或危机，获得持久发展的潜力，顺利跨越"中等收入陷阱"而步入高收入的现代化社会。可以说，"橄榄形社会"是现代社会的基本结构，也是发展中国家社会结构转型的发展方向。

当前我国经济社会正处在深刻变化和转型过程中，社会矛盾呈现多发态势，"仇富""仇官"等社会不满和怨恨情绪在一定范围内蔓延，居民收入差距仍然较大，2014年基尼系数虽有所下降，但还是高达0.469，处于贫富差距过高的水平上。为此，党中央在推进改革开放的过程中一直强调深化收入分配制度改革，形成合理有序的收入分配格局，实现居民收入增长和经济发展同步，实现发展成果人民共享。这也就是要缩小贫富差距，增加中等收入人群，壮大中产阶层的规模，逐步形成"橄榄型社会"的格局。

开展"大众创业、万众创新"能够激发全社会的创新创业热情，鼓励广大群众尤其是年轻人投入创业大军中来，用自己的智慧和努力来创造财富，成为收入较高并具有知识和文化修养的中产阶层。因为，这里可以培育出一批批创业创富的成功者。所以，特色小镇、梦想小镇建设不仅顺应了"大众创业、万众创新"的热潮，也符合当今中国社会转型、构建"橄榄形社会"的发展趋势。开展特色小镇建设一定要始终抓住服务创新创业这一核心要素，充分认识到成功创业对于促进就业、缩小收入分配差距、推动实现社会公平正义的重要意义，把培育新兴的中产阶层、促进社会结构合理化作为任务之一，更好地为创客搭建平台、为创新提供条件、为梦想插上腾飞翅膀，成为创造财富的发动机，制造中产者的新基地。

（六）梦想小镇、特色小镇建设要适应大众消费个性化的方向，成为引领市场、刺激消费的新阵地

扩大国内消费需求是稳增长、调结构的重要举措。过去我国的消费模式具有明显的模仿型、排浪式特征，但随着经济发展进入新常态和人民生活水平的提高，再加上消费结构受到商品消费分流、大众消费转流、公务消费节流、高端消费外流的综合影响，越来越多的消费者在消费过程中不再盲目从众，而是根据自己内心的感受和需求进行个性化的消费，从而在市场上形成多元化消费热点，特别是电子商务的迅猛发展，是消费者参与式、点对点式、O2O模式

的个性化消费提供了广阔的舞台。可以说，当前我国模仿型排浪式消费阶段已基本结束，个性化、多样化、定制化消费正逐渐成为消费潮流，并将对推动产业升级发挥积极作用。这正如托夫勒在《第三次浪潮》里所阐述的，第三次浪潮经济将以分散化和小型化的"非群体化经济"为基本特征，"不会再有大规模生产，不会再有大众消费、不会再有大众娱乐，取而代之的将是具体到每个人的个性化生产、创造和消费"。

互联网时代也可以说是一个消费个性化的时代。在传统工业化时代，企业以生产制造为核心、以规模经济效益制胜，人们获得个性化产品和服务，需要付出很高的成本和代价，所以个性化需求很难得到满足。但是互联网、现代通信信息技术的发展改变了生产方式，智能工厂可以采用柔性化制造的方式，实现小批量、多品种的生产；人们的个性化需求日趋觉醒，消费者会更加关注自己的真实感受，关注自己的爱好，关注产品服务，快乐消费、健康消费、体验消费、享受消费成为时尚和趋势。电子商务迅速扩张，使传统商业流通首先成为互联网的"冲击"领域，就是因为互联网充当生产者与消费者面对面的平台，而且，互联网平台又开始让消费者与生产者互动交融，消费者可以根据自己个性化需求参考产品的设计、制造过程。在这一背景下，创业者能否抓住市场导向，以用户为核心，迎合消费需求，提供定制化、个性化的服务，将成为创业成功与否的关键。当然，这里也需要创业者的"奇思妙想"，创造新的市场需求、新的消费群体。但这同样需要与市场、消费者互动才能成功。

梦想小镇、特色小镇作为创业的摇篮，必须认识到消费结构变化的新常态，引导和鼓励创业者抓住个性化消费浪潮到来的机遇，牢固树立市场导向、消费导向的意识，更加注重市场和消费心理分析，根据市场上消费者的新需求来确定发展战略，满足多样化、个性化的消费需求。具体说来，就是不能盲目跟风生产，而是要更关注发掘企业的内生动力，通过研究消费者的消费心理、了解细分市场和个性化需求的客户，改变生产组织模式及管理体系，建立高效的支持定制产品订单的"智慧化工厂"，培育企业自身的核心竞争力。特别是要注重利用互联网、物联网、大数据、云计算等信息技术，通过数据的积累、收集、挖掘和研究了解消费者的个性化需求，将生产中的供应、制造、销售信息数据化、智慧化，最后达到快速、有效、个人化的产品供应。

（七）梦想小镇、特色小镇建设要适应经济发展生态化的趋势，成为生态一体化、融合化发展的新平台

人类文明的发展整体上经历了四个大阶段。第一阶段是原始文明，物质生产活动主要靠简单的采集渔猎，这个漫长的历史时期人类只能主要适应自然力量为主，"靠天生存"。第二阶段是农业文明，铁器的出现使人类改变自然的能力产生了质的飞跃，这个阶段主要靠人类的体力为主，当然，辅之于长期积累的农业知识。第三阶段是工业文明，18世纪英国工业革命开启了人类现代化进程，这个历史阶段时间更短，但人类的生产力、创造的财富几何级增长，主要是机器、电动的力量取代人的体力，而且科技与产业变革互动，使生产的自动化水平大为提高。

这里重点讲讲第四阶段，即智能化与生态文明并驾齐驱阶段。现代科技，特别是互联网、云计算、物联网、大数据，使人类生产、生活智能化、智慧化时代加速到来，信息经济、互联网经济、智能化制造、知识文明日趋发挥引领作用。在原始文明和农业文明阶段，由于生产力水平低下，物质生活成了人类最重要的追求，人类的精神文化也以"自然崇拜"为主。特别是随着工业文明的到来，生产力快速发展，资源大量开发利用，财富大量积累，人类物质生活水平大为提高，人类改变自然、改造社会的能力也极大提升，于是人类又形成了"拜物教"和"人类中心主义"。但与此同时，也带来了环境污染、资源破坏、沙漠化、城市病等全球性问题，人类赖以生存的地球日趋不堪重负，生态危机频频发生，人类的生存和发展反而面对重重危机。这促使人类深刻反省，认识到"地球只有一个"，在发展生产力、提高物质生活的同时，不能破坏生态环境，不能一味地向自然界索取，必须保护生态平衡。于是，人类产生了"环境保护主义"，呼唤绿色经济，倡导人类社会与自然界友好相处，大力建设生态文明。生态文明就是以尊重和维护自然为前提，以建立可持续的生产方式和消费方式为内涵，强调人与自然环境的相互依存、相互促进、共处共融，是人类对传统文明形态特别是工业文明进行深刻反思的成果。当今世界，工业生产自动化和以互联网信息技术为代表的科技革命带来了智能化、知识文明，与反思工业化后果而形成的生态文明一起，它们共同推动人类文明形态和文明发展理念的新变革，使人类的生产方式、发展模式和生活方式获得新的重大进步。

中国改革开放30多年来，抢抓发展机遇，持续推进经济建设，在物质文明方面取得了丰硕的成果，但工业文明带来的生态破坏、环境污染问题也日益严重，引起社会的极大关注。为此，党中央提出了科学发展、和谐社会的理念，特别是党的十八大以来，更加把生态文明建设放在突出地位，提出"五位一体"战略布局，将生态文明建设融入经济建设、政治建设、文化建设、社会建设各方面和全过程。习近平总书记倡导的"绿水青山就是金山银山"，正转化为全党和全国人民的共同意志，转化为建设美丽中国、实现中华民族永续发展的伟大实践。

特色小镇、梦想小镇作为相对独立于市区，具有明确产业定位、文化内涵、旅游和一定社区功能的平台，更应遵循"五位一体"的建设思路，协同推进经济、政治、社会等各项事业的均衡发展，尤其是要重视生态文明建设，打造最佳的创业小镇、宜居小镇和美丽小镇，使生产、生活、生态融为一体。主要应做到：

一要进一步树立生态优先的理念。在开展小镇建设中要首先考虑到环境生态的要求，保障良好生态效益的优先地位，尤其是在生态效益与经济发展矛盾时，应优先考虑对自然环境和生态系统的长期影响。梦想小镇建设中提出"先生态、再生产、再生活"的理念，是有道理的，应当继续坚持和深化。

二要进一步做好规划设计。现在都在提倡都市圈的概念，这就是在城市群中出现的以大城市为核心，周边城市共同参与分工、合作，一体化的圈域经济现象。梦想小镇、特色小镇既然是小镇，那就不是大城市，在选址规划的时候，就要远离喧嚣的城市中心繁华地带，注重与田园风光的农村景致有机结合，努力建设成生态风景区，实现产业、文化、旅游"三位一体"和生产、生活、生态融合发展。

三要加大生态建设的投资。有人说，如果10亿元做产品、100亿做品牌的话，则要花1000亿元才能做好生态环境。这当然是比喻性的，但也说明生态建设需要投入资金量大、投资收益周期长，成效是无形的、综合的。这就需要政府部门在小镇规划建设中，做到"风物长宜放眼量"，不追求短期效益，而是不断加强生态建设资金投入，把小镇的基础设施和生态环境搞好。只有栽好梧桐树，才能引来金凤凰，才能实现特色小镇建设带动经济社会协调发展的目标。

（八）梦想小镇、特色小镇建设要适应政府行政体制改革的形势，成为法治型政府、服务型政府建设的新试验田

转变政府职能是深化行政体制改革的核心，实质上是要解决政府应该做什么、不应该做什么，重点是政府、市场、社会的关系。经济发展新常态下，政府职能转变的核心仍然是处理好政府和市场的关系，使市场在资源配置中起决定性作用并更好发挥政府作用。这对于实现国家治理体系和治理能力现代化也具有十分重要的意义。

梦想小镇、特色小镇的建设应确立"政府主导、企业主体、市场化运作"的方针，准确界定政府、企业和市场的关系，特别是明确"政府主导"的要求，适应了政府行政体制改革、转变政府职能的形势。如何在特色小镇建设中更好地实现"政府主导",实际上就是要求政府准确定位,并积极发挥作用,关键在于建成法治政府型和服务型政府。

一方面,小镇建设需要法治型政府。建设法治型政府,严格依法行政,是政府施政的基本准则,也是全面推进依法治国、建设中国特色社会主义法治体系的重要内容。法治型政府就是要求政府在行使权力、履行职责过程中坚持法治原则,政府的各项权力都在法制轨道上运行,实现权力与责任紧密相连,实现阳光政府、有限政府、诚信政府和责任政府。法治政府也可以用"法定职责必须为,法无授权不可为"来概括,其中,"法定职责必须为"强调法律、行政法规规定的国家机关应当行使的职权是职责所在,政府必须有所作为,不得懈怠、推诿,这是政府的"底线";"法无授权不可为"强调是法律、行政法规没有授权国家机关的职权,国家机关无权实施,不能乱作为,不得超越职权、滥用职权,这是政府的"高压线"。"底线"与"高压线"构成了法治政府的权力边界。

另一方面,特色小镇建设也离不开服务型政府的作为。在"法定职责必须为"的"底线"和"法无授权不可为"的"高压线"之间,还有大量的公共性事务,需要政府积极作为、提供服务。也就是说,推动政府行政体制改革、转变政府职能,既体现在强调政府的依法行政,将过去无限的政府转变为有限的法治型政府之上,更体现在政府对于公共服务的积极有为,将过去管制型的政府转变为服务型政府之上,实现从管理到治理的转变。服务型政府,就是要求政府从全能型、审批型转向服务型,把提供公共服务作为政府的重要职责,在维护国家机器正常运转的前提下,满足市场机制难以解决的社会公共需要,从而为各种市场主体提供良好的发展环境与平等竞争的条件,为社会提供安全和公共产品,为劳动者提供就业机会和社会保障服务。更何况,为人民服务是党的根本宗旨,也是各级政府的根本宗旨。不论政府机构怎么调整、政府职能怎么转变,为人民服务的宗旨都不能变。

特色小镇建设中转变政府职能，发挥政府作用就是要着力打造"四个生态系统"，即更有效率的政务生态系统、更有活力的产业生态系统、更有激情的创业生态系统和更有魅力的自然生态系统。具体而言，需要注意以下几个方面：一要进一步推进简政放权，简化行政审批手续，推进投资创业便利化，营造有利于创业的良好环境；二要加大创业资金支持，充分发挥各类创业投资引导基金的作用，完善市场化运行长效机制，形成多元化、多渠道的创业资金支持体系；三要落实有利于创业的政策制度，落实鼓励自主创业的税费减免、小额担保贷款、资金补贴、场地安排等扶持政策；四要做好创业培训和服务，为年轻人创业提供有针对性的政策支持和创业服务，支持各类培训机构开展创业培训，建设创业孵化基地；五是营造好创业服务平台，提供包括政府事务、办公事务、生活配套事务等全方位、一站式的O2O服务，引进专业的财务、法务、税务、人力资源等各类中介，并完善公寓、学校、超市、医院等配套生活设施，给予创业者零门槛的准入政策以及拎包入住、免房租、多补贴等丰厚条件，为创业者提供低成本、便利化、全要素、开放式的创业服务，使更多的创业者敢创业、能创业、创成业。

简言之，小镇建设就是要把市场形行为与法治型、服务型政府的推进更好地结合起来，充分发挥好政府的引导功能，为创业提供"店小二"式的优质服务，实现创客的低成本甚至零成本创业，打造专业化、集成化、开放化、网络化、生活化、便捷化的"众创空间"，真正做到"我负责雨露阳光，你负责茁壮成长"。要看到，新一轮发展的重要驱动力是"大众创业、万众创新"，新一波竞争优势是谁能提供全要素式、更优更好综合服务的新平台——"众创空间"。

（九）梦想小镇、特色小镇建设要主动适应创客队伍年轻化的趋势，成为培养新生代浙商群体的新摇篮

创业者、企业经营者年轻化是经济发展的趋势，也是企业不断保持活力的关键因素，尤其是在互联网时代，消费呈现年轻化、个性化的形势下，企业主动进行变革，发挥年轻人有活力、有冲劲、理念新颖、思路开阔、接受新事物速度快、创新意识强等特点和优势，实现企业团队、产品、营销模式等方面的"年轻化"，才能更有利于把握市场节奏、抓住市场需求和消费动向，创造新技术、新思维和新模式，从而适应新常态下经济发展的新趋势。从实际情况看，根据《财富》（中文版）公布的 2013 年榜单显示，"中国 40 位以下的商界精英"整体平均年龄只有 34.8 岁，其中有 15 位上榜者为"80 后"。因此，可以说，中国经济发展新常态之下，企业家、企业形态年轻化已经成为一种发展必然。

就浙商而言，经过 30 多年的发展，许多浙商企业正处于新老更替之际，老一代浙商已经逐渐功成身退，"70 后"、"80 后"的商二代、创二代正在接过接力棒，登上历史舞台。而且，随着经济发展从要素驱动到创新驱动的转变，也更加需要既懂市场又懂技术、更懂管理的与时俱进的新一代企业家，通过自主创新、实现转型升级。目前，新浙商群体正形成气候。据统计，目前 1200 多万浙商中有七八百万人是新浙商，近年来评选出的"科技新浙商"也越来越年化轻，许多三四十岁的企业家挑起了企业管理的大梁，并形成了新浙商的"四千"精神，即千方百计提升品牌、千方百计开拓市场、千方百计自主创新、千方百计改善管理。新浙商具有新知识、新技术，既有国际化眼光，又继承发扬了浙商优良的传统精神，必将成为引领和推动浙江经济新一轮发展的新锐力量。

梦想小镇、特色小镇建设要抓住企业家队伍年轻化和新浙商群体形成的机遇，一方面，要把小镇建设与浙商发展结合起来，利用好浙商这一强有力的资源，吸引浙商投资参与小镇的建设，参与天使投资和各类创业基金，利用金融力量培育新的产业，寻找新的企业盈利点。这也是推动老浙商企业转型升级，向新浙商发展的重要途径，实现特色小镇建设与浙商发展的合作互赢。另一方面，要更加注重对创客创业的扶持，吸引更多的年轻人入驻小镇开展创业，做好"互联网+浙商"的文章，使特色小镇真正成为创新创业和产业发展的新载体，成为培养新浙商群体的新摇篮。

（十）梦想小镇、特色小镇建设要适应新型城镇化的要求，成为有特色、有亮点的产城人融合发展的新标杆

新型城镇化以城乡统筹、城乡一体、产城互动、要素集约、生态宜居、和谐发展为基本特征，强调大中小城市、小城镇、新型农村社区的协调发展和互促共进。新型城镇化的"新"就是要由片面注重追求城市规模扩大、空间扩张改变为以提升城市的文化、公共服务等内涵为中心，使城镇成为具有较高品质的宜居之所，而不是以牺牲农业、生态和环境为代价谋求发展，从而实现城乡基础设施一体化和公共服务均等化，促进经济社会发展，实现共同富裕。

特色小镇建设要取得预期的成效，从梦想小镇建设的经验看，必须适应新型城镇化的要求，注重产业支撑、人居环境、社会保障、生活方式等方面的协调发展，把小镇建设成为产业特色鲜明、体制机制灵活、人文气息浓厚、生态环境优美、多种功能叠加，并区别于行政区划单元和产业园区的新型发展空间平台。重点要把握好以下几点。

一要有特色产业。特色小镇要突出特色，根据自己的基础、背景、环境和条件发展特色产业，形成个性鲜明的发展模式。也就是说，产业定位上，必须严格按照省政府要求的，聚焦信息经济、环保产业、健康服务业、旅游业、时尚产业、金融业、高端装备制造业等支撑浙江省未来发展的七大产业，兼顾茶叶、丝绸、黄酒、中药、青瓷、木雕、根雕、石雕、文房等历史经典产业，每个历史经典产业原则上只规划建设一个特色小镇，突出多样性，避免"千城一面"。

二要有人文底蕴。经济社会的现代化不能隔断历史，小镇建设应当以人为本、围绕人这一核心来展开，牢固树立人本思想，努力创造良好的人文环境，形成良好的人文气氛。梦想小镇的建设中注重传承小镇所在地的粮仓文化，将12个旧时的粮仓改造成创业空间，并依托仓前古镇的深厚文化底蕴，妥善地将现代文明融入传统文化，实现了实业与文化的有机结合，使得传统文化在保护中得到重生，形成了有益的经验，可以成为特色小镇建设的有益借鉴。

三要有生态生活气息。经济建设、城镇化发展的目的是为人服务，是为了人们更好地生活。小镇建设务必要坚持产业、文化、旅游"三位一体"和生产、生活、生态协调发展。这不仅需要打造特色产业和浓厚文化氛围，还要有良好的自然生态环境和生活设施，使得小镇超越单纯的行政区划和产业园区概念，真正成为一个以产业为核心、以项目为载体、生产生活生态相融合的特定区域。

八 培育与发展新常态相适应的浙商队伍①

浙商是浙江发展的主体，是浙江过去创造发展奇迹的主力，也是浙江的金名片、风景线，更是浙江未来发展的主动力、新希望。处于"十三五"时期，正是浙江全面建成小康社会、步入基本现代化发展新阶段的转型升级时期。改革、发展、开放都进入了新常态阶段，浙江的企业家也需要适应这种新常态，再创新业绩。毫无疑问，培育更高素质、更有创新活力的新浙商，是浙江"十三五"和未来发展面临的重大课题之一。

（一）浙商创业史上的"烦恼"

新浙商来自过去、现在的浙商群体。浙商具有自己独特秉性的创业群体，有着令人骄傲的光彩历史。

浙江历来人杰地灵。近代浙江更是人才辈出，不但文人志士叱咤风云，实业商界亦独占鳌头。"浙商"作为一个地域性的群体现象，大体可以说崛起于近代，却盛兴于当今。

---

① 作者系浙江省人大王永昌。

伴随着改革开放30多年的阳光雨露，一批又一批的浙江民营企业家，从乡间田野走来，涌现出一批批敢于搏击市场经济风浪、善于创新创业的现代企业家，成长为举世闻名、蔚为壮观的浙商群体。可以说，"浙商"是当代中国改革发展的产物和缩影，更是浙江发展的奇迹，是浙江发展的形象，是浙江人民的骄傲，是浙江的一张金名片。浙商为浙江乃至全国的改革开放和市场经济发展，都作出了历史性的贡献。

可以说，浙商群体是当今中国创新创业的一个典型群体。

但是，浙商的创业发展史，是充满艰难的艰苦创业史。

浙商多数由乡镇企业、个体工商、集体经济演变而来。当年，多数是农民们进城跑天下起家，或者城镇近郊的农民"精英"们"折腾"出来的，属于改革开放以来真正大众创业、草根创业的先行者。

30多年来，浙商创新创业经历了六大阶段，而每个阶段都有各自的难题和"成长的烦恼"。

第一阶段是"起家烦恼"。

浙江的民营经济大多从村办企业、乡镇企业起家的。万事开头难。那个时候的浙江企业家们遇到的主要"烦恼"，就是"无钱无本"的"起家烦恼"。但当时那些离城市较近的农村乡镇，利用区位、信息、人际关系和劳动力优势，并主要承接城里工厂相关的配套产品，再加上已有的一些农业收入积累，就以低成本、低水平、低回报的办厂创业了。严格地说，那时候办起来只是"加工车间"，还谈不上什么"工厂""企业"。但毕竟是浙江民营企业、民营经济的草创、"起家"阶段，具有"从无到有"的开创性意义。

第二阶段，是企业办起来后的"门路烦恼"。

起初，乡镇企业主要靠与城里工厂（企业）的配套而生存，在完全"计划经济"条件下，也主要依靠"找门路"而完成了最原始、最早期的"起步积累"。即便后来生产能力和生产规模略有扩大了，由于其原材料和产品的"上下游"都由政府计划等部门控制，乡镇企业还是主要通过找关系、找门路来求得生存和进一步的发展。

第三阶段，是发展起来后的"推销烦恼"。

乡镇企业有了一定的积累和发展后，就开始粗放增长、扩张发展。扩张后就遇到了产品如何推销的问题，仅仅靠人际关系和门路已不适应了，也就是需要更多地走向（商品）市场。但那时候恰好又遇到了很大的历史性机遇：就是中国是一个短缺经济时代，只要生产出来的东西基本上都比较容易推销出去。这样，乡镇企业的"推销烦恼"，就由国内市场的"短缺"给解决了，或者说是乡镇企业赶上了"市场短缺"时代，才有了生存、发展之路。

第四阶段，是扩张发展后的"体制烦恼"。

20世纪90年代前，乡镇企业多数是村办、镇办的集体企业。也正是在20世纪的80—90年代，个体工商户的"私有经济"开始在浙江大地上同步成长起来了。这样，就遇到了产权特别是乡镇企业经营者利益回报等方面的"体制烦恼"。在20世纪80年代末90年代初期，浙江各个方面思想比较解放，鼓励探索创新，进而通过乡镇企业的大面积体制改革（那时简称叫"转制"），就又比较好地解决了这个历史性大难题。

第五阶段，是快速发展起来后的"市场烦恼"。

体制改革极大地解放了生产力，激发出了强大的发展活力和生命力，使企业产权、责权利明晰化，向着现代企业法人治理机制大踏步迈进，迅速与市场化体制机制接轨，因而浙江原来的乡镇企业就成了民营经济的主力军，获得了井喷式的快速发展。与此同时，全国各地的乡镇企业和个私经济以及国有、外资经济有了较大规模的快速发展，国外境外的商品也大量进入。这样，国内市场便很快由"短缺"向"过剩"转变。这时候浙江企业家就遇到了真正的"市场烦恼"，就是开始"过剩"了的产品如何推向市场。这时候的浙江企业除了"走进"和开拓国内中西部市场外，又遇到一个历史性的大机遇：这就是中国加入了WTO，世界市场一下子打开了，浙商们便就浩浩荡荡地"走出国门"、走上世界大市场去创新创业了。于是，浙江企业的"市场烦恼"又很快地得到了解决。

第六阶段，是当今和未来一个较长时期的"转型烦恼"。

随着粗放增长越来越显露出资源、环境、劳动力的制约性弊端，以及产业结构雷同、效益日趋下降、国际国内市场竞争加剧等，使得中国经济发展方式日益迫切地需要转型升级。与此相应，浙江企业也面临着转型提升、创新发展。如何转型发展呢？这就遇到了"转型烦恼"。浙江省采取能耗减量、治水倒逼、"三名四换"（即培育名企名品名家，实施腾笼换鸟、机器换人、电商换市、空间换地举措）、科技创新、培育高新产业、浙商回归工程、推进城镇化和开发区建设等"组合拳"，加快经济转型升级。但这是一个痛苦的过程。这个"烦恼"将比以前任何一个"烦恼"难度都更大，都将有更多的"烦恼"。以前更多靠的是外部市场、外部环境和抢抓了发展机遇，现在则更多靠的是企业自身的素质；如果说以前主要靠量的扩张就能解决"烦恼"的话，那么，现在则主要靠质的提升才能有根本出路。

今天，"转型烦恼"这个难题还不能说基本上破解了，只是"万里长征第一步"而已。

由此可见，浙商的发展过程，就是一个不断解决"成长烦恼"的过程。创业过程始终有矛盾、有难题、有烦恼。但今天是到了真正考验的时候，考验我们怎么去通过创新去推进新业，考验我们如何去推进经济结构、发展方式的历史性转型升级，考验我们社会如何顺利跨越"中等收入陷阱"而进入现代社会。这个"烦恼"将是长期的过程。

我们简单概括浙商群体充满困境的创业史，不只是为了"夸耀"和"诉苦"，而是要传承浙商创造积淀的浙商智慧、浙商文化。

（二）正视浙商当前发展面临的困境

成绩更多地决定现在，问题更多地决定未来。

中国经济的问题和矛盾，也越来越彻底地显露出来：增长和发展的不平衡、不协调、不可持续；高污染、高耗能、高成本；产业技术水平和效益水平总体低下；越来越严重的社会不公和贫富差别，以及城镇化发展偏失、地方政府债务、房地产泡沫、社会金融风险等。中国经济的发展升级，不可能离开这些问题和矛盾的解决。

1. 当前中国经济主要面临的"七高症"

第一，高能耗。（高污染、高耗能、高成本，低效益）

第二，高产能。（低端、去产能化，又要保产业与保企业、保市场）

第三，高投入：保发展与保民生消费、收入。消费在经济中所占的比重明显下降，从 20 世纪 80 年代的 52% 下降到 2013 年年初的 36%。而这期间的固定资产总投资从 J GDP 的 25% 猛增到了 47%。2013 年国内生产总值 56.8845 万亿元，而全社会固定资产投资高达 447074 亿元）。

第四，高杠杆。（高债务、高货币，2015 年 1 月末，中国广义货币（M2）余额 124.27 万亿元。2014 年一季度末中国整体债务增至 142 万亿元，占 GDP 的 245%。目前中国政府、企业家和个人的总和的负债大概是 GDP 的 220%—250%，企业部门的负债是 GDP 的 120%—170%，但问题在于去杠杆化的趋势还没有真正开始。

第五，高外储：保市场与保物价。

第六，高储蓄：保经济与保民利（直接融资。2013 年 9 月，我国居民储蓄连续 3 个月突破 43 万亿元，人均储蓄超过 3 万元，为全球储蓄金额最多的国家。统计显示，从 1992 年到 2012 年，中国的储蓄率从 35% 升到了 59%，其中，政府储蓄率和企业储蓄率翻了一番，但居民储蓄率却没有变，1992 年为 20%，2012 年依然是 20%）。

第七，高成本：经营发展的"低成本"阶段已经过去，普遍的高利润、高"红利"时代难以再现。

2. 浙江企业发展中的"八难题"

浙江企业总体发展状况还是不错的。2014年规模以上工业增加值12543亿元，比上年增长6%，规模以上工业新产品产值19415亿元，比上年增长21.6%，高于工业总产值增幅15.2个百分点；规模以上工业企业法人单位总资产贡献率为11.5%，2014规模以上工业企业实现利润3544亿元，比上年增长5.1%。全年财政总收入7522亿元，比上年增长8.9%，增速比上年提高1.1个百分点；地方公共财政预算收入4121亿元，增长8.5%，增速比上年回落1.8个百分点。全年新增城镇就业人数107.4万人，年末城镇登记失业率为2.96%，比上年下降0.05个百分点。

第一，盈利难。

劳动力等生产成本持续上升，企业赢利水平下降。

"生意好做钱难赚"，"生易难做钱难赚"，"生易难风险多"。

廉价劳动力时代正在逝去，加薪成为企业招工的主要手段，企业"用工难""用工贵"问题并存，并日益突出。统计数据显示，2013年浙江省最低月工资标准上调至1470元、1310元、1200元和1080元四档，平均增幅达13.0%，城镇单位在岗职工年平均工资为56571元，比上年增长12706，劳动工资水平持续增长，增加了企业的劳动力成本。

资源日益紧缺。土地资源是一切资源中最重要的资源，是生存和发展之本。土地资源是有限的，是不可再生的。浙江可用土地资源是江苏的1/3、广东的1/4，用地空间明显受限。政府严控土地，用地成本提高，企业投资项目受制于征地难、用地贵，不少地方出现企业外迁现象。

受国际大宗商品价格下行影响，相关企业亏损经营。

当然还有税费、融资、环境等成本。

随着国内市场走向成熟，浙江的工业产品依靠其价格、成本和市场营销的优势正在减弱。

第二，创新难。

企业研发投入不足。

尽管经过 30 多年的引进、消化、吸收和再创新，工业企业自主创新的能力有了很大的提高，但与转型升级相比，仍有很大差距，突出表现在企业原创性、自主性产品少，产品开发能力较弱。2010 年，浙江规模以上工业企业的研发投入强度为 1.85%，比全国平均水平略高 0.01 个百分点，但明显低于发达国家和新兴工业化国家，如 2011 年美国 R&D 经费投入强度为 2.77%，日本为 3.39%，法国为 2.25%，德国为 2.88%，韩国为 4.03%。

第三，融资难。

小微企业融资更困难。

缺资金、缺贷款、缺担保（中国正开始步入资金利率市场化时代。一是新增贷款逐年减少。二是制造业在新增贷款的占比出现短期性阶段性下降，一季度只有 15.8%，而 2011 年是 42.1%，三是转贷难、担保难、"短贷长用"比较普遍，全省企业融资 80% 以上靠信贷，贷款 40% 以上靠互保联保。四是部分地区出现企业资金链、担保链风险。

融资困难一直是困扰企业特别是小微企业成长的主要因素，一方面国有商业银行贷款审批流程复杂，而中小企业所需资金量少、频率高、时间紧，会导致单位资金借贷成本上升；另一方面大量小微企业财务制度不成规范，信息不透明，大银行很难解决二者之间的信息不对称问题，这也导致银行不愿提供融资服务。在民间融资市场中，其高风险以及政策上的限制，使较大规模的民间融资受到制约。

2014 年 1—2 月全省监测到出现资金链、担保链风险企业 127 家，同比增加 38 家。据省银监会数据，截至 3 月底，不良贷款余额 1296 亿元，较年初增加 97 亿元；不良贷款比例为 191%，比年初上升 0.08 个百分点。不良贷款的形成大都由企业资金链、担保链问题引发，具有明显的企业、行业和地区特征。

第四，创牌难。

全球知名品牌太少。尽管中国制造了很多东西，但只有极少数的企业拥有国际公认的消费品牌。

第五，（招聘）人才难。

优秀的管理者难觅。虽然中国有一些卓越的企业家和高管，但是找到人才来满足中国所有迅速扩展的企业的需要，已成为一大难题。中国欧盟商会最近进行的一项调查结果表明，高素质的工人的稀缺是该商会成员所面临的头号人力资源挑战。少数高素质人才薪酬不菲。

郎咸平教授在其2014年7月出版的新书《萧条下的希望》一书中，总结了束缚内地企业运营与发展的十大枷锁。这十大枷锁分别是：审批枷锁、垄断枷锁、税费枷锁、融资枷锁、低价枷锁、人才枷锁、社会枷锁、假货枷锁、国际化枷锁和法律枷锁。

第六，决策难。

战略思路、经营决策失误导致困难。

转型难、转行更难。

部分企业跨领域投资带来了"三个拖累"：一是部分企业跨领域投资新兴产业把握不够准确带来的拖累；二是部分企业跨领域投资房地产带来的拖累；三是省外投资的企业、项目陷入困难对省内企业带来的拖累。

第七，债务难。

高债务、高风险。现在不少企业债台高筑，负债率普遍超过70%—80%。

从总量比较看，中国企业债务相比地方政府债务确实规模更大，扩张更快。中国企业债务的绝对规模远高于地方政府债务规模，而且，过去5年中国企业债务的增速是地方政府的4.4倍。

中国社会科学院金融所刘煜辉研究员所做的一个统计研究显示，截至2012年年底，中国经济中非金融部门（政府、企业和居民）整体债务规模的估算是114.8万亿元人民币，相当于2012年GDP（51.9万亿元）的221%。其中，非金融企业部门债务在65

万亿元左右，相当于2012年GDP的125%左右。这意味着，中国企业的发展，在很大程度上也是依靠债务扩张来实现的。

中国社会科学院副院长李扬提供的另一个数据显示，中国企业的债务水平为105.4%，在所研究的20多个国家中是最高的，直逼陷入深度危机的国家，已经超过80%的合适水平很多了。

目前企业互保联保风险处于"点状散发"状态，没有出现"成片式"集中爆发，不能草木皆兵。但要看到，企业互保联保，原本是为了相互增信，现在几只船着了火，如果不及时灭火，也有可能"火烧连营"，对实体经济、对信用环境都将是重创。

第八，交接难。

据调查，浙江有近40万家规模较大的民营企业，绝大多数是家族制经营，第一代创业者的年龄普遍为50—70岁。第一代企业家希望子女接班的比例达到84%。这说明，在当前情况下，浙江省大多数民营企业还将选择家族传承的方式来解决新老交替的问题，"子承父业"依旧是主流传承模式。但与此相对应的是，子女接班的意愿却很低，明确表示愿意接班的仅占21.4%。这表明，浙江省将有大约60%左右的民营企业将面临交班问题。破解"接班鸿沟"和"代际风险"，关键在于培养新生代企业家。

（三）新常态下呼唤新浙商

1. 浙商发展面临新机遇

国际国内、省内省外、改革开放、一带一路、资本市场、互联网＋、金融资本＋、创新创业、转型升级、新型城镇化、新兴产业等，有许多新机遇。新一轮科技型＋、互联网＋、投资基金＋相融合的新一轮创新创业正扑面而来。

2014年，全省新设企业23.6万户，占全国前列。在这些新设企业涌现大量科技型小微企业，据对浙江省5000余家小微科技型企业的统计，70%以上的企业集中在电子信息、光机电一体化、生物技术、新材料、新能源、节能环保等高新技术领域及战略性新兴产业方向。

目前，省内有电子商务平台网站千余家，约占全国总数的20%。从平台实力来看，全国约85%的网络零售额、70%的跨境电子商务交易额（含B2B和60%以上的电子商务交易额）是在省内平台上实现的。

据统计，2012年浙江省开设各类网店达90万家，约占全国的14.7%，全年实现网络零售额2027.4亿元，而到2013年，网店数量达139万家，网店销售达3800多亿元，分别增长54.4%和87.4%。

2. 浙商群体基本状况

（1）2013年末，全省共有从事第二产业和第三产业活动的法人单位96.4万个；产业活动单位108.0万个。拥有企业法人83.3万个。

（2）在全部企业法人单位中，私营企业为72.3万个。港澳台和外商投资企业为2.1万个。国有企业0.3万个，减少了0.2万个。从结构变化看，私营企业占全部企业的86.7%。

（3）行业集聚特征明显：七成以上单位集中在三大行业。在法人单位中，居前三位的行业是：制造业36.5万个，占37.9%；批发和零售业25.4万个，占26.3%；公共管理、社会保障和社会组织7.9万个，占8.2%。

（4）在218.1个有证照个体经营户中，居前三位的行业是：批发和零售业116.4万个，占53.4%；交通运输、仓储和邮政业37.9万个，占17.4%；制造业30.2万个，占13.9%。

（5）从业人员：2013年末，全省第二产业和第三产业法人单位从业人员2805.4万人。其中，制造业从业人员最多，为1195.5万人，占42.6%；建筑业其次，为765.9万人，占27.3%；批发和零售业202.1万人，占7.2%。

（6）2013年末，有证照个体经营户从业人员621.5万人。居前三位的行业是：批发和零售业259.3万人，占41.7%；制造业

179.2万人，占28.8%；住宿和餐饮业62.0万人，占10.0%。三大行业合计占八成以上。

（7）企业资产总额突破30万亿元。2013年末，全省第二产业和第三产业企业资产总计32.6万亿元。其中，第二产业企业资产总计占全部企业资产总计的27.5%，第三产业企业资产总计占72.5%。

（8）96.8%的企业是小微企业

2013年末，全省共有第二产业和第三产业的小微企业法人单位80.7万个，占全部企业法人单位的96.8%。小微企业从业人员1314.6万人，占全部企业法人单位从业人员的52.1%。小微企业法人单位资产总计13.9万亿元，占全部企业法人单位资产的62.0%。

（9）省外浙商600万名，境外200万名。

（10）45周岁以上的企业家占70%左右（"70后"）

浙江2014年11月的常住人口为5503.4万人。2013年浙江拥有企业法人83.3万个。个体经营户从业人员621.5万人。从业人员：2013年年末，全省第二产业和第三产业法人单位从业人员2805.4万人。（3/5以上人口从事二、三产业）

据省工商局资料，2014年，全省新设企业23.6万户，比上年增长10.3%；新设个体工商户52.3万户。至2014年末，全省共有各类市场主体420.7万户，比上年增长13%；在册企业127.1万户，增长17.1%，平均每13.1人中就有一位老板，平均每43.3人中就拥有一家企业。每万人拥有市场主体765.2户，拥有企业231.2户。

浙江广义企业家（各类市场主体420.7万户、在册企业127.1万户、个体经营户从业人员621.5万人、省外境外从事经营800万人，扣除重复应1500万左右人。按照在册企业127.1万户，平均每13.1人中就有一位老板，而一个老板有3个高管来算，则人均近4人中有1人是企业家，这样，5500万中也有1300万—1400万人为"浙商"。

如果按 1500 万左右算,新生代企业家应 1000 万人左右;如果按各类市场主体 420.7 万户算,新生代企业户应 300 万户左右;如果 300 万企业中有 3 个新生代企业家算,新生代企业家应 1000 万人左右。

3. 新生代浙商迅猛崛起

"70 后"、"80 后"的新生代浙商,一般由四大部分人组成:

传承父母企业的;海归创业的;依托父辈资本创新业的;自己草根创业的。

近两年大学生和大学毕业后利用互联网创业更为迅猛。连农民也在网上开店、销售、创业。"众创空间"遍地开花。

2014 年中国大力推进商制度等改革,新登记市场主体超过 1000 万家,带动了大量就业,形成了新的创业就业浪潮。2014 年,全省新设企业 23.6 万户,比上年增长 10.3%;新设个体工商户 52.3 万户。

新生代浙商的一些特点:

第一,学历高、见识广。

与老一代企业家相比,新生代企业家的成长环境和受教育条件无疑更为优越,他们接受了更正规的教育,获得了更高的学历;出国留学让他们接触并学习到西方先进的管理思想或核心技术;作为年轻的一代,他们视野宽广,思维活跃。

第二,讲自立,重市场。

更重自我自主、自我创业,也更看中市场公平、法制公正环境,而相对不太看中政府的资源。

他们价值取向多元,不只为了赚钱,更追求自我价值实现和发明创造的"英雄业绩"。

第三,讲创业,更重创新。

有创业精神,但创新意识更强。现代科技知识多,更希望通过创新型来创业。

新科技、新产业、新业态、新产品居多。

更注重公司品牌、诚信，希望将自己的企业打造为国内行业"旗舰"，并进一步想要在更高层次上参与国际竞争，打造国际品牌。

第四，讲实业，更重轻资产。

多数对传统产业不感兴趣，尤其对传统制造业普遍担忧，多数也不愿继承父辈的传统家业。他们更乐于从事科技型、金融资本、投资基金类的行业。

第五，讲自我，也讲团队。

团队、合伙意识很强。联合创业。

第六，讲事业，也讲生活。

他们更喜欢考察游学、高端对话、品质休闲和时尚社交等活动。追求人文氛围、富而贵的生活。

第七，讲责任，更重体验型、参与型的社会活动。

包括社会捐助。

4. 时代呼唤什么样的新浙商

第一，新浙商要努力成为推动实现"中国梦"的建设者。

第二，新浙商要努力成为知识型、科技型的现代浙商。

第三，新浙商要努力成为实业型、投资型、资本型相融合的现代浙商。

第四，新浙商要努力成为重诚信、重法制、重市场的现代浙商。

第五，新浙商要努力成为重社会、重人文、重生态的现代浙商。浙江约60%的税收、70%的GDP、90%的新增就业岗位及80%的社会捐赠来自民营企业。

第六，新浙商要努力成为重人才、重团队（包括现代企业治理）、重品牌的现代浙商。

第七，新浙商要努力成为重家乡情怀，又勇于天下创业的现代浙商。

浙商国际化进程明显加快，全球140个国家和地区都有浙江企业活跃的身影，累计在境外设立营销机构超过3000家，对外投资额领先全国，一大批民营企业实现了跨国发展或到境外上市融资。

（四）打造新浙商的新举措

1. 浙江转型发展迈向"新常态"

以"新常态"的新视角，审视浙江经济上半年的"期中考试成绩单"，我们透过数字惊喜地发现，在总体平稳向好的运行态势背后，许多经济新亮点正通过转型升级"破茧而出"，折射出浙江呈现科学发展的积极变化，经济发展向更高阶段"新常态"转换的特征明显。

——增长动力正在迈向科技创新驱动新阶段。浙江科技进步贡献率从2005年的43.6%提高到2013年的55.3%，区域创新能力居全国第5位，企业技术创新能力居全国第3位。特别是新一代信息技术产业发展迅速，电子商务发展领跑全国，以互联网增值服务、物联网、云计算、大数据等为代表的新业态发展迅速。

——发展路径正在迈向绿色生态发展新阶段。绿色发展、循环发展、低碳发展为浙江发展不断注入源头活水。浙江森林覆盖率保持在60%以上，"五水共治"成效显著，11个设区市交接断面水质全部合格。

——资源配置正在迈向全球市场竞争新阶段。浙江外向经济发展进入"深化开放、全面提高"的新阶段。浙江经济从单一的"两头在外"，转向全球化全要素配置，研发、人才、营销、技术、品牌、融资、原材料等稀缺要素资源按经济规律流动。

——空间组织正在迈向都市经济主导新阶段。在新型城市化的引领下，城市群、都市圈逐步成为引导产业集聚和升级的核心。2013年浙江城市化率达到64%。城市经济的快速发展，催生了资源要素的"核聚变"，网络经济、智慧经济、时尚经济、总部经济、空港经济等新产业和新业态朝气蓬勃。

——产业结构正在迈向服务经济引领新阶段。浙江服务业增加值增速已连续 9 年快于 GDP，"服务经济"时代悄然来临。

2. 浙江培育新浙商的新举措

（1）党政、工青妇、大专院、新闻媒体及社会各界关爱、培养、宣传浙商，企业家自身重学习、练内功、提素质，为浙商健康成长形成一个好环境，促使浙商成为可持续发展的"新浙商"。

（2）通过各类改革创新，特别是"减政府增企业、瘦政府壮企业、减审批增服务"，使新浙商成为更市场化、更公平的发展主体。

要素市场化改革，政府"四清单一网"，行政审批，加强法制，加强社保、加强设施、加强环保等，使企业的市场主体作用与政府的服务功能结合。

大力推进"四张清单一张网"改革。制定实施省市县政府权力清单，省级部门行政权力从 1.23 万项减少到 4236 项，省级行政审批事项从 1266 项减少到 322 项，非行政许可审批事项全面取消。制定实施省市县政府责任清单，明确省级部门主要职责 543 项。制定实施企业投资负面清单，开展核准目录外企业投项目不再审批试点，启动"零地技改"不再审批改革。制定实施省级部门专项资金管理清单，省级转移支付专项由 235 个整合为 54 个。率先开通运行集行政审批、政务公开和便民服务于一体的浙江政务服务网，上网公布"四张清单"。

（3）通过"四换三名""五水共治""三改一拆"、建设美丽浙江、美好生活（生态文明），"绿水青山就是金山银山"，节能减排、淘汰落后产能等举措，倒逼浙商成为更主动适应新常态的企业主体。

（4）通过实施培育新兴重点产业、科技城、企业研究院、网上技术市场、产学研体系、实施"十百千万"创新型企业培育工程，科技型中小企业、科技型企业、高新技术企业、大力发展信息经济、互联网、电商等计划，使浙商成为产业与科技相结合的新浙商。

（5）通过加大金融创新服务、加快民营银行发展，村镇银行，产权交易，民间金融改革，小微金融业态，产业企业重组并购，发展风投、天使、种子等各类投资基金，鼓励企业上市直接融资等，使浙商成为产业、科技、金融、资本市场、制造者与投资者相结合的新浙商。

（6）通过培育新生代企业家、"众创空间"、创办科技孵化基地、开发园区、梦想小镇、云计算小镇、基金小镇等各类特色小镇、千人万人计划、引进省外海外人才，使浙商成为具有人才支撑的、后继大有人才的新浙商。

（7）通过实施浙商创业创新和回归引进战略，每两年召开一次世界浙商大会，组织各市重点盯住省外海外浙江商会的1000位会长和10000家浙商重点企业。全面构筑项目、总部、资本、人才、科技、公益事业"六位一体"的大回归格局，2014年到位资金2000亿元，2015年目标2500亿元，使浙商成为情归家乡、商行天下的新浙商。

（8）通过文化熏陶、典型引领、表彰先进、打造"浙商文化""浙商品牌"、政策激励、营造氛围、感恩社会、回报家乡、慈善捐赠等活动，使浙商成为义利相通、富贵相向、慈善家与企业家相融的有社会责任感、有人文气质的新浙商。

3. 浙江呼唤新"创客"

现在，我们比任何时候都感觉到：一个由互联网所催发的新经济时代正在到来；"互联网+"正成为新一轮发展的强劲驱动力；"大众创业，万众创新"的热潮正一浪高过一浪。我们有足够的理由期待：一个以互联网经济、大数据经济、智能经济、创富时代，已经开始跃出地面线而冉冉升起、曙光正照耀萌动勃发创新创业的大地。显然，任何一轮经济的兴起，背后都有其推动的主要群体。

改革开放以来，正是由一轮轮的创新创业之浪潮，推动了中国经济不断做大做强往前走。现在，我们正迎来新一轮创业浪潮，即由互联网技术、大众创业、万众创新、金融资本市场所带动的创客经济、智能经济、互联网经济，正在快速形成之中。与此同时，"一带一路"发展战略、自由贸易区的兴起等的提出，展示了内外开放新格局形成。它们终于汇成了当今中国新一轮的基本动力格局。

今天的中国经济，转型升级有了"互联网+"的突破口，有了"金融资本+"的新舞台，有了创客创业的新动力，传统经济正开始向新经济转变，经济结构开始向中高端提升。

对此，我们务必站在历史发展进程的高度，满腔热情地迎接它、适合它。这是新一轮发展的"新常态"。我们浙商们千万不能做观潮者、落伍者，而应做挺立潮头的弄潮儿。

包括现代通信技术、云计算、物联网、大数据在内的现代互联网技术，已成为一种改变旧世界、创造新世界的泛化技术。

它在改变人类的生产方式、制作方式；改变企业的技术线路、组织方式、运营方式；改变世界的时空方式，世界是立体、平面化了；它已成为一种资源、动能、能源；成为一种重新配置、分配、组合各类要素的市场机制大舞台；成为人们特别是年轻人的生活方式、文化形态、思维方式。互联网已经成为可以与世界上任何事物、各种各业接轨融合的泛在化的"万能工具"。这就是"互联网+"，这就是互联网技术带来的人类历史上又一次堪比蒸汽动力、电动动力、机器自动化革命更为广泛深刻的新的伟大变革。中国在互联网运用方面居世界领先，市场也世界上最大，正成为中国新一轮发展的最广泛普化的技术和创新动力。互联网技术可以与各个领域、各个方面对接，可以把一切东西"一网打尽"。你只有在这张无时不有、无时不在的网上找到自身的对接点，才能生存和发展。反之，就会成为被边缘化、被时代所抛弃，那将会死路一条。

创客是有新创意、有新想法，同时又有强烈兴趣爱好冲动，能把自己的创意想法转化为行动的群体。所以，创客、创意首先必须有创新的要素，而创新恰恰是企业家精神的基本素质，狭义的创客是企业家的胚胎与摇篮，而广义的创客就是不断有创意、不断去创业、不断求创新的人群。今后，无论是新创客还是现在的企业家，都必须要有创意与创新，才能生存和发展。狭义的创客是企业家的摇篮，广义的创客是企业家的生活。

互联网技术运用于商业经营和创客创业者以及企业家，都需要树立以用户创新为核心的理念。

以用户创新为核心，即从市场需求、用户需求出发，要创造出新用户，尤其让用户参与到设计、制造全过程。现在的消费市场已到了饱和这个阶段，简单的重复性的产品已经过剩，所以，新一轮的发展必须以用户的需求、同户的参与为核心。现在的产品创意、设计、生产、流通、消费都以用户参与为核心理念，互联网技术、云计算、物联网、大数据、智能终端、3D打印提供了技术保障，创客们正是基于互联网技术提出或创造用户的需求，而他们的创意、设计、制造过程又是开放、共享、合众式的。正因为如此，现在的创新也已进入了2.0阶段，即从过去大专院校科研院所被动式的创新和成果应用，开始转变为向用户开放进入创意、设计、生产、试验、反馈、改进的全过程，实现全程式、互动式的创新。

互联网技术和创客创业将加快推动产业结构、经济结构转型升级。

中国的经济结构由传统走向现代，必须依靠科技创新来驱动，三产服务业必须有更快的发展；城乡区域结构必须缩小发展差距。而互联网技术能起到驱动作用。而现在70%—80%创客们新办的企业在科技型、服务业领域，甚至于农民也在互联网上当创客，城乡距离大大缩短。

运用互联网新技术和创客群体，主要由"新四军""八路军"和"先锋队"组成。

创业主体正由精英"小众"走向"大众化"。以高校毕业生等"80后"、"90后"年轻创业者、大企业高管及连续创业者、科技人员和工程师创业者、留学归国创业者成为的"新四军"。其中大企业高管队伍，是指大企业将传统的层级管控组织重塑为新型创业创新平台，让员工成为创客和新创业者。创客们在这平台上孕育产生各种"奇思妙想"，大企业既可以自己用，也可以与外边合作开发，从而使企业变成一个大的创新资源聚集之地。海尔就是一个很好的案例，在这个一个平台上孵化出2000多家创客小微公司，为社会提供了100多万个就业机会。

浙江省华立集团也是成功案例。从2014年开始，华立在内部鼓励员工创新创业，目前已经形成了一定的氛围，其中有一个项目——萝卜车项目（自平衡车）是由公司的一个工程师利用业余时间捣鼓出来的，2014年四季度将其作为一个典型，发动内部员工众筹，成立了创业公司，当时投入现金300万元，经过创业团队不到一年的努力，第一款产品已经开始上线，创业公司也被风投基金估值为5000万元并进行了A轮融资。这是一个非常典型的例子，说明传统企业通过机制激活，完全可以迸发出全员创业热情从而裂变出无数的充满活力和成长性的创业企业，华立集团今后还将有更多的创客群体出现。

"八路军"指的是四面八方的农民，也正在利用互联网创业，这支队伍不可小觑。目前浙江农村青年网上创业群体约100万人，2014年浙江省农产品网络销售额突破200亿元。浙江将实施"万村万站"工程，计划用3年时间建设1万个农村电商服务点和1万个社区电商服务站。

"先锋队"就是各类投资基金。我们要倡导"互联网+"与"金融资本+"结合。各种各样的投资基金更好地与创客对接。我们正迎来创富时代，其中一个很重要的就是财富基金，近年发展很快，这正是创客时代所需要的。现在越来越多的浙商成为创业投资群体，做创业导师，把浙江的"借贷文化"转变为"投资文化"。如果从广义的创客来理解，这些风险投资者、资本投资者、基金投资者，也是创客队伍中的重要组成部分，而且他们恰恰最灵敏的，最能发现并促成有市场的创意的成功。所以是一支"创客的先锋队"。

运用互联网技术和创客创业者,既是新一轮发展的驱动主体,又是我们这个时代的消费主体。

无论是现在还是将来,4亿多"80后"、"90后"绝对是市场的消费主力,而他们天生亲近网络,尤其是"90后"更是互联网的原住民。他们既有现代科技武装,又有创业创新激情。"80后"、"90后"由于既是消费主体、又是创新动力,所以他们最了解彼此的生存、生活、工作以及思维的方式,创造的产品才有生命力,整体创业氛围才能形成气候。不了解"80后"、"90后",不发挥"80后"、"90后"主体作用,将是不可想象的。

中国新一轮发展的新经济正在萌动,众创客群体正在迅速壮大,众创空间正在大量建立,政府支持创客、创业、创新的政策纷纷出台,创客文化生态环境正在形成。

因此,我们要再次呼唤新浙商,即有创客精神的浙商。浙商应该是永不落伍的新创客!我们希望老中青浙商们,重新再出发,重新当创客,重新去创新创客业!

为此,让我们充满深情地说,创客们,你好!新浙商们,你们好!

浙商是浙江的魅力,新浙商是浙江的希望。

九 浙江省"十三五"时期文化发展总体思路①

"十三五"是深入贯彻"四个全面"战略思想和战略布局、全面深化改革、推动经济社会发展转型的重要时期。文化建设的宏观环境将发生重大变化,浙江省的文化发展在"十二五"期间取得重大成就的基础上,将进入新的阶段。"十二五"期间,浙江省将基本建成文化强省,在五位一体的发展战略中,文化建设的重要地位

---

① 作者系浙江省委宣传部胡坚。

将进一步凸显。老百姓将逐步实现文化小康，人民将享有更加健康丰富的精神文化生活，文化对社会风尚的引领作用日益增强。经济发展进入"新常态"，文化产业越来越成为经济结构调整的重要支点和重要着力点；"互联网＋"时代的到来和高新科技的日益发展，文化与其他行业的融合趋势越来越明显。深化改革全面推进，社会力量参与文化建设越来越广泛，为文化发展营造良好的政策环境和社会环境。随着"一带一路"战略的实施，中华文化的国际影响力将进一步扩大，浙江文化作为中华文化的重要组成部分，将更多参与国际文化交流与合作，等等。面对新的形势，浙江省的文化发展要高扬社会主义先进文化这一旗帜，牢牢把握社会主义核心价值观这一灵魂，紧紧围绕基本建成文化强省这一目标，始终致力于满足人民群众精神文化需求这一出发点和落脚点，进一步解放思想、推进文化创新，不断提高人民群众的思想道德和科学文化素质，不断增强浙江省的文化综合实力和竞争力，为深入实施"八八战略"，干好"一三五"、实现"四翻番"，建设"两富""两美"浙江作出新的更大贡献。

（一）守住文化灵魂，着力培育和践行社会主义核心价值观

"十三五"期间，在文化建设与发展上，首要的任务是进一步培育和践行社会主义核心价值观。要突出抓好中国特色社会主义理论体系特别是习近平总书记系列重要讲话精神的学习，把学习宣传贯彻习近平总书记系列重要讲话精神作为理论武装工作的重中之重，使讲话精神成为干部群众的思想罗盘和行动指南，做到学而信、学而用、学而行。要以党委（党组）中心组和领导干部为重点，推动各级党组织和广大党员干部经常学、深入学、持久学。要研究制定进一步加强和改进领导干部考学述学评学制度的意见，健全中心组学习情况定期通报制度，开展中心组学习专项督查和效果评估工作，推动讲话精神学习的常态化、制度化。要牢牢把握思想理论建设这一根本，不断增强干部群众对党的理论创新成果的认知认同,用中国特色社会主义凝聚思想共识。要持续深化以中国梦为主题的中国特色社会主义宣传教育。坚持在全社会深入开展党史、国史、社会主义发展史的学习教育,要进一步把理想信念这个根本在党员干部群众中牢固树立起来,切实增强道路自信、理论自信和制度自信。要大力开展社会主义核心价值观的教育,在国家理想层面,倡导富强、民主、文明、和谐;在社会秩序层面,倡导自由、平等、公正、法治;在个人行为规范层面,倡导爱国、敬业、诚信、友善。通过各种途径,在基层广泛开展思想宣讲活动,让社会主义核心价值观真正入心入脑,深入广大群众的灵魂。创新提升"当代浙学论坛""浙江人文大讲堂"等品牌,发挥其在传播党和政府的最新政策、马克思主义最新理论成果上的积极作用。要大力繁荣哲学社会科学,加强社会科学学科建设,打造"当代浙学"品牌,推进新型智库建设,重点打造几个在省外有较高知名度、支撑浙江区域战略发展的高端智库,培育一批在省内较有影响力的重要智库。紧紧围绕浙江改革发展的重大现实问题,启动实施第二期"浙江文化研究工程"。

　　在社会主义核心价值观培育和践行中,重要的是增强人们的价值判断力和道德责任感。每个人心底蕴藏的道德意愿、道德情感,是我们培育社会主义核心价值观最深厚的土壤。为此,要把增强全社会的价值判断力和道德责任感作为重要着力点,引导人们辨别什么是真善美、什么是假恶丑,自觉做社会主义核心价值观的践行者。要以深入推进核心价值普及行动、优秀文化传承行动、文化礼堂推进行动、最美风尚培育行动、网络空间清朗行动、诚信建设推进行动等"六大行动"为载体,进一步推动社会主义核心价值观落地生根。要充分利用各种宣传文化阵地进行广泛传播,在公园、广场等公共设施有机融入核心价值观的元素,大力开展"讲文明树新风"公益广告宣传,推动价值观真正入脑入心。

　　要在示范带动上下功夫。开展万名"最美人物"的选树活动,深化"最美浙江人"主题实践活动,分层分类做好时代楷模、道德模范、身边好人等先进典型的培育、宣传、发布和关爱工作，广泛开展"最美家庭""最美行业""最美群体"的创建，集中推出一批可敬、可亲、可学的"最美人物"。同时，组织"最美人物"进社区、进农村、进企业和进学校，举办先进事迹报告、交流座谈、网络访谈等活动，推动人人学习"最美"、人人争做"最美"，切实把浙江打造成"最美高地"。要在主题实践上下功夫。广泛开展爱国主义教育、法治宣传教育、社会责任意识教育，深化拓展群众性精神文明创建和学雷锋志愿服务活动，扎实开展"好家风"建设，创新发展乡贤文化，精心培育打造一批区域道德文化品牌。以建立"时事宣传栏"、传唱大禹纪念歌、用好地方德育教材等为抓手，切实加强中小学育人工作。要大力弘扬浙江精神，凝聚全社会奋发进取、向上向善、大众创业、万众创新的浓郁氛围。

（二）实施文化惠民工程，着力构建现代公共文化服务体系

通过"十三五"时期的努力，使浙江省的公共文化设施布局更加合理，公共文化服务的内容和手段更加丰富，服务质量显著提升，公共文化服务体制机制更加完善，公共文化服务提供主体和提供方式更加多元，城乡、区域、群体间的基本公共文化服务水平相对均衡，人民群众基本文化权益得到更好保障，人民群众对文化发展的满意度持续上升。到2020年，基本建成覆盖城乡、便捷高效、保基本、促公平的现代公共文化服务体系。

要建立基本公共文化服务标准体系。以国家基本公共文化服务标准为依据，结合浙江实际，制定浙江省基本公共文化服务标准，并根据社会经济发展情况作出动态调整。根据城镇化发展趋势和城乡常住人口变化，统筹规划各级公共文化服务设施的整体布局，健全各类公共文化设施建设标准。深入推进公共图书馆、文化馆、乡镇综合文化站等公共文化设施实行免费、错时开放，并在服务形式、服务时间、服务内容等方面有新的突破。探索建立群众文化需求反馈机制，开展公共文化"菜单式"服务，推进公共文化服务项目与内容标准化建设。加强对公共文化从业人员的业务培训，提高从业人员素质。探索具有浙江特色的文化志愿服务模式，发展壮大全省注册文化志愿者队伍，完善公共文化服务队伍标准化建设。鼓励和支持社会力量通过投资或捐助设施设备、兴办实体、资助项目、赞助活动、提供产品和服务等方式参与公共文化服务体系建设。办好浙江全民阅读节，加快建设"书香浙江"，推进城乡公共阅报栏等建设，力争在全省建成10000个阅报栏。

加快完善公共文化服务的网络设施建设。积极推进公共文化服务的标准化、均等化，建立公共文化服务体系建设协调机制，整合基层宣传文化、党员教育、科学普及、体育健身等设施，以农村文化礼堂为重点建设农村文化服务综合体，推进农村文化礼堂建设，加强规划布局，到2020年在全省建成10000个农村文化礼堂，努力争取更广的覆盖面。充分发挥农村文化礼堂在基层公共文化服务中的作用，形成建管用一体化机制，真正成为农村群众的精神家园。要加强文化内容建设，推动文化设施与群众需求之间的有效对接，生产更多群众看得懂、用得上的文化产品，更多开展群众乐于参与、便于参与的文化活动，确保公共文化服务体系既"建得成"，又"用得好"。要推进省级重大文化项目建设。推进浙江省非物质文化遗产馆及市县综合非遗馆建设，在全省加快建设图书馆、文化馆、乡镇综合文化站、多厅影院等文化设施，实现省级中心镇和人口10万人以上的镇图书馆乡镇分馆全覆盖。深化农村电影放映工程建设，在中心镇基本建成数字多厅影院。推进地面数字广播电视覆盖工程，实现城乡应急广播体系全覆盖。到2020年，全省乡镇广播、有线电视联网率达到100%。

提升公共文化服务供给能力，抓住提供更多更好精神食粮这个重要目标，实施基本公共文化服务提升计划，优先安排与基层群众切身利益紧密相关的文化服务项目。加大面向农村和欠发达地区的"送戏下乡""送电影下乡""农家书屋"等力度，实施全民阅读和"书香浙江"促进工程。创新公共文化服务机制，推动建设"网络图书馆""网络博物馆""网络剧场"等覆盖全省的数字文化服务网络，多渠道向基层配送。加强乡土文化培育，切实解决好人民群众的文化需求问题。建立健全政府向社会力量购买公共文化服务机制。出台政府购买公共文化服务指导性意见和目录，将政府购买公共文化服务资金纳入财政预算。推广运用政府和社会资本合作等模式，促进公共文化服务提供主体和提供方式多元化。开展对文化类社会组织运营绩效评估和社会信用评估。推动公共图书馆、文化馆等组建理事会。加强公共文化机构信息化设备配置和软件更新，构建云服务环境下的公共文化机构智能服务系统。构建标准统一、互联互通的公共数字文化服务网络。加快智慧文化社区建设，将丰富的数字文化资源传输到村（社区）文化中心（室），实现"一站式"服务。

　　创新公共文化服务机制，积极开展种文化和送文化活动，大力实施"基层公共文化服务重点项目清单""基层宣传文化阵地设施建设清单""基层宣传文化机构和队伍建设清单""基层宣传文化工作政策保障清单"等"四张清单"，推动基层宣传思想文化工作规范化和可持续发展。进一步落实把农民工纳入城市公共文化服务体系的措施办法。推动公共文化服务社会化发展，鼓励社会力量、社会资本参与公共文化服务体系建设，培育文化非营利组织。创新财政对公共文化服务的绩效管理体制，通过政府采购、服务外包、以奖代补等多种投入方式，提高财政资金使用效益。统筹全省文化资源，促进公共文化资源在省内合理流动。打破制约人才和资源流动的体制屏障，实现资源一体化、人才一体化、服务品质一体化。建立全省图书馆联盟、文化馆联盟、美术馆联盟、博物馆联盟，推动公共图书馆、文化馆总分馆建设。深化流动文化加油站、文化走亲、文化联动等形式多样的流动机制，坚持公共文化资源向基层倾斜、向偏远地区倾斜、向弱势群体倾斜，打通公共文化服务的最后一纳米。保障特殊群体基本文化权益。积极开展面向老年人、未成年人的公益性文化活动。将农民工文化建设纳入常住地公共文化服务体系。推进公共文化服务品牌化建设，形成具有鲜明特色和社会影响力的服务项目，实施基层特色文化品牌建设。

（三）打造浙江艺术高峰，着力推动浙江文艺繁荣发展

"十三五"期间，浙江省要大力深入落实习近平总书记在文艺工作座谈会上的重要讲话精神，坚持以人民为中心的创作导向，大力弘扬社会主义核心价值观，要多出作品，出好作品，出文艺精品。不断加强文化艺术原创能力建设，积极推动文化艺术创新，集中打造一批具有时代特征、地域特点的文化艺术精品，扶持培育一批活跃在国内外的知名文艺团体和优秀文艺人才，努力繁荣文艺精品创作。

要以实施"六大工程"为抓手，打造文艺精品。大力实施地方戏曲振兴工程、当代文学提升工程、美术书法创作工程、影视精品打造工程、基层文艺繁荣工程、文艺浙军培育工程等"六大工程"。突出"中国梦"主题和爱国主义主旋律，大力扶持重大革命历史题材、现实主义生活题材、浙江本土题材的精品创作，加强规划、加大投入、集聚资源、努力抓出一批新的优秀作品，推出一批叫得响、传得开、留得住的高质量文艺作品。要紧紧围绕省委、省政府中心工作，结合"五水共治""三改一拆"、经济转型升级、新农村建设等，策划创作一批反映时代主题的文艺精品力作。更加充分地调动艺术家的创作积极性，开展"深入生活、扎根人民"主题实践采风活动，从实践中汲取养分，创作一批接地气、有温度、带感情的优秀作品。

要大力推进艺术创新。加强重点选题、重大题材的规划指导，突出浙江本土题材创作生产的引导扶持，推动图书报刊和影视节目的创新创优，提倡体裁、题材、形式、手段和内容、风格、流派的创新。要着力加强创新型艺术团队建设，提高文化艺术创新能力，努力取得一批具有一定影响的艺术创新成果。进一步完善艺术创新激励政策，推行重大文艺活动项目公开招标和政府采购，引入市场

竞争机制。加强文艺评论与文艺研究。依托省内高校和文化艺术研究机构，建设一支有深厚理论功底和独到见解的文艺评论队伍，努力形成符合国家文化发展战略、顺应时代要求、具有浙江特色的文艺评论体系。提高文艺评论对艺术生产的指导性及二者的融合度，发挥文艺评论对大众艺术审美趣味的导向作用。实施好《浙江省传统戏剧保护振兴计划》，推进传统戏剧保护发展。扶持新昌调腔、宁海平调、台州乱弹、杭剧、湖剧、睦剧等濒危地方戏曲剧种，抢救艺术资料，研究制定《浙江省濒危剧种生态保护规划》。加强全省艺术研究院（所）建设，拓展职能，提升效能，发挥文艺研究在文艺创作、文化决策咨询、文化活动策划等方面的作用。

努力打造"文艺浙军"。深入实施文化名家暨"五个一批"人才培养工程，探索建立省级文化领域荣誉制度，加强文化名家打造计划和"五个一批"人才工程建设，培养高层次的领军人物和高素质的文艺人才。加强青年文艺人才培养，重点抓好青年戏剧表演人才"新松计划"、青年作家"新荷计划"、青年视觉艺术人才"新峰计划"和青年影视人才"新光计划"等实施工作。建设好中国美术学院、浙江音乐学院等，着力造就大批拔尖人才、骨干人才、青年人才，打造强大的"文艺浙军"。

（四）以重点领域和关键环节为突破，着力推进文化体制机制改革创新

"十三五"期间，要全面深化文化体制改革，紧紧抓住重点领域和关键环节，加快改革创新步伐，积极构建有利于文化改革发展和文化强省建设的体制机制。坚持问题导向和效果导向，立足问题抓改革、立足完善抓改革、立足发展抓改革、立足服务抓改革，不断增强改革的系统性、整体性、协同性。以改革为动力，建立科学有效的文化管理体制和运行机制，形成浙江文化发展体制机制新优势，努力创新文化体制机制。

要加快完善文化宏观管理体制。按照政企分开、政事分开原

则，进一步理顺党政部门与其所属文化企事业单位关系，推动政府部门由"办文化"向"管文化"、由"管微观"向"管宏观"、由"管脚下"向"管天下"的转变。进一步加快简政放权力度，继续适时减少、下放行政审批事项，加强事中事后监管，发挥市场在资源配置中的决定性作用，提高文化宏观管理能力。继续推进文化领域审批制度改革，创新文化市场综合执法方式和监管模式，深化文化市场综合执法改革，指导推动市级与县级综合执法机构理顺关系，消除多层重复执法，实施《浙江省文化市场综合执法机构规范化建设标准》，加强文化市场综合执法队伍建设。加强行业协会建设，逐步引导行业协会承接政府转移的部分职能。推动文化管理部门进一步理顺机制，整合职能。进一步发挥文化改革发展领导小组牵头协调作用，整合相关部门资源，推动形成工作合力。加强对国有资产管理模式的研究，探索党委政府共同监管的体制机制，努力实现管人管事管资产管导向相统一。加强对文化产业发展的指导和引导，推动制定分行业、分区域文化产业发展规划和政策。加强与人大立法部门、法院的沟通协调，推进文化立法，集中打击盗版和侵权，强化版权意识，优化市场环境。

深化国家公共文化服务试点改革。积极推进浙江省基本公共文化服务标准化均等化建设，落实《浙江省关于加快构建现代公共文化服务体系的实施意见》和《浙江省基本公共文化服务实施标准》。加快推进公益性事业单位法人治理结构改革，推动文化馆、图书馆、博物馆、美术馆等公共文化单位开展法人治理结构改革，创新运行机制，组建理事会，吸纳有关方面代表、专业人士、服务对象参与管理，着力增强事业单位发展活力。积极推动民办文化发展，健全向社会购买公共文化服务机制，拓宽社会力量"办文化"路径。

深化国有经营性单位改革。以培育合格文化市场主体和骨干文化企业为重点，推进省级重点国有文化集团公司制股份制改造，率先在符合条件的新闻出版传媒企业试点探索"特殊管理股"制度。

推动已转制的文化企业建立现代企业制度，完善法人治理结构，加快公司制、股份制改造，增强市场竞争能力，形成符合现代企业制度要求、体现文化企业特点的资产组织形式和经营管理模式，切实提高导向把控、资本运作和市场经营能力，打造一批有实力的国有或国有控股文化企业。推动出版、发行、影视、新闻网站、已改制非时政类报刊等进一步完善公司法人治理结构，切实增强自身"造血"功能，形成具有文化特色、符合现代企业制度要求的组织形式和运营方式。着眼于培育富有竞争力的文化企业集群，继续推进文化企业资源整合和兼并重组，推动文化企业跨地区、跨行业、跨所有制兼并重组，培育文化产业的中坚力量和文化领域的战略投资者。以骨干文化企业为主体、中小特色文化企业为重要支撑，加快实施重大项目带动战略，实施一批重点文化产业园区建设和改造、重点文化科技创新项目，推动文化产业又好又快发展。

推进文化事业单位内部机制改革。按照国家关于事业单位分类改革的总体部署，明确不同事业单位功能定位，建立法人治理结构，完善绩效考核机制。党报党刊党台和一般时政类报刊等事业单位要进一步强化党的领导，研究完善在确保导向的基础上做强做大、提升竞争力的管理模式。深化国有文艺院团改革。全面落实文化部、中央组织部、中央宣传部等九部门《关于支持转企改制国有文艺院团改革发展的指导意见》，落实完善体制改革配套政策，加大对转企改制国有文艺院团的扶持力度，加快解决改制院团的历史遗留问题。推动保留事业体制的文艺院团探索企业化管理，健全法人治理结构，进一步完善现代企业制度及其运行机制。理顺管理体制，改革创新内部机制，探索企业化管理，优化资源配置，不断增强活力。探索国有文艺院团社会化改革，引入社会力量参与经营管理，谋划推动国有文艺院团在"事生企"、法人治理结构优化、戏曲生态保护区建设、金融科技合作、媒体和互联网融合、产业化等方面的积极探索和改革尝试。进一步完善岗位设置和绩效工资改革，深化人事、收入分配和社会保障制度改革。

加快现代文化市场体系建设。建立健全市场准入和退出机制，规范市场经营行为，鼓励各类市场主体公平竞争、优胜劣汰。降低市场准入门槛，促进非公有制文化企业发展，鼓励社会资本投资兴办文化企业。以建立现代企业制度为重点，加快推进经营性文化单位改革，推动文化企业跨地区、跨行业、跨所有制兼并重组，培育一批具有强大实力和竞争力、影响力现代企业集团。实施中小微文化企业扶持计划，指导中小微文化企业以创意创新为驱动，走"精、专、新、特"发展道路，形成集聚发展特色文化产业集群。充分发挥市场在文化资源配置方面的积极作用，建立多层次文化产品和要素市场，促进文化资源合理流动，着力推进文化市场一体化、规范化、信息化建设，基本建立起统一开放竞争有序的现代文化市场体系，不断优化文化消费发展环境，促进文化消费转型升级。

构建现代文化市场监管体系。适应文化市场发展新动态，树立"大文化、大市场、大安全"理念，提升文化市场监管效能。推进文化市场法律法规"立改废释"工作，制定和修改省级层面的文化市场法律法规，健全市场监管法制化体系。研究推进文化市场信用管理工作，探索建立文化市场监管信用体系，健全文化市场守信激励和失信惩戒机制。抓好上网服务场所的转型升级，提升综合监管水平和标本兼治水平。加强文化市场安全生产的宣传教育和监督管理，厘清部门权责边界，明确管理职责范围。加强文化市场综合执法机构和队伍标准化规范化建设，强化文化市场执法装备信息化建设和信息共享，建立完善文化市场技术监管平台，全面落实智慧监管。加强部门协作联动，夯实基层基础，发挥社会力量实行群防群治。

（五）充分发挥文化在经济转型升级中的作用，着力提高文化产业发展水平

在"十三五"期间，我们要进一步确立一个观念，就是经济的转型，一靠科技，二靠文化，科技与文化是助推经济转型的双翼。文化产业的发展，走的是一条低排放、低能耗、高附加值，快收益的路子。特别是浙江是一个文化资源极其丰富的省份，如何挖掘文化资源，并将文化资源转化为资本资源和发展资源，是经济转型升级的现实选择。为此，我们要紧紧抓住当前经济转型升级和文化大发展大繁荣的历史性机遇，努力构建富有活力和竞争力的文化产业发展体系，加快推动规模化集约化专业化发展。

通过"十三五"期间的发展，力争实现"一个目标"：即文化产业增加值占GDP比重达到8%以上，成为浙江省国民经济重要支柱性产业；不断提升"两大效益"，即坚持把社会效益放在首位，实现社会效益和经济效益双提升；大力打造"三大平台"，即产业发展平台（文化产业发展重点县、重点园区和重点企业，重点培育文化小镇）、产业服务平台（建设完善文化产业人才、金融、版权、信息等服务平台）和产业交易平台（重点打造义乌文交会、中国国际动漫节、杭州文博会、温州时尚产业博览会等重要文化节展）；努力构建文化产业发展"一圈三带"空间布局：即按产业基础和发展特色，打造以杭州为中心辐射带动湖州、嘉兴、绍兴等周边城市的文化产业核心圈，以及宁波、舟山、温州、台州、金华、衢州和丽水等三个文化产业带；巩固发展"双五大产业"，即巩固提升影视、出版、演艺、动漫、制造等已有五大优势产业，大力发展数字内容、创意设计、艺术品交易、文化旅游、文化会展等新五大优势产业。

优化产业结构布局。根据各地文化资源禀赋、产业集聚态势、区位发展特点，立足优势、发挥特色，加强产业区域布局，统筹城乡发展，培育区域特色产业群，建设产业集聚中心和特色文化产业带，形成各具特色、重点突出、差异发展的文化产业空间布局。加强对全省文化产业园区建设的布局规划，合理规划文化产业园区空间布局和主导产业，引导园区特色发展、错位发展。以优势产业为核心，创新演艺娱乐、动漫游戏、网络文化和数字文化服务、艺术品和工艺美术、创意设计、文化会展、文化旅游等七大行业提升推进机制。进一步突出优势产业引领带动作用，整合行业发展资源，提高文化产业规模化、集约化、专业化水平，确保优势产业在全国领先地位。研究制定文化产业园区相关标准，规范全省文化产业园区建设和服务内容，探索建立园区评价体系。加强文化产业园区日常管理、知识产权、资产评估、展览交易、投融资等公共服务平台建设，推进重点文化产业园区知识产权服务中心建设。加快园区转型升级，促进功能开发，延伸产业链，推动专业化、集约化、特色化发展。加大对文化产业园区管理人员的培训力度，提升园区管理水平。大力推进文化小镇的创建工作，建成一批文化特色鲜明、文化设施完备、文化服务完善、文化生活丰富、文化产业繁荣、文化活力十足的文化小镇。制定文化产业园区标准，建立园区评价体系，加强园区日常管理、知识产权、资产评估、版权交易、投融资等公共服务平台建设，推进重点文化产业园区知识产权服务中心建设。

　　要切实提升发展的质量效益。推动新闻出版、影视服务、文化会展、文体休闲娱乐、文体用品制造等领域的自主创新和转型发展，继续巩固提高传统优势。抓住互联网等数字技术革命的契机，深入实施国家文化科技创新工程，强化政策导向作用，重点实施"文化＋"发展战略，深化文化产业与相关产业融合发展，加快推动文化与科技、旅游、信息、教育、制造、体育、设计等产业的融合，培育新型文化业态，推动产业转型升级。推动文化产业与制造业融合，加强文化创意设计服务与装备制造业、消费品工业对接，提高产品附加值，提升产业贡献度。促进文化产业与科技深度融合，以杭州、宁波、横店等国家级文化与科技融合示范基地建设为抓手，重点推动以移动互联网、云计算、大数据、物联网等为代表的新一代信息技术与文化产业的融合发展，提升文化产业核心竞争力。加快各类网络数字技术成果在新闻出版广播电视领域的应用与推广，推动传统产业的数字化转型和经营模式创新，促进和接受高新技术企业向传媒行业渗透融合，形成产业发展新的经济增长点。推进传统媒体与新兴媒体融合，推进媒体主业与文化产业融合，技术支撑与事业发展融合，推动平面媒体和网络媒体在内容、渠道、平台、经营、管理方面的深度融合，加快建设新型主流媒体。充分发挥阿里巴巴集团等龙头企业的资源优势，促进文化产业与电商融合发展，推动文化企业实现技术和商业模式创新。完善文化科技协同创新机制建设，提高艺术科学研究和规划管理水平，确保省部文化科技对接项目、省级文化科技协同项目等重点项目落地。加大金融创新力度，拓宽融资渠道，进一步完善文化企业融资服务链，创新文化金融配套服务机制，促进文化产业与金融融合发展。依托浙江丰富的旅游资源和文化资源，促进文化产业与旅游融合发展。重点培育一批文化创意和设计服务与相关产业融合发展的骨干企业，着力打造一批文化与科技融合示范项目、示范园区，不断提升文化产业的融合发展水平。

推动文化服务机制创新。进一步增强服务意识，创新服务机制，建设一批包括会展交易、技术支撑、投资融资、知识产权保护、信息咨询等功能的文化产业综合服务平台。进一步推动中国（义乌）文化产品交易会、中国国际动漫节等重要会展转型，提升其市场化、专业化、国际化水平。持续创新杭州中国"动漫之都"、宁波国家级动漫原创基地等国家级文化产业基地发展，促进国家文化产业示范基地建设，发挥重点文化产业项目带动示范作用。充分发挥高校、科研院所科研资源集聚优势，推动文化产业研究中心、基地建设。

积极鼓励民营资本发展文化产业。充分发挥浙江省民营资本发达的优势，降低社会资本准入门槛，允许参与对外出版、网络出版，允许以控股形式参与国有影视制作机构、文艺院团改制经营，鼓励更多更好的民营资本投入文化产业发展。引导鼓励非公有资本进入文化产业，积极鼓励社会资本参与设立省级文化产业投资基金。加强对民营文化企业的扶持和管理。培育孵化一批"专、精、特、新"中小微文化企业或文化工作室。实施小微文化企业扶持计划,培育一批成长型中小微文化企业,夯实文化产业发展基础。实施文化企业上市培育计划,推动一批文化企业和文化企业集团上市,提高浙江省文化产业的核心竞争力。实施文化产业园区提升计划,促进文化企业集聚发展,推动管理服务规范化、制度化,认定一批省级文化产业示范园区,申报推荐一批国家级文化产业示范(试验)园区。实施文化产业人才引进培育计划,重点引进一批文化产业领军人才和创新团队,着力培养一批文化产业青年人才和创新团队。引导在浙高校加快文化产业相关学科建设,培养造就一批适应文化产业发展需要的创新型、高层次的文化产业人才。实行文化产业培训教育机构认证制,鼓励发展文化产业职业教育,培养文化产业实用性人才。设立文化产业人才数据库,健全文化产业人才评估体系、激励机制和保障制度。推进文化产业创新实训基地、文化科技"产学研"协同创新基地建设,为文化产业人才创业创新搭建平台。

(六)提升文化软实力,着力推动浙江文化"走出去"

在"十三五"期间,我们要紧紧围绕国家外交总体战略和浙江文化强省建设进程,坚持政府统筹、社会参与、官民并举、市场运作,统筹地方和中央、政府和民间、国内和国外等各方力量和资源,促进对外文化贸易,构建多渠道、宽领域、多形式、多层次的工作格局,提升浙江文化竞争力、影响力。重点办好第二届世界互联网大会。扎实做好各项筹备工作,切实把大会打造成推动浙江省信息经济发展的金字招牌和对外文化交流与传播的活力舞台。实施经典浙江译介工程。实施对外翻译资助计划,遴选一批当代浙江优秀文学作品,组织国际知名汉学家、翻译家,加大翻译、推广力度,让浙江作品走向世界。提升省级媒体在国外的影响力,争取"浙江新闻"的境外客户端用户数达 1000 万。大力扶持浙商在外国办的各种电台、电视台和报刊发行杂志,进一步畅通浙江对外传播渠道，让浙江好声音响透全球。

要抓住国家"一带一路"建设为推进文化"走出去"提供的难得机遇，紧紧围绕国家总体文化外交战略，加强与"一带一路"沿线国家的交流，推进与丝绸之路沿线国家的文化交流、文化传播和文化贸易，确保浙江省每年与"一带一路"沿线国家开展文化活动。通过国家间文化交流项目和渠道广泛持久传播浙江省文化艺术新成果。配合省委、省政府重大涉外活动，统筹、策划和实施文化项目，构建友好关系，营造良好涉外环境。持续深化对港澳台文化交流与合作，提升浙江文化对外影响力。继续指导和促进各地积极实施和参与对外对港澳台文化交流，充分发挥市县资源优势，通过联席会议机制对接项目、推介项目，促进地方文化交流活跃开展。

要在更宽的渠道上广泛开展对外文化交流。以浙籍海外华侨华人、在浙外国人、出访团组、浙籍出国留学生以及海外中餐馆等为重点，分类实施外宣推广传播项目。组织"美丽浙江文化节""非遗系列展"等文化外宣活动，展示独具魅力的浙江故事。大力实施浙江丝绸之路出版影视桥工程、中非出版合作工程、促进对外版权贸易工程，继续推进"浙江当代文学和文化作品译介工程"，加大浙籍作家作品全球推广力度。加快发展对外文化贸易，坚持"造船出海"与"借船出海"相结合，搭建一批有国际影响力的对外文化贸易平台。完善"浙江省文化出口重点项目库"，加强对重点"走出去"项目的扶持。支持中国（浙江）影视产业国际合作实验区建设，积极推进杭州联合国教科文组织全球创意城市网络"工艺和民间艺术之都"建设。加快发展对外文化贸易。按照"扩规模、拓领域、强主业、固基础"总体思路，进一步提高文化开放水平，发展多种形式的对外文化贸易。注重突出文化内涵和思想内核，推出一批"拳头产品"，努力推动那些承载中华文化内涵、体现浙江特色的优秀文化产品走向世界。

实施文化品牌提升战略。立足浙江地域文化和资源优势，打造、提升"美丽浙江文化节""台湾·浙江文化节"等系列对外和对台文化品牌内涵，广泛宣传中国梦和中华文化核心价值理念，大力推动浙江文化艺术和非物质文化遗产"走出去"，增强对外文化辐射力和影响力。深化内容建设，创新工作思路，对传统文化资源用现代技术手段和形式进行包装、演绎，将文化资源转化成信息化的产品，创作出既代表我国民族文化又为国际文化市场所欢迎的优秀产品。用易于理解、认同和接受的手段传播中华优秀文化，塑造浙江省良好的国际形象。

通过政策支持、信息服务和平台搭建等多种措施，鼓励和支持文化企业在境外投资、营销、参展、宣传等领域开展活动，积极参与国际竞争。完善《浙江省商业演出展览出口指导目录项目管理办法》，扶持文化产品和服务以商业方式进入境外市场。完善浙江省对外文化交流和贸易项目库建设，探索新型文化产品营销模式。借助浙江国际贸易平台优势，借助我国驻外使领馆、外国驻华使领馆、中国海外文化中心以及自身建立起的合作网络拓宽营销渠道，拓展境外文化市场。组织文化企业参加国际知名专业会展、洽谈会和双边、多边国际文化产业领域对话。推介文化企业积极参与中外友好文化年、艺术节等文化交流活动，促进对外贸易繁荣发展。

十　浙江社会发展、社会建设的重点、难点和关键[①]

（一）社会发展与建设面临的机遇与挑战

"十三五"时期是浙江省深入实施"八八战略"、建设"两富""两美"现代化浙江的关键时期，是浙江省经济发展方式重要转折和产业结构调整加速推进期。这一时期浙江省经济发展将进入新常态，浙江省人均 GDP 将向 2 万美元新跨越的攻坚阶段，社会

---

① 作者系浙江省社科院公共政策研究所杨建华、周盛、莫艳清。

文化发展也将步入生活品质提升取得新突破、民生改善达到新高度、协调发展呈现新局面、体制机制再创新活力的阶段。这一时期我们面临着发展机遇与挑战并存。这主要表现在：

1. 经济结构加速调整给社会发展带来新机遇

经过改革开放 30 多年来的发展，浙江省经济进入平稳中速增长期、投资驱动进入作用稳定期、产业结构调整进入加速期、资源要素制约进入瓶颈期、社会发展进入新成长期。准确把握经济运行阶段性变化特征，妥善解决好随着经济结构调整给社会就业、社会利益、人口流动等社会结构、社会治理等方面带来的新情况新问题，积极推进经济平稳较快健康发展，促进社会和谐稳定运行，是社会发展中的一项艰巨任务。

2. 经济发展新常态对浙江省社会、文化发展形成新压力

"十三五"时期浙江省经济发展将进入"新常态"，新常态下，浙江省经济社会发展将呈现出"两降两升"态势，即经济增长将从高速降到中速或中低速，财政增幅也将大幅回落，同时，城乡居民的社会权利意识不断提升，城乡居民对公共产品、公共服务的需求在快速提升，人们的需求从私人产品到公共产品升级。这将对浙江省经济社会发展和公共服务、公共产品供给形成较大压力。对社会发展来说，新常态意味着供给重点转向公共品领域。与商品经济走向买方市场截然相反的是，随着收入水平的进一步提升，浙江省当前面临着社会公共品供给严重不足问题。一方面表现为随着城市人口规模的不断扩大，公共品供给的总量规模不足；另一方面表现为城乡公共品供给严重失衡，农村公共品供给不能满足需要；同时还表现为城市对外来人口的公共品需求供给不足，制约城市化水平和质量的提升。因此，在迈向高收入阶段的过程中，公共品的供需矛盾将成为"新常态"，社会供给重点领域将由竞争性商品领域转向公共品，对文化、科技、教育、医疗卫生等公共服务领域的供给将是重点。

3. 政府职能加速转变给社会发展带来新要求

经济新常态下对政府的考核机制将发生重大改变，社会发展、

民生改善、环境与生态保护等领域的目标的重要性日益凸显。这对浙江省社会发展提出了更新更高的要求，需要按照党的十八大提出的发展与民生改善任务，在经济发展的基础上，深化社会体制改革，更加注重社会建设，扩大公共服务，着力保障和改善民生，创新社会治理，促进社会公平正义，使浙江省在"十三五"时期顺利实现基本现代化。

4. 社会利益深刻调整给社会发展、社会治理带来新挑战

利益失衡是当前社会发展中的一个突出问题，由于发展的不平衡和体制机制政策中的不合理因素，改革发展成果受惠程度不均，尤其是基层群众受惠不足，城乡之间、地区之间的发展差距进一步拉大，社会成员的贫富差距进一步扩大。因此，社会矛盾、社会风险（尤其是人为风险）仍是一个多发期，社会矛盾会更多呈现出显性化、群体化。正确处理和化解日益复杂的社会矛盾，维护安全稳定的社会秩序任务更加突出。这给社会发展、社会治理带来了极大挑战，需要更加坚持公平正义，尽快提升社会治理能力与水平。

（二）社会发展的建设重点与难点

1. 重点建设目标

未来五年，浙江省社会发展须以解决关乎人民群众切身利益与影响社会和谐的突出问题为突破口，以构建惠及全体社会成员的基本公共服务制度体系、完善社会服务为重点，以创新社会治理为动力，以优化社会环境为保障，以促进社会和谐为目标，使浙江省社会文化发展继续走在全国前列。

——社会民生得到更好的保障和改善。城乡居民生活水平稳步提升，收入差距不断缩小，收入分配更加合理，城乡居民就业岗位增加，社会保障更加完善，低收入群体、弱势群体和农村居民得到更好的社会保障。

——社会公共事业持续发展。公共服务的财政供给体制更加健全，社会公共服务资源的城乡、区域和群体配置更加合理，政府的

公共服务供给能力进一步增强。教育、医疗和养老等社会事业进一步发展，公共服务均等化趋势不断增强。文化惠民能力显著增强，建成覆盖城乡、分布合理、发展均衡、网络健全、服务优质、管理有效的公共文化服务体系，实现基本公共文化服务均等化，文化产品和服务更加丰富，人民群众基本文化权益得到更好保障。文化遗产得到全面保护与有效传承。

——社会体制和社会政策更加完善。制定出系统科学的社会体制改革的顶层设计，全面协调地推进社会体制改革。社会政策制定更加科学与合理，注重民众的需求和参与。社会公共服务的财政供给体制和政府购买机制更加完善。

——社会结构更加优化。社会流动机制更加开放合理，中等收入群体不断壮大，现代橄榄形社会结构初步形成。

——社会治理能力得到普遍提升。社会治理理念更加科学，基层社会治理得到有效加强，治理基础更加坚固，自治载体更加完善，社会组织快速发展，社区自治功能得到增强。

——社会公共安全得到有效保障。食品安全状况好转，社会突发性群体事件有效预防和处置，社会公共安全提升，社会和谐稳定。

2. 努力提高城乡居民收入

继续推进创业富民战略的实施。稳步提升城乡居民收入水平，需要通过继续推进创业富民战略、建立更加公平合理的收入分配制度、增加就业机会和就业岗位、重点提升低收入群体的收入水平等措施来实现。

（1）降低准入门槛，为创业者提供良好的制度保障

建立更加公平的社会发展环境和更为宽松的鼓励创业创新的政策体系。放开市场准入，降低准入门槛。深化行政审批制度改革，加大行政事业性收费减免力度，进一步降低创业税费标准，减轻民众创业负担。完善融资担保政策，不断畅通投资渠道。要对小微企业在资金、税收、场地、培训等方面给予相应的创业扶持，为创业

者提供制度保障。鼓励各类科技创新型企业发展，完善专利政策，加大对重大科技发明者的奖励，营造激励创新的社会氛围。鼓励支持中小企业和个体劳动者创业，支持大学生、科技人员、军转干部、个体工商户等兴办各种科技类、创意类、服务类小企业。积极开展对大学生的创业意识、创业能力及创业素质的教育和培训，完善相关扶持政策，并加大对大学生创业优惠政策的宣传力度。扶持家庭工业发展，以创业带动就业，不断完善创业服务体系，拓展城乡居民财产性收入增长途径。

(2) 完善收入分配制度

加快收入分配制度改革，调整收入分配结构。坚持"提低、扩中、调高"的原则，改善国民三次收入分配。着力提高城乡中低收入居民收入，加强对《劳动法》、《劳动合同法》等的落实工作，大幅提高劳动者报酬在国民收入中的比重，坚持居民收入增速不低于GDP增速，劳动者报酬增速不低于企业利润增速，建立劳动者收入合理增长机制。

二次分配要注重社会公平，强化政府的主导作用。探索建立对低收入群体的普惠式补贴制度，对特殊困难家庭或接近中等收入线的家庭实行现金直补。加强对高收入群体的税收征管和税收调节，鼓励和开放三次分配，大力支持慈善事业和各种非营利事业快速发展。此外，要规范收入分配秩序和政府财政行为，调节非市场因素导致的过高收入，规范灰色收入，取缔非法收入。加强对垄断行业收入分配的调控和监管，营造平等的收入分配政策环境。

(3) 积极完善就业服务体系

健全就业服务体系，扩大就业服务范围，加大对普通劳动力尤其是农村劳动者的教育培训力度，提高劳动力的技能含量和自身素质，免费为他们提供就业信息、职业介绍、政策咨询等服务。发展教育和职业培训，优化劳动力结构，改变劳动者在市场上的弱势地位。深化教育体制改革，加大财政对教育的投入，调整高校专业设置结构，提高职业技术教育、特别是中高等职业教育的比重，努力增加中高级素质劳动者的人数。推动产业结构优化升级,通过制定合理的产业政策,把产业结构调整与解决失业问题结合起来,积极创造更多的就业机会和中等收入就业岗位,努力实现构建解决就业问题和产业结构调整的良性循环机制。大力发展先进制造业和现代服务业,兴办家庭服务业,发展乡村旅游业,培育文化创意产业,不断转移剩余劳动力,吸纳更多中等收入者。同时,加强就业法律法规建设及执法力度,保障劳动者合法权益。

(4) 着力提升农村居民收入

建立农民收入增长的长效机制,促进农业劳动者加快增收。推进农业产业化,以促进农民增收和农业增效为中心,大力扶持龙头企业和农产品加工业,提高农产品附加值,延伸农产品产业链。提高转移支付效率,使转移支付向基层、农村、困难地区、低收入者倾斜,注重发挥转移支付在扩大就业、增强脱贫能力、提高教育和卫生水平等方面的作用。要创新承包地与宅基地流转制度,通过立法,保障农民对土地的处置和收益权,实现土地使用权的市场化流转。支持农村乡镇企业及民营经济规模重组,积极发展农村个体、私营经济和第三产业,增加农村居民非农业收入比重。鼓励和引导农村发展新型合作经济组织,通过组建股份合作实体、推进农村集体产权制度改革等途径,增加农民收入中的创业性收入、财产性收入、保护性收入和转移性收入比重,拓宽农民增收渠道。还要发展农村教育事业,不断提高农民素质,加强对农民工的职业教育培训。要完善城乡统筹,建立工业反哺农业、城市带动农村的长效机制,实现农业增效和农民增收。

(5) 加强对低收入群体基本生活的保障

完善最低工资制度、工资支付保障制度。加大对企业执行最低工资标准的监管力度,推动工资集体协商制度建设,建立健全政府监督下的劳资谈判机制,切实保障劳动者的合法收益。提高城乡居民最低生活保障、失业保险、社会救助和退休人员退休金水平等,保障低收入群体的基本生活。加大对低收入群体和弱势群体的社会保障投入，扩大对弱势群体的保障范围。增宽低收入群体和弱势群体的就业渠道，增加弱势群体和其他低收入阶层的就业人数；制定和完善相关法律法规，保障妇女、儿童、老年人、残疾人等群体的合法权益。统筹城乡区域发展，推进欠发达地区加快发展，加强劳动力转移培训，推动产业化扶贫和异地扶贫。大力促进低收入农户增收，实行科学精准扶贫。

3. 努力提升公共安全能力与水平

社会性突发事件成为影响公共安全和社会稳定的主要新因素，因"邻避效应"引发的社会群体性突发事件成为社会公共安全保障问题的新重点。因此，需要提升政府对突发性事件的预防和处置能力，具体来说主要做好以下几点。

(1) 建立社会稳定风险评估机制

要在省、市、县三级全面实施社会稳定风险评估机制，对征地拆迁、劳资纠纷、环境污染等重点领域必须做到"应评尽评"。要把社会稳定风险评估作为实施重大决策、重大项目的必经程序和前置条件，切实做到有明显不稳定风险的政策不出台、绝大多数群众不支持的项目不立项，切实防止因决策不当引发社会矛盾。要重视对舆情风险的评估，遏制网民"遐想"冲动。在当前的舆论环境下，上马重大项目，尤其是环保类项目，建立舆情风险评估机制的重要性不言而喻。由于这些项目不会局限于一地一域，围观的异地网民有朝一日也可能遇到类似问题，并变成"当事人"，客观上增加了网民参与类似事件的积极性。

(2) 建立健全社会安全阀系统

构建理性化的社会沟通系统，搭建政社对话协商平台，建立更为顺畅和开放的民意表达机制。拓宽民众维权渠道，建立社会冲突协商解决机制，使群体性活动纳入一定的规则，降低群体性抗议活动的敏感度。培育社会缓冲与消融机制。各种社会中间组织是社会成员交流感受、诉说委屈、发泄情绪、提出建议的渠道，能及时、适当地让不满情绪和不同意见得以宣泄，避免矛盾和冲突在社会领域的过度压抑、聚集甚至总爆发，减缓甚至避免社会成员对政府的直接对抗。以社会中间组织为主体的缓冲与消融机制，能够起到社会安全阀的作用。

(3) 完善大调解体系

深入排查各类矛盾，加大调处力度，防止矛盾升级转化引发群体性事件。深化"大调解"组织向最基层延伸，深入推进大调解"五进"活动。以县（区）、乡镇（街道）、村（居）三级信访网络为平台，推行"一个窗口受理、一条龙服务、一站式办结、一揽子解决"工作模式，畅通群众信访渠道；加大对重点地区、行业、场所、领域、人群的排查整治力度，集中开展专项整治；建立健全人民调解、行政调解、司法调解相衔接的"三调联动"机制，整合政法、综治、信访、维稳等力量，以行业职能部门为依托，重点突出对环境污染纠纷、医患纠纷、山林纠纷、征地拆迁补偿纠纷、学生安全事故纠纷以及劳资等纠纷的化解。

健全各级调解组织网络，完善多元的矛盾化解衔接机制。完善基层社区人民调解组织，规范建设各类调解工作室。各调解组织要以多种形式衔接"大调解"工作合力，要整合纠纷的各种解决力量，夯实"就近就快"调处化解社会矛盾纠纷的基层基础。要按照"衔接顺畅，协调联动，优势互补，形成链状"的要求，完善"诉调对接""警调对接""访调对接"等各类调解相互衔接配合的工作流程。要延伸社会调解，充分发挥工、青、妇等社会团体和其他社会民间调解组织的作用，构建社会各界力量广泛参与的"大调解"工作体系。继续推进专职人民调解员队伍建设，通过培训使他们逐步提高政治业务素质和调解工作技能，能够有效地服务于"大调解"工作。

(4) 正视"邻避效应"

正视"邻避效应"，避免并培育"邻避效应"，提高社区的"自觉行动能力"，需要政府、企业和民众三者的良性互动。首先，政府和企业应坚持信息透明化，向民众和政府提供完全的信息，并及时吸收民众和政府的意见，消除信息不完全和不对称对民众心理和政府决策的负面影响。其次，设置邻避设施时需要充分吸纳民意，引导公民参与，达到协商民主，做到科学决策，并有制度保障。再次，对于因设置"邻避设施"而受到影响的民众，要给予合理而充分的赔偿及身心补救。对于补偿方式和补偿标准等问题应充分听取区县、街镇、企业和居民的意见，逐步实现从"民众参与"到"共同决策"的转变，推动公民参与和补偿机制的不断完善。最后，完善政府与社会共同监管制度，引入第三方专业公司依法对项目建设营运进行指导、规范、监督与监测，加强社区监督和治理，赋予社区一定的掌控权，强化政府的管理与监督作用。

（5）加强食品安全的社会治理

强化食品安全的社会治理理念，发动社会力量共同参与治理。党委政府要树立综合的社会治理观念，让企业、民间组织、消费者等主体共同参与食品安全治理，运用法律、市场、协商、行政等手段治理食品安全问题。充分动员并培育食品行业组织、消费者协会、媒体等组织积极参与食品安全治理，以完善食品安全监管的社会力量。建立代表诉讼制度，授予消费者保护组织或者其他社会公益组织一定权力，以给消费者提供更加方便的诉讼渠道和维权渠道，缓解食品安全问题。

充分发挥新闻媒体和社会舆论的监督作用，形成执法与舆论监督的良性互动。建立健全食品安全的舆论监督机制，充分发挥媒体在食品安全报道中的快速反应、及时披露相关信息的积极作用，从而形成最及时、最有效的监督。要健全与媒体的联络沟通机制，正确引导媒体发挥监督作用。要多开食品安全方面的新闻发布会、情况通报会、科普宣教会，支持和引导媒体客观准确报道。当然，应避免和克服在事件的性质、危害和影响问题尚未查明核实的情况下，就将出现的食品安全问题冠以"致癌""致命"等标题加以报道，造成民众恐慌。

（6）建立快速有效的公共安全应急机制

一是健全应急指挥机构组织体系，优化应急协同合作机制，形成应急指挥处置整体合力。打破部门界限，优化公共安全应急协同合作机制。二是加强应急救援队伍建设。建立应急指挥机构咨询智库和应急救援专家队伍，为应急管理提供决策辅助。加强公安消防、特警以及武警、解放军、预备役民兵等各类专业应急抢险救援队伍建设。逐步建立社会化的应急救援机制，做好社会志愿者的动员激励和招募、培训工作，壮大社会应急救援队伍。三是健全公共安全应急准备长效机制，实施制度化、系统化管理。要参照军事化要求，建立应急机制"战备值班"制度。四是重视对民众的危机意识的培训，加强全民安全防范意识。利用大众传播媒介电台、电视台、报刊、网络等加强对民众的宣传和教育工作，提高人们安全防范意识和技能。建立分层次的培训基地和机构，培训实用、针对性强的安全防范知识，有效地提高突发公共安全事件的应急救援和处理能力。

（7）加强对网络社会的治理力度

应加强对网络社会的治理力度，促进网络秩序和诚信机制的建立，同时做好对外宣传工作。从一系列群体性事件中可以看出，网络不只是民众信息获取的渠道，也是进行社会动员、社会组织的渠道，网民行为已经对社会结构和秩序产生着越来越深刻的影响。政府应将网络社会当作重要的执政领域，加强对网络社会的治理，促进网络秩序和网络诚信机制的建立。要做好网络立法，促进网络秩序的建立；要加强对网络侵权、网络造谣等的打击力度，维护网络空间的安全；要加强管理技术的研发，提升社会管理的技术能力；要做好对外宣传工作，改变外网网民被国外势力及异见分子误导和操作的局面。

（三）体制改革、机制建设：社会建设与发展的关键点

1. 实现"三个转变"

"十三五"时期，要加大力度保障与改善民生，发展公共服务事业，提升公共服务与公共产品供给能力，满足人民群众迅速增长的社会权利意识与公共服务需求。民生保障与改善需实现三个转变。即从以物质保障为主向物质与权利保障并重转变，从以均等化保障为主向均等化与底线保障并重转变，从以全民保障为主向全民共享与重点保障弱势群体并重转变。要认识到民生问题，说到底还是权利问题。应当把用法治方法、法治手段推动民生问题的解决，作为落实公民权利的重要举措。切实解决群众反映强烈的问题。从解决这些问题入手，保障公民权利落实，推进社会建设，既找准了着力点，也找到了共鸣点。守住底线，突出重点，完善制度，重点保障低收入群众基本生活，保障因病致贫、因灾致贫和其他家庭困难人群的生活，建立其相应的帮扶应答机制，予以特别关注和解决。

（1）保权利

"十三五"时期要大力以保障人民群众社会权利来保障与改善民生。保障人民群众基本社会权利，如工作权、教育权、健康权、财产权、住房权、晋升权、迁徙权、名誉权、娱乐权、平等的性别权，保障人民群众对社会政策制定的知情权、咨询权、听证权、建议权、监督权。完善社会政策的制定程序，让相关社会群体有充分的参与和表意的机会，以维护民众利益。改进公共事务决策程序，采取民主恳谈、参与式政策分析等形式，构建新的决策模式，推动政策过程的范式性转变。

（2）保底线

在加大均等化保障力度的同时，要加强每个社会成员基本生活、公共服务、公共产品享有的底线保障，让每个人都能过上基本的衣食无虞、病困有医的尊严生活。采用底线公平模式，加强社会就业、社会保险、社会救助、社会福利、社会慈善五个方面的社会保障，重点发展教育、医疗、文化、体育等社会事业，不断完善公共交通、供水供电、通信网络、污水垃圾处理等基础公共设施。政府需要根据最低公平的原则制定各项生活保障与公共服务的最低提供标准，并通过多级政府分担经费保障地方政府有提供最低标准服务的能力。同时，允许并鼓励有财政能力的地方政府提供更多的、质量更高的公共服务，但经费应当由地方政府自己承担。采用底线公平模式推进基本生活与公共服务保障，要明确基本生活与公共服务的省级最低标准，确保欠发达地区、农村和弱势群体都能享受到最低标准之上的基本生活与公共服务保障，同时逐步缩小城乡间、区域间的基本公共服务享有水平差距，提高公共服务的公平程度。

(3) 保弱势

强化弱势群体管理服务。通过实施积极的就业政策、完善社会保障体系、发展社会福利、加大扶贫开发力度等一系列政策措施，着力改善中低收入群体生活状况。加强失业职工再就业和被征地人员就业扶持，通过发放用工补贴、减免税费、提供小额贷款贴息等一系列政策，鼓励企业吸纳下岗失业职工。出台实施鼓励企业吸纳、征地企业消化、公益岗位招收等政策，推动被征地人员、农民就业和自主创业。实施低收入农户奔小康工程，全面建立"一户一策一结对"帮扶机制，出台高素质新型农民扶持办法。

构建更加积极的社会救助制度体系。尽快完善全覆盖、动态化的困难和弱势群体的信息统计与报送系统，并建立相应的帮扶应答和响应机制，准确分析致贫原因，并给予针对性的救助服务。在确保困难群众社会救助标准与经济发展同步增长的基础上，逐步提高低保标准、低保受助率和最低工资标准，让底层群众享有更多的社会公共产品和公共资源。探索积极的"发展型社会救助模式"，在提供经济援助的同时，给予更有针对性的就业指导、技能培训、法律援助、创业支持等积极性救助服务，积极创造条件让居民拥有更多财产性收入和经营性收入。

2. 完善民生改善和保障的实施机制

(1) 完善财政投入和保障机制

建立民生领域财政支出增长长效机制，切实增强各级财政民生服务的保障能力。合理界定各级政府保障和改善民生的事权支出责任。省政府负责制定全省民生保障的重大政策法规、保障标准（最低标准），提供涉及地方事权的民生服务，以及对市级和县级政府民生保障问责。市级和县级政府具体负责本地民生保障服务的提供及民生服务机构的监管。完善财政转移支付制度。充分发挥专项转移支付和一般转移支付两者优势。适当增加一般性转移支付规模，加大对欠发达地区和民生保障薄弱环节的支持，充分发挥专项转移支付资金在保障和改善民生中的积极作用。完善民生财政预算。优化财政支出结构，利用债券、信贷等多种融资形式拓宽民生保障资金来源。优先安排预算用于保障和改善民生，确保全省财政新增财力2/3以上用于民生领域。推进"收入一个笼子、预算一个盘子、支出一个口子"公共财政管理改革。加强县级财政民生保障能力。完善"省管县"财政体制，逐步提高县级财政在省以下财力分配中的比重，帮助困难县（市、区）弥补基本财力缺口。县级政府要综合考虑本地人口、经济社会发展等情况科学统筹财力，合理制定预算，并强化自我约束。

（2）完善资源动员和服务供给机制

保障和改善民生，要坚持政府主导并承担财政保障责任，同时要寻求有效的机制，充分调动社会资源，逐步形成有序竞争和多元参与的机制，尊重市场规律，利用市场机制，提高服务效率。创新公共服务提供方式。在政府实施有效监管、机构严格自律、社会加强监督的基础上，扩大民生领域公共服务面向社会资本开放的领域。

鼓励和引导社会资本投资建立非营利性公益服务机构，探索民生服务项目经营权转让机制和民间投资公共服务的财政资助机制。逐步扩大采取直接补需方的方式，增强公民享受服务的选择权和灵活性。推动社会资本兴办养（托）老服务和残疾人康复、托养服务等机构。积极采取招标采购、合约出租、特许经营、政府参股等形式扩大政府择优购买民生服务的规模，提供基本公共服务的民办机构，在设立条件、资质认定、职业资格与职称评定等方面与事业单位公平对待。促进民生服务信息资源整合共享。积极构建民生服务信息平台，加强不同部门、不同行业间的信息资源整合。积极利用信息技术提高民生服务机构管理效率，创新服务模式和服务业态。

分类推进事业单位改革。按照政事分开、事企分开和管办分离的要求，分类推进事业单位改革，完善法人治理结构，逐步建立现代事业单位管理体制和运行机制，使事业单位真正转变为独立的事业单位法人和公共服务提供主体。对提供民生服务的事业单位，要强化公益属性，完善政府投入方式，加强监督管理。鼓励社会力量参与。逐步建立政府行政承诺制度、听证制度、信息查询咨询制度，保障公众的知情权、参与权和监督权。积极引导省外浙商回归参与家乡民生服务项目建设，捐建社会公益项目。充分发挥社会组织在民生服务需求表达、服务供给与评价监督等方面的积极作用，适合由社会承担的民生服务事项以购买服务等方式交由社会组织承担。大力发展慈善事业和志愿服务，发挥慈善在民生服务提供和筹资等方面的作用，促进志愿服务经常化、制度化和规范化。

（3）完善评估监督机制

推进民生保障工作，需要有一套评估监督机制，要将民生保障绩效纳入政府考核问责体系，规范并引导政府和公共服务部门的职责行为。建立评估制度。实施民生保障服务评价制度，开展民生保障水平监测评价，制订评价指标体系和评价方案，评估结果以适当方式向社会公布。同时，鼓励多方参与评估，积极引入第三方评估。完善监督机制。加强对民生保障项目和重大过程的监督和检查，形成各负其责、逐层逐级抓落实的推进机制。实施季度督查通报制度，各级向上级及时反映民生工作的情况。健全民生保障预算公开机制，增强预算透明度。加强对各级政府履行民生服务职责的动态监测、评估。健全问责机制。强化激励约束，完善政府部门年度目标责任制考核办法，将民生保障工作评价结果，纳入各级政府领导干部政绩考评体系。建立民生服务设施建设质量追溯机制，对学校、医院、福利机构、保障性住房等建筑质量实行终身负责制。

开展民生服务财政资金绩效评价，对挪用下拨资金、不按规定使用资金和不按时达标的市县，按相应规定进行处罚。

3. 建立健全公共服务与公共产品供给机制

(1) 建立健全全民统一的基本公共服务体制

破除城乡分割、身份分割和地域分割的社会福利碎片化格局，建立健全一个全民统一的基本公共服务体制，实现发展成果更多更公平惠及全体人民。要根据社会政策的统一性原则，对所有民众实施统一的社会政策、同类项目统一运行以及建立一体化的筹资、运行和管理体制，将目前各种分割林立的制度政策进行整合并轨，实现统一制度、统一规范、统一标准。在尊重地方创新经验的基础上，更加重视从整体、宏观上深化教育领域综合改革、健全促进就业创业体制机制、建立更加公平可持续的社会保障制度、深化医疗卫生体制改革等。重新设计上下级政府的财政关系与职责分工，建立事权和支出责任相适应的制度，消除目前财权不充分的属地化基本公共服务供给体制的弊端。

(2) 健全完善公共资源配置机制

加强基本公共服务均等化平台建设。优化公共资源布局，普通高中、职业学校、中心卫生院、文体活动中心、综合性敬老院等相对大型服务设施向中心镇集中，幼儿园、居家养老服务网点、垃圾集中收集站等与日常生活更为紧密联系的服务设施向中心村集中，改善农村道路交通条件，完善自然村与中心村的交通联系。加强中心镇便民服务平台建设，以便民服务中心为基础，形成集就业和社保等服务于一体的上接县城、下联村社的服务平台。

加大对基层群众的教育、医疗、养老等社会公共产品与服务的供给，并积极创新公共服务供给方式，发展和鼓励社会组织提供公共产品与公共服务。改进公共政策制定过程，给民众充分表达的权力，尤其要重视困难群体在公共政策制定过程中的声音。严格区别公共支出和社会支出，需要通过制度化和法制化的方式来保证民生财政投入。大力推进民办医疗、教育、养老等社会类服务发展，充分发挥市场主体和社会组织应有的活力，满足多层次、多样化的公共服务需求。积极推动政府委托、公助民办、购买服务等方式以鼓励和支持社会组织参与公共服务生产供给，尤其要重视以医疗卫生领域为突破全面推进社会组织参与公共服务生产供给的机制，并建立健全公共服务受众对公共服务质量的评价机制。

（3）继续推进投融资体制改革

进一步拓展以公共财政为核心的社会事业资金来源，开拓新型的、稳定的财政资金来源，加强各类财政性资金的整合力度，建立集约的、规范的社会事业发展投资机制，调动基层政府加大对农村和贫困地区社会事业发展投入的积极性。建立健全规范的转移支付体系，完善地区之间横向转移支付机制，增加欠发达地区社会事业的投融资能力。结合投融资体制改革，通过财政补贴、贴息贷款、财政优惠等具体措施吸引和支持社会力量举办营利和非营利的公共服务项目，探索在社会事业发展领域建立政府发展基金、投资公司和利用资本市场融资的办法，利用参股和控股等方式吸引社会资金，鼓励、引导社会力量办好社会事业，完善社会捐赠税收抵扣政策以鼓励个人和企业积极捐赠社会事业。

（4）创新公共服务供给方式与完善政府购买机制

发展和鼓励社会力量提供公共产品与公共服务。放宽基本公共服务领域投资准入限制，对公益性事业和经营性产业进行分类指导。充分发挥市场主活力，大力发展社会服务产业，鼓励民间资本和社会力量投资公共服务业，制定土地使用、税收、贷款等方面的优惠政策，鼓励民办非企业单位和国有事业单位展开公平竞争，推进民办医疗、教育、养老等社会类服务发展，满足多层次、多样化的公共服务需求。

不断完善公共服务的政府购买方式和政策，积极推动政府委托、公助民办、购买服务等方式以鼓励和支持社会组织参与公共服务生产供给，逐步从政府直接提供社会服务向政府购买服务的方向转变。扩大公共服务政府外包范围，可委托一定的社会组织承担公共服务，不断提高政府购买社会公共服务的比重，调动企业、社会组织乃至公民个人提供社会服务的积极性和主动性。逐步扩大采购范围，特别是根据公众多元需求制定政府购买公共服务指导目录，完善财政资金拨付和监管方式。

建立健全公共服务质量标准体系、考核评价机制和风险评估机制，使公共服务水平稳中有升。建立健全公共服务受众对公共服务质量的评价机制，不仅将其作为衡量相关职能部门绩效、调整资源配置的重要依据，更要在公民参与评价中挖掘并科学总结公共服务的现实需求。

4. 建立合理的社会流动机制

（1）进一步推动产业结构优化升级，拉动经济持续快速增长

进一步推动产业结构优化升级，拉动经济持续快速增长，使得政府能够从不断增大的国民收入的蛋糕中拿出比以前更大的一块分给低收入者，提高低收入者收入水平，同时还能够实现充分就业，保证广大劳动者拥有相对较高的经济收入来源，进入中等收入者行列。

为民营经济和中小企业创设良好的营商环境。消除民营经济发展的制度障碍，鼓励创业，扩大民间投资；通过发展中小企业扩大就业，解决小企业融资难问题，减轻中小企业税费负担，提高创业者和劳动者的收入，真正实现藏富于民。

进一步推动产业结构优化升级，首先应该从优化资产入手，加快传统产业改造，加速发展技术含量较高的产业，培育新的经济增长点，提升经济发展的质量。

其次要大力扶持服务业，特别是生产性服务业的发展，降低准入门槛，实现与工业生产要素同权同价，并扩大服务业的对外开放力度；再次要把产业结构调整与解决失业问题结合起来，制定出合理的产业政策，大力发展第三产业，实现充分就业和产业结构的良性循环。

最后是建立和完善人力资本培养机制。在经济全球化日益深入

和信息高新技术产业迅速发展的现实背景下，为使低收入群体改变生活状况、增加经济收入，进而提高其进入中等收入群体的能力，必须重视人力资本的培养，建立和完善人力资本培养机制，以提高劳动者学习能力和就业能力为核心，使教育与培训成为提升人力资本进而提高劳动者收入的重要手段，为培育和壮大中等收入群体奠定坚实的社会基础，提供充足的后备力量。

（2）继续扶持发展家庭工业、家庭服务业，小微企业仍是壮大中等收入群体重要载体

当前，浙江的家庭工业、家庭服务业正在向现代转型，以现代家庭工业、现代家庭服务业为主体的生产组织正不断演变、发展，越来越多地成为网络经济、集群产业中的一个环节、一个连接点、一个生产场所。这样一种既分散又组合的生产方式既具备大生产的规模效应功能，又具备小生产灵活多变、适应性强的长处，有着无限广阔的发展空间和不可限量的生命力。因此，加快以家庭工业、家庭服务业为主体的生产组织形式的改造提升，重点推进市场依托型家庭工业、块状集聚型家庭工业、产业配套型家庭工业、产品协作型家庭工业、来料加工型家庭工业、资源加工型家庭工业、家庭旅游业、农家乐、民宿、农村家庭电子商务等，并进一步拓展现代家庭工业、家庭服务业发展的领域，加快引导和培育发展科技型家庭工业、创意型家庭工业、生态环保型家庭工业、外向型家庭工业以及家庭网络经济，使以家庭、家庭为主要生产组织的生产与现代信息技术、现代网络相结合，开辟出更广阔的发展空间。

（3）加快推进农产权制度改革，增加农民财产性收入

浙江农村产权制度的改革已具备条件，农村产权制度改革首先应保障农民对土地所拥有的权利。要从法律上赋予农户的农用土地承包权的物权性质，给农民长期稳定和有保障的土地使用权，允许自由转让、出租、抵押、入股、继承。可试行在现有的土地制度框架内，通过地方法规，使农民拥有土地处置和收益权，让农村土地在农转非过程中直接进入市场交易，让土地征用方直接与被征地农

民谈判。在农村进行住宅商品化的试点，总结经验，出台农民住宅进入商品房市场的有关规定，给农民私有和集体所有的房产颁发房地产证，允许上市交易和抵押，让农民的住宅真正成为农民的财产。正确处理政府与农民之间的关系。着力保护征地过程中农民的土地权益，使土地纠纷不再继续扩大，农村土地可流转、可抵押、可入股。着力引导和鼓励发展农村新型合作经济组织不仅有利于农村产业结构调整，实现规模经营，为下一步转变乡政府职能创造良好的条件。

（4）建立合理的社会流动机制，打破阶层固化

深化户籍制度改革，破除附着在户籍身份上的不平等公民待遇，铲除其对劳动力的束缚，以及对人口流动的负面作用。加快新型城市化进程，突破城乡二元分割和城镇新二元分割的体制障碍，构建农村劳动力转移机制，加快农村富余劳动力向城镇转移，引导农民合理有序地进城创收创业，使进城农民有更多的机会成为中等收入者。

推进新型城市群建设，发挥城市群的辐射带动作用，吸纳更多农村劳动力，促进农村人口向城市转移。继续加强中心镇和特色小城镇建设，促进农民的转移流动，为新型工业化和农业现代化的发展注入活力。

完善现代社会治理，推进以城乡统一的身份、户籍、就业、收入、社保等为基础的社会治理体系建设，提高社会治理能力和对农村转移劳动力的服务水平，提高农民工在就业、子女就业、医疗等方面的待遇，保障他们的合法权益。进一步放宽劳务政策，鼓励兴办私人企业等，尽可能多地、尽可能快地促进农民阶层成员向上流动。

打破垄断行业、权力部门的就业壁垒，消除种种不合理的障碍以及歧视性的政策措施，防止"近亲繁殖"，尽可能实现就业公平。完善法律法规监督和约束公权力，防止特殊利益集团肆意扭曲改革意图。

5. 完善基层社会治理机制

当前基层社会治理面临基层治理行政化色彩浓重，基层群众自治制度难以很好实施，社区格局变动快速，基层公共服务体系难以应对，基层管理职责日益强化，基层治理能力难以胜任，基层治理指标考核过滥，城乡居民需求难以满足等问题。基层社会治理需要在以下几方面得到强化：

（1）以社区回归实现基层群众自治

拓展基层社会的自治结构与自治机制。"基层群众自治"是我国基层社会治理的重要制度之一，基层自治不能只有"治理"，没有"自治"。基层群众自治的要义在于居民共同管理社区公共事务，包括完善社区成员代表大会制度、居民委员会制度，建立健全社区议事协商制度，加强社区党组织建设，最终实现决策、执行、议事、领导四个层次功能分明、运作有序的社区自治组织体系。培育多样化的居民自组织网络。如实施门栋自治，增强业主委员会自治功能，举办居民论坛，创建网上社区论坛，成立居民专门委员会、各种非正式群体网络，包括互助与志愿网络以及地缘、业缘与趣缘网络，等等，鼓励这些网络积极参与社区自治。开发社区公共事务。社区公共事务是基层群众自治的基础，今日社区之中公共事务并不缺乏，缺乏的是开发社区公共事务的能力，就推进基层治理而论，开发社区公共事务很可能成为转变基层社会治理现状的枢纽，因为一旦社区充满了公共事务，居民就不得不组织起来参与到同自身利益密切相关的基层治理过程中去。

（2）以法治、德治保障基层社会自治

基层社会治理主体是社区居民；治理客体是本居住地区的公共事务和公益事业。基层自治需要法治作保障，德治做基础。法治就是政府要依法行政，群众依法自治，社会依法治理。法治应当给社会自治留有必要的空间，也应为社会自治的茁壮成长提供制度保障。一个社会不能光靠制度，还要靠约束人的心灵，这个心灵不能靠制度来约束，要靠道德和精神。一个完整的社会治理机制包括与社会主义市场经济相适应的价值信仰体系及道德体系。因此，法治和德治的结合是社会治理的一种常态，且德治的作用更为根本和持久。浙江省桐乡市"三治合一"就倡导德治与法治并举，以法治德治助推基层社会自治，取得了很好成效。桐乡公布了36项基层群众自治组织依法履行职责事项和40项协助政府工作事项，出台了《桐乡市城乡社区工作事项准入实施意见》，明确了社区自治性质和基层社会治理职责，桐乡高桥率先在每个村建立起了百姓参政团和道德评判团，桐乡"三治合一"增强了百姓参政、社区自治功能，提高了基层社会治理水平。

(3) 以政社互动推进基层社会治理

政社互动是指政府治理和社会自我调节、居民自治良性互动。政府可以社会政策等方式为引导进行社会治理，通过社会政策等手段让公众更好地分享经济改革和发展的成果。但政府不是万能的，也不能是万能的。需要培育引导社会力量承接公共服务。开放基层治理结构。改变过去基层社会由党政力量唱"独角戏"的单一治理结构，转向由基层党组织、居民自治组织、社会组织、居民代表等多个主体共同参与的多元治理结构。构建协作网络，建立共同解决公共问题纵向、横向的或两者结合的社会合作网络，在共同分担社会责任的基础上形成多元协同治理机制，推进合作治理，各方共同受益。充分发挥企业与社会组织在社会治理中的作用。企业可协助社会组织提供社会服务，还可以更积极地参与基层社区治理、流动人口管理、"两新"组织党建等活动。政府通过创办社会组织孵化机构、搭建社会组织沟通平台、购买服务等方式，引导社会组织充分发挥公共服务职能，为群众提供更多公共产品与公共服务。

(4) 培育发展社会力量

大力发展社会组织，推进专业社会机构建设，清理和废除妨碍公平竞争的各项规定和做法，鼓励支持企业、机构、行会、团体和个人等社会力量参与社会治理，以及公共服务领域相关设施的投资、建设、运营、维护和管理。完善社会组织财政资助奖励机制，探索以政府采购、委托经营、委托管理或政府特许经营等形式，让更广泛的社会力量平等参与公共服务建设和社会治理，实现机会均等。深化社会组织管理制度改革，放宽社会组织登记管理限制，重点培育和优先发展城乡社区服务类、公益慈善类、行业协会商会类社会组织。建立健全社会组织优胜劣汰机制。放宽审批权限，降低社会组织准入门槛，引入多元、全面、平等的竞争机制，完善各级民政、工商行政管理及行业主管部门对社会组织、企业、机构的管理，指导其建立健全法人治理和内部治理结构。对服务不到位、活动不经常、作用不明显的社会组织，由主管部门督促整改。对违法违规的社会组织，依法予以查处，情节严重的，依法撤销登记，以优胜劣汰的激励约束机制，促使社会组织更加贴近市场和社会需求，释放更多活力。

加强社会工作者队伍建设，建设一支宏大的社会工作者队伍。加大社会工作的岗位开发力度，推动社会工作职业化发展。通过调整岗位、增设专门社会工作岗位等方式，充实壮大社会工作者队伍。健全政策措施和激励保障机制，不断激发群众加入社会工作者队伍的热情和充分发挥社会工作者干事创业的积极性，切实改善社会工作者的工资收入、福利待遇和社会地位。完善教育培训制度，加强社会工作专业理论、业务知识和实务操作等方面的教育，提高社会工作人员的理论修养、业务能力和工作水平。加大统筹协调力度，在党委领导下，建立组织部门综合协调，人事、民政、教育、劳动和社会保障等职能部门具体负责，司法、卫生等有关部门以及工会、共青团、妇联组织密切配合的工作格局，形成工作合力，把分散在社会上方方面面的人才力量充分调动、整合起来。

（5）以优秀传统治理经验完善基层社会治理

我国几千年文明孕育了丰富的基层社会治理经验，这些经验与智慧对我们今天完善基层社会治理仍有着极其重要的参照价值。

第一，乡贤治理。乡贤是基层社会治理的重要力量与资源。乡贤以自己的经验、学识、专长、技艺、财富以及文化修养参与乡村治理。他们以自己的文化道德感化乡民、反哺桑梓、泽被乡里,如兰溪诸葛村完美布局就全赖乡贤以他们自己的社会声望指导规划。

第二,乡约治理。乡规民约作为一种超越家族规范的社区公共规范,以劝善惩恶,广教化而厚风俗为己任,内容主要是儒礼教化,纯善民风,在制定上基本是按本村习俗,适应本村实际需要自行制定,且在执行上趋于组织化、制度化。它符合乡土社会的生活实际,也符合长期儒家礼教思想熏陶下的广大农民希望生活安定、社会有序的普遍心理,具有无与伦比的社会适应性和实用性。

第三,社会治理。中国传统乡村社会纠纷主要依赖"社会",如宗族、保甲、宗教、行会、商会解决,这些社会力量解决不了,还有道德教育感化,最后才到政府。一百个纠纷,可能最后到政府那里的只有两三个,社会成了纠纷解决的最重要主体,而不是光靠政府用国家强制力解决。

第四,以德治理。儒家倡导寓教化于生活,尊老爱幼、邻里和睦、扶贫济困等伦理精神充分彰显了柔性治理的社会整合功能。传统社会中以"礼"养育仁心,知"礼"而通人情,明"礼"而知廉耻。孔子说:"道之以政,齐之以刑,民免而无耻;道之以德,齐之以礼,有耻且格。"因此,德治礼范也就成了中国传统社会所秉持的一条重要的社会治理理念。

十一 加快提高政府公共服务能力和水平①

全面建成小康社会是我国现代化建设的阶段性目标任务。"十三五"时期是浙江省经济社会转型发展的关键时期,必须围绕"两富""两美"浙江建设,努力实现"综合实力更强、人民生活更幸福、生态环境更优美、城乡区域更均衡、治理体系更完善"目标,全面建成更高水平的小康社会,为更快一步实现社会主义现代化打

---

① 作者系浙江省政府研究室吴国庆。

下良好基础。实现这些要求和目标，必须全面正确履行政府职能，加快提高各级政府公共服务的能力和水平。

（一）加快提高政府公共服务能力和水平的重大意义

1. 提高政府公共服务能力和水平是完善市场环境、促进经济持续健康发展的必然要求

完善市场环境，激发民间活力，大力发展民营经济，是改革开放以来浙江持续快速发展的成功经验。当前，浙江省已经到了转型发展的重要关口，无论是继续保持经济平稳增长，还是加快经济转型升级、促进发展方式转变，都必须进一步激发民间活力，紧紧依靠以民营企业为主的市场主体，关键看各类主体发展的活力强不强、动力够不够、后劲足不足，根本是要健全市场经济体制、完善现代市场体系、改善发展环境。近年来，浙江省在多轮行政审批制度改革和扩权放权改革的基础上，大力推进"四张清单一张网"改革，取得了积极的成效。但与完善市场经济体制的目标和市场主体的要求相比，还有较大差距。主要还是：清单不"清晰"、不"全面"、不"统一"、不"衔接"，没有充分发挥减权、限权等作用；政府管的领域仍然过宽，对微观经济主体的干预还比较多、直接配置资源的范围还比较大，审批仍然过多过繁过长；市场监管依然存在缺位、不到位，审批后的事中事后监管跟不上，社会信用体系不健全，假冒伪劣、坑蒙拐骗等违法现象频发多发、屡禁不止，影响了市场发展环境，影响了市场机制作用的充分发挥和市场主体活力的充分释放。仅以放权为例，2013年在浙江全国人大代表对省级下放审批权限情况作过调研，结果是：在放权形式上，委托的占70%，不少事项市县审批后还要到省级部门备案；在事项落实上，实际到位的不到75%；在放权内容上，以下放初审权和上报权为主，占比高达70%。据有关部门最近调研摸底，这种情况并没有多大改观，基层反映比较集中的意见依然是：省级部门间放权不一致，实际有用的、含金量高的下放不多，审批前置条件多、互为前

提等。必须按照使市场在资源配置中起决定性作用和更好发挥政府作用的要求，进一步深化改革，放管结合，重在简政减权上下功夫，不断完善市场调节和市场监管职能，加快提高经济领域的公共服务能力和水平。

2. 提高政府公共服务能力和水平是保障改善民生、促进社会和谐稳定的必然要求

市场经济条件下的政府职能，主要包括经济调节、市场监管、社会管理和公共服务四个方面。对于地方政府来说，重点是要加强公共服务、市场监管、社会管理、环境保护等职责，这是党的十八届三中全会《决定》对全面正确履行政府职能提出的目标要求。这"四个加强"，都直接关系广大人民群众日常生活，关系人民群众生命财产安全。必须承认，在这四个方面，各级政府的工作还有很大差距，主要是：公共服务的供给不足，供给方式单一，重点不明确，"雪中送炭"不够，"锦上添花"有余；公共服务的市场化、社会化供给机制还远没有建立起来；社会管理相对薄弱，社会公共安全事件频繁发生。人民群众对教育、医疗卫生、社会保障、公共安全等领域均衡发展水平还不满意，对食品药品安全还不满意，对社会信用、社会矛盾、社会治安还不满意，对生态环境质量还不满意。据国家质检总局2014年对华东地区六省一市公共服务质量的第三方监测结果，目前在公共交通、安全监管、义务教育、信息化、医疗卫生、环境治理、行政便民、养老服务等方面的公共服务质量满意度还相对比较低，得分均在80分以下。以养老保险为例，目前全省基本养老保险、基本医疗保险和失业保险、工伤保险参保率约87%、94%和49%、65%，离人群全覆盖还有一些差距。不同制度间参保政策不统一、缴费标准和待遇水平差距过大，2014年浙江省企业退休人员月人均养老金达到2500元，而机关、事业单位分别为5600元和4900元。习近平总书记指出，我们的人民热爱生活，期盼有更好的教育、更稳定的工作、更满意的收入、更可靠的社会保障、更高水平的医疗卫生服务、更舒适的居住条件、更优

美的环境。人民群众还期盼有更放心的食品、药品和各类产品以及更安定和谐的社会环境。必须按照全面正确履行政府职能的要求，进一步健全基本公共服务体系，加强和创新社会管理，加快提高民生保障与社会管理领域的公共服务能力和水平。

3. 提高政府公共服务能力和水平是完善政府治理、推进政府治理能力现代化的必然要求

经过37年改革开放和快速发展，浙江省改革发展进入了新的阶段，外部环境特别是国际环境错综复杂，不确定、不稳定因素很多；我国经济进入增长速度换挡期、结构调整阵痛期、深层次矛盾凸显期；全省发展走在全国前列，矛盾和问题也更早凸显，而且新旧矛盾相互叠加，给政府管理带来了新的巨大挑战，不仅是管理的任务大大增加，而且管理的对象的要求也大大提高。比如，市场机制作用范围扩大，"看不见的手"作用越来越复杂；公共服务需求全面快速增长，满足多层次的服务需求的压力越来越大；社会利益诉求多样化、社会流动性增强、信息传播更加快捷，加强社会管理、化解社会矛盾的难度越来越大；群众的环境意识和对良好环境的向往强烈，加强环境保护和生态建设的任务越来越紧迫；等等。2014年，全省法院新收各类案件113.8万件，居全国第二位；一线办案法官年人均结案187件，是全国平均数的2.2倍；新收一审民商事案件60.5万件，上升14.8%；新收一审行政案件4799件，上升32.9%；审结的金融纠纷案件上升39.6%，民间借贷案件上升14.9%。这些都对政府驾驭市场经济的能力、应对复杂局面的能力、化解风险挑战的能力、领导科学发展的能力等诸多方面，带来了巨大的挑战。我们不仅在行政理念、行政体制、行政机制等方面还存在较大差距，而且在全面正确履行职能、加强公共服务供给的能力和水平上也存在较大差距。必须按照加快建设法治型政府和建设服务型政府的要求，进一步转变政府职能，完善治理体系，加强各类公共服务提供，提高治理能力，确保经济社会持续健康发展。

（二）加快提高政府公共服务能力和水平的主要任务

公共服务的领域很广，作为地方政府，重点要围绕维护市场经济秩序、保障人民生产生活、维护社会和谐稳定等三个方面，加快完善基本公共服务体系。

1. 加强市场经济领域公共服务供给

重点是加强和改进市场监管，加快形成企业自主经营、公平竞争，消费者自由选择、自主消费，商品和要素自由流动、平等交换的现代市场体系，使市场在资源配置中起决定性作用，提高资源配置效率和公平性。

（1）健全市场监管体制

一是建立公平开放透明的市场准入规则。加强发展战略、规划、政策、标准等制定和实施，特别是要加快研究制定符合浙江实际的节能节地节水、环境、技术、安全等市场准入标准，研究制定按照市场准入标准监管企业投资和经营活动的具体办法，并向全社会公开，充分发挥法规、规划、标准等在规范市场主体行为中的重要作用。

二是实行统一的市场准入制度。完善落实企业投资负面清单，企业投资项目，除关系国家安全和生态安全、涉及全国重大生产力布局、战略性资源开发和重大公共利益等项目外，一律由企业依法自主决策，政府不再审批，企业可依法平等进入清单之外的领域。

三是完善行政审批制度。制定实施企业独立选址项目高效审批的具体办法，完善落实企业"零地"投资项目政府不再审批、企业非独立选址项目政府不再审批的具体办法，探索实施以"区域能评、环评＋区块能耗、环境标准"取代项目能评、环评的具体办法。

（2）完善市场监管机制

一是推进工商登记便利化。深化商事制度改革，大幅削减资质认定项目，完善注册资本认缴登记制和"先照后证"制，实行工商登记"五证合一""一照一码",推动"一址多照""一照多址"、集群注册等住所登记改革,实行电子营业执照和全程电子化登记。

二是全面推行综合行政执法。深化行政执法体制改革,加强市县两级市场监管领域各部门行政处罚职权和行政执法队伍的整合,完善综合行政执法部门的协作配合机制,建立统一投诉举报信息平台,积极探索和推行跨部门综合执法,加强和改进市场监管,提高监管效率,严厉打击破坏市场经济秩序的各种违法犯罪行为。

三是加强行政审批服务。以"政务服务网"为平台,建设全省网上政务大厅,加强行政审批、便民服务、政务公开、在线互动、效能监察等功能集成,加快形成省、市、县三级联动的行政审批"一张网"、审批服务"一站式"网上办理、权力运行"全流程"效能监督,进一步提升审批效率,提升行政效能、优化政务服务。

四是建立健全资源要素市场化配置机制。这是落实企业投资负面清单和审批制度改革各项举措的重要前提。要坚持以亩产论英雄、以节能论英雄、以减排论英雄等原则,推行企业分类指导制度和要素差别化定价制度,加快形成全面反映市场供求、资源稀缺程度、生态环境损害成本和修复效益的市场化资源要素配置机制。

2. 加强基本民生领域公共服务供给

重点围绕"更好的教育、更稳定的工作、更满意的收入、更可靠的社会保障、更高水平的医疗卫生服务、更舒适的居住条件、更优美的环境"等领域,加快推进基本公共服务均等化,全面提高人民生活水平。

(1) 加快教育事业改革发展

突出公平、质量要求,健全公办教育和民办教育共同发展体制机制,加快实现教育现代化。一是加强标准化中小学校和等级幼儿园建设,以优秀教师校际流动任教为重点大力推进优质教育资源共享,高标准推进义务教育均衡化。二是优化高校布局结构,加快重点高校和重点学科建设,高质量推进高等教育普及化。三是推进中高职贯通式教育模式,加强"双师型"教师队伍建设,高水平推进职业教育市场化。四是加强国际合作与交流,不断提高办学国际化水平和教育质量。

(2) 促进城乡居民充分就业和持续普遍增收

一是深入实施就业优先战略和更加积极的创业促进就业政策,以本省户籍劳动者为重点,坚持以培育新就业机会促进稳定就业,以鼓励创新创业带动稳定就业,以巩固和谐劳动关系落实稳定就业,以强化帮扶服务托底稳定就业,不断提高就业质量。二是坚持教育优先、就业为基、创业带动、政策兜底,努力创造收入更高的就业岗位,健全最低工资标准与经济增长联动机制,推动"大众创业、万众创新",拓展城乡居民投资渠道,建立健全扶贫标准与最低生活保障工作联动机制,努力实现居民收入增长和经济发展同步、劳动报酬增长和劳动生产率提高同步。

(3) 进一步完善社会保障体系

坚持"保基本、兜底线,多层次、可衔接,全覆盖、可持续"原则,进一步加大制度统筹、政策衔接和一体化建设力度,加快实现"人人公平享有社会保障"目标。一是有序推进城乡养老保险制度一体化建设,按照"一个制度、分档设计、覆盖所有目标人群"要求,加快推进养老保险制度城乡统筹和"并轨",加快城乡养老保险制度与机关事业单位养老保险制度的统一和政策衔接。二是加强城乡各类医保政策统筹,加快完善基本医保制度,加强基本医保与大病医保、医疗救助以及生育保险、养老护理保险等制度的衔接,建立健全多层次医疗保障制度体系。三是进一步完善社会救助体系,健全社会福利制度,加快养老服务体系建设。

(4) 加快医药卫生事业改革发展

坚持医疗、医保、医药"三医"联动,以"双下沉两提升"为突破口,深化体制改革和机制创新,加快完善医疗卫生服务体系,努力为群众提供安全有效方便廉价的公共卫生和基本医疗服务。一是优化医疗资源配置，深化公立医院改革，大力发展民办医疗机构，全面推进城市医院与县级医院合作办医，提高医疗卫生服务能力和水平，努力解决"看病难"问题。二是建立健全医疗保险体系和药品价格形成机制，完善基本药物制度，健全药品定价机制和采购供应体制，建设网上药品采购交易平台，深化医保支付制度和支付方式改革，完善医保对医疗消费和医疗费用的制约机制，努力解决"看病贵"问题。

（5）加强城乡住房保障体系建设

一是进一步完善城镇住房保障体系。坚持实物保障和货币保障相结合、政府建设和市场筹集相结合，努力实现住房保障人群全覆盖。要加快制度整合与衔接，建立以公共租赁房和货币补贴为主体的住房保障体系；加快建设和运营模式创新，建立市场化投资机制；建立多元化房源筹集机制，健全住房货币补贴制度。二是加快完善农村住房保障体系。在依法依规满足农民正常建房需要的同时，坚持政府主导、农民主体，加大农村危旧房改造力度，完善农村困难家庭住房救助制度，确保全省所有农民住有所居、居有所安、困有所助。

（6）大力推进环境污染整治和生态保护

健全生态环境保护建设长效机制，加快建设美丽浙江。一是加强生态环境保护，强化能源消费总量和能耗强度控制，加快建立污染源"一证式"管理体系，加强重污染高耗能行业整治提升。大力实施污染物排放财政收费制度和生态环境财政奖惩制度，积极推行排污权、碳排放权、节能量交易。二是加大生态环境整治力度，深入推进"五水共治"，加大黑臭河整治力度，加快城乡污水处理设施建设；深入实施大气污染防治行动计划，加大工业废气、机动车尾气治理力度，全面淘汰燃煤小锅炉、黄标车；加强土壤污染防治。三是统筹推进"三改一拆""四边三化""千村示范、万村整治"以及环境卫生创建和城市治堵等工作，切实加大对脏乱差堵的治理力度，加快改善人居环境。

(7) 加快公共文化服务体系建设

制定实施基本公共文化服务标准化均等化行动计划，切实保障人民基本文化权益，不断丰富群众精神文化生活。一是进一步完善基础设施网络，统筹推进城市标志性公共文化设施、农村特色性公共文化设施建设，规划建设一批图书馆、博物馆、文化中心等重大文化设施，完善城乡公共文化设施管理营运机制。二是实施基本公共文化服务提升计划，大力推进农村文化礼堂、城市文化公园、高校文化校园和社区、企业文化家园建设，深入推进文化惠民工程。三是创新公共文化服务机制，推动建设"网络图书馆""网络博物馆""网络剧场"等覆盖全省的数字文化服务网络，鼓励社会力量参与公共文化服务体系建设。

3. 加强社会管理领域公共服务供给

着眼于维护最广大人民根本利益，最大限度增加和谐因素，增强社会活力，坚持系统治理、依法治理、综合治理、源头治理，全面推进社会治理创新，加强社会管理信息系统平台建设，推进信息化与网格化深度融合，加快平安浙江建设，确保人民安居乐业、社会安定有序。

(1) 加强思想道德建设

大力培育和践行社会主义核心价值观，宣传弘扬务实、守信、崇学、向善的当代浙江人共同价值观，广泛开展群众性精神文明创建活动，加强社会公德、职业道德、家庭美德、个人道德教育，推进社会信用体系建设。

(2) 加强民主法治建设

深化法治浙江建设，健全社会主义民主制度，丰富民主形式，保证人民群众各项民主权利。加强普法宣传和法治教育，增强全社会学法遵法守法用法意识，引导人民群众依法办事、依法维权。

(3) 加强社会组织建设

推进社会组织健康有序发展，激发社会组织活力，充分发挥基层自治组织的功能和作用。加快城乡社区建设，加强社区服务设施建设，完善社区自治体系和社区服务体系。

（4）加强社会矛盾化解

创新有效预防和化解矛盾的体制，健全重大决策社会稳定风险评估机制，健全调解、仲裁、行政裁决、行政复议、诉讼等有机衔接、相互协调的多元化纠纷解决机制，完善人民调解、行政调解、司法调解联动工作体系，完善信访工作机制。

（5）加强社会公共安全体系建设

健全最严格的食品药品安全全过程监管制度，加强食品原产地和农产品质量可追溯制度。健全安全生产管理体制，建立隐患排查治理体系和安全预防控制体系。健全防灾减灾救灾体系，加强应急物资储备和应急避灾场所建设。健全立体化社会治安防控体系，依法严厉打击各类违法犯罪活动，保障人民群众生命这安全和财产安全。

（三）加快提高政府公共服务能力和水平的政策举措

当前，浙江发展正处在新常态下经济社会加快转型的关键时期。进一步提高各级政府的公共服务能力和水平，加快适应速度变化、结构优化、动力转换的新常态，促进全省经济社会持续健康发展，全面完成"干好一三五、实现四翻番"目标，是各级政府面临的艰巨任务。必须按照建设法治政府和服务型政府的要求，加快转变政府职能，深化行政体制改革，创新行政管理方式，切实增强公共服务供给的有效性。

1. 进一步加强政府公共服务职能建设

加快提高各级政府的公共服务能力和水平，关键是要深化政府自身改革，强化公共服务职能。

（1）深化"四张清单一张网"改革

完善和实施省政府部门职责管理办法、全省政府权力清单管理办法、企业投资负面清单管理方式、财政专项资金管理办法，完善"四张清单"动态调整机制，加强上下对接和标准化、一体化建设，进一步依法清理、精简部门权力，细化、明确部门职责，严格规范和控制部门自由裁量权；进一步放宽市场准入，特别是金融、电力、通信、城市供水供气、公交、出租车等行业，向民间资本扩大开放；进一步完善财政支出结构，扩大一般性财政转移比重，并提高公开透明度。按照"互联网+"理念，大力推进网上政务服务省市县乡村五级联动建设，实现实现权力网上运行、事项网上办理、证照网上申请和快递送达。

（2）深化行政审批制度改革

在全面落实企业投资负面清单管理方式的同时，要再砍掉一批审批事项，再砍掉一批中介事项，再砍掉一批企业登记注册和办事和关卡，再砍掉一批不合法、不合规、不合理的收费。同时，加快推广嘉兴市县审批层级一体化改革等经验和做法，加快推进中介服务市场化改革，进一步确立企业投资主体地位，最大限度地减少政府对微观事务的管理。

（3）创新市场监管体制机制

完善主要由市场决定价格的机制，政府在提高重要公共事业、公益性服务、网络型自然垄断环节定价的透明度外，逐步放开水、石油、天然气、电力、交通、电信等领域的竞争性环节定价，大幅度减少政府对资源的直接配置，大幅度减少政府对资源要素价格的干预。创新和完善事中事后监管体制机制，重点要在完善规范市场规划、建立监管的长效机制上下功夫，努力设置好"路灯"和"红绿灯"，当好"警察"。

（4）加快政府机构改革

结构决定功能。政府机构是政府职能的载体，政府职能是政府机构的灵魂。要突出职能转变这一核心要求深化政府机构改革，把政府机构改革与"四张清单一张网"改革、行政审批制度改革、市场监管体制改革等紧密结合起来，做到机构、职能、人员编制同步调整，并加强部门内部处室的调整和资源整合，把各部门从传统的分钱分粮分物工作模式中解放出来，把更多的力量充实配置到发展战略、规划、政策、标准等制定和实施,以及市场活动监管、各类公共服务提供等职能上来,促进各部门全面正确履行职责。

2. 进一步完善公共服务供给体制机制

公共服务涉及面广,需求层次差异大,政府不可能大包大揽,必须建立健全社会协作机制,加快构建多元化、社会化、市场化供给的体制机制。

(1) 不断提高事业单位公共服务能力

按照先分类试点、后全面推开的思路,以省政府部门下属事业单位为重点,进一步深化事业单位改革。主要是加快推进公办事业单位与主管部门理顺关系和去行政化,推进有条件的事业单位转为企业或社会组织,政府部门一律与下属事业单位脱钩,促进事业单位加快走向市场。同时,要大力发展民办教育、医疗、文化、体育、养老等机构,加快形成公办民办共同发展、多元开放的总体格局。

(2) 不断提高社会组织公共服务能力

正确处理政府与社会的关系,推进社会组织明确权责、依法自治、发挥作用,进一步激发社会组织活力。深化社会组织登记管理体制改革,重点培育和优化发展行业协会商会类、科技类、公益慈善类、城乡社区服务类社会组织。全面实施政社分开改革,加快行业协会商会与行政机关真正脱钩。加强城乡社区自治组织服务和自治能力建设,不断改善社区服务中心(站)的服务条件。加快社会工作服务组织和社会工作者队伍建设,提升社会工作者专业水平和服务能力。

(3) 不断完善政府购买公共服务体制机制

一方面,要继续加大财政公共服务领域投入,特别是民生领域的投入,确保各级政府每年民生投入占全部财政支出比重、新增民生投入占新增财政支出比重不断提高。另一方面,要加快建立健全政府购买公共服务机制,扩大政府购买公共服务的范围和比重。要不断完善全省社会组织承接政府转移职能和购买公共服务目录,适合由事业单位、社会组织提供的公共服务和解决的事项，要交由事业单位和社会组织承担；不断完善政府购买公共服务方式，凡属事务性的管理服务，原则上都要引入竞争机制，通过合同、委托等方式向社会购买，使越来越多的企业、事业单位和社会组织参与到公共服务领域来。

3. 进一步提高公共服务质量和效率

公共服务的质量和效率是衡量评价公共服务能力和水平的重要指标。要加快创新公共服务理念，充分应用现代政府公共管理手段和现代信息技术，不断提高公共服务质量，使政府有限的公共财政发挥更大的效益。

（1）大力推进基本公共服务标准化

加快公共服务标准化是推进公共服务均等化的有效途径，只有通过标准化，才能尽快实现均等化。要按照全面建成更高水平小康社会的要求，加快研究制定基本公共教育、劳动就业服务、社会保险、基本社会服务、基本医疗卫生、人口和计划生育、基本住房保障、公共文化体育、残疾人基本公共服务等领域的基本标准，并建立动态调整机制；同时，对照各类基本公共服务标准，制定实施"十三五"全省基本公共服务均等化行动计划和年度实施方案，以加强薄弱环节和补齐"短板"为重点，大力推进公共服务体系建设，进一步提高基本公共服务在城乡、区域和不同人群间的均等化水平。

（2）加强政府公共服务供给绩效评估

加强公共服务质量监测，是提高公共服务质量的重要手段。目前，美国、英国、日本、韩国等几十个国家都对公共服务质量开展定期测评和考核，并且把第三方监测作为关键性制度保障。要根据各类基本公共服务标准，尽快研究制定统一、规范、科学的公共服务质量监测评价指标体系和评价方法，探索建立通过第三方评价公共服务质量和供给绩效的制度，评价结果全面向社会公开，并通过法律把相关的程序和规范确定下来，切实改变政府在公共服务领域的懒政庸政和不作为现象，促进各级政府加快提高公共服务质量和水平。

（3）运用大数据提高政府公共服务能力

把依托"互联网"、运用大数据作为提高政府治理能力的重要手段。全面运用大数据的先进理念、技术和资源，充分获取和运用大数据信息，更加准确地了解市场主体和广大人民群众对公共服务的需求，切实增强服务的针对性和有效性，提高服务的绩效和质量。重点是要加快建立各级政府运用大数据的工作机制，研究建立大数据基础标准和技术标准体系，大力推进大数据公共技术服务平台建设，全面提升五级联动的政务服务网功能，加强大数据配套服务体系建设。进一步完善公共信息资源开放共享的制度和政策，加大政府信息公开、数据开放和内部信息交换共享力度，大力推进各类市场主体信息公开，有序推进全社会信息资源开放共享，促进各方面信息集聚、共享、落地应用。

十二 加快法治浙江建设 提高依法行政能力的思路和举措[①]

2006年4月，浙江省委十一届十次全会审议通过《中共浙江省委关于建设"法治浙江"的决定》，率先开始法治中国建设在省域层面的实践探索。2014年12月，浙江省委十三届六次全会在贯彻全面推进依法治国重大决策部署，认真总结经验基础上，审议通过《中共浙江省委关于全面深化法治浙江建设的决定》，提出了在新的起点上全面深化法治浙江建设的总体要求、目标任务和具体举措，成为当前和今后一个时期全面深化法治浙江建设的行动纲领。提高依法行政和社会治理能力是全面深化法治浙江的核心问题。回顾法治浙江建设取得的成绩和经验，分析新形势下法治浙江建设和

---

① 作者系浙江省人大法工委吴江。

依法行政面临的新要求、新任务，进而提出提高依法行政能力的思路举措，对于全面深化法治浙江建设具有重要意义，也是谋划浙江省"十三五"及未来发展宏图的重要内容。

（一）法治浙江建设取得的主要成就

自2006年省委作出建设法治浙江的决定以来，全省上下始终立足于浙江实际，按照建设法治浙江的总体要求，步履铿锵，砥砺前行，积极进取，开拓创新，不断提高政治、经济、文化和社会生活的法治化水平，积极营造办事依法、遇事找法、解决问题用法、化解矛盾靠法的法治环境，取得了显著的成就，有力推动了经济社会发展，并为法治中国的建设提供了经验。

1. 法治浙江建设格局初成

经过九年多的努力，法治浙江建设已形成较为成熟和完整的思路、组织和载体，法治已成为推动浙江社会稳定与进步、经济发展与转型的重要力量，并初步形成了党委领导，人大、政府、政协分口负责，各部门分工实施，全社会共同参与的法治建设工作格局，为进一步全面推进法治浙江建设打下了良好基础。

（1）理念思路日益明确

围绕建设法治浙江，历届省委一任接着一任干，坚持一张蓝图绘到底，法治浙江的理念和思路不断明晰。2007年，省委提出"创业富民、创新强省"总战略，明确把法治建设作为重要内容。2011年，省委又作出加强"法治浙江"基层基础建设决策，以"服务大局"为重要使命，以"法治为民"为本质要求。2012年，省委十三次党代会提出，实现全省人民物质富裕精神富有，必须加快建设经济强省、文化强省、科教人才强省和法治浙江、平安浙江、生态浙江，促进经济社会全面协调可持续发展。2014年，省委进一步提出全面深化法治浙江建设的决策部署。正如省委书记夏宝龙所说，"把法治精神作为主心骨，真正信仰法治、坚守法治"，法治日益成为浙江治省理政的基本方式。

(2) 组织体系逐步建立

省委成立了建设法治浙江工作领导小组，由省委书记担任组长，省政府、省人大、省政协主要领导担任副组长，领导小组办公室设在省委办公厅。各市、县（市、区）都成立了相应规格的领导小组及其办公室。在党委的统一领导下，领导小组及其办公室紧紧围绕省委工作部署和要求，积极承担任务，认真履行职责，协同推进法治建设各项工作，形成了党委牵头、部门协同推进、省市县三级联动的法治建设组织实施体系。

(3) 工作机制渐趋完善

省委每年制定建设法治浙江年度工作要点和工作责任分工方案，其完成情况作为成员单位的考核依据。同时，全省开展了法治市、县（市、区）工作先进单位创建活动，并在全国率先建立了科学的法治建设指标评价体系和考核办法。各地各部门还创新思路，推出"民主法治村（社区）""依法行政示范单位"等基层法治建设工作载体，并不断完善法治工作交流、信息报送、督查调研等制度，构建了一张职责明确、运转规范、实效明显的工作网络。

2. 法治浙江工作亮点纷呈

随着经济的快速发展，法治浙江也是亮点纷呈，科学立法和民主立法不断拓展，法治政府强力推进，司法彰显权威公正。法治建设成了浙江改革发展稳定大局的护航者，并推动各项工作的规范化、制度化、法治化，为建设法治中国提供了宝贵经验和鲜活样本。

(1) 加强科学立法，立法质量不断提高

省人大坚持立法与改革决策相衔接，按照全面深化改革的要求，根据需要与可能、突出重点、统筹兼顾、急需先立的立法原则，结合浙江实际，合理编制立法调研项目库和年度立法计划，制定出了一批符合浙江经济社会发展需要的地方性法规，较好地发挥了立法的引领作用和推动作用。在立法过程中，不断深化科学立法、民主立法工作机制，完善法规起草、调研、审议、评估、表决、清理等工作机制，坚持立法公开，不断拓宽公民有序参与立法的渠道，吸收专家等社会力量参与立法，采取座谈会、论证会、公听会、网络互动、网上调查等形式，多方面、多层次、多环节、多渠道的征求意见，确保地方性法规能够汇集民智、体现民意，使得浙江省的地方立法质量走在了全国前列。

（2）坚持依法行政，法治政府建设成效显著

坚持把全面推进依法行政、加快建设法治政府，作为法治浙江建设的关键环节来抓，切实解决有法不依、执法不严等问题，打造有限、有为、有效的法治型政府和服务型政府。

一是积极转变政府职能。深入推进行政体制改革，进一步理顺政府与公民、政府与市场、政府与社会的关系。在全国率先启动四轮行政审批制度改革，建立了市、县、乡三级行政审批分级代理制度，省级权力事项"缩"至4236项，并按照行政许可、行政处罚、行政强制等10类列出。在全国率先建起立政权力清单、企业投资负面清单、财政资金管理清单、责任清单和浙江政务服务网等"四张清单一张网"，推进政府事权规范化、法律化；推进扩权强县和强镇扩权改革，合理划分和依法规范县级政府及部门的职能和权限，推行行政服务"一个窗口对外""一站式办公"，强化社会治理和公共服务职能。

二是健全政府决策机制。建立和完善行政决策规则和程序，健全专家论证、技术咨询、决策评估制度，健全重大事项决策的公示、听证制度，健全对涉及法律问题的重大事项决策的合法性审查制度。推行行政决策事项跟踪、绩效评价、责任追究等制度，建立健全决策实施信息反馈系统，逐步实现行政决策的科学化、民主化、规范化。

三是规范行政执法行为。完善执法体制机制，狠抓行政执法行为规范化建设，开展城市管理领域的相对集中行政处罚权工作，解决行政执法活动中存在的不作为、执法不公不廉等问题。推行行政执法责任制，规范行使行政处罚自由裁量权，健全完善行政执法过

错追究制度和错案追究制度。

（3）推行阳光司法，司法公众得到有力维护

实施"阳光司法"工程，不断扩大公开范围，拓宽公开渠道，创新公开形式，形成司法公正廉洁、便民为民的环境。浙江法院在全国率先发布"司法透明指数"，把司法公开程度量化为可感知的具体指标；出台预防冤假错案 33 项新制度，实现公正办案、有错必纠，筑牢维护社会公平正义的最后一道防线。同时，完善"一站式、低成本"综合性诉讼服务平台建设，不断提高司法救济的及时性和便利性。检察机关加强案件管理大厅等服务窗口建设，并通过互联网或案件管理大厅向社会全部或有权限地公开法律文书，健全错案防止和纠正机制，严防冤假错案发生。公安机关在全国率先推行民警岗位执法资格制度，并持续扩大案件公开查处范围，提高执法公信力。

3. 法治观念逐渐深入人心

建设法治浙江，不仅需要科学完备的法规制度，还需要与现代法治社会相适应的法治氛围。浙江省委、省政府不断加强法治教育和宣传的力度，努力把法治的精神和理念融入思想观念中，体现于日常行为，学法用法守法蔚然成风，形成了良好的法治风尚。

一是注重领导干部的表率示范作用。为官先要学法，为政要会用法。浙江始终把领导干部依法执政能力建设作为法治建设的基础工程，实践中探索出党委理论中心组学法、政府会前学法、年度法律考试、任职法律考试、重大事项决策前法律咨询审核、干部考核法等举措，并建立领导干部学法考试档案，把考试成绩和学法用法工作纳入综合考核范畴，作为领导干部任职、晋升、考核的重要依据。正是抓住了领导干部这一"牛鼻子"，才得以引导越来越多的干部群众开始自觉地把法治精神作为主心骨，信仰法治、坚守法治。

二是抓好社会公众的普法教育。法治的有效运作，离不开社会层面的支持，离不开人们对法治的信仰。全省各地高度重视法制宣

传教育，因地制宜、因材施教开展普法宣传，并不断创新宣传的形式，普法茶楼、法治公园、法治广场、法治街区等特色法治宣传教育场所随处可见，普法微信、微博、手机报、微电影等新媒体方兴未艾，基本构建起了覆盖城乡的基本公共法律服务体系。

4. 基层基础建设稳步推进

法治建设，根在基层。浙江将村居、社区、企业等基层单位的依法治理作为重点，省委出台《关于加强"法治浙江"基层基础建设的意见》，不断完善基层执政方式，建立和规范基层利益协调、矛盾处理、社会建设和社会管理机制，使法治理念滋养和激活每一个社会"细胞"。

一是探索基层社会治理新机制。首创"基层民主恳谈"，率先试水"参与式预算民众协商"模式，继承发扬"枫桥经验"，形成"调诉结合、以调为先，不同类型调解相互衔接的多元复合联动大调解体系"。全省90%以上的村庄制定了村民自治章程或村规民约，建立民主理财、村务管理等制度；所有行政村全部建立了村务监督委员会；95%的村已达到民主管理规范化建设标准。全省半数以上的社区通过直接选举产生社区居委会，普遍推行民情恳谈会、事务协调会、成效评议会等民主管理制度。

二是搭建基层法治建设新平台。在全国率先开展"民主法治村（社区）"创建，作为法治浙江建设的重要载体，逐步实现民主表决、公开承诺、监督实施的村务民主决策。全省已有576个村获此称号，在扩大基层民主、维护社会稳定、提高基层法治化水平、增强干部群众法律意识和法律素质等方面，成效明显。推行"阳光村务八步法"，将与村民切身利益相关的村级经济发展规划、村级财务预决算、重点项目等事项，全部被纳入民主决策范围。

三是创新基层法治服务新经验。推行"网格化管理、组团式服务"，将农村基层划分为若干个单元网格，并搭建社区信息化平台，以网格化的方式，来整合社区资源，提升社区服务。建立便民服务中心，做到"一个门进出，一条龙服务，一站式审批"。实现司法行政法律服务中心县级全覆盖，3万多个行政村（社区）聘请了法律顾问，建立人民调解组织4.5万余个，开展"依法治企"活动和"送法进企业""法律体检"等特色法律服务，法治已成为破解难题、防范风险、化解矛盾的有力武器。

法治浙江建设取得了巨大成就，但也存在一些不足，尤其是在依法行政方面，还存在部分领导干部法治意识不够强，行政管理体制尚未完全理顺，行政审批制度改革有待进一步深化和完善，行政程序还不够规范，行政权力运行的约束机制还不够健全，行政责任追究没有严格落实，以及行政执法队伍建设与依法行政工作要求还不相适应，行政不作为、慢作为问题尚未得到根本解决等问题。这些在全面深化法治浙江的工作中要重点予以关注并解决。

（二）加快法治浙江建设、提高依法行政能力面临的新形势

我国经济发展进入了新常态，党中央作出了"四个全面"的战略布局，省委也提出了全面深化法治浙江建设和"干好一三五、实现四翻番"、再创浙江体制机制新优势等一系列决策部署；同时，"十二五"规划即将收官，"十三五"规划即将启动。这些都给法治浙江建设提出了新的机遇和挑战。在这样的历史背景下，认真分析法治浙江建设面临的新形势，准确定位法治浙江建设在新时期的地位和作用，对于进一步推进法治浙江建设、提高依法行政能力，更好地发挥法治对于社会发展的积极作用具有重要意义。

1. 经济新常态对法治浙江建设提出了新要求

新常态是对中国经济发展状态和趋势的基本判断。新常态就是不同以往的、相对稳定的状态，其特征主要体现在四个方面。一是经济发展速度上从高速增长转为中高速增长。经济增速虽然放缓，但实际增量依然可观，而且也是有质量、有效益的一种中高速发展。二是经济结构上不断优化升级。产业结构向中高端化、现代化发展，且质量更好，结构更优。三是经济增长动力上更为多元。发展注入新动力，经济增长的推动力从传统要素驱动、投资驱动转向创新驱动，并协同推进新型工业化、信息化、城镇化、农业现代化的发展。四是政府职能不断转变。政府需要顺应经济发展形势，大力简政放权，释放制度红利，进一步激活市场活力。

经济基础决定上层建筑。经济新常态不仅仅标志着中国经济发展进入了新阶段，也意味着包括政治、文化、法治等在内的社会建设进入新常态，创新社会治理体制、推进法治社会建设、促进和谐社会建设等等，都是新常态下的新要求。法治浙江建设也必须站在国家和社会经济发展全局的高度，善于观大势、识大局，善于把握推进法治建设的重大意义，以及新常态下对法治建设的新要求、新任务，使得法治浙江建设能够成为浙江省学习新常态、适应新常态、引领新常态、发展新常态的重要领域。

2. "四个全面"战略布局给法治浙江建设设定了新目标

"四个全面"战略布局是以习近平同志为总书记的党中央治国理政战略思想的重要内容，展现了新一届中央治国理政的总体框架，明确了当前和今后一个时期党和国家各项工作关键环节、重点领域、主攻方向，为进一步推动改革开放、实现"两个一百年"的奋斗目标提供了有力保障。"四个全面"是一个有机整体。全面建成小康社会是战略目标；全面深化改革是动力源泉，也是全面依法治国、全面从严治党的需要；全面依法治国是法治保障，无论全面深化改革、全面从严治党，都需要在法治的轨道上、框架下来进行；全面从严治党是政治保证，全面建成小康社会、全面深化改革、全面依法治国，都必须坚持党的领导。

法治浙江是浙江省落实"四个全面"战略布局的重要组成部分。深化法治浙江建设必须从协调推进"四个全面"战略布局的高度，统筹全局，精准发力，深刻认识新形势下法治建设的特点和规律，把全面深化法治浙江建设与全面建成小康社会、全面深化改革、全面从严治党紧密结合起来，坚持问题导向和效果导向，坚持法治思维和法治方式，着力破解改革发展中的体制机制性障碍，促进经济建设、政治建设、文化建设、社会建设和生态文明建设各个方面的发展。

3. 社会治理方式的转变赋予了法治浙江建设新思路

党的十八大强调，要把法治作为治国理政的基本方式。十八届三中全会首次提出了完善和发展中国特色社会主义制度，推进国家治理体系和治理能力现代化的目标。十八届四中全会作出了全面推进依法治国的决定，提出了全面推进依法治国的指导思想、总目标、基本原则、重大任务和180多项重要改革举措，进一步明确了国家治理的现代化需要通过法治的方式予以推进。这标志着党治国理政理念的重大飞跃和治国理政方式的重大转型，是国家治理现代化的巨大跨越，也意味着以法治治理社会已经成为共识。

建设法治浙江既是法治中国建设在地方的实践，更是推进国家治理体系和治理能力现代化在地方的实践，必须按照四中全会确定的战略部署，结合浙江实际，深入贯彻落实中国特色社会主义法治理论，努力形成符合浙江实际需要的完备的法规规范体系、高效的法治实施体系、严密的法治监督体系和有力的法治保障体系，并注重通过依法执政来提高党的执政能力和执政水平，注重以法治思维和法治方式推进现代化建设，坚持法治国家、法治政府、法治社会一体建设，实现科学立法、严格执法、公正司法、全民守法，使得浙江省的国家治理体系和治理能力现代化建设走在全国前列。

4. 浙江经济社会发展的实际需要给法治浙江建设提出了新任务

浙江较早推进依法治省工作并取得了显著成效，走出了一条经济发达地区法治先行先试的新路子。站在新的历史起点上，面对新的形势和任务，需要把法治浙江建设的经验坚持好、成果巩固好、工作开拓好，全面推进法治浙江建设向纵深发展。同时，随着人民群众的法治意识不断增强，法治素养不断提高，对维护社会公平正义的呼声也日益高涨。这就要求加强法治建设，从而顺应人民群众对公平正义的新期待，更好地维护人民群众的合法权益和社会公平正义。此外，浙江省全面深化改革已经进入攻坚期和深水区，面临的任务之重和矛盾风险之大前所未有，全面深化法治浙江建设的地位更加突出、作用更加重大，加强法治建设比以往任何时候都更为迫切。

深化法治浙江建设，必须放到浙江改革发展的全局和实际需要中去谋划、去推进，坚持前列意识、大局意识、精准意识、问题意识和实干意识，紧紧围绕省委工作大局开展立法、执法、司法工作，针对实际中存在的突出问题，谋划布局科学合理，目标要求清晰明确，任务部署重点突出，工作举措具体实在，从而为浙江省经济建设、政治建设、文化建设、社会建设、生态文明建设和党的建设的进一步发展提供强有力法治保障，并努力确保在全面推进依法治国，建设中国特色社会主义法治体系、建设社会主义法治国家进程中继续走在前列。

（三）加快法治浙江建设、提高依法行政能力的思路举措

习近平总书记指出："国家治理体系和治理能力是一个国家的制度和制度执行能力的集中体现，两者相辅相成。"政府是国家治理的中坚力量，推动国家治理体系和治理能力的现代化，必须深化行政体制改革，建立法治政府。现代化的国家治理，是一个国家权力与公民权利的持续互动过程，是政府与社会对公共生活的共同治理，其关键在于处理好政府与社会之间的关系，包括政府对社会的管理，社会对政府的支持和监督，以及政府与社会通过精诚合作作用于市场机制，共同治理宏观社会，增进社会整体福利。坚持依法行政，加强对公权力运行的制约和监督，把权力关进制度的笼子里，推进简政放权，实现管理型政府向服务型政府、法治型政府转变，解决中国经济快速发展所积累的各类社会问题，不断提高社会治理能力。这是依法治国的关键所在和目标追求。

全面深化法治浙江建设是一项复杂的系统工程，是社会治理领域一场广泛而深刻的革命，涉及方方面面，工作任务十分繁重。提高依法行政能力则是其中的核心要义。加快法治浙江建设，提高依法行政能力，就是要深入贯彻落实党的十八届三中全会、四中全会

和省委十三届六次全会决策部署，以"八八战略"为总纲，紧紧围绕建设"两富"现代化浙江、"两美"浙江和干好"一三五"、实现"四翻番"决策部署，坚持和发展法治浙江建设的主要经验，加快建立权责统一、权威高效的依法行政体制，加快建设职能科学、权责法定、执法严明、公开公正、廉洁高效、守法诚信的法治政府。

1. 围绕学法尊法守法用法，进一步提高法治意识

意识是行为的先导。法治浙江建设必须扎根于社会普遍的意识之中。提高依法行政和社会治理能力需要全社会树立法治意识，增强公民厉行法治的积极性和主动性，形成尊法、学法、守法、用法的良好社会氛围。

一是牢牢抓住领导干部这个"关键少数"。坚持将领导干部作为尊法学法守法用法的模范，切实提高行政机关工作人员特别是领导干部的法治意识和依法办事能力。要完善学法制度，全面推行政府常务会议学法制度，每年举办领导干部依法行政专题培训班。要推行任职考试考察制度，加强对领导干部任职前法律知识考查，把依法履职情况和法治政府建设考核评价情况作为考察领导干部的重要内容，纳入实绩考核评价指标体系。要普遍建立政府法律顾问制度，实现全省市县乡三级政府法律顾问全覆盖，并进一步发挥政府法制机构的参谋、助手和法律顾问作用，从而促进相关部门和领导推进法治建设的理性自觉，始终以法治精神、法治原则来规范和约束言行，运用法治思维分析问题，依靠法治方式解决问题。

二是不断夯实法治建设的社会基础。健全普法宣传教育机制，各级政府要加强对普法工作的领导，充分发挥司法行政、宣传、文化、教育部门和人民团体在普法教育中的职能作用。要建立社会"大普法"工作格局，加强普法讲师团、普法志愿者队伍建设，重点加强行政机关工作人员、企业经营管理人员、青少年和外来务工人员的法治教育。把法治教育纳入国民教育体系，纳入精神文明创建内容，开展群众性法治文化活动，健全媒体公益普法制度，加强

新媒体新技术在普法中的运用,提高法治宣传教育的针对性和实效性。扎实做好国家宪法日教育活动,在全社会普遍开展宪法教育,弘扬宪法精神,引导公民积极参与法治实践活动,使得法治意识融入老百姓的日常生活之中,成为生生不息的生活实践。

2. 围绕理顺政府和市场关系,进一步转变政府职能

政府职能转变,是指国家行政机关在一定时期内,根据国家和社会发展的需要,对其应担负的职责和所发挥的功能、作用的范围、内容、方式的转移与变化。计划经济要求政府通过指令性计划和行政手段进行经济管理和社会管理;政府是全能型的政府,扮演着生产者、监督者、控制者的角色,为社会和民众提供公共服务的职能和角色则被淡化。市场经济要求政府把微观主体的经济活动交给市场调节,将原来对微观主体的指令性管理转换到为市场主体服务和为企业生产经营创造良好发展环境上来,强调政府的职责和服务职能,"法定职责必须为,法无授权不可为"。因此,转变政府职能,处理好政府与市场的关系,是全面履行政府职责、提高政府执行力和公信力的关键所在,也是规范政府权力行使、推进法治政府建设、提高依法行政能力的重要环节。从全面深化法治浙江角度来看,进一步转变政府职能要重点把握以下几点。

一是全面深化"四张清单一张网"建设。根据国家法律法规的调整,建立权力清单动态调整机制,继续实施简政放权,进一步推进权力清单的"瘦身"。按照"法定职责必须为"的要求,健全事中事后监管机制,全面落实法定工作责任,进一步推进责任清单的"强身"。要按照企业"零地"项目政府不再审批、独立选址项目高效审批、非独立选址项目先解决市场化要素供给问题再实行不再审批的要求,调整和优化负面清单。大幅度推进专项资金的实质性整合,积极推进专项资金管理基金制,进一步推进专项资金管理清单的"升级"。

二是持续深化行政审批制度改革。加强行政审批事项动态管理,做好与国家取消、下放或调整行政审批事项的衔接。继续清理

和调整行政审批事项，探索建立行政审批事项动态目录制，全面取消非行政许可审批事项，全面清理现行行政审批前置环节的技术审查、评估、鉴证、咨询等有偿中介服务事项，对确需保留的，应规范服务时限和收费标准，并向社会公示，切实加强事中事后监管。公民、法人或其他组织依法取得的行政许可及其利益受法律保护，行政机关不得擅自改变已经生效的行政许可。

三是不断推进政府各项事权规范化、法律化。积极稳妥深化政府机构改革，优化机构设置和人员编制配备，推进机构法定、职能法定、权限法定、程序法定、责任法定。完善省直管县财政管理体制，进一步推进扩权强县、强镇扩权改革，深化小城市和中心镇培育试点。省级政府做好与中央政府职能转变的工作衔接，对直接面向基层、由下级政府管理更方便和有效的大量经济社会事项予以下放。市县政府在强化公共服务、市场监管、社会管理、环境保护等方面执行职责的同时，着重解决与人民群众日常生产、生活密切相关的食品安全、市政管理、环境污染等突出问题，维护经济社会秩序。

四是创新和完善政府管理服务方式。推进社会组织明确权责、依法自治、发挥作用，适合由社会组织提供的公共服务和解决的事项，一律交由社会组织承担，政府加强监督指导。推动公共资源市场化配置，建立统一规范、上下衔接的公共资源交易平台。创新公共服务模式，探索公共服务供给主体多元化，积极推进政府向社会力量购买服务，建立健全政府购买服务标准、招标投标和监督评估等制度。进一步规范行政给付、行政奖励等授益性政府行为，充分发挥行政规划、行政指导、行政合同的作用。加快浙江政务服务网建设，完善集阳光政务、行政审批、便民服务等功能于一体、省市县联动的网上政务服务体系，加快权力事项集中进驻、网上服务集中提供、数据资源集中共享，形成省市县统一架构、多级联动的在线"智慧政府"。

3. 围绕权责统一权威高效，进一步健全依法行政工作机制

依法行政是依法治国基本方略的重要内容，要求行政机关必须根据法律法规的规定设立、取得和行使权力，并对其行政行为的后果承担法律责任。四中全会强调，"深入推进依法行政，加快建设法治政府"，"各级政府必须坚持在党的领导下、在法治轨道上开展工作，加快建设职能科学、权责法定、执法严明、公开公正、廉洁高效、守法诚信的法治政府"。

一是健全科学民主的政府立法机制。以提高立法质量为关键，完善立项、起草、论证、协调、审议机制，健全立法公开、征求意见、协商、论证、评估等机制，切实增强立法的针对性、实效性、可操作性。强化规范性文件监督管理，把所有行政规范性文件纳入备案审查范围，全面实行规范性文件统一登记、统一编号、统一发布制度，依法撤销和纠正违宪违法的行政规范性文件，及时清理不适应全面深化改革要求的法规、规章和规范性文件。

二是完善行政决策机制。抓紧制定出台重大行政决策程序规定，明确重大行政决策事项、主体、权限、程序和责任，把公众参与、专家论证、风险评估、合法性审查和集体讨论决定作为法定程序。扩大重大行政决策公众有序参与度，完善公众参与重大行政决策的程序和规则，实行重大行政决策过程和结果的依法公开，建立公众意见反馈机制。建立行政机关内部重大决策合法性审查机制，发挥法律顾问在制定重大行政决策、推进依法行政中的积极作用，对涉及民生的重大决策事项，在作出决策前实施社会稳定风险评估。建立重大决策终身责任追究制度及责任倒查机制，完善相关配套措施和实施细则。

三是推进基层依法治理机制。基层依法治理是依法行政的有力基石和组成部分。坚持系统治理、依法治理、综合治理、源头治理，提高社会治理法治化水平。深化基层服务型党组织建设，增强基层干部的法治观念和法治为民的意识，提高基层干部依法治理能力。加大对社会组织的政策扶持和分类指导力度，建立健全社会组织参与社会事务、救助困难群众、帮教特殊人群的机制和制度化渠道，发挥社会组织对其成员的行为导引、规则约束、权益维护作用。推动市民公约、村规民约、行业规章、团体章程等社会规范的广泛运用，发挥其在社会治理中的积极作用。

四是强化依法行政的工作推进机制。健全政府及其部门主要负责人牵头的依法行政领导协调机制，把加强依法行政和法治政府建设纳入经济社会发展总体规划。行政首长对本地区、本部门依法行政工作承担第一责任人责任，充分发挥政府法制机构的组织协调、督促指导作用。加强法治政府考核评价，全面实施浙江省法治政府建设实施标准和考核评价办法，充分发挥考核评价的导向作用，不断提升考核评价的科学性、全面性和公信力。

4. 围绕严格规范公正文明，进一步提升行政执法能力

行政执法是实施法律法规、实现政府管理、保障公民权利的重要途径，是全面推进依法行政、提高社会治理能力的重中之重。在全面推进法治浙江建设的新时期，进一步提升行政执法水平，必须遵循严格、规范、公正、文明的原则，重点抓好以下几个环节。

一是健全行政执法体制。深化行政执法体制改革，理顺城管执法体制，在市县全面推进综合行政执法改革，并向乡镇延伸。整合执法主体，大幅减少市县两级政府执法队伍种类，合理划定推进综合执法的领域，重点在食品药品安全、工商质检、公共卫生、安全生产、文化旅游、资源环境、农林水利、交通运输、城乡建设、海洋渔业等领域内推行综合执法。完善执法协作配合机制，按照"职能相近、方便处置"原则，明确执法责任，解决行政执法争议，推动跨部门、跨区域联动执法，执法信息共享。

二是规范行政执法主体。强化执法的法定职责，组织开展行政执法机构清理，实现机构、职能法定化。加强行政执法人员管理，严格执法人员持证上岗和资格管理制度，制定行政执法人员行为规范和基本准则，编制各类执法行为的执法指南、执法手册、执法流程图，强化行政执法能力建设。全面落实行政执法责任制，结合机

构改革和权力清单梳理。全面规范行政裁量权，研究出台行政裁量基准办法，并建立裁量基准的动态调整机制，细化、量化行政裁量权，公开裁量范围、种类和幅度。

三是完善行政执法程序。建立健全执法调查取证、告知等程序制度，落实执法案件主办人制度和案件审核制度，深入推行执法听证程序，规范执法文书，保障行政相对人的知情权、参与权、表达权、救济权。加强执法过程管理，建立执法全过程记录制度，规范辅助执法人员管理，确保所有执法过程都有据可查。严格执行重大执法决定法制审核制度，推行行政执法公示制度，及时发现和制止执法不严格、不规范、不公正、不文明等问题。

5. 围绕清正廉洁公开透明，进一步强化权力监督和制约

把权力关进制度的笼子里，实现权力运行的清正廉洁公开透明，是全面深化法治浙江建设的必然要求。为此，必须健全对行政权的制约和监督体系，加强对权力行使的监督，重点抓好以下三个环节的工作。

一是健全行政监督体制机制。强化行政内部制约，对财政资金分配使用、国有资产监管、政府投资、政府采购、公共资源转让、公共工程建设等权力集中的部门和岗位推进决策权、执行权、监督权分离与制衡，落实分事行权、分岗设权、分级授权要求。强化审计监督，对公共资金、国有资产、国有资源和领导干部履行经济责任情况实行审计全覆盖，不断强化审计发现问题的整改落实，加大审计公告公示力度。同时，健全和完善党内监督、人大监督、民主监督和社会监督，不断创新监督方式、提升监督质量、增强监督实效，形成科学有效的行政权力运行监督体系。

二是全面推进政务公开。公开公正、让权力在阳光下运行，是强化权力监督制约的重要途径。要健全政务公开制度，坚持以公开为常态、不公开为例外原则，推进决策公开、执行公开、管理公开、服务公开、结果公开。要推行行政执法公示制度，重点是公开行政机关在实施行政处罚、行政许可、行政征收、行政强制、行

政收费、行政裁决、行政给付、行政复议等执法活动中的履职情况。要突出政务公开重点，重点公开征地拆迁、土地使用权出让等公共资源配置信息，重大建设项目批准和实施信息，教育、医疗、环境保护、就业等社会公益事业建设和公共服务领域信息的公开。要创新政务公开方式，加强互联网政务信息数据服务平台和便民服务平台建设，办好政府的门户网站，推进行政审批全流程公开。

三是加大行政问责力度。认真执行党政领导干部问责规定，全面推行工作责任制和责任追究制，建立重大行政决策终身责任追究及责任倒查机制，健全责令公开道歉、停职检查、引咎辞职、责令辞职、罢免等问责方式和程序，规范问责后免职人员重新任职的条件和程序。

后　记

　　时间过得真快，转眼间，"十二五"即将过去，"十三五"迎面而来了。

　　五年前，我们以民间自发形式组织一些专家学者对浙江"十二五"及未来十年发展的若干重大问题，作了分析探讨，提出了我们的意见和建议。在"十二五"收官和"十三五"起步之际，我们同样以自发形式，对浙江"十二五"时期的发展进程作出回顾和评价，对浙江"十三五"及未来十年甚至更长时期的发展趋势作了一些判断，并提出了我们的一些意见和建议。当然，这些看法只代表我们个人的观点，也许还不够全面系统，不够深刻正确，但它们毕竟是我们的辛劳成果，是我们的真诚之见，或者说是我们对浙江未来发展的"赤子心愿"。

　　细心的读者会发现，这些研究成果是五年前"十二五"规划课题研究的继续和深化，或者说是一个课题的两个成果。与"十二五"规划相比，对浙江"十三五"的发展，我们更突出了国家和世界视野，也更展示了历史进程阶段性的规律性把握，尤其强调了浙江发展要在全国"更进一步、更快一步"的示范作用。

　　我感谢作者们的支持和付出的辛劳！感谢刘亭、郭占恒、潘毅刚同志协助我做了大量组织协调工作，尤其潘毅刚同志不但执笔起草了课题的总报告，而且直接负责课题的落实，做了大量具体的工作。施伟榴、陈允栋同志也协助我处理了不少编务事宜。

感谢中国社会科学出版社社长、总编辑赵剑英先生和责任编辑朱华彬同志,他们为本书的编辑、出版、发行付出了大量心血。

王永昌
2015年9月20日